청장관 이덕무 연구

청장관 이덕무 연구

青莊館 李德懋 硏究

안대회 · 정우봉 · 김대중 · 김문식 · 정호훈 저

재단법인 실시학사 편

실시학사
실학연구총서 15

학자원

實學硏究叢書를 펴내며

실학(實學)이 우리나라 학계에 연구주제로 떠올라, 정식의 학술논문으로 학술지에 등재(登載)되기 시작한 것은 1952년 이후의 일이다. 천관우(千寬宇)의 「반계 류형원(磻溪 柳馨遠) 연구」가 『역사학보(歷史學報)』 2·3집에 발표된 것이 그 시발점이다. 지난 계몽기(啓蒙期)의 몇몇 선학(先學)들이 실학에 대한 관심을 표명해 왔으나 일반 신문 잡지에 논설조(論說調)로 내놓은 것이 고작이었던 것에 비하면, 천관우의 글은 당시 비록 한편에서 저널리스트식 필치로 써내려온 것이란 비판이 있었지만 일단 수미정연(首尾整然)한 체제를 갖춘 논문으로 주목할 만하였다. 그러나 당시 연구자의 수가 많지 않고 학계의 관심도 분산되어 있어서 개별 실학자에 대한 연구가 간헐적으로 있는 정도였고 그리 활발한 편은 아니었다. 그중에서 1961년에 한우근(韓㳓劤)의 성호(星湖) 이익(李瀷)에 관한 연구가 『이조후기(李朝後期)의 사회(社會)와 사상(思想)』이란 책으로 나와, 그의 실증사학(實證史學)으로서의 견고한 학풍을 보여주었다.

그러다가 1970년에 이우성(李佑成)의 「실학연구서설(實學硏究序說)」

이 나와, 그동안 유동적이었던 실학의 명칭문제가 일단 타결된 듯이 보이고, 나아가 실학의 내용을 경세치용(經世致用)·이용후생(利用厚生)·실사구시(實事求是)의 세 파로 나누어 설명함으로써 그 학문의 성격을 용이하게 파악할 수 있게 하였다. 또한 경세치용파를 근기지방(近畿地方)의 농촌토착적 환경에서, 그리고 이용후생파를 서울의 도시적 상황 속에 형성된 것으로 이해하면서 「18세기 서울의 도시적 양상」을 묘사하여 이용후생파의 성립 배경을 밝히려고 하였다. 다시 나아가 다산(茶山) 정약용(丁若鏞)에 이르러 위의 양파(兩派)가 회합(匯合)되는 동시에 호한(浩汗)한 경전해석(經典解釋)으로 실사구시파(實事求是派)를 추동(推動)시킨 느낌이 있어, 다산학이 실학의 대성을 의미하는 것이라고 언급하였다. 이후 계속해서 실학의 후속 학자로 최한기(崔漢綺)와 최성환(崔瑆煥)을 연구하여 최한기가 『기학(氣學)』과 『인정(人政)』을 저술하는 한편 서양과학지식을 대폭 수용하고, 최성환은 중인(中人) 출신으로 국왕(國王)의 자문에 응한다는 취지에서 『고문비략(顧問備略)』을 저술하여 전반적 제도 개혁을 주장한 것을 높게 평가하였다. 특히 최성환의 바로 뒤에 중인층의 후배들이 개화운동의 배후 공작자로 활약하게 된 것을 말함으로써 실학사상(實學思想)과 개화사상(開化思想)의 연결 관계를 미루어 알게 하였다.

한편 '실학국제회의(實學國際會議)'를 구성하여 한·중·일 삼국의 학자들이 각자 자국의 실학을 중심으로, 2년마다 돌아가면서 국제회의를 개최하도록 함으로써 동아시아세계로 실학의 지평을 넓혔다. 그리고 '한국실학학회(韓國實學學會)'를 조직하여 국내 학자들을 수시로 발표시키고 1년에 두 차례 학보를 발행하여 우리나라 실학연구를 다소 진작되게 하기도 하였다.

실시학사(實是學舍)가 서울에서 근기(近畿) 쪽으로 옮긴 뒤에도 나는 젊은 학도들과 강독 및 연토(硏討)를 지속해오고 있지만 연로신쇠(年老身衰)한 처지에서 불원 철수 은퇴할 것을 생각하고 있었다. 뜻밖에 나의 친구 모하(慕何) 이헌조(李憲祖) 형이 거액의 사재를 출연하여 실시학사를 재단법인으로 만들고 그 기금으로 실학연구에 박차를 가해 줄 것을 권유해 왔다. 나는 사회와 학문에 대한 그의 열정에 감동하여 사양치 않고 그의 뜻에 따랐다. 즉시 연구계획을 세우고 국내학자들을 널리 동원하여 1차 연도에 성호·다산을, 2차 연도에 담헌(湛軒)·연암(燕巖)과 실학파 문학을, 그리고 3차 연도에 반계와 초정(楚亭)을 다루기로 하였다. 각 팀에 5명을 한 단위로 하여 1년 동안의 공동연구 끝에 각자 논문을 제출하여 한 권의 책을 내기로 하였다.

이제 2년의 세월이 흘렀다. 각기 1년씩의 기간이 끝나 논문들이 함께 나와, 무려 5책을 한꺼번에 출판하게 되었다. 집필자들은 모두 해당 분야의 전문 연구자로서 가장 정예(精銳)로운 분들이라고 생각한다. 독자 여러분의 보살핌을 바란다. 앞으로 3차에 이어, 4차, 5차로 계속 진행될 것이다. 국내외 학계 여러분의 성원과 협조를 기대하여 마지않는다.

이 글을 마치려 함에 있어, 거듭 모하(慕何) 형에게 고마움을 표하면서 앞으로 그 뜻을 살려 더욱 성과를 내게 될 것을 다짐한다.

2012년 임진 4월 3일

李佑成

| 이 책을 내면서 |

실시학사에서 기획한 '실학연구총서' 제15권으로 〈청장관 이덕무 연구〉를 출간하면서 기획의 의도와 연구진 구성, 연구 진행 과정을 밝히고, 전체 내용을 간명하게 설명하여 이해를 돕고자 한다. 필자가 전체 기획과 연구진 구성을 의뢰받아 저술작업의 진행을 도운 까닭에 이 글을 맡아 쓴다.

2013년 〈성호 이익 연구〉를 비롯한 다섯 권의 '실학연구총서'가 세상에 나온 이래 이 책으로 벌써 15권의 총서가 출간되었다. 기간 총서에서는 조선 후기 학계에서 전통적 사유에 매몰되지 않고 독립적인 사유를 전개했던 실학자들의 학문세계를 다양한 각도에서 연구한 결과물을 보여왔다. 이번에 다섯 명의 연구자가 집중적으로 분석한 실학자는 청장관 이덕무이다. 이덕무의 실학을 집중적으로 분석 할 연구진을 구성하면서 먼저 부딪힌 문제는 이덕무 실학의 정체성을 과연 어디에 둘 것인가 하는 점이었다.

기왕에 연구된 실학자들은 거의 모두 사회와 경제, 정치, 국방 등의 여러 분야에서 참신한 사유와 이론을 전개하였고, 연구진도 그에 맞추어 짜였다. 그에 따라 지금까지 나온 '실학연구총서'에서는 대체로 문학의 영역에 속하는 주제가 제외되었고, 그렇게 빠진 문학 분야는 총서 제5권 〈실학과 문학 연구〉라는 단행본으로 연구 결과를 모아 출간하였다.

기왕에 진행해온 관례를 따라 이덕무의 경우에도 주제와 연구자를 구성하려고 하였다. 다수의 실학자와는 다르게 이덕무는 사회와 경제, 정치 등의 분야에서 제기한 학문적 성과는 약하고 오히려 문학의 영역을 중심으로 박물학, 편찬사업, 고증의 분야에서 그만의 독특한 업적이 빛을 발산하였다. 그동안 학계에 제출된 연구성과도 이런 결론과 다르지 않았다. 실학자로서 이덕무를 조명하고자 할 때 문학적 성과를 중심으로 전체 주제와 연구진을 구성하는 것이 합당하다고 판단하였다. 그에 따라 이덕무의 시와 비평을 안대회가, 필기소품과 산문 부분을 정우봉 교수가 맡기로 하였다.

문학 외에 이덕무 학문의 정체성을 분명하게 보여주는 주제는 학문의 방향성과 관련한 영역이었다. 이덕무를 과연 실학자로 볼 수 있는지, 고증학자, 또는 박물학자로 보는 것은 합당한 것인지 의문이었다. 그에 따라 학문의 특징을 과연 어떻게 볼 수 있는지에 관한 주제로 김대중 교수가 연구를 진행하기로 하였다.

다음으로 이덕무의 학술사상은 독특한 가치를 지닌 저서로 드러났는데 그 대표작이 『청령국지』와 『사소절』이다. 하나는 일본에 관한 저술이고 하나는 예에 관한 저술인데 북학파로 알려진 이덕무의 외국에 관한 관심과 전문적 학식을 보여주었고, 사회와 인간을 바라보는 이덕무의 윤리관을 보여주었다. 두 분야에서 전문적 성과를 내고 있는 김문식, 정호훈 교수가 그 분야의 연구를 진행하기로 하였다.

다섯 명으로 구성된 연구진은 대부분 이전에 이덕무의 문학과 학문을 주제로 많은 논문과 저술을 썼거나 관련한 주제로 논문을 쓴 경험이 풍부하였다. 다섯 가지 주제가 이덕무의 학술 세계를 온전히 보여주기에는 충분하지 않으나 핵심적 영역은 충실하게 보여주고, 그럼으로써 18세기 중후반의 문인과 학자로서 위상을 해명하는 데 부족함이 없을 것이다.

연구진이 구성된 이후 몇 차례 모임을 갖고 각자의 연구주제를 구체화하고, 의견과 자료를 교환하였다. 2년에 걸친 분석과 집필을 마치고 그동안 분석한 성과를 중간점검하는 발표회를 가져 2018년 6월 26일에 〈제8회 실학연구공동 발표회〉를 성균관대학교 600주년기념관에서 개최하였다. 이날 발표회에서 「이덕무의 新詩 창작론과 창작의 실제」(성균관대 안대회), 「이덕무 산문의 지향과 작품적 특성」(고려대 정우봉), 「이덕무 『사소절』의 도덕 세계」(서울대 정호훈), 「이덕무 박물학의 사상 구조」(서강대 김대중), 「이덕무의 대외 인식」(단국대 김문식)의 주제로 논문을 발표하였다. 각각의 발표에 대하여 남재철(명지대), 한영규(성균관대), 함영대(성균관대), 김영진(성균관대), 손혜리(성균관대) 교수가 지정토론자로 참여하여 토론을 진행하였다. 이날 발표한 논문에 대한 토론자들의 지적과 제안을 반영하고, 한편으로 발표자 사이에 서로의 원고를 검토하여 논문의 제목과 목차, 내용까지 수정하여 12월까지 원고를 완성하였다. 수정을 거치면서 논문의 제목에도 작은 변화가 생겼다.

완성한 원고를 제출하고 난 뒤 올해 1월 15일에 실시학사 연구실에 연구진이 모여 집담회를 열었다. 각자가 쓴 논문의 핵심적인 취지를 밝히거나 이덕무의 문학과 실학사상 전반에 관한 서로의 생각을 교환하는 기회를 가졌다. 집담회의 전 내용을 녹취하고 글로 정리하는 작업은 성균관대학교 한문학과 박사과정에 재학하는 유현숙 선생이 맡았다.

집담회를 마치고 이덕무의 연보를 정우봉 교수가 맡아서 작성하고, 연구논저목록은 유현숙 선생이 녹취록의 정리와 함께 맡기로 결정하였다. 그 사이에 완성원고를 조금 수정하는 작업도 완결하여 3월말까지 거의 모든 원고를 완성하여 출판사에 넘겼다.

이제 다섯 편 논문이 다루고 있는 내용을 논문이 실린 순서대로 간명하게 살펴본다. 먼저 문학을 다룬 두 편의 논문부터 살펴본다.

필자는 〈이덕무의 新詩 창작론과 창작의 실제〉라는 주제로 비평과 시를 분석하였다. 이덕무의 한시가 한국 한시사에서 혁신적 변화를 일으켰다는 점에 주목하여 그의 시를 신시(新詩)로 규정하고, 신시의 창작론과 그 창작론을 작품에 구현한 실상을 살펴보았다. 창작론에서는 기왕에 논의된 내용과 색다른 새로운 주장으로, 이덕무가 창작 행위 자체를 즐거운 놀이이자 유희(遊戲)로 보려 한 점을 주목하였다. 자기만의 독자적 시세계 구축을 주장한 개성주의나 문학적 전통과 권위를 부정하고 자기 시대의 문학을 하자는 현대주의의 주장이 창작론의 핵심이라 할 수 있는데 그 주장 역시 문학을 유희로 보는 생각에서 나온 것으로 보았다.

창작에서는 전통적인 좋은 시의 기준에서 벗어나 잘 쓰이지 않던 생소한 어휘와 표현을 구사하여 당대 조선 사람의 체취와 감각을 살리려는 노력을 기울여 그만의 독자적인 시의 세계를 구축하였고, 그렇게 거둔 성과가 이후 시단의 주류가 된 점을 밝혀내고자 하였다. 이덕무의 시와 비평은 연구사 초기에는 관심이 집중되었으나 최근 들어서는 주춤한 상태이다. 시와 비평을 보는 새로운 시각을 제시할 수 있으리라 기대한다.

두 번째로 정우봉 교수의 〈이덕무 필기소품의 작품 세계〉는 산문,

그중에서도 필기(筆記) 장르를 분석하였다. 일상생활의 신변잡사나 개인적 감정과 정취를 개성 있게 표현한 일군의 작품을 '필기소품(筆記小品)'이란 이름으로 분석하였다. 이덕무의 산문은 2천년 대 이전에는 거의 주목을 받지 못했으나 그 이후 다른 어떤 작가보다 활발하게 연구가 이루어졌다. 특히 척독(尺牘), 산수유기(山水遊記), 청언(淸言) 등의 작품이 크게 주목받았는데 이 논문에서는 각종 필기소품의 장르를 전반적으로 소개하고 분석하여 그의 산문미학을 드러내었다.

정우봉 교수는 필기소품의 텍스트를 비판적으로 읽을 것을 제안하고 그동안 다루어졌던 필기소품을 포괄적으로 논의하여 특징을 부각하고자 하였다. 작품의 특징을 다양한 형식적 실험, 내면 고백과 자기 인식, 시적 경계의 구현과 참신한 언어 운용, 유머와 위트의 활용이란 세부주제로 나누어 살펴보았다. 구체적 작품을 예시하고 섬세한 분석을 통하여 개인적 감정과 정취를 개성 있게 표현한 이덕무 '필기소품'의 특징을 포착하였다. 18세기 산문사에서 새로운 문체의 실험자로서 이덕무의 가치를 드러내는 데 기여할 것으로 기대한다.

세 번째로 김대중 교수의 〈이덕무-사랑의 박물학〉은 이덕무 학문사상을 다루었다. 본디 박학다식한 학자의 대명사처럼 알려진 이덕무의 학문세계를 무엇으로 규명하느냐 하는 문제는 그의 문학과 실학사상을 다루는 전제이다. 김대중 교수는 이덕무의 학문을 체계화에 미달한 상태의 것으로서 '박물학'으로 규정하였고, 그의 '박물학'을 이덕무 나름의 주체적이고 자각적인 자기실현 행위로서 '사랑의 박물학'으로 개념화하여 분석하였다. 여기서 '사랑'은 자기실현 행위의 핵심을 개념화한 용어이다.

그의 내면과 독서행위를 분석하여 박학다식한 서얼 지식인으로서 이덕무가 탐욕스런 독서와 지식 사랑의 행위를 통해 타인과의 '서적 공유' 내지 '지식 공유' 속에서 지식을 온전히 '자기 것'으로 내세우기보다는 스스로 얻은 새로운 지식을 세상 사람들과 공유하는 방식으로 추구하였다고 보았다. 그 점에서 그의 '박물학'은 서얼 지식인의 인정투쟁의 일환으로 이해할 수 있다고 하였다. 이 논문은 이덕무의 독자적 학문세계를 고증학이나 실학으로 환원하여 이해하지 않고 서얼이라는 신분과 이덕무 자신의 실존적 문제의 시각에서 분석함으로써, 새로운 관점을 보여주었다.

네 번째로 실린 김문식 교수의 〈청장관 이덕무의 대외인식〉은 이덕무가 청과 일본을 어떻게 인식하였는지를 그의 연행(燕行)과 관련한 저술 및 『청령국지(蜻蛉國志)』를 중심으로 분석하였다. 박학다식한 학자로서 이덕무는 청과 일본을 비롯하여 외국의 실정에 대해 누구보다 풍부한 지식을 소유한 학자로 알려졌으므로 그의 대외인식을 살펴보는 것은 당시 지식인의 국제정세 인식의 척도라는 의미가 있다. 김문식 교수는 청과 일본을 각각 나누어서 이덕무가 국방과 관련한 정보와 정세의 분석 수준, 그리고 조선에 대한 침략 가능성의 진단에 초점을 맞추어 살펴보았다. 또 청과 일본의 학문과 문화수준을 어떻게 인식하였는지를 상세하게 조사하여 제시하였다.

이덕무가 의리론과 주자학이라는 전통적 기준을 지니고 있었으나 새로운 학문 정보를 적극적으로 수용하는 태도를 보였으며, 청과 일본의 정세 변화를 주시하면서 일본의 재침 가능성을 우려하였다고 보았다. 누구보다 외국에 대한 정보를 앞서서 확보하기는 했으나 대체로는 청과 일본의 학문과 문물에 대해 보수적인 관점을 유지하면서 동시에 개방적 태도를 보였다고 파악하였다. 김문식 교수의 연구는 이덕무의 대외인식을 이해하는 데 기여할 뿐만 아니라 그의 사회와 정치를 보는 성향을 명료하게 설명하는 데에도 기여하고 있다.

마지막으로 정호훈 교수는 〈『사소절(士小節)』의 문제 의식과 도덕 세계〉라는 주제로 이덕무의 『사소절』을 분석하였다. 이 책은 이덕무의 저술 가운데 가장 큰 영향을 끼쳤던 저술의 하나이다. 이덕무가 이 책을 설계하려 한 근본 목적과 이 책을 관통하는 '사(士) 의식'과 규범의 시공간성, 그리고 이 책을 밑받침하는 지적 연원과 이 책이 만들어낸 규범의 성격 등을 검토하여 『사소절』의 도덕 세계를 전반적으로 분석하였다.

『사소절』이 18세기 서울에 살고 있는 곤궁한 '사(士)'의 처지에서 포착하고 규범화한 예절로서 '사'의 일상 전반에 걸쳐 이전에 없던 새로운 규범을 제시했다고 하였다. 그 규범은 기존의 강고한 상하적 위계질서를 조금은 완화하면서, 인간과 인간 사이에 구현할 수 있는 문명의 수준을 고양(高揚)하는 요인으로 작동할 만한 힘을 보여준다고 하였다. 18세기 조선 현실 속의 새로운 규범서로서 제시된 『사소절』은 전통 규범의 표준이었던 『소학』이 제 역할을 하지 못한 상황에서 내용이 세밀하고 포부가 원대한 기획서로 그 역할을 하였다고 보았다.

이상에서 거칠게 살펴본, 다섯 가지 주제의 논문은 각각 대략 250매에서 300매에 이르는 분량의 글로써 현재 시기 이덕무의 문학과 학문의 연구성과를 대변하고 있다고 보아도 무방하다. 각각의 논문이 지닌 새로운 주장과 분석의 틀과 독자적 시각은 이덕무와 그 시대의 문학과 학문을 연구하는 데 적지 않게 기여할 수 있으리라 생각한다.

논문 외에 정우봉 교수가 정리한 연보는 이광규가 정리한 연보를 바탕으로 하되 이후에 알려진 새로운 정보까지 반영하였으므로 이덕무를 연구하는 데 활용할 만한 가치가 있다. 유현숙 선생이 정리한 참고문헌은 근대 이후 이덕무를 다루고 있거나 그와 관련한 저술과 논문을 조사하여 정리하였다. 이덕무 연구의 현황을 이해하는 데 도움을 줄 수 있을 것이다. 관련자료와 연구성과를 최대한 모으려고 하였으나 누락된 것이 있을까 염려된다.

2천년대 들어 이덕무의 소품문이 교양물로 다채롭게 번역되었고, 『청령국지』와 『사소절』이 새롭게 번역되어 읽히고 있으며, 문학과 관련한 논문 위주로 다수의 글이 나왔다. 그러나 이덕무가 지닌 학술사적 위상에 견주어 본다면 기대만큼 크게 주목받는 대상이라 할 수준은 아니다. 〈청장관 이덕무 연구〉가 이덕무와 18세기 학술을 조명하는 연구자들에게 조금이라도 자극이 되고, 연구가 활발하게 이루어지는 데 기여하게 되기를 기대한다.

2019년 5월 2일

안대회 씀.

| 차 례 |

이덕무-사랑의 박물학

|김대중|

청장관 이덕무의 대외인식

|김문식|

『사소절』의 문제 의식과 도덕 세계

| 정호훈 |

부록

| 靑 莊 館 |

이덕무의 신시 창작론과 창작의 실제

안대회 | 성균관대학교 한문학과 교수

1. 머리말
2. 신시(新詩)의 창작과 자각(自覺)의 시론
3. 시의 진실과 표현의 신선함
4. 시어의 혁신과 감각적 표현의 깊이
5. 체물(體物)의 시각과 세완(細玩)의 미학
6. 맺음말

1. 머리말

청장관(靑莊館) 이덕무(李德懋, 1741~1793)는 선이 분명한 이론에 뿌리를 내리고 자신만의 독창적 시를 창작하고자 노력한 시인이었다. 이론가로서도 시인으로서도 이덕무는 뛰어난 성취를 일궈냈다. 백탑시사(白塔詩社)라는 결사(結社)의 실질적 주동자로서[1] 새로운 시창작 운동을 선도하였고, 『한객건연집(韓客巾衍集)』이란 이름의 시선집으로 엮인 시의 성취는 조선 후기 시사의 흐름을 바꾸면서 이후 시단에 큰 영향을 끼쳤다. 조선 후기 한시의 역사에서 18세기 시사의 주동자는 백탑시사이고, 19세기 시사의 주동자는 자하(紫霞) 신위(申緯)로 보는 관점이 주류를 형성하였다. 이 관점은 19세기 중반 이후 평단에서 공론화되었고, 20세기 초까지 이어졌으며, 현대 학계에서도 받아들여지고 있다.[2]

그렇게 볼 때 백탑시사의 설립과 이론, 창작 운동을 이끈 이덕무를 18세기 시단의 혁신과 흐름을 주도한 시인으로 간주해도 무리가 없다. 실제로 그의 생존 당시부터 시단에 끼친 높은 영향을 거론한 사람은

1 白塔詩社의 성립과 활동 및 성과에 관해서는 다음 논문에 상세하게 밝혀져 있다. 안대회, 「白塔詩派의 硏究」, 『열상고전연구』 창간호, 1988, 150~244면 ; ─『18세기 한국 한시사 연구』, 소명출판, 1999, 279~387면 ; 남재철, 「白塔詩社 一攷」, 『한국한문학연구』 49권, 2012, 349~396면.

2 고종 때의 문신 朴齊永이 『한객건연집』에 주석을 단 『輯註巾衍集』(이화여대, 국회도서관 소장)을 편찬한 것, 呂圭亨이 「論詩十首」 제3수(『荷亭集』 권1)에서 四家詩가 시단의 학습서로 이용된다고 말한 것, 鄭萬朝가 『榕燈詩話』에서 시단의 주된 흐름을 18세기의 四家와 19세기의 申緯로 본 것, 崔永年이 『詩家叢話』에서 대대로 당시풍이 위주이던 분위기를 사가가 새로운 시를 한번 창출하자 시가 일변했다고 본 것 등에서 확인할 수 있다. 안대회, 「茂亭 鄭萬朝의 『榕燈詩話』 연구」, 『한국문화』 79호, 서울대학교 규장각 한국학연구원, 2017, 77~104면.

여럿이 있다. 그의 작품이 시단에 불러일으킨 큰 변화를 인정하여 남공철(南公轍)은 "논자들은 이덕무가 출현한 뒤로 속학(俗學)이 자취를 감추었으나 문풍 또한 일변하였다고 보았다. 나중에 그 점을 두고 논변하는 이가 나타날 것이다."[3]라고 말하였다. 이덕무의 창작이 속학(俗學), 다시 말해 시단에 만연한 관습과 분위기를 바꾸게 하여 새로운 길로 들어서도록 추동했다는 말이다. 여기서 문풍은 시와 문장을 함께 지칭한 말이다. 남공철의 언급은 시단에서 큰 비중을 차지한 작가에게나 쓸 수 있는 말로서 이덕무의 문학사적 위상에 비추어볼 때 과장된 호평은 아니다.

당대와 후대의 시인에게 지닌 위상과 영향은 이덕무의 시론과 시창작을 주목해야 할 이유의 하나이다. 우수한 작품성과 독자적 개성은 시대를 넘어 미적 가치를 발산하여 현대에도 감상할 만한 가치를 지닌 이론이자 창작으로 받아들여진다.

2. 신시(新詩)의 창작과 자각(自覺)의 시론

이덕무는 시인 문장가로서 매우 높은 수준에 오른 작가이면서 동시에 비평가, 이론가로서도 그에 걸맞은 위상을 지녔다. 스스로 비평가로서 책무를 자임하여 문학을 평가하는 어려움을 인식하고, 편견을 버

3 南公轍, 「雅亭集序」(李德懋, 『刊本雅亭遺稿』), 국립중앙도서관 소장 간본. "論者以爲自懋官出, 俗學雖廢, 而文風亦一變, 後必有辯之者." 『金陵集』 권11에 실린 글에는 文風이 古文으로 수정되어 있다. 그러면 이덕무의 小品文이 고문의 변화를 추동했다는 뜻으로 읽힌다.

리고 공정한 마음에 바탕을 두어 작품을 평가하는 자세를 고민하였다.[4] 당대에는 동시대 작가의 시문에 평점(評點)을 가하고 비평하는 평자로서 최고의 수준임을 인정받았다.[5] 무엇보다 연암 박지원(朴趾源)의 『종북소선(鍾北小選)』에 붙인 평점과 비평이 수작으로 손꼽힌다. 다음으로는 서유구(徐有榘, 1764~1845)의 『풍석고협집(楓石鼓篋集)』과 성대중(成大中)의 『청성잡기(青城雜記)』에 붙인 비평은 높은 감식안과 표현력을 드러낸다.[6] 전문 비평서로는 『청비록(淸脾錄)』을 저술하여 시 작품을 보는 안목이나 작품 선정의 정밀함, 비평의 수준에서 조선 후기 시화(詩話) 가운데 최상으로 평가받는다.

위에서 거론한 여러 저작에는 실제비평의 기준을 제시한 관점과 이론이 곳곳에 펼쳐지고 있다. 그뿐만 아니라 시와 편지, 서발과 잡문을 비롯한 각종 문체의 작품에서도 시와 산문을 보는 이론과 창작방법, 문학이론이 펼쳐지고 있다. 비평의 여러 측면이 서로 깊은 관련성을 지니며 전개되지만, 작가나 작품을 품평(品評)하는 실제비평에서 그가 보여준 빼어난 안목과 비평언어는 동시대 다른 비평가가 추종하기 어려운 높은 수준이다. 다만 이 연구에서 더 주목하여 다룰 비평의 영역은 창작론이므로 창작론을 중점적으로 살펴보고자 한다.

창작론은 바로 이덕무 자신과 백탑시사 동인의 창작에 깊은 영향을 미치는 관련을 맺고 있다. 이덕무의 창작론은 그의 시만큼이나 한시사

4 李德懋, 『青莊館全書』 권49, 「이목구심서」 2, 韓國文集叢刊 258집, 398면. 아래에서 『青莊館全書』의 인용은 작품명과 권수만을 밝힌다. "文章一藝耳, 尙渾混於雅俗眞贋之辨. 山水何能品, 人物何能鑑, 持公心者識文章, 偏見之守, 不可以口舌諍."

5 이덕무 평선, 박희병 외 역주, 『종북소선』, 돌베개, 2010 ; 박희병, 『연암과 선귤당의 대화-『종북소선』의 평점비평 연구』, 돌베개, 2010.

6 김대중, 「『풍석고협집』의 평어 연구」, 서울대 국문과 석사학위논문, 2005 ; 김경, 「이덕무의 『青城雜記』 평어 연구」, 『동양한문학연구』 33집, 2011, 143~173면.

와 비평사에 큰 영향을 끼쳤다. 그러나 문학이론, 그중에서도 시론은 예상과 달리 지금까지 연구가 그다지 활발하지 않았다. 시를 분석하기 위해 앞선 단계로 시론을 검토하였거나[7] 그가 주도한 백탑시파(白塔詩派)의 시론을 설명하기 위해 분석하는[8] 수준의 검토가 대부분이었다. 그마저도 대체로 10여년 이전에 이루어진 성과들로서 시론과 시에 집중한 최근의 연구는 절대적으로 부족하다.

1) 유희(遊戲)의 문학론과 즐김으로서의 창작

창작론을 설명할 때 무엇보다 먼저 문학을 보는 이덕무의 기본 관점에 주목하고자 한다. 이덕무는 문학을 일종의 유희(遊戲)로 보는 매우 독특한 관점을 가지고 있었다. 유희의 관점은 이덕무 문학 전체에 큰 영향을 끼쳤고, 나아가 문학을 보는 새롭고 창조적인 견해를 제기하는 데 큰 영향을 끼쳤다. 이덕무의 창작론은 '즐기고 장난치는' 유희의 정신을 뿌리로 한다. 그 정신을 상징하는 존재가 갓난아기나 어린아이이다. 필자는 이전에 유희의 관점이 이덕무를 포함한 북학파 문인들의 문학 창작과 교유 활동을 해명하는 중요한 시각임을 인식하고 그 관점을 적용하여 분석한 적이 있다.[9] 그 논문에서도 이덕무를 중심으로 논

---

7 유재일, 『이덕무의 시문학 연구』, 태학사, 1998, 63~94면; 오수경, 「雅亭 李德懋의 詩論과 '朝鮮風' 의 성격」, 『한국한문학연구』 9권, 1987, 281~200면. 전적으로 이덕무의 문학론을 다룬 논문은 부은아, 「이덕무 문학론 연구」, 성균관대학교 석사학위논문, 2000가 있다.

8 안대회, 「白塔詩派의 硏究」, 『열상고전연구』 창간호, 1988, 150~244쪽; 『18세기 한국 한시사 연구』, 소명출판, 2002, 227~237면.

9 안대회, 「北學派 文人의 작품에 나타난 諧謔과 弄談의 분석」, 『한국한문학연구』 67권, 2017, 179~208면.

지를 전개하기는 했으나 이 글에서는 논의를 더 심화하고 확장하여 분석하고자 한다.

조선 시대 지식인은 그들의 사유 속에 문학을 도(道)의 도구나 정치 교화의 수단으로 보는 뿌리 깊은 시각을 지니고 있었다. 정도의 차이가 있을 뿐 당시에도 대다수 지식인은 여전히 문이재도(文以載道)나 그에 버금가는 의식을 지니고 있었다. 그런 강고한 의식에서 이덕무는 얼마나 벗어나 있을까? 그는 시를 포함한 문학이 도를 표현하는 도구에 불과하다는 투의 틀에 박힌 사유에 동의하지 않았다. "도학(道學)은 인습하는 것이 좋지만, 문장은 혁신하는 것이 좋다. 성(性)은 하나이며 이(理)이지만 재주는 만 가지고 기(氣)이기 때문이다."[10]라고 말한 짤막한 언급에서 확인되듯이 도와 문장을 분리하여 보고, 서로 상반된 성격을 지니며, 각자가 맡은 영역이 있다고 보았다. 그에 따르면, 문장이 도에 종속된 차원에 머물 수 없다.[11] 더욱이 이덕무 자신은 그 도학에 종사하고 싶다는 생각을 표명하지 않았다.

그와 같은 태도를 도학자인 경암(敬菴) 조연귀(趙衍龜, 1726~?)와 주고받은 편지에서 살짝 드러낸 바 있다. 이덕무의 문장 솜씨를 치켜세우며 문장과 의리 어떤 한쪽도 폐하지 말라는 애정 어린 선배의 충고에 이덕무는 어쨌든 거짓 유생은 되지 않겠다며 완곡하게 거부하였다.[12] 실제로 그의 작품에는 도학적 취향이 강하지 않다. 도학의 학문

10 이덕무, 위의 책 권49, 「이목구심서」 2. "道學可因, 文章可革. 性一也理也, 才萬也氣也."

11 유재일, 앞의 책 3장 「문예이론의 양상과 의미」의 제1절 '시문과 인격의 일치'에서 그의 문예이론이 道文一致에 입각해있다고 말했으나 동의하기 어렵다.

12 이덕무, 위의 책 권19, 「趙敬菴衍龜」. "文章義理, 不可偏廢之訓, 齋心頂禮, 敬佩德音. …… 且自以爲元明間穿穴訓詁·銷刻性理, 攘臂爭競之假儒, 實不如漢之三老, 雖不讀書談道, 天質醇謹, 儀表一鄕, 足鎭浮俗. 假使鄙人, 學問長進, 爲世名儒, 每欲長帶三老氣味也. 爲假儒則鄙人竊恥之."

방법 뿐만 아니라 도학자의 시풍조차도 완전하게 인정하지 않았다.[13] 그 시대의 지식인들과 교유하면서 때때로 도학자풍을 드러내거나 그들을 인정하는 발언을 할 때도 있었으나 그것은 그의 정체성과는 무관하다.

이덕무는 문학을 도와 정치교화의 도구로 인정하지 않았을 뿐만 아니라 출세나 관계 진출의 도구로도 인정하지 않았다. 사실상 그의 신분이나 처지로서는 인정한다고 한들 큰 도움이 되는 것도 아니었다. 그렇다면 무엇 때문에 문학을 하는가? 문학은 그 자체가 즐거운 행위이기에 창작하고 향유한다고 보았다. 이덕무는 문학하는 행위를 놀이와 유희(遊戱)의 일종으로 간주하였다. 그와 같은 생각을 진지하게 표현한 글이 바로 「영처고자서(嬰處稿自序)」이다. 이 글은 대단히 참신하면서도 흥미로운 문학론을 전개하였다. 자신의 소년 청년기 시문집에 직접 쓴 서문에서 창작 행위를 보는 자신의 관점을 선명하게 표출하였다.

그는 자신의 원고에 '어린아이가 장난치며 노는 것과 무엇이 다르랴? 마땅히 처녀가 부끄러워 스스로 숨는 것처럼 해야 하리[何異嬰兒之娛以弄, 宜如處女之羞自藏.]'라는 취지를 살려 소년 시기에 쓴 원고를 『영처고(嬰處稿)』로 명명하였다. 놀기 좋아하는 어린아이요 부끄럼 잘 타는 처녀라는 비유를 이덕무의 장난꾸러기 기질이나 부끄럼을 많이 타는 성격 자체로 이해하는 것은 문학과 비유를 고려하지 않은 고지식한 해석이다. 그 표현은 창작을 보는 이덕무의 웅숭깊은 알레고리이다.

---

13 이덕무, 위의 책 권15, 「族姪復初光錫」. "『濂洛風雅』二冊, 寄去耳. 德懋平生不許其調格, 而其意趣未嘗不僕僕稱說, 不忍釋手."

이덕무가 창작을 어린아이의 '장난치고 노는[娛以弄]' 행위와 유사한 의미로 본 이유는 "가장 즐겁게 노는 이는 어린아이이다. 그러므로 어린아이의 장난은 활기찬 천성이다[娛之至者, 莫如乎嬰兒, 故其弄也, 藹然天也.]"라는 말에 드러나 있다. 문학은 즐겁기 그지없는 놀이이고, 저도 모르게 가슴에서 우러나온 장난이다. 의무나 강요에 따라 마지못해서 하는 행위가 아니요, 더군다나 다른 무엇의 도구나 출세의 발판이 되기에 하는 행위가 아니다. 창작만이 아니라 타인의 문학작품을 비평하는 행위도 유희이기는 마찬가지이다. 이덕무는 "내 평소의 눈썰미를 발휘하여 남이 지은 득의의 문장을 읽고, 미친 듯 외치고 크게 손뼉을 치면서 비평의 붓을 들어 휘두른다면, 이 또한 우주간의 한 가지 유희(遊戲)이리라."[14]라고 인상 깊게 표현하였다. 이 글을 포함하여 다양한 글에서 이덕무는 창작과 감상, 비평의 문학행위 전반을 두루 유희의 행위로 정의하였다. 그에게 문학은 유희이고 즐김이었다. '즐기고 장난치는[娛而弄]' 행위로 문학을 보는, 이전에는 없던 독특한 관점은[15] 그의 창작 활동 전반을 이해하는 핵심적 사유이다.

'즐기고 장난치는[娛而弄]' 행위가 창작을 보는 중요한 시각의 하나라면 그다음에 나오는 '부끄러워 스스로 숨는 것[羞自藏]'은 그에 부수하는 행위이다. '부끄러워 스스로 숨는 것'은 남에게 인정받고자 하는 인정욕구를 스스로 거부하는 행동이다. 그것은 문학을 유희로 즐기고자 하는 문인에게는 당연한 순서로 따라오는 귀결이다. 서파(庶派) 지식

14 이덕무, 위의 책 권63, 「蟬橘堂濃笑」. "照吾平生之眼, 讀人得意之文, 狂叫大拍, 評筆掀翻, 亦宇宙間一遊戲!"

15 이덕무, 위의 책 권2, 「歲題幷序」에서 "往年題吾著書曰 : '何異嬰兒娛而弄, 宜如處女羞自藏.' 仍命曰嬰處稾."라 하여 다시 한번 문학을 유희로 보는 자신의 관점을 강조하였다.

인으로서 관계(官界)로 진출하는 길이 원천적으로 막힌 처지에서 문학을 도구나 매개로 삼아본들 그 한계는 분명하다. 문학의 능력을 인정받아 관계로 진출하는 것이 불가능하고 그렇다고 다른 경제적 이득이나 생산적인 것을 창출하지 못할 경우 차라리 그 문학을 적극적으로 즐김의 대상으로 삼는 것이 올바르고 적합한 선택이다. 그가 일련의 문학 행위를 '즐기고 장난치는' 자기만족의 예술로 받아들인 이유이다.

유희의 관점은 창작에만 적용되지 않았다. 더 근본적으로는 인생 자체를 즐겁고 경쾌하게 살고 싶다는 유희의 욕구가 창작에까지 확장된 것으로서, 유희와 즐거움은 그의 인생관에 뿌리를 둔 관점이자 태도였다. 이덕무는 「적언찬(適言讚)」이란 독특한 작품에서 자신에게 어울리는 인생을 모두 여덟 가지 주제로 시적으로 표현하였다. 그중 다섯 번째로 영혼의 즐거움[怡靈]을 들었고, 여덟 번째로 우주 사이에서 희롱하며 살겠다[戲寰]는 뜻을 밝혔다. 인생이란 즐거운 영혼이 드넓은 우주에서 장난치며 사는 것이고, 그때 꼭 필요한 존재가 바로 함께 놀 친구라는 취지의 주장을 내세웠다.

이덕무는 인생을 의무나 사명, 출세나 욕망의 도구로 보내고 싶지 않았고, 즐겁고 경쾌하게 유희하며 살고 싶다는 욕망을 적극적이고 공개적으로 표현하였다. 그에게서 창작과 인생은 지향이 겹친다. 그의 인생관은 문학을 일종의 유희로 보고 창작을 인생을 즐기는 행위로 간주한 문학적 지향과 맥락을 같이 한다.[16]

문학을 유희로 본 이덕무의 관점은 일반 문인들과는 매우 다른 그만의 독특한 관점이면서 동시에 창의적이고 현대적인 의의를 지닌다고 생각한다. 이는 이덕무의 창작과 비평, 나아가 학술을 이해하는 근원

16 안대회, 「北學派 文人의 작품에 나타난 諧謔과 弄談의 분석」, 위의 글.

적 관점으로 주목할 필요가 있다.

2) 창작의 혁신과 현재주의

앞에서 언급한 「적언찬(適言讚)」은 20대의 젊은 문사 이덕무의 인생관과 문학론을 인상적으로 보여주는 매우 중요한 작품이다. 윤광심(尹光心, 1751~1817)이 편찬한 동시대 작가의 시문 선집 『병세집(並世集)』에는 『청장관전서』에 실리지 않은 글이 여러 편 수록되어 있다. 그 가운데 20대에 쓴 「적언찬」과 「선서재시집서(蘚書齋詩集序)」가 비평과 밀접하게 관련된다. 「적언찬」은 백탑시사 동인이자 훗날 박제가와 사돈을 맺은 삼소자(三踈子) 윤가기(尹可基)의 『적언(適言)』에 붙인 제사(題辭)이다. 그 차례는 1, 진짜의 확립[讚之一植眞], 2, 운명의 관찰[讚之二觀命], 3, 미혹의 거부[讚之三病敎], 4, 훼방으로부터의 도피[讚之四遯毁], 5, 영혼의 즐거움[讚之五怡靈], 6, 진부함의 제거[讚之六耨陳], 7, 벗의 선택[讚之七簡遊], 8, 우주의 희롱[讚之八戱寰]로 1과 5, 6과 8은 문학을 보는 예민한 시각을 드러내고 있다.[17]

「적언찬 · 예찬6」 '진부함의 제거'는 창작에 관한 이덕무의 시각을 선명하게 표현하고 있는데 다음에 전문을 인용한다.

> 표범이 말을 낳고, 말이 또 사람을 낳은 일도 있듯이
> 변화의 계기는 매인 데 없고, 계승과 혁신은 늘 새롭게 일어난다.
> 구속받는 선비는 좁은 문견으로 옛사람이 뱉어놓은 말만을 귀하게 여기지만

---

17 이덕무, 「適言讚」(尹光心 편, 『並世集』), 국립중앙도서관 소장 사본 ; 안대회, 『조선의 명문장가들』, 219~225면에서 전편을 번역하고 소개하였다.

한 가지 격식에도 뛰어나지 못하고 늘 얼마쯤 동떨어져 있다.
남의 걸음걸이 배우려다 절름발이 되고, 서시(西施)를 본뜨려 이맛살 찌푸리는 자와 달리
위대한 작가는 진실을 꿰뚫어 보고 진부함을 씻어 던진다.
말의 외양을 무시하고 천리마를 얻은 구방고(九方皐)처럼
옛것과 지금 것을 저울질하는 그의 눈동자는 크고도 진실하다.[18]

인용문에서 이덕무는 분명한 어조로 창작이 나아가야 할 길을 밝혔다. 핵심은 과거 문학의 굴레에서 벗어나 새로운 문학을 창조하려고 노력하라는 것이다. 표범이 표범을 낳고, 말이 말을 낳는 계승이나 작은 변화는 안중에 두지 말고, 표범이 말을 낳고 또 그 말이 사람을 낳기도 하는, 차원이 다른 변화와 혁신을 꾀하라! 그것이야말로 창조의 이름에 걸맞은 혁신이다. 위대한 작가를 배워본들 위대한 작가가 되지 않는다. 남의 언어를 배워서는 훌륭한 작가가 되지 않는다. 남의 글을 본뜨려 하지 말고 자기 문학을 하라!

이처럼 창작에서 혁명을 꿈꾸고, 자신의 문학을 하라는 강렬한 주장을 펼치고 있다. 옛날의 문학을 배울 것인가 아니면 그것을 무시하고 지금 시대의 문학을 할 것인가? 이덕무는 서슴없이 현재의 문학, 새로운 문학에 도전하자고 말하고 있다. 법고(法古)와 창신(創新) 두 가지 선택에서 이덕무는 주저없이 창신 쪽으로 방향을 잡았다. 창작의 방향에 관한 이덕무의 시각이 어떠한지를 선명하게 제시하고 있다.

이 글에서 주장한 관점과 유사한 생각을 이덕무는 다른 작품에서 자

18 이덕무, 위의 글. "程旣生馬, 馬又生人. 化機不膠, 沿革常新. 拘儒謏聞, 古唾徒珍. 不長一格, 常隔數塵. 蹇踔趙步, 皺蹙吳嚬. 鴻碩達觀, 潑腐盪陳. 略厥黃玄, 不失騏驎. 衡古尺今, 眼珠孔眞."

주 표현하였다. 다음 시는 그런 사례 가운데 하나이다.

한위(漢魏) 시를 전적으로 배울수록 참마음만 손상되니	專門漢魏損眞心
나는 지금 사람이라 지금 것을 좋아하지.	我是今人亦嗜今
만송(晩宋)이나 만명(晩明)쯤에 다른 길을 열었다는	晩宋晩明開別逕
난공(蘭公)의 한마디 말 지음(知音)이라 하겠구나![19]	蘭公一語托知音

난공은 곧 반정균(潘庭筠)으로 "만송(晩宋)이나 만명(晩明)쯤에 다른 길을 열었다"라는 그의 지적은 『한객건연집(韓客巾衍集)』에서 이덕무의 시를 두고 그가 내린 총평(總評)이었다.[20] 당시(唐詩)나 송시(宋詩)의 영역에 속한다는 평을 들어야만 칭찬으로 간주하는 시대에, 반정균은 고평(高評)은 고사하고 겨우 만송이나 만명 시대의 시단에서 한 사람의 작가로 인정받을 만하다는 평을 내렸다. 남들은 자신의 시를 낮춰 평가했다고 기분 나빠했을 평가를 이덕무는 오히려 자신을 인정한 지음이라고 반겼다. 이덕무다운 시는 한위시(漢魏詩)나 성당시(盛唐詩)에 있지 않고 송시나 명시에 있다고 본 때문이다.[21]

여기서 송시나 명시의 길을 열었다는 말은 송시나 명시를 모방했다는 말을 의미하지 않고, 후대의 시, 주류에서 벗어난 시대의 시를 창작

---

19 이덕무, 위의 책 권11, 「題香祖評批詩卷」.

20 柳琴 編, 『韓客巾衍集』 권1, 국립중앙도서관 소장 사본, "炯庵揰字鍊意, 力掃凡蹊, 別開異境. 晩宋·晩明之間, 應踞一席."

21 박제가는 「雅亭集序」에서 "中朝人嘗稱懋官之詩曰 : '力掃凡蹊, 別開異逕, 晩宋晩明之間, 當據一席.' 夫懋官之爲懋官, 政在於爲宋爲明, 而世之人乃以其爲宋爲明者而譏懋官, 則其不失懋官者幾稀矣."라 하여 반정균의 평가와 그에 대한 이덕무의 반응이 지닌 가치와 의의를 적극적으로 평가하였다. 이덕무는 또 「素玩亭春集」 제1수에서 "작은 시를 경지에 따라 얻으니, 뜻대로 송시나 명시의 소리가 되네(小詩緣境得, 隨意宋明音.)"라고 하여 송시나 명시의 세계를 지향한다고 밝혔다.

하려고 노력하였음을 의미한다. 이덕무는 그 평을 반긴 이유를 1구와 2구에 밝혔다. 가장 높은 수준이자 시의 정통으로 인정받는 한위(漢魏)나 성당(盛唐)의 시를 침잠하여 배우면 오히려 자신의 진심(眞心)을 손상시킨다고 하였다. 현대 사람인 이상 현대인의 마음을 표현하는 것이 당연하다. 나의 참마음이란 곧 현대인의 마음이다. 현대인의 시를 좋아하므로 시단의 주류에서 벗어난 시대의 작가란 평을 달게 받겠다고 하였다.[22] 이덕무의 말은 과거가 아닌 현재를 지향하는 현재주의라는 개념으로 표현할 수 있고, 상당히 혁신적인 발언이다.

이 시에서 쓰고 있는 '지금 것을 좋아한다'라는 기금(嗜今)이란 어휘는 눈여겨볼 표현이다. 호고(好古)란 말은 익숙해도 기금(嗜今)이란 말은 매우 낯설다. 상고주의(尙古主義)가 주도하는 전통사회 시단에서 이 낯선 말은 이덕무가 지향하는 창작의 당시성(當時性)과 현재성을 선명하게 보여준다. 지나간 오랜 과거의 낡고 틀에 박힌 문학으로부터 과감히 벗어나려는 의지를 표명한다. 20대에 이덕무는 그런 의지를 굳게 지녔고, 그 의지를 강하게 표현하였다. 그는 젊은 시절 '현재를 즐기는 노인'이란 뜻의 기금옹(嗜今翁)이란 호도 장난삼아 썼다. 홍대용 후손가에는 이덕무가 시를 선정하고 친필로 베낀 『삼가시초(三家詩鈔)』가 전하고 있는데 그 책에 '노중인(蘆中人) 수차(手次), 기금옹(嗜今翁) 중초(重抄)'라는 저작자명이 달려있다. 노중인(蘆中人)이나 기금옹(嗜今翁) 모두 청장관(青莊館) 이덕무를 가리키는 유희적 작명이다.[23]

22 이덕무, 위의 책 11권, 「絶句」 제20수. "바보는 古詩를 말하며, 元明 시대의 시를 즐겨 배척하지. 그럼 원명 시가 어떠냐고 물으면, 멍하니 대꾸 하나 못하면서(癡人談古詩, 喜斥元明代. 如何是元明, 茫然失所對.)"와 같은 論詩絶句도 같은 취지의 발언이다.

23 안대회, 「洪大容 후손가 소장 李德懋 筆寫本 3종 연구」, 『고전문학연구』 42권, 2012, 377~417면.

이 명칭은 그의 소품문에 곧잘 나타나는 유희적 창작 경향과 관련을 맺는다.[24]

이덕무는 자신이 과거를 사는 사람이 아니라 현재를 살아가는 지금 사람이란 자의식을 바탕으로 지금 시대의 문학을 하겠다고 선언하였다. 그 선언은 조선 사람이란 자의식을 바탕으로 조선의 문학을 하겠다는 공간의 주체성과 자연스럽게 연결된다. 박지원이 「영처고서(嬰處稿序)」에서 지금 시대의 문학을 추구한 그의 창작 방향에 동의한 뒤 "지금 무관(懋官)은 조선 사람이라"고 말하고, 그의 시를 조선풍(朝鮮風)이라 추켜세운 것은 창작의 방향에서 당연한 귀결이었다.

3) 개성의 구축과 영롱한 안목

창작의 혁신을 주장하면서 지금 시대의 문학을 하겠다는 이덕무의 지향은 복고(復古)와 창신(創新)의 갈림길에서 창신의 노선을 선택한 것이다. 그는 영조 시대 중후반 시단에 거세게 몰아닥친 새로운 조류를 뒤따라갔다기보다는 스스로 개척하고 선도하였다. 지금 시대의 문학은 어떤 것이어야 하는지를 자각하여 자신의 창작 방향을 정했을 뿐만 아니라 그를 따르는 문인에게도 새 시대 문인으로서 자각하고 도전할 것을 권하였다. 다음에 논시절구와 편지글을 인용하여 창작의 방향을 어떤 쪽으로 정립해갔는지를 살펴본다.

> 한 침상에 잠을 자도 꿈은 따로 꾸게 되듯　　各夢無干共一牀
> 사람은 두보 · 이백이 아니고, 시대는 당이 아니지.　　人非甫白代非唐

---

24 안대회, 「李德懋 小品文의 美學」, 『고전문학연구』 24권, 2003, 273~307면.

나의 시는 내 얼굴과 똑같다고 자신하니　　　　吾詩自信如吾面
똑같은 옷을 걸친 꼭두각시를 비웃노라.　　　　依樣衣冠笑郭郎[25]

시험삼아 동국(東國)의 시문을 살펴보게. 귀신처럼 신령하고 괴이한 재능을 지닌 문인이 거의 보이지 않을 걸세. 심계(心溪)는 어째서 묵고 좁은 문학의 길을 활짝 열어 느닷없이 파천황(破天荒)의 길을 뚫어보려 하지 않는가? 내 말이 평범하지는 않으나 세상의 시문이 너무 수준이 떨어짐을 슬퍼한 탓이네. 힘을 기울이기 바라네.[26]

앞의 시는 백탑시사의 핵심 구성원인 유득공, 박제가, 이서구 등을 그리워하며 지은 시 가운데 한 수이고, 뒤의 글은 아주 가깝게 지내며 문학과 학문을 토론한 이광석(李光錫)에게 보낸 편지이다. 창작의 길을 함께 한 동인과 교감한 글이므로 짧은 분량에도 불구하고 신뢰할 만하고 깊이가 있는 내용이다. 앞의 시는 현재란 시대에 대한 자각, 작가 자신의 존재에 대한 자각을 바탕으로 오로지 하나뿐인 자신의 얼굴과도 같은 개성을 작품으로 보여주겠다는 강한 신념을 밝혔다. 뒤의 편지는 동인에게 수준이 떨어지는 조선의 문학판을 뒤흔들 천재성과 참신성을 발휘해보라고 주문하였다. 스스로 말이 거칠다고 언급할 만큼 강한 어조에는 혁신을 꿈꾸고, 새로운 문학을 갈망하는 젊은 문인의 열정이 배어나온다.[27]

---

25 이덕무, 위의 책 권11, 「論詩絶句. 有懷篠飮·雨邨·蘭坨·薑山·泠齋·楚亭」.

26 이덕무, 위의 책 권15, 「與李光錫書」. "試觀東國詩文, 其才若鬼神之靈幻者, 不少槪見. 心溪何不打開文墨蹊逕, 遽爲破天荒也? 余言雖不平易, 槪蓋悲俗製之卑卑也. 願肆力焉."

27 이덕무는 위의 책 권5, 「瑣雅」에서 대가로 칭송받는 작가의 시문을 비평하고 난 뒤 "대개 재능이 없지는 않으나 다들 보고 들은 문견에 제한을 받은지라 지어낸 글에는 관각체(館閣體)가 많다. 그래서 두려워하고 위축된 채 감히 판국 밖으로 뛰쳐나가 조

그러나 의욕이 결과를 그대로 낳지는 않는다. 더구나 지금까지의 흐름을 완전히 바꿀 정도의 큰 혁신은 의욕만으로 이루어지지 않는다. 꿈을 실현하려는 방법을 찾고 노력을 기울여야 한다. 그의 글에는 창작의 길에 나선 작가를 향한 창작법이 곳곳에 제시되어 있다. 다음에 인용한 글이 그 가운데 하나이다.

> 문장은 깨우친 것이 있는 뒤에 발을 디뎌야 한다. 원중랑(袁中郎, 袁宏道)을 명말(明末)의 기괴한 작가로 업신여기지 말고, 마음을 가다듬고 조용히 생각을 모으면 반드시 영롱한 지혜의 눈이 뚫릴 것이다. 그 다음 한 번 주위로 눈길을 돌리면 만물이 모두 나의 문장이다.[28]

이 글은 시인인 박종산(朴宗山)에게 보낸 편지글로 작가가 창작에서 소중히 여길 태도를 제시하였다. 무턱대고 새로운 문학을 창조하겠다는 의욕만 가지고 파천황의 작품을 쓸 수 있는 것은 아니다. 창작의 방법에 눈을 떠야 한다. 깨우친 것이 있어야 한다는 말은 어떻게 창작해야 하는지 안목을 갖추어야 함을 의미한다. 그래야 '영롱한 지혜의 눈[玲瓏竇]'이 뚫려 세상 만물을 꿰뚫어 보고 남다른 인식을 아름답게 묘사할 능력을 갖출 수 있다. 그 눈은 사물을 보는 시인의 특별히 발달한 눈을 의미한다. 시원스럽게 뚫린 시인의 눈 앞에 펼쳐진 이 세계의 온갖 만물은 모두 문장이 될 수 있다. "만물이 모두 나의 문장이다"

화를 흔들어 떨치지 못하고 나날이 낮은 수준으로 떨어질 뿐이다. 문장이란 것이 아무리 말기(末技)라도 진부하고 용렬하게 하품(下品)에 안주해서야 될 일인가(蓋才不無焉, 皆局於聞見, 所得多館閣體, 而畏縮不敢出遊局外, 掀動造化, 日就卑卑而已. 文章一事, 雖末技, 豈可腐陳庸碌, 安於下品哉!)"라는 말을 하였다. 이 역시 새로운 창작을 모색해보겠다는 열정이 약동하는 발언이다.

28 이덕무, 위의 책 권16, 「與內弟朴稚川宗山書」. "文章有悟處, 然後立脚. 勿以中郎爲末季怪品侮之, 齋心靜會, 必透得玲瓏竇. 一轉眼, 則萬物皆吾文章也."

라는 그의 말은 '원초적 텍스트'를 의미한다.[29] 찬란하게 존재하는 만물의 비밀을 인식하여 표현해내는 시인의 능력은 그 '영롱한 지혜의 눈'을 뜨는 시인에게만 주어진다. 신진 작가에게 새로운 눈을 뜨도록 도움을 줄 수 있는 작가가 공안파(公安派)의 리더 원굉도(袁宏道)이다. 복고주의자들이 그를 비판한다 하여 덩달아 비판하는 짓은 어리석다.

눈을 뜬 시인이 앞에 펼쳐진 만물의 공간에서 무엇을 보고 어떻게 시를 창작할 것인가? 「적언찬 · 예찬5」 '영혼의 즐거움[讚之五怡靈]'에서는 그 문제를 다음과 같이 시적으로 묘사하였다.

> 물고기는 지혜롭고 새는 신령하며, 바위는 수려하고 나무는 곱다.
> 내 정신은 저 자연의 경물과 어울려 즐겁고, 정감은 장소를 따라 변화를 겪는다.
> 옛날의 법을 어찌 따르리오? 속된 양식에 이끌리지 않으리라.
> 오묘하고 빼어난 문심(文心)을 특별히 갖추어, 장애와 구속을 시원스레 벗어나리라.
> 가을물이 (넘실대듯하여) 큰 바둑 대회처럼 하고
> 의기양양 도박판을 벌여 큰 연희마당같이 한다.
> 헐렁한 옷차림의 광대들처럼 조바심도 성냄도 내지 않고
> 천명에 따라 즐겨서 하늘에 떠가는 봄구름처럼 하리라.
> 마음 구멍 눈구멍은 영롱하여 끝이 없다.
> 술잔을 재촉하지 않고, 거문고 빨리 타지 않아도 좋으니
> 턱을 괴고 낭랑하게 시 읊으면 묵은 병도 사라지리라.[30]

---

29 자세한 설명은 뒤에 나온다.

30 이덕무, 「適言讚 · 예찬5」 '영혼의 즐거움[讚之五怡靈]', 위의 책, 222~3면. "魚慧禽靈, 巖秀樹姸. 景與神怡, 情隨境遷. 法豈古襲, 樣不俗牽. 別具妙勝, 快脫障纏. 秋水(原文二字缺) 如大博局 ; 憑陵梟盧, 如大戲場. 郎當郭鮑, 無躁無狠. 隨天以娛, 春雲在天. 心竇眼孔, 玲瓏無邊. 酒不促觴, 琴不繁絃. 支頤朗哦, 疴可以捐."

창작의 즐거움이 어떠할지를 묘사한 4언구(言句)의 글이다. 심안(心眼)이 열린 시인이 눈 앞에 펼쳐진 경물을 자유롭게 인식하고 개성있게 묘사하는 환희를 표현하였다. 시인의 정신과 정감이 발동하여 자연 경물이란 텍스트를 민감하게 인식하고 개성을 살려 묘사하는 창작 방향을 제시하였다. 이때에 과거의 창작법이나 세상에 널리 통용되는 형식은 장애와 구속일 뿐이므로 과감하게 벗어나야 한다. 더욱 중요한 사실은 시 창작이 큰 바둑 대회나 큰 연희마당에서 바둑판이 벌어지고 광대놀이가 벌어지듯이 일종의 유희이지 괴로운 노동이 아니라는 점이다. 여기에는 문학의 사회적, 국가적 기능이나 개인적 성공이란 목적의식이 개입할 여지가 없다. 그러므로 조바심도 내지 않고 화도 낼 필요가 없이 하늘에 떠가는 봄철의 구름이 허공을 떠돌 듯이 여유가 있고, 한가롭다. 앞에서 언급한 문학을 유희로 본 관점이 창작 과정의 묘사에 다시 등장한다. 환희에 찬 창조행위이자 즐거운 노동 행위이기 때문에 그 결과물은 작가의 묵은 병을 낫게 하는 주술적 힘까지 지녔다.

한편으로 이 글에도 세상 만물을 마음 구멍으로 인식하고 눈구멍으로 보아서 영롱하기가 끝이 없다[心竇眼孔, 玲瓏無邊.]라는 말을 하였다. 앞에서 말한 '영롱한 지혜의 눈[玲瓏竇]'과 이 글에 나오는 '영롱함'은 차이가 없다. 마음과 눈은 인간과 세계를 날카롭게 인식하는 기관이다. 시인의 인식은 이성적 인식이나 과학적 인식과 다른 문학 고유의 인식이다. 그가 창작론에서 유난히 즐겨 쓴 '영롱'이란 어휘는 세계의 시적 인식을 의미하는 어휘이다.

3. 시의 진실과 표현의 신선함

1) 진실(眞實)의 묘사(描寫)와 진정(眞情)의 유출(流出)

이제부터 더 구체적으로 창작의 실제에 접근한 시론을 검토한다. 이덕무는 "무릇 시문(詩文)에는 한편 한편에 한 줄기 정신이 살아 움직여야 비로소 살아있는 문장이 된다. 남의 것을 본떠서 진부해진 시문은 죽은 글이다"[31]라고 하였다. 정신이 살아 약동하는 살아있는 글은 그가 시문에서 요구하는 요체이다. 그가 말한 살아 움직이는 '정신'은 시문에 생명을 불어넣는 요소이다. 남의 작품을 본떠서는 결코 이룰 수 없다.

정신이 살아 움직이기 위해서는 대상 사물을 사실적으로 묘사해야 하고, 작가의 감정을 진실하게 표현하여야 한다. 묘사와 표현에서 가짜와 가식은 금기이다. 이덕무는 그 점을 여러 곳에서 자주 강조하였다. 인상적으로 표현한 글은 「적언찬 · 예찬1」 '진실의 확립[讚之一植眞]'으로 다음에 그 전문을 인용한다.

> 석록(石綠)으로 눈동자 새기고, 유금(乳金)으로 날개 물들인 나비가
> 선홍빛의 꽃받침을 빨며 긴 수염을 말아 올린다.
> 슬며시 곁눈질하는 약삭빠른 날개를 영리한 어린애가 오래도록 기다리다가
> 별안간 손바닥으로 쳤으나 훌쩍 날아가니, 산 놈 아닌 그림 속 나비였구나!
> 그렇듯 진짜에 가깝고 너무나 닮은 것도 결국은 제이(第二)에 불과하니

---

31 이덕무, 위의 책 권4, 「題內弟稿」. "凡詩文箇箇有一脈精神活動, 方是活文. 若蹈襲腐陳, 便是死文."

> 핍진(逼眞)하고 닮은 것이 어디서 나왔는지를 똑똑히 살펴보라!
> 본래 바탕을 먼저 보아야 가짜에게 속박당하지 않나니
> 갖가지 수많은 사물에 대해 이 나비의 비유를 본보기로 삼으라![32]

「적언찬」의 첫 번째 항목이 바로 '진실의 확립'이다. 이덕무는 「적언찬」의 병서(幷序)에서 "사물은 진짜를 통해 생성되고, 만사는 진짜를 통해 영위된다. 따라서 진짜의 확립을 맨 앞에 두었다."[33]라는 말로 이 항목을 맨 앞에 둔 이유를 밝혔다. 진실함은 사물이나 인간 만사에 모두 적용되는 조건으로 다른 어떤 조건보다 앞선다. 그는 이것을 '나비의 비유[蝴譬]'로 설명하였다. 진짜와 똑같아서 생동감이 넘치는 나비 그림은 어린아이를 잠깐 속일 수는 있어도 결국은 아이를 실망시키고 만다. 아무리 똑같이 모사해도 결국은 가짜임을 못 벗는다. 비슷한 것은 가짜일 뿐이다.

진실한 나비를 알고자 한다면 혹사(酷似)한 그림이 아니라 나비 자체를 보아야 한다. 작가는 어떤 태도로 창작에 임해야 하는가? 사물이고 사회현상이고, 자기 자신의 감정이고 가릴 것 없이 모두 그 본연의 실상에 뿌리를 두어야 한다.[34] 명작으로 명성을 얻은 작품이나 선입견 등 이차적인 모든 관념과 이미지로부터 벗어나 사물 자체와 나 자신의 감정과 사유로부터 신선하게 창작의 길을 출발하여야 진실에 도달한다. 훌륭한 작가라면 창작에서 허위와 가식이 아닌 진실함을 말해야 하고, 모의와 복제가 아닌 창조를 이뤄야 한다. 그와 같은 주장을 담은

32 이덕무, 「적언찬 · 예찬1」, 위의 책, 219~221면. "石綠嵌睛, 乳金暈翅. 唼銀硃蕚, 拳鬚旖旎. 黏羽瞖睨, 慧孺久企. 瞥撲欻捎, 匪活伊紙. 逼眞酷肖, 俱步第二. 且諦逼酷, 緣那以起. 本素先覰, 罔以贗枳. 種種萬品, 準玆蝴譬."

33 이덕무, 위의 글. "物以眞成, 事以眞行, 故先之以植眞."

34 안대회, 「李德懋 小品文의 美學」, 위의 글.

빼어난 글이 바로 「선서재시집서(蘚書齋詩集序)」이다. 이 글에서는 작가가 감정의 측면에서 견지할 진실성에 주목하였다. 다음에 그 일부를 인용한다.

> 진실한 기쁨과 진실한 슬픔이 진실한 시를 만든다. 아기는 태어나자마자 우는데 울기를 그치면 문득 웃는다. 여기에는 어떠한 허위도 없는데 그 까닭을 아무도 모른다. 이것이 시의 근본이다. 동자가 두세 살이 되어서는 밥을 많이 주면 웃고, 밥을 적게 주면 운다. 감정에 느끼는 대로 기쁨과 슬픔이 일어나는데, 여기에는 반드시 그 이유가 있다. 이것이 시의 기미(幾微)이다. 아이가 성장해서는 귀인(貴人)에게 아첨하여 환심 사기에 애쓰고, 가깝지 않은 사람에게도 슬픈 척 조문한다. 이것이 시의 허위(虛僞)이다.[35]

감정의 진실성을 설명하려고 이덕무는 갓난아기와 두세 살 동자, 성장한 아이를 차례로 들었다. 태어나서 성장하는 아이를 놓고 단계별로 평가하여 각각 시의 근본이고, 시의 기미이고, 시의 허위라고 하였다. 갓난아기가 울고 웃는 감정표현이 시의 근본이고, 그 이후부터 아이의 감정표현에는 허위와 가식이 스며들기 시작하여 나중에는 감정을 조작하는 단계에까지 이르러 허위가 만연한 상태가 된다. 사실상 작가 대부분은 허위가 만연한 마지막 단계에 처해 있다. 그러므로 훌륭한 작가가 되려면 허위가 일절 없는 어린아이의 단계, 다시 말해 시의 근본 상태로 돌아가야 한다. 어떤 허위도 끼어들지 않는 진실한 감정표

35 이덕무, 「蘚書齋詩集序」(윤광심 편, 위의 책). "夫眞喜眞悲, 是生眞詩焉耳. 兒生初啼, 啼已忽笑, 無所事焉, 莫知其然, 此詩之性也. 二歲三歲, 多飯則笑, 少飯則啼, 觸情而發, 必有其故, 此詩之幾也. 及其長也, 媚貴人而勉歡, 弔薄交而飾哀, 此詩之僞也." 이 글의 의미와 가치는 졸고, 「진실한 시의 조건, 李德懋의 蘚書齋詩集序」(『문헌과해석』 통권 4호, 1998 가을호, 태학사), 115~121면에서 논하였다.

현의 단계로 복귀하여야 문학의 근본에 충실하게 된다는 주장이다. '진실의 확립'에서 진실을 강조한 것처럼, 제대로 된 시를 창작하려면 '진실한 기쁨과 진실한 슬픔'을 드러내야 한다고 보았다.

여기에서 주목할 점은 자신의 시론을 주장하려고 자주 갓난아기나 아이를 등장시켰다는 사실이다. 앞에서도 유희의 창작을 주장할 때 '즐기고 장난치는[娛而弄]' 아이들의 놀이를 비유로 사용하였다. 자신의 행위와 그 이유를 자각하지 못한 채 아이가 즐겁게 놀이하거나 감정에 느끼는 대로 기쁨과 슬픔을 표현하는 그 천진함을 이덕무는 시가 본래적 건강함과 창조성을 되찾기 위한 순수성의 상징으로 간주한 때문이다. 이덕무 창작론에 '즐기고 장난치는' 유희의 정신이 깔려있고, 그 정신을 상징하는 존재가 갓난아기나 어린아이인 점을 다시 한번 강조하지 않을 수 없다.

이덕무는 진실에 바탕을 두어 현상의 본질을 드러내고, 진실한 감정을 솔직하게 표현하는 것을 창작이 지향해야 할 목표로 간주하여 창작에 임하였고, 실제비평에 적용하였다. 그런 사례를 꼽는다면, 20대 젊은 시기에 절친하게 지낸 시인 이광석(李光錫)과 시를 주제로 담론을 벌일 때 말한 글이 있다. 이덕무의 필기(筆記)와 잡설(雜說)을 읽고 나서 이광석이 "스스로 터득한 것이 많아서 결단코 속인(俗人)과는 다르다."라고 칭찬하자 이덕무는 "나는 진실한 감정을 쏟아내고자 애쓰기 때문에 가슴 속에서 솟아나지 않은 글이 없을 뿐이다. 대저 문장은 골수에까지 스며들어야 좋다."라고 대답하였다. 이광석에게 다시 "그대의 문장은 흠이 없지는 않으나 나는 진정한 감정이 가슴에서 흘러나온 그대의 시문을 사랑하여 늘 훌륭하다고 생각한다."라고 평가하였다.[36]

---

36 이덕무, 위의 책 권48, 「耳目口心書」 1. "心溪燈下讀余諸筆記雜說曰 : '自得處甚多, 決

자신의 작품이 지닌 우수함을 가슴에서 우러나온 진실한 감정의 표현에 두었고, 타인의 작품을 평하는 기준도 그것에 두었다. 훌륭한 시문을 지으려면 가슴에서 우러나오고 골수에까지 스며들어야 한다는 말은 진실(眞實)과 진정(眞情)을 중시하여 창작론의 표어로 삼았음을 확인해준다.

2) 표현의 정확성과 신기함

위에서 살펴본 대로 창작 방향의 올바른 설정은 좋은 작품을 창작하는데 근본적으로 중요하다. 그러나 창작은 본디 문예의 기술이므로 언어를 다루고 문장을 구사하는 구체적 표현 기술을 훈련하여 높은 수준에 도달하지 않으면 좋은 작품은 나오지 않는다. 이덕무는 표현의 기술과 방법 등 구체적 기술의 문제를 폭넓게 다루지는 않았으나 몇 가지 주목할 만한 견해를 밝혔다.

먼저 그는 사물의 핵심을 드러내는 표현법을 거론하여 "글을 지을 적에 특별히 마고할미의 손톱을 마련하여 조물주의 굴속에 있는 비밀을 시원스레 긁어내면 신비로운 빛이 지상에 서너 길 튀어 오를 것이다."[37]라고 말했고, 진부한 시어를 사용해서는 안 된다며 "옛사람의 문자를 그대로 가져다 쓰는 것을 인면창(人面瘡)이라 한다. 무엇을 패모

非俗人也.' 余笑曰 : '心溪知我, 勝我自知.' 余以寫出直情爲務, 無非胸臆間事耳. 夫文章, 沁入骨髓可好耳. 古人云 : 可與知者道, 不可與俗人語. 余每疑此語甚薄而無忠厚意, 近日漸覺此語不得已也. 君之文章, 不無疵處, 余愛其眞情流出, 每多之也. 心溪曰 : '近日玩月而吟曰, 峽天遙夜邃, 星月動精神.' 余曰 : '此豈非眞情乎! 奇哉奇哉!'"

37 이덕무, 위의 책 권49, 「이목구심서」 2. "作文可別具麻姑爪, 快爬造化窟底來, 神光騰出紙墨上三四丈."

(貝母) 대신 사용하여 그 사람의 입을 서둘러 막아야 할지 모르겠다"[38] 라고 말하였다. 작품을 창작 할 때 남의 언어를 무턱대고 가져다 쓰는 행위를 증오하고, 조물주의 비밀을 드러내는 예민한 글쓰기를 요구하였다.

1771년 박지원의 산문에 비평을 가한 『종북소선』의 비평문에서 이덕무는 여러 차례 표현의 문제를 제기하였다. 먼저 서문에서 소리와 색깔, 정(情)과 경(境)을 언급하였는데 모두 표현의 문제와 연결된다. 「하야연기(夏夜讌記)」와 「공작관집서(孔雀館集序)」 두 편의 글에 붙인 긴 비평문에서는 비유와 어휘 사용의 문제를 사례를 들어가며 표현법을 제시하였다. 간략하게 살펴보면, 먼저 「하야연기」에서는 박지원은 담헌(湛軒)과 풍무(風舞)의 거문고 합주를 보고서 불쑥 거미가 처마에 거미줄을 치는 모습을 표현한 이덕무의 글을 인용하였다. 그 글은 "절묘하지 않습니까? 때때로 멈칫멈칫하기도 하고, 때때로 잽싸게 움직이기도 하는 것이 흡사 보리 파종할 때 씨를 밟는 발 모양 같기도 하고, 거문고를 탈 때 줄을 누르는 손가락 같기도 합니다."[39] 였다. 이덕무는 박지원이 인용한 자신의 글을 보고서 장황한 비유론을 펼쳤다. 세상에

38 이덕무, 위의 책 권49, 「이목구심서」 2. "蹈襲古人文字曰人面瘡. 不知以何物代貝母用, 急抹其口."

39 박지원, 「하야연기(夏夜讌記)」(이덕무 평선, 『종북소선』, 위의 책) 31면. "妙哉! 有時遲疑, 有時揮霍, 大略如蒔麥之踵, 按琴之指." 박지원이 인용한 이덕무의 말은 「선귤당농소」에 실려있는 청언소품이다. "여름 저녁에 백두(白荳) 꽃이 핀 울타리 가를 거닐다가 거무죽죽한 거미가 거미줄 치는 것을 구경했다. 오묘하게 깨달으면 부처와도 통할 것 같았다. 거미줄을 뽑고 그 줄을 당기면서 다리를 움직이는 법이 영롱하였다. 때때로 멈칫멈칫하기도 하고, 때때로 잽싸게 움직이기도 하는 것이 흡사 보리 파종할 때 씨를 밟는 발 모양 같기도 하고, 거문고를 탈 때 줄을 누르는 손가락 같기도 하였다(暑月之夕, 步荳花籬畔, 玩瓦色蛛結絲, 妙悟可以通佛. 產絲汲絲, 股法玲瓏, 有時遲疑, 有時揮霍, 大略如蒔麥之踵, 按琴之指.)"

서는 수레가 흐르는 물과 긴밀한 연관이 없는데도 수레가 흐르는 물과 같다[車如流水]는 비유를 쓴다. 이 비유를 모방하여 '수레가 뜬구름 같다'라고 한다면 비슷해 보이기는 해도 문장에 전혀 정채가 나타나지 않는다고 하였다. 이 비유와 유사한 10개의 서로 다른 비유를 열거하고 서로 무관해 보이는 사물을 긴밀하게 연결하여 낯설면서도 절묘한 표현을 만들어내는 방법을 설명하였다. 그의 설명은 다음과 같다.

> 이들 표현에서 '무엇이 무엇과 비슷하다'라든가 '무엇이 무엇과 같다'라는 말은, 퍼뜩 떠오르는 대로 말해진 데 그 묘미가 있다. 꼭 그렇게 비유하려고 한 게 아닌데도 그렇게 비유하였고, 자기도 모르게 그렇게 비유하게 된 것이다. 그러니 표절도 아니요, 모방도 아니다. 하늘이 애초에 어떤 물건을 낼 때 반드시 그에 대한 비유를 갖추어 놓게 마련인지라 비유에는 일정한 짝이 있으니 저 부부나 형제처럼 함부로 바꿀 수 없다.[40]

시문에서 하나의 사물과 하나의 현상을 표현하는 비유로는 가장 적합한 비유가 오로지 한 가지 있다. 그 비유를 찾아 쓰는 것이 작가의 절묘한 솜씨이자 능력이다. 자신이 거미를 '보리 파종할 때 씨를 밟는 발 모양 같다'라고 비유하였는데 그 비유는 어찌 보면 서로 전혀 연관되지 않고 거리가 먼 생뚱맞은 것이다. 하지만 그 두 가지 서로 다른 사물의 행태에는 절묘한 유사성이 있어 그 누구도 쓰지 않았고, 처음 보면 매우 낯설고 생뚱맞으나 실은 참으로 기막힌 비유라고 설명하였다.

한편, 「공작관집서」에서는 '역책(易簀)'이란 어휘에 집중하였다. 『예기(禮記)·단궁상(檀弓上)』에 나오는 말이다. 책(簀)은 침상의 깔개이

40 이덕무, 위의 책 30~34면.

다. 증자(曾子)가 병환 중에 깔개를 깔고 있다가 임종할 때 분수에 맞지 않는다고 깔개를 바꾸게 하고서 죽은 사실에서 유래한 어휘이다. 후대에는 스승이나 현인의 죽음을 가리키는 말로 널리 사용되었다. 하지만 이덕무는 이 어휘가 아무에게나 사용할 말이 아니라는 이유로 죽음을 표현하는 말로 함부로 써서는 안 된다고 주장하고 다음과 같이 말했다.

> 이는 경전의 가르침을 어둡게 하는 것이고, 글자의 본의(本義)를 잃게 만드는 것이며, 글 쓰는 법을 무너뜨리는 일이다. 글을 짓는 자는 이른바 '옛말에 어떤 좋은 말이 있는가를 생각한다든가 억지로 경전의 그럴듯한 말을 뒤져서는 참된 뜻을 얻기 어렵다'라는 말을 명심해야 할 것이다.[41]

경전에 나오는 말이나 옛 작가가 한 멋진 말이라 해도 시문에 함부로 활용해서는 안 된다고 힘주어 강조하였다. 어휘가 지닌 본래의 함의와 지시기능을 무시하고, 고전에 있다 하여, 남들이 썼다 하여 무의식적으로 어휘를 선택하여 쓰는 태도를 경계하였다. 익숙한 표현에 거리를 두고 낯설게 하기를 추구한 이덕무의 창작경향에 정확히 부합하는 태도이다.

위에서 살펴본 비유와 어휘의 문제는 사물과 현상에 가장 적합한 표현을 찾아 쓰려고 노력하는 것이 작가의 기본 태도임을 강조한다. 하나의 사물과 하나의 현상에는 그에 가장 어울리는 비유나 표현이 있고, 고전에 나오거나 다른 작가가 이미 사용한 표현의 힘을 빌리지 말고 스스로 찾아내 쓰라고 요구하였다. 엄밀하고 독창적인 표현을 앞세

41 이덕무, 위의 책 82~85면.

우는 작가의 장인다운 언어 표현의 태도라고 평가할 수 있다. 실제로 이덕무가 시에서 구사한 언어는 표현이 치밀하여 답답함을 느낄 정도이고, 어휘 선택이 복잡하여 궁벽하고 껄끄럽게 느낄 정도였다.[42] 예전의 시인에게서 보기 드문 그만의 독특하고 개성 넘치는 어휘 사용과 언어 표현이 이덕무의 시에서는 자주 확인하게 된다.

4. 시어의 혁신과 감각적 표현의 깊이

현재 전해지는 이덕무의 시작품은 대략 1048수 정도이다.[43] 10대부터 왕성하게 시를 창작하여 20대까지 지은 초기작은 『영처시고』에 수록되었고, 이후 작품은 『아정유고』에 실려 『청장관전서』에 편입되어 있다.[44] 꾸준하게 시를 창작하였으나 규장각 검서관이 된 이후로는 과도한 업무에 치여서 창작량이나 작품성이 이전보다 퇴보하였다. 하지만 어린 시절부터 만년까지 태작이나 범작이 없이 고른 작품성을 유지하였다. 거장의 이름에 걸맞은 작품의 수준과 수량을 자랑하고, 그만큼 단련과 정제를 거쳐 높은 수준에 도달한 작품만을 세상에 내어놓았다.

이덕무 시의 아름다움과 사적 가치는 다양한 관점에서 말할 수 있지

42 박제가, 『貞蕤集』, 「雅亭集序」, 한국문집총간 261집. "其意匠峭崛, 格律精嚴, 毋雷同, 毋武斷, 以不襲不創爲歸趣. 蓋其畜之深故使事密, 採之博故下字繁, 人訾其密則曰沓拖, 怪其繁則曰僻澁."

43 유재일, 앞의 책 23면.

44 김영진, 「『青莊館全書』 및 其他 李德懋 著作에 대한 文獻學的 再檢討」, 『고전과 해석』 17권, 2014, 117~144면. 최근에는 동생 李功懋가 편찬한 이덕무의 시집이 경매에 출품되기도 하였다.

만 무엇보다 우선하는 요소로 표현의 우수성을 꼽을 수 있다. 누가 뭐래도 시인은 언어를 다루는 예술가이다. 우수한 시인은 의미를 전달하기 전에 시어를 세련되고 아름답게 구사하여 독자를 흡인하는 능력을 과시한다. 시어를 다루고 감각적으로 표현하는 언어 구사력은 시인의 기본기에 속하고, 그 점에서 이덕무는 탁월한 감각을 소유하고 장인다운 단련을 거쳐 시에 혁신적 변화를 가져왔다. 그의 시가 거둔 성취는 시어의 구사력에서 출발한다.

이덕무는 이른 시기부터 시어에 깊은 관심을 기울였다. 앞에서 살펴본 시론에서도 시적 표현에서 특히 비유와 어휘에 큰 관심을 표명하였음을 살펴보았다. 시어와 어휘를 향한 관심이 10대부터 나타나 『영처시고』에 수록된 작품에서 벌써 성취를 훌륭하게 드러냈다. 1764년 연말에 지은 「갑신제석기(甲申除夕記)」에서는 그 해에 "초목과 새와 벌레, 흙과 바위 등의 이름을 알아야 하므로 나는 『본초(本草)』를 보았다"라 밝혔고, "『각피편(㲉皮篇)』 약간 항목을 써서 풍속과 민요, 담론, 명물(名物), 전장(典章) 등에서 참고할 여러 가지를 기록했다"[45]라고 밝혔다. 약명을 비롯하여 각종 식물명을 기록한 『본초(本草)』를 공부하여 사물의 명칭을 폭넓게 배우려 하였고, 어휘 학습을 포함하여 민요와 풍속, 물명, 제도, 전고까지 기록한 『각피편(㲉皮篇)』을 저술하였다. 책의 내용은 물명고(物名攷)와 같은 성격일 것이다. 그와 같은 학습이 기초를 이뤄 이덕무는 사물의 명칭을 매우 잘 알게 되었고, 유득공의 찬탄을 자아내게 했다.[46] 이덕무 자신은 「절구(絶句)」 제22수에서 자신

45 이덕무, 위의 책 권3, 「갑신제석기(甲申除夕記)」. "草木禽虫土石之名, 不可不知, 余觀『本草』焉. …… 草『㲉皮篇』若干條, 記風謠談論名物典章諸可攷之事也."

46 유득공, 『영재집』, 「춘성유기(春城遊記)」. "靑莊多識荣名, 余擷而問之, 無不對者, 錄之數十種. 有是哉, 靑莊之博雅也!"

의 관심사를 다음과 같이 간명하게 표현하였다.

> 이름이 다양한 풀을 흔하게 들어왔고 慣聞多名草
> 색깔이 특이한 새를 열심히 살핀다. 貪看異色禽
> 지금 세상에는 정어중이 없고 보니 今世無漁仲
> 각고의 이 마음을 그 누가 알아주랴. 誰能識苦心

각고의 관심을 기울여 학습하고 연구하는 대상이 풀과 새의 이름과 생태임을 밝혔다. 그가 말한 내용은 학문으로 치면 이른바 명물도수학(名物度數學) 또는 박물학이다. 물명(物名)을 단순히 기억하는 차원이 아니라 사물의 생태를 정확히 파악한 지식의 결과로 명칭을 아는 학문이다. 정어중(鄭漁仲)은 송의 학자로 『통지(通志)』를 저술한 박물학자 정초(鄭樵)이고, 그 학문을 대변하는 인물이다. 이덕무가 박물학자로 존경한 인물이다. 이른 시기부터 이덕무는 사물의 명칭과 어휘에 관심을 집중했고, 그런 관심은 시어와 어휘에 대한 깊은 소양으로 나타났다. 이덕무는 시어 자체를 깊이 천착하여 사물과 시어의 근원적 관계를 고민한 시인이었다.

물명과 어휘에 대한 그의 관심사는 『규장전운(奎章全韻)』의 편찬, 속담을 한역한 『열상방언(洌上方言)』의 저술로 이어졌다. 또 특이한 어휘의 음과 훈, 한글음을 변증한 『앙엽기(盎葉記)』의 편찬 등으로 확장되었다. 하나의 실례로, 『청비록』 권2에서 '고구려(高句麗)'를 '고구리'로 발음해야 한다는 주장을 역사적 어학적 근거를 밝혀 내세웠다. 이 사례에서 나타나듯이 지명과 관직명, 금수초목의 어휘를 분석하여 정확한 지식과 표현에 도달하려는 노력은 당시 지성계에 나타난 국어학과 어휘 연구와 학문상 비슷한 궤도를 걷고 있다.[47] 그는 사물과 어휘의 깊이 있는 이해와 정확한 사용을 추구했고, 그 공부는 시인의 고유한 미덕인 남다른 시어의 창조로 나아갔다.

그는 시어를 구사할 때 정확한 의미, 상징성, 감각적 표현 등을 중시하였다. 사물의 실상과 현상의 실제를 새롭게 재현하여 독자의 감각에 호소하는 어휘를 선택하고자 하였다. 앞서 창작론에서 '정신을 잘 모사하는' 작가의 능력을 거론한 것처럼 기존의 식상한 언어나 틀에 박힌 관용어를 버리고 새로운 언어를 쓰려는 이유는 대상을 가장 정확하고 인상 깊게 표현하고자 하는 작가의 의도를 구현하기 때문이었다. 이덕무가 시를 창작할 때 어떻게 정확하면서도 참신한 시어를 창출해냈는지 몇 가지 사례를 통해 살펴본다. 먼저 시의 한 연을 인용한다.

단풍잎으로 밥 지으니 저녁밥에 풍미가 돌고	暝飯味添紅葉爨
흰 솜 넣어 꿰맸더니 가을옷에 향내가 엄습한다.	秋衣香襲白綿裝

-『영처시고』2, 「초저녁에(初夜)」

저녁밥의 원문은 '명반(暝飯)'인데 이 시어에 주목해보자. 보통 저녁밥은 석반(夕飯)이란 말을 쓰고 당연히 시에서도 흔히 쓰인다. 석반이 일상어라면 명반은 일상에서는 거의 쓰지 않는 생소한 말이며 시에서도 거의 쓰이지 않아 그 용례가 나타나지 않는다. 반면에 이덕무는 인용한 한 편을 포함해 세 편의 시에서 석반 대신 '명반(暝飯)'을 쓰고 있다. 시의 번역에서는 그대로 저녁밥으로 쓸 수밖에 없었다. 명반이란

47 신경준(申景濬, 1712~1781)은 「강계지서(疆界誌序)」에서 훈독과 음독이 뒤섞여 혼란스러운 고대 지명을 연구하여 표기의 원리를 통찰하고 있다. 그의 연구와 통찰은 이덕무의 논지와 깊은 연관성을 맺고 있다. 「강계지서」의 번역과 그 글의 문제의식은 정민·이홍식의 『한국산문선』 6권(민음사, 2017) 196~199면에 소개되어 있다.

어휘는 석반을 굳어지고 화석화된 시어로 차별화한다. 명반이란 낯선 시어를 사용함으로써 저물녘 어두컴컴할 때 밥 먹는 시간과 공간의 감각을 독자에게 신선하게 전달한다.[48] 명반이 쓰인 「초저녁에」는 시각과 후각, 촉각 등의 온갖 감각이 계절과 시간의 감각과 어울려 산뜻한 시정을 선사한다.

이렇게 이덕무는 치밀한 계산을 거쳐 묘사대상의 정신을 정확하고도 인상적으로 포착하기 위해 시어를 선택하였다. 당시 사람들의 구어를 연상시키는 한자어로 조어하여 현실 세계의 생생한 느낌을 살려서 표현하고자 하였다. 심지어는 조선 사람의 어법을 시어에 반영하여 새로운 한자어를 조어(造語)하기까지 하였다. 다음에 세 가지 사례를 더 든다.

우람하게 큰 덩치로 밭을 잘도 일구더니　　巨質塊然善起田
털은 닳고 뼈는 야윈 채 몇 해를 지냈던가?　　毛焦骨瘦幾經年

－『영처시고』1, 「장남삼아 늙은 소를 노래하다. 유후촌의 시체를 본뜸(戱詠老牛. 效劉後邨體)」

친구가 벼베기 하러 떠난 뒤　　故人割稻去
국화는 홀로 향기를 풍기네.　　時菊獨揚芬

－『영처시고』2, 「정부를 그리며(憶正夫)」

흉년이 들어 인정 야박해짐을 언뜻 깨닫고　　年貧乍覺人情淺
비가 물러가자 사물 빛깔의 더딤을 보겠네.　　雨退仍看物色遲

－『영처시고』2, 「저녁이 되다(夕成)」

48 이덕무를 제외하고 이 시어를 쓴 시인으로는 관복암(觀復庵) 김숭겸(金崇謙) 정도가 찾아진다. 이덕무는 그의 시를 높이 평가하여 『청비록』에서 작품을 몇 수 뽑았고, 이 시어가 쓰인 작품이 그 속에 포함되었다.

세 편의 시구에서 밭을 일군다는 기전(起田)과 벼를 벤다는 할도(割稻), 비가 물러간다는 우퇴(雨退)란 시어를 썼다. 보통 그 뜻에는 경전(耕田)과 예도(刈稻), 우지(雨止)를 쓰는 데 반해 이덕무는 생소한 글자로 대체하였다. 기전과 할도, 우퇴는 한국인의 언어 감각에는 상당히 잘 어울려서 밭을 일구고, 벼를 베는 농사일과 비가 천천히 그치는 자연현상을 생동감 있게 표현하고 있다.

그중에서 첫 번째 인용한 시의 원문 기전(起田)이란 어휘에 주목해 보자. 이 시는 오랜 농사일을 하며 늙어 야윈 소를 소재로 한 작품이다. 일반적으로 밭을 갈다, 밭을 일군다는 뜻의 한자어는 기전보다는 경전(耕田)으로 쓴다. 이 시에서는 밭을 일군다는 의미의 기전(起田)으로 썼는데 조선식 한자 조어로 보기는 어려워도 상당히 낯선 표현이다. 왜냐하면, 한문의 어법으로는 기전(起田)이라 하면 기전원(起田園)의 줄임말이 되어 전원에서 몸을 일으켜 세상으로 나간다는 의미로 읽히고 실제로 그렇게 많이 쓰였다. 따라서 밭을 간다는 의미로는 기전이 잘 쓰이지 않는다. 그 의미와 어법을 모르지 않을 이덕무는 일부러 기전이라 써서 소가 끄는 쟁기가 흙덩이를 일구어가는 장면묘사를 생생하게 표현하였다.[49] 경전이라 쓰는 것이 올바른 어법이겠으나 저와 같은 생생함은 얻을 수 없다.

이처럼 이덕무가 선택한 시어는 독자의 감각을 새롭게 환기시키며 시어의 의미와 주제를 인지하기 이전에 감각이 앞서 받아들이도록 한다. 낯설지만 잘 만들어진 시어는 독자에게 자연과 사물, 그리고 인간

49 任埅의 「북쪽 이웃 이군에게 주다(贈北隣李君)」(『水村集』 권3)에서 "계곡에 시렁을 얹어 길을 통하고, 벌판을 태워 밭을 일굴 만하다(架壑能通逕, 燒原可起田.)"라 썼는데 이덕무의 시를 제외하면 이 시구에서 용례가 보인다.

의 생활에서 실제로 느껴왔고 체험했던 감각을 시어를 통해 다시 환기시키고 체험하게 한다. 이덕무가 채택하거나 조어한 시어는 일반 시인과 뚜렷한 차별성을 지니면서 시의 작품성을 높이는 요소이다.

이덕무는 이렇게 조선 사람다운 정취를 살리는 표현을 과감하게 채택하였다. 더욱이 한국어식 어감과 어법을 시어에 채택하고 그것을 시의 참신성을 높이는 중요한 작법으로 사용하였다. 이러한 시도는 서울에 거주한 서파(庶派) 계층 시인들에게서 종종 발견된다. 18세기 서파 계층 시인들을 초림체(椒林體) 시인[50]이라 불렀는데 그들 선배 가운데 한 사람이 서명인(徐命寅, 1725~1802)이다. 서명인의 시는 여러 면에서 이덕무의 시와 비교된다. 1766년에 한양 종로의 저녁거리를 묘사한 다음 시가 그 한 사례이다.

꽃 무더기가 관아와 집을 화사하게 꾸미고	煙華粧點遍公私
개천은 구불구불 약속 장소로 가는 듯.	溝水逶迤若赴期
새까만 남산은 달을 살짝 뱉어내고	蒼黑終南微唾月
일 마친 무렵 거리 가득한 인파는 희다.	滿街人白罷司時

– 서명인, 「저녁에 종루 거리를 지나다가 짓다(暮過鐘樓街上口占)」

남산이 달을 '뱉어냈다[唾]'고 표현했다. '唾月'은 문자 그대로 해석하면 달에 침을 뱉는다는 의미이다. 비슷한 의미를 지닌 말에는 '토월(吐月)'이 있어 흔히 쓰인다. 그러나 달을 뱉어낸다는 우리말 표현의 감각을 살리는 데에는 '토월'보다는 '타월'이 더 효과적이다. 조선식 한자어

---

50 초림체 한시는 안대회의 「서얼시인의 계보와 시의 사적 전개」(『문학과 사회집단』, 한국고전문학회 편, 집문당, 1995)에서 처음 논의되었고, 이후 신익철의 「18세기 중반 椒林體 漢詩의 형성과 특징-李鳳煥을 중심으로」(『古典文學硏究』 19, 한국고전문학회, 2001.)과 김경숙의 『조선후기서얼문학연구』(소명출판, 2005.)에서 보완되었다.

를 구사하여 생경하면서도 참신한 효과를 거두었다.[51] 이덕무가 서명인과 직접 교유한 사실은 확인되지 않으나 이봉환(李鳳煥), 이명계(李命啓), 이진(李璡), 남유두(南有斗) 등 주요한 서얼 시인들과 인맥과 교유관계가 서로 얽혀 있어 시 창작의 경향상 깊은 관련성이 있다고 추정한다. 조선식 한자어까지 활용하면서 시어의 치밀한 효과를 계산하여 사용하는 작법은 이들 시인에게서 현저하게 나타난다.

이덕무는 일반 시인이 잘 쓰지 않던 생소하고 조선 사람의 체취와 감각을 살리는 시어를 잘 골라 썼다. 과감하고도 참신한 그만의 독특한 시작법은 시어의 범위를 넘어 다양한 시적 표현에서도 흔히 찾아볼 수 있다. 이덕무는 자연현상을 단조롭게 표현하지 않고 감각적으로 표현하기를 즐겼다. 시각과 청각, 후각과 미각을 동원하여 표현하여 입체적 감각의 활용이 돋보인다. 앞에서 인용한 「초저녁에」는 감각이 다채롭게 표현되고 있다. 형용사와 부사, 의성어와 의태어를 절묘하게 구사한 점도 눈여겨볼 점이다. 다음에 그의 감각적 언어사용을 보여주는 칠언절구 두 편을 인용한다.

붉디붉은 석류꽃이 푸른 가지 에워싸고	的的榴花繞綠枝
옥색 발에 스며들던 정오의 햇살 옮겨가네.	緗簾透影午暉移
화로 연기 줄어들고 보글보글 끓는 찻물	篆煙欲歇茶鳴沸
호젓한 분이 그림을 읽는 순간이라네.	政是幽人讀畫時

–『아정유고』2, 「단오날 관헌(觀軒)에서 모이다(端陽日集觀軒)」

관아 동편에선 새벽닭이 끝없이 울고	不已霜鷄郡舍東

51 안대회, 「18세기 奇詭尖新 漢詩의 한 양상 –徐命寅의 『取斯堂煙華錄』을 중심으로–」, 『한국한문학연구』 45권, 2010, 331~365면.

달과 함께 지는 별은 반짝, 공중에 떠있다. 殘星配月耿垂空
말굽소리 갓 그림자 몽롱한 들녘으로 蹄聲笠影朦朧野
아낙네 조각난 꿈을 밟으며 간다.[52] 行踏閨人片夢中

- 『아정유고』1, 「새벽에 연안을 떠나며(曉發延安)」

첫 번째 인용한 시는 서상수(徐常修)의 관헌에 모여 앉아 그림을 펼쳐놓고 감상하는 단오날 오후의 풍경을 묘사하였다. 전체 분위기는 적막감이다. 앞 구절에 나오는 이런저런 움직임은 그림의 의미를 읽고 있는 서상수의 태도를 향해 집중되고 있다. 지금의 6월 중순에 해당하는 단오날, 짙은 녹색 나뭇잎 사이로 선홍빛 붉은 석류꽃이 피어있다. 날이 한창 더워지는 무렵 옥색빛 발 사이를 비집고 들어온 햇살이 천천히 움직여 시간이 소리도 없이 지나가고 있음을 알린다. 적막한 집안에 들려오는 소리라곤 숯불에 올려놓은 찻물 끓이는 소리뿐이다. 그림에 몰입해있는 순간의 고요함을 찻물이 보글보글 끓는 작은 소리로 표현하고 있다. 붉은 석류꽃의 색채감과 보글보글 끓는 찻물의 청각처럼 이덕무의 시에는 감각 표현이 긴밀하게 연결되어 의미를 선명하게 하고 분위기를 돕고 있다.

두 번째 인용한 시는 감각적 표현의 전형적 사례로 꼽을 만한 수작이다. 새벽길을 떠나는 나그네의 몽롱한 의식을 청각, 시각으로 표현하고 있다. 시어는 거의 모두 음향과 깊은 관련을 맺고 있다. 원시의 상(霜), 동(東), 성(星), 경(耿), 공(空), 성(聲), 영(影), 몽롱(朦朧), 행(行), 몽(夢), 중(中)은 모두 종성(終聲)이 'ŋ'의 음가를 갖고 있어 시를 낭송하면 입에서 공명(共鳴)을 일으켜 맑은 소리를 연상하는 효과를 낸다. 새

52 이덕무, 「曉發延安」, 「아정유고」 1, 위의 책, 권9.

벽녘 텅 빈 들녘과 잠을 덜 깬 시인의 몽롱한 의식상태와 상응한다. 또한 상(霜), 사(舍), 잔(殘), 성(星), 수(垂), 제(蹄), 성(聲), 중(中)의 초성(初聲)은 치찰음(齒擦音)으로써 역시 맑고 신선하여 새벽 시간의 분위기와 어울린다. 가장 압권을 이루는 감각은 들녘에 홀로 퍼지는 말발굽 소리를, 잠이 깰락말락하는 아낙네의 꿈을 발굽이 밟고 간다고 표현한 것이다. 공감각적 표현이 입체적 효과를 거둔 매우 아름다운 시이다.[53]

전문적 시인이라면 감각적 표현의 활용에 큰 비중을 두게 마련이지만 그중에서도 이덕무는 특별히 세심한 미적 고려를 거쳐 세련되게 표현하려고 애쓴 시인이었다. 초기작에서 만년작에 이르기까지 대체로 그런 경향을 보였으나 가장 왕성한 창작력을 보이던 20대 · 30대에 지어진 시에서는 특히 빼어난 수작을 다수 창작하였다. 시각과 청각의 감각을 비롯한 다양한 감각을 동원함으로써 긴장감없이 시시하거나 무덤덤하게 표현한 시가 거의 없다.

5. 체물(體物)의 시각과 세완(細玩)의 미학

1) 체물(體物)의 시학

앞 절에서 시어와 표현의 특징을 살펴보았다면 이 절에서는 소재와 그 소재를 다루는 시각을 중심으로 이덕무 시의 특징과 성취를 살펴본다. 그는 서툰 일반화나 거친 설교 없이 실생활과 구체적 사물에 밀착

53 안대회, 「한국 한시의 소리미학에 대한 연구」, 『한국한시연구』 22권, 2014, 255~283면.

하여 시를 지었다. 시적이거나 비시적이거나, 과거에 다루어졌거나 안 다루어졌거나 상관없이 직접 보고들은 사물과 직접 체험한 현상 위주로 소재를 채택하였다. 특히 자신의 체험 범위 안에 속한 사물과 현상으로서 남들이 잘 다루지 않은 것을 소재로 선택하려는 경향이 강하였다. 그 하나의 사례로 청년기의 시에 몇 번 등장한 백두(白荳)라는 넝쿨 식물을 꼽을 수 있다.

그는 집 울타리에 백두를 심어 여름철에 짙은 그늘을 드리우게 하고 이를 백두붕(白荳棚)이라 표현하였다. 네 편의 시에서 백두를 소재로 썼는데 그중에 6언절구 한 수를 다음에 인용한다.

노란 참새 두 쌍이 날고 날아	飛飛黃雀雙匹
백두 높은 시렁에 둥지 틀었네.	綢繆白荳高棚
어린 새끼 이끌어 날며 쉬며	引雛爰翔爰止
잎과 넝쿨 잘 뚫어 솜씨 참 좋네.	巧穿蔓葉最能

–『영처시고』2, 「한거잡흥(閑居雜興)」5

백두붕 아래 둥지 틀고 사는 참새 가족의 생활을 읊은 서경시이다. 조촐하고 깔끔한 소품 시이다. 여기서 백두는 노란 참새와 색채가 선명하게 대비되어 색채감각이 탁월한 그의 솜씨를 보여주지만 실제로는 그의 집에 심어진 식물이다. 이덕무 이전에는 아무도 시에 쓰지 않은 식물이다. 아무도 쓰지 않았기에 이덕무는 오히려 서로 다른 네 개의 시적 풍경 속에 거둬 써서 참신한 정취의 시적 사물로 만들었다. 생활의 현장에서 새로운 사물을 채택하여 새로운 시어로 창조해나가는 과정의 하나가 이 시에서 확인된다.

이덕무의 시에서 찾아지는 그와 같은 시적 발견의 시학을 박제가는 서문을 지어 설명하였다. 1776년 이덕무의 시를 뽑아 선집을 만들고 박제가는 서문을 지어 그의 시가 지닌 특징과 지향을 인상적인 문체로 설명하였다. 그 서문은 박제가의 시론을 드러내는 동시에 이덕무 시의 지향을 명료하게 제시하는 중요한 의미를 지닌 글이다. 다음에 그 일부를 인용한다.

> 객(客)이 "그렇다면 시는 무엇을 추구하는가?"라고 묻길래 나는 다음과 같이 대답하였다. "하늘과 땅 사이에 가득 차 있는 것이 모두 시이다. 사계절의 변화와 온갖 사물의 소리에는 몸짓과 빛깔, 그리고 소리와 절주가 자연스럽게 담겨있다. 그 점을 어리석은 자는 깨닫지 못하나 지혜로운 자는 그것에 따른다. 따라서 타인의 입 모양이나 쳐다보고 흉내내거나 케케묵은 종이쪽지에서 남이 쓰고 남은 찌꺼기나 줍는 자들은 근본에서 너무 멀리 벗어났다고 하겠다."[54]

이 글에서 말하려고 하는 주장은 단순히 다른 작가를 모방하지 말라는 차원을 넘어서 진정한 작가라면 자연 자체에서 창작의 소재를 취하고 영감을 얻고 표현을 구하라는 것이다. 삼라만상 일체가 곧 텍스트라는 사실은, 이 본원적인 텍스트가 곧 문학의 궁극적 원천이라는 주장으로 '원초적 텍스트'를 잘 관찰하여 창작에 임해야 한다는 논리로 연결된다.[55] 박제가의 판단에 따르면, 이덕무의 시는 자연이란 원초적 텍스트를 창작의 원천으로 삼아 창작한 뛰어난 시인이라는 것이다.

54 박제가, 「炯菴先生詩集序」, 위의 책, 중권, 105~106면. "客曰 : '然則詩何師?' 曰 : '盈天地之間者, 皆詩也. 四時之變化, 萬籟之鳴呼, 其態色與音節, 自在也. 愚者不察, 智者由之. 故彼仰脣吻於他人, 拾影響於陳編, 其於離本也, 亦遠矣.'"

55 김대중, 「요연(寥燕)과 박지원(朴趾源)의 원초적 텍스트 이론」, 『한국실학연구』 15권, 2008, 107~191면.

박제가가 글로 표현한 것은 이덕무 자신이 자주 언급한 것을 새로운 말로 정리한 것에 불과하다. 이덕무는 이 세계에 펼쳐진 원초적 텍스트의 신비로움에 경탄을 금치 못했다. 시인은 경이로운 마음으로 세계의 비밀을 포착하고 그 정신을 묘사해야 한다고 그는 보았다. 다음에 인용한 글은 주로 색채의 시각에서 신비한 자연의 아름다움을 말하고, 그것을 창작의 대상으로 삼아야 함을 말하였다.

> 세계는 큰 화판이고, 조화옹(造化翁)은 큰 화가이다. 오구나무는 시리도록 곱고 퇴색한 주홍색인데, 누가 은주(銀硃)와 자석(赭石), 산호(珊瑚)를 가루로 만들어 그려놓았을까? 매화꽃 잎은 연지 솜에서 붉은 즙이 뚝뚝 떨어져 적실 듯하다. 가을 국화는 등황색(藤黃色)을 선명하게 발랐다. 눈이 개고 남기(嵐氣)가 피어날 때에는 이청색(二靑色)과 삼청색(三靑色)을 멀고 가까운 곳에 골고루 나눠 칠했다. 쏟아지는 소나기와 내달리는 강물에는 수묵(水墨)을 가득 뿌려서 빈틈없이 색칠하였다. 잠자리 눈은 석록(石綠)으로 은은히 칠하였고, 나비 날개는 유금(乳金)으로 물들였다. 내 생각으로는, 하늘에는 성관(星官) 하나 있어 채색을 주관하는데 풀과 꽃, 돌과 금의 정영(精英)을 거두어다가 조화옹에게 바쳐서 만물에 색채를 입힌 듯하다. 가을의 강과 노을이 화판으로 가장 좋으니 이는 조화옹의 득의작이다.[56]

하나하나의 사물이 드러내고 있는 색채를 매우 섬세한 색감으로 묘사하고 그 많은 사물을 서로 다르게 표현한 조물주의 능력에 찬탄하였

---

56 이덕무, 위의 책, 「蟬橘堂濃笑」. "世界大粉本, 造化翁大畫史. 烏舅樹, 冷艷而老紅, 誰其設銀硃·赭石·珊瑚末耶? 桃花瓣, 臙脂綿汁, 滴滴欲漬. 秋菊色, 藤黃鮮抹. 雪晴烟嵐, 二靑三靑, 勻分遠近. 急雨奔江, 滿灑水墨, 渲染無罅. 蜻蜓眼, 石綠隱隱, 蝶翅, 暈以乳金. 意者, 天上有一星官, 主彩色, 收草花石金精英, 以供造化翁, 着色萬品耶! 秋江夕陽, 粉本最好, 此造化翁得意筆也."

다. 자연은 인간의 감각으로 다 포착할 수 없을 만큼 거대하고 풍부하며 섬세하다. 여기서 눈여겨볼 점은 그 색감을 묘사한 이덕무의 디테일이다. 그의 색채묘사는 다양하고 구체적이며 섬세하다. 상식적 지식을 넘어서 전문 화가의 색감과 실제 사용하는 재료로 묘사하였다.[57] 앞 절에서도 말한 것처럼 그는 색채의 표현에 특히 예민하였기에 삼라만상으로 구성된 세계라는 텍스트를 색감을 기준으로 설명하였다. 작가는 그 자연을 인식하고 감각하는 방법을 익혀 그림이나 시문으로 드러내는 능력을 발휘하여야 훌륭한 성취를 거둘 수 있다.

앞장에서 살펴본 「적언찬 · 예찬5」 '영혼의 즐거움[讚之五怡靈]'에서 이덕무는 "물고기는 지혜롭고 새는 신령하며, 바위는 수려하고 나무는 곱다. 내 정신은 저 자연의 경물과 어울려 즐겁고, 정감은 장소를 따라 옮겨간다."라고 썼는데 이 글의 저변에는 작가가 삼라만상과 교감하여 그 사물마다 고유한 '몸짓과 빛깔, 그리고 소리와 절주'를 포착하는 행위를 거론하였다. 그가 관찰한 물고기는 단순한 물고기가 아니라 지혜를 가지고 있고, 새는 단순한 새가 아니라 신령한 그 무엇이며, 바위는 준수하고 나무는 곱다. 어(魚), 금(禽), 암(巖), 수(樹)는 누구나 보지만 그 사물에서 혜(慧), 영(靈), 수(秀), 연(姸)의 생동함을 발견하는 것은 민감한 관찰력을 지닌 작가에게나 가능하다.[58]

이렇게 이덕무가 말한 자연 만물과 일체된 교감은 이른바 사물 자체를 본떠 그리는 '체물(體物)'의 과정이고, 여기에는 3장에서 언급한 '오묘한 깨달음[妙悟]'이란 작가의 창조적 능력이 있어야 한다. 이덕무는

57 이덕무는 『盎葉記』 권7, 「畫家顔色」(위의 책 60권)에서 언급한 색채를 얻는 구체적인 내용을 설명하였다.

58 안대회, 「李德懋 小品文의 美學」, 『고전문학연구』 24권, 2003, 273~307쪽.

사물의 이치를 세밀하게 포착하여 형용해낸 '체물(體物)'의 작품을 선호했고, 그 관심을 반영하여 『청비록』 권4에서 체물을 공교롭게 잘한 시를 논하였다.[59] 이덕무가 빼어나게 잘 형용했다고 꼽은 작품에는 자연 속 사물의 생태를 묘사한 것이 주를 차지하지만 인간 사회의 생활 풍정과 인정물태(人情物態)를 잘 형용한 것이 함께 포함되었다.[60] 그의 작품을 두 부류로 각각 어떻게 묘사하였는지는 이어서 살펴본다.

2) 사물의 생태 묘사

먼저 자연 속 사물의 생태를 묘사한 작품을 보면, 위 인용문에서도 보이듯이 그가 묘사의 대상물로 선호한 소재는 자연의 소소한 풍경과 곤충이나 새, 풀이나 꽃과 같은 작은 생명체이다. 그는 "곤충이나 꽃술을 하찮게 여기는 사람은 문심(文心)이 전혀 없다고 할 것이며, 생활도구를 대수롭지 않게 여기는 사람은 글자 하나 모르는 자라고 말해도 괜찮다."[61]라고 말했다.

햇살은 영롱하게 나루터에 펴졌는데	日脚玲瓏水步舒
넘실대는 봄 물결에 조각배만 덩그렇다.	春波綠闊素舲虛
맑디맑은 물속에서 잔거품을 뽀골대는	潛吹細沫空明裏
바늘 꼬리 가시 수염 두 치 길이 물고기.	針尾芒鬚二寸魚

– 『아정유고』1, 「한강 배에서(漢水舟中)」

59 이덕무의 손자인 이규경 역시 조부의 영향을 받아 『시가점등』 권1 「詩當體物」에서 시의 창작에서는 체물(體物)이 중요함을 강조하였다.

60 안대회, 「형용, 세밀하고 정확한 묘사」, 『궁극의 시학』, 문학동네, 2013, 524~544면.

61 이덕무, 『종북소선』, 위의 책, 「敍」, 25쪽. "細瑣蟲蘂者, 都無文心矣 ; 等閑器用者, 雖謂之不識一字可也."

쌀이 없다 여종이 투덜대도 한 귀로 흘려듣고	恬聽廚婢詈無糈
중단 없이 시 읊으며 조용한 방에 앉아있네.	不廢吾吟靜室居
온몸에는 언제나 술을 채워도 좋으련만	通體可堪長貯酒
두 눈에는 잠시라도 글을 떼놓진 못하겠네.	雙眸未忍暫抛書
창 모서리의 줄 타는 거미 아주 약삭빠르고	窓楞甚黠緣絲蟢
옷깃에서 가루 날리며 좀벌레는 잘도 도망치네.	衣摺工逋脫粉魚
너그러움이 본디 쾌활함을 갈수록 깨닫겠으니	益悟寬閒元快活
십 묘 되는 매화밭을 내가 직접 가꾸리라.	梅花十畝手當鋤

-『아정유고』2, 「붓을 달려 원소수 문집의 운자에 차운하다
(馳筆. 次袁小修集中韻)」

한강 배 위에서 시인의 눈을 사로잡은 것은 한강 가의 이름난 누정이나 풍경이 아닌 강물 속 피라미이다. 꼬리는 바늘 같고, 가시처럼 작은 수염이 달린 겨우 두 치 밖에 안되는 작은 물고기가 물속에서 거품을 뽀골대고 있다. 한강에 배를 띄워 노니는 시인의 시선이 머물기에는 너무 시시하고 좀스럽다. 드넓게 펼쳐진 푸른 물결 위에서는 호쾌한 기분에 호방한 시선을 표현하는 것이 더 어울리고 대체로 많은 시는 그렇다. 이덕무는 오히려 아주 작은 물고기란 생명체에 현미경 같은 시선을 둔다. 내리쬐는 햇살 아래 바닥까지 보일 것만 같은 맑디맑은 투명한 강물과 그 속에서 헤엄치는 작은 생명의 생태는 자연의 영롱한 충만감을 느끼게 한다. 이덕무란 시인의 섬세한 자연 미감이다.

두 번째 시는 일상생활의 어느 순간을 담아내고 있다. 쌀독에 쌀이 비어 굶는 가난한 서생의 어느 하루가 배경이다. 빈한한 삶일망정 술독에 빠져 지내고 싶지만 이루어질 수 없는 꿈이다. 빈한해도 끝내 포기하지 않는 것은 독서로, 잠시도 책에서 눈을 떼지 않는다. 시인의

시선이 갑자기 예의 작은 곤충들에게로 돌아간다. 창 모서리에는 거미가 줄을 타고 있고, 옷섶에서는 좀벌레가 가루를 남기며 잘도 도망친다. 책을 읽다 우연히 눈에 뜨인 곤충은 활기차게 생명을 영위하고 있다. 미물이기에 시선을 거두고 무관심할 대상이 아니다. 어찌 보면 거미와 좀벌레는 이덕무란 인간과 다를 바 없는 생명을 지닌 존재이다. 이덕무 시에서 곤충은 생명이 건강하게 영위되는 세계이다.

그의 시에 등장하는 사물은 그 사물에 고유한 특징적인 표현과 함께 작품에 등장하여 단조롭지 않다. 작가가 세밀한 관찰을 통해 그 사물에 부여한 특징은 보통 형용어나 부사어를 동반한다. 그가 쓴 형용어나 부사어는 대체로 새롭게 찾아낸 어휘로서 참신하다. 곤충의 생태를 묘사한 위 시에서 줄을 타는 거미는 대단히 약삭빠르고[甚黠], 분가루를 남기고 달아나는 좀벌레는 도망치기 선수다[工逋]. 그 표현에는 그만의 독특한 삶의 무늬를 지닌 생명체로서 곤충의 당당한 개성이 드러난다. 앞에서 인용한 "물고기는 지혜롭고 새는 신령하며, 바위는 수려하고 나무는 곱다."라는 형용하는 말이 더욱 구체화되어 표현된 것이다.

이덕무는 '창에 붙은 벌은 억센 힘이 다리에 있고, 동이 안에 붕어는 영롱한 묘수가 뺨에 있구나(牕蜂贔屭因脚, 盆鯽玲瓏妙在腮.)'라고 읊은 시구에서 '작고 섬세한 것 즐겨도 드넓은 세계는 펼쳐진다(小玩纖娛境亦恢)'[62]라고 표현하였다. 아무리 작은 것을 감상하고 섬세한 것을 즐긴다 해도 그 안에 펼쳐진 경계는 넓다고 하였다. 곤충이 크기는 작으나 생명체가 지닌 삶의 의의나 가치는 큰 것이나 차이가 없다. 크고 작은 차이를 떠나 모두가 신비하고 영롱한 세계의 일부이다. 그는 영

62 이덕무, 위의 책 『아정유고』1, 「11월 14일에 취해(十一月十四日醉)」 『아정유고』1, 「11월 14일에 취해(十一月十四日醉)」.

롱(玲瓏)이란 어휘를 자주 써서 곤충이나 화초와 같은 작은 생명이 발산하는 신비에 경탄하는 마음을 표현하였다. 사물에 고유한 생태를 포착하여 쓴 이른바 체물(體物)의 작품은 자연과 세계에 대한 감성적 인식을 표현한다. 작품은 그런 인식의 결과물이자 완성품이다. 다음 작품을 하나의 사례로 검토한다.

콩깍지 더미 곁에 좁은 길 갈려난 데로	荳殼堆邊細逕分
붉은 햇살 차츰 퍼져 소떼가 흩어지네.	紅暾稍遍散牛群
곱고 푸르게 물든 것은 가을 맞은 산이고	娟靑欲染秋來岫
정결하여 먹음직한 것은 비 갠 뒤의 구름이라.	秀潔堪餐霽後雲
갈대잎이 설렁설렁, 기러기가 놀라 날고	葦影幡幡奴鴈駭
볏대소리 와삭와삭, 송사리가 흩어지네.	禾聲瑟瑟婢魚紛
산 남쪽에 집을 짓고 전원에서 살고프니	山南欲遂誅茅計
농사짓는 영감에게 반만 달라 해볼거나.	願向田翁許半分

–『아정유고』1, 「농가에서(題田舍)」

1768년 가을 추수를 앞둔 농촌의 풍경을 묘사한 연작시의 한 수이다. 이덕무는 충청도 천안에 농토를 소유하여 가을에는 수확을 감독하러 오갔다. 그때 지은 시를 모아 『파아집(罷稏集)』을 엮었는데 위에 인용한 시는 그중의 하나이다. 농촌의 아름다운 실경을 인상적으로 묘사하고 있다. 설렁설렁 흔들리는 갈대잎에 기러기가 깜짝 놀라 날아오르고, 이삭이 무거워진 볏대가 와삭와삭 내는 소리에 논바닥의 피라미들이 사방으로 흩어지는 모습의 표현이 멋지다.

주목할 구절은 3구와 4구이다. 가을이 되자 산은 곱고 푸르러 마치 물감을 풀어놓은 듯하고, 비가 갠 뒤의 뭉게구름은 깨끗하여 손으로 한 웅큼 쥐어서 입에 넣어 먹고 싶다. 그 표현이 생동감이 있고, 앞

절에서 언급한 것처럼 색채감각을 살려서 표현하는 장기가 드러나면서 미각까지 동원하여 솜사탕 같은 흰 구름을 먹고 싶다고 한 표현은 참신하다.

이와 같은 참신하고 멋진 발상과 표현은 어느 날 갑자기 툭 튀어나오거나 예전 작가의 표현을 빌려온 것이 아니다. 평소에 느끼고 생각해두고 발견하고 고민하던 자연 속 사물과 현상에 대한 '오묘한 깨달음'의 결과이다. 20대에 지은 필기 『이목구심서(耳目口心書)』와 청언소품집(淸言小品集) 『선귤당농소(蟬橘堂濃笑)』의 일부 내용은 시문을 창작하게 된 동기와 과정을 설명한 글로도 읽을 수 있다. 그중에서 후자에 실린 다음 인용문을 보자.

> 아리땁고 수려하게 솟은 푸른 봉우리와 깨끗하고 짙게 뭉친 흰 구름을 한참 동안 부러워하였다. 마음속에서 한 손으로 움켜다가 모두 삼키려 했더니 어금니에서 군침이 돌아 꼴깍하는 소리가 벌써 들렸다. 천하에 아무리 먹음직스러운 음식이라도 너보다 나은 게 없구나.[63]

그 내용과 발상이 3구 4구의 발상과 매우 유사하다. 흰 뭉게구름을 보고 군침이 돌아 움켜쥐고 먹고 싶다는 시인의 말은 뛰어난 상상력이기보다는 재치있는 감각, 더 구체적으로는 아주 그럴싸한 미각으로 표현하였다. 이 청언소품집은 저술연대가 명확하게 밝혀지지 않으나 대체로 이 시를 쓰기 직전에 저술된 것으로 추정된다. 평소에 푸른 산봉우리와 깨끗한 뭉게구름을 두고 착상한 것을 정리하여 서술한 멋진 소품이다. 그 소품의 착상을 농가의 풍경을 묘사한 시의 한 구절로 활용

63 이덕무, 위의 책 권63, 『선귤당농소(蟬橘堂濃笑)』. "媚秀之青峯, 鮮濃之白雲, 美艷良久. 意內欲一攬而盡飡, 牙頰間預聞欶欶聲. 天下之大饞饕, 無如爾也."

하였다. 그만큼 시인이 자연 속에서 찾아낸 멋진 착상이라 자부한 결과이고, 자연이란 넓은 소재를 시인다운 감각으로 포착해내는 창의적 역량을 분명하게 보여준다.

3) 생활풍정과 인정세태의 묘사

이덕무는 섬세하고 예리한 관찰력으로 일상생활 현장에서 흔히 접하게 되는 풍경과 인정, 그리고 세태를 시에 즐겨 담았다.[64] 자연의 사물을 보는 관점과 비슷하게 이덕무는 사회와 인생에서도 소소한 생활 현장을 즐겨 창작의 대상으로 삼았다. 다수의 작품은 한양에 거주하는 서생의 소시민적 일상생활을 묘사하였다. 사대문 안의 거주지나 마포와 남산 등지가 묘사에 자주 등장하는 공간이다. 여기에 도회지 근교와 북한산, 광주 등이 등장하고, 기타 천안이나 연안, 개성과 평양 등 여행을 간 지역의 명승이나 농촌이 시에 등장한다. 전체적으로 도회지 공간이 다수를 점하고 다음으로 농촌과 여행지이다. 공간과 소재 자체로만 놓고 볼 때 18세기 한양에 거주한 시인들과 크게 다르지 않다. 소재가 유사함에도 도회지와 농촌의 세태와 풍경, 인정의 전형을 창조해내어 그만의 독특한 시세계를 뽐내고 있다. 그의 시를 읽으면 당시의 생활풍정과 인정세태를 생생한 실감과 정감어린 표현으로 포착할 수 있는데 이전 다른 작가의 시에서는 보지 못하던 세계이다. 독특한 시적 정취가 그의 시 전편에 흘러서 수작이 상당히 많다.

앞 절에서 인용했던 「농가에서(題田舍)」는 자연실경의 묘사뿐만 아

64 이덕무 시가 지닌 이런 특징은 송준호, 안대회, 이화형, 유재일, 남재철, 이현우의 위 논문에서 거의 공통적으로 지적하고 있다.

니라 농가의 서정이 인상적으로 묘사되어 있다. 다른 작품에는 농부의 생활과 농촌의 생활상에 더 초점을 맞추고 있다. 다음에 한 편을 더 들고 그 뒤에는 마포의 세태를 묘사한 작품을 두 편 인용한다.

서리 내린 아침에 빗자루 굵게 묶어서	霜朝苕帚縛麤麤
머슴은 마당 쓸고 술항아리 단속하네.	佃客除場守酒壺
겨울나려고 무시래기 낡은 벽에 매어 달고	菁葉禦冬懸敗壁
액 막으려 단풍 가지 가난한 부엌에 꽂았네.	楓枝賽鬼揷寒廚
농가의 골동품은 회청색 사발이고	田家古董灰靑椀
촌색시 몸단장은 화색 구슬이로군.	村女莊嚴火色珠
솜모자 쓴 두 늙은이 소곤소곤 귓속말로	綿帽二翁低耳話
"사또님 새로 부임해 정사는 잘하는가?"	使君新到政平無

-『아정유고』1, 「농가에서(題田舍)」

한 배 가득 황해도산 소금 싣고서	滿船黃海鹽
내일이면 충주로 떠난다더군.	明日忠州去
충주에는 목면이 많이 난다니	忠州多木綿
소첩은 베틀 벌써 준비해놨소.	妾已理機杼

-『영처시고』2, 「강의 노래(江曲)」

꼬리 물고 강가에서 오는 말등에	聯翩江馬背
두 섬씩 연안 소금 실어나르네.	二石延安鹽
물가 밭에 무우도 풍년이라니	渚田豐萊菖
올 겨울엔 김장값이 정말 싸겠네.	今冬菹眞廉

-『아정유고』1, 「중양절 마포에서 재선과 함께 외사촌 박치천의 집에서 자다. 마침 장유의(張幼毅)가 왔다(九日麻浦, 同在先宿內弟朴穉川宗山舍. 時張幼毅儱來)」

세 편의 시는 시인 자신의 삶은 배제하고 그의 눈과 귀로 접한 농부와 마포 주민의 생활을 그들의 말투로 표현하였다. 늙은이의 귓속말과 마포 주민의 말투를 시적 언어로 번역하여 표현함으로써 향토색이 짙게 드러나 농촌과 어촌의 서로 다른 풍경이지만 그곳에 사는 서민의 삶이 독자의 눈앞에 선연하게 나타나게 한다. 빗자루[苕帚]와 무시래기[菁葉], 회청색 사발[灰青椀], 화색 구슬[火色珠]과 황해도산 소금[黃海鹽], 충주 목면[忠州木綿], 무[萊菖], 김장[菹] 등의 어휘는 토속적 어휘를 한자로 바꾸어 당시의 향토색과 서민 생활의 실정을 표현하였다. 그가 사용한 어휘는 일반적으로 시에서는 잘 쓰이지 않는 일상생활의 언어가 다수 등장하므로 그가 처음 사용했거나 드물게 사용되던 것이다. 그가 사용한 어휘는 당시의 생활현장을 실감나게 떠올리게 한다.

「농가에서」 세 번째 구에는 국을 끓이는 재료로 무시래기를 황토벽에 매달아 말리는 풍경이 나오는데 한국 농촌의 빈곤한 먹을거리와 겨울나기의 모습이 아련하다. 회청색 사발과 화색 구슬은 투박하고 촌티나는 농촌 살림과 아낙의 치장을 생동감 있게 표현하였다. 그 물건을 두고 골동품이니 몸단장이니 말한 것은 시인의 익살과 농담이다. 과연 저와 같은 농촌의 실태를 반영한 사물들로 채워진 풍경과 그런 사물 속의 인간 생활을 읊은 시가 이전의 시에서는 얼마나 볼 수 있을지 모르겠다. 농촌과 지방을 읊은 다른 시에서도 이전에는 주목받지 않았던 향촌의 고유한 실태를 드러내는 풍경을 다수 확인할 수 있다.

뒤에 인용한 두 편의 시는 경강(京江)의 중심지로서 마포의 번성함과 그곳 주민의 경제생활이 짧은 대화 속에 무르녹아 있다. 5언 절구 두 편에 쓰인 시어를 보면, 배와 말의 운송수단, 연안과 충주, 마포와 같은 물류와 상업의 중심지, 소금과 목면, 무와 같은 식생활 산품, 베

틀과 김장값 같은 도구와 물가가 등장한다. 5언 절구는 가장 짧은 시형이라 정서적 언어로 조합하여 서정성을 드러내기에 적합한 형식인데 두 편의 시는 서정적 언어는 하나도 없고, 도회지 시정의 일상어로 채워지고 생활상을 표현하고 있다.

두 편의 시에 담긴 경제생활은 18세기 중반 경강을 중심으로 황해도와 한강 상류 충주가 연결되는 역사적 실상을 인상적으로 표현하고 있다. 황해도 그중에서도 연안 소금과 어물은 강화도와 교동도 어선이 수송하여 마포를 거쳐 충주의 금천이나 가흥, 목계 포구에서 충주 명산품인 목화와 거래되었다. 그런 사정을 1751년에 초고본이 나온 이중환(李重煥, 1690~1756)의 『택리지(擇里志)』「팔도론(八道論)」'충청도(忠淸道)'에서는 다음과 같이 말하고 있다.

> (충주의) 땅은 오곡과 목면의 재배에 알맞고 토지는 지극히 비옥하다. 산골짜기 사이로 마을이 흩어져 있고 부자가 많은데, 여러 마을 가운데 금천과 가흥이 가장 번성하다. 두 개의 강이 금천 앞에서 합해져 마을 북쪽을 둘러서 흘러나간다. 동남쪽에서는 영남 지역의 화물을 받아들이고, 서북쪽에서는 한양의 생선과 소금을 들여와 사고판다.[65]

충주 일대의 경제지리를 설명한 대목으로 「강의 노래」에서 언급한 충주의 목면과 연안 소금이 교환되는 물류의 배후상황을 드러내고 있다. 시는 마포 주민 생활의 한 단면을 포착하여 그들의 일상어로 묘사하였을 뿐, 경제지리나 물산유통 등의 실상을 밝히려는 의도를 겉으로

---

65 이중환 원저, 안대회 · 이승용 외 옮김, 『완역정본 택리지』, 서울: 휴머니스트, 2018, 183면. "地宜五穀木綿, 土極饒沃, 山谷間村塢錯居, 多富厚者, 而其中金遷 · 嘉興最爲繁盛. 金遷則二江合於前而繞出村北, 東南受嶺南貨物, 西北通漢陽魚鹽."

드러내지는 않았다. 그러나 자연스럽게 당시 사회경제의 한 측면이 시를 통해 생생하게 표현되고 있다.

이덕무의 시는 이렇게 생활에 밀착한 풍정과 인정세태를 탁월하게 구현하고 있고, 그것이 큰 가치의 하나이다. 그의 시가 지닌 특징과 가치를 이서구(李書九)는 다음 시에서 명료하게 개괄하여 제시하고 있다.

썩어 냄새나는 것도 새롭고 기이한 것으로 만드는	要將腐臭化新奇
남송(南宋)의 여러 작가를 스승으로 삼았네.	南渡諸家自得師
양성재(楊誠齋)와 더불어 그 후배가 됨직하니	合與誠齋充後進
눈 앞에 펼쳐진 경물이 모두 시로 변했네.	眼前景物揔成詩
진실한 경지 묘사하니 말이 되레 기이하여	摹來眞境語還奇
골목 노래와 농부가도 스승으로 삼았네.	里曲田歌亦可師
호서 지역 풍토기를 누가 지으려나?	誰著湖西風土記
오늘 지은 그대 작품 몇 수는 거두리라.	收君今日幾篇詩

– 이서구, 『척재집(惕齋集)』 권1, 「題李懋官德懋湖西詩卷」 2수,
한국문집총간 270권

이덕무로부터 시를 배운 이서구가 「농가에서」를 읽고 소감을 밝혔다. 안목있는 시인답게 이덕무 시의 특징과 가치를 제대로 짚어냈다. 썩고 냄새나는 것은 시적이지 않은 사물을 통칭한다. 앞에서 인용한 「농가에서」 2수를 비롯하여 몇 편의 시에는 농촌의 삶이나 마포의 생활상을 표현한 일상의 시적이지 않은 소재와 어휘로 채워져 있는데 그 소재와 어휘가 여기에 해당한다. 그 소재와 어휘가 이덕무의 시에 들어와서는 시적인 사물로 채워진 시보다 더 새롭고 기이한 시세계를 구

성하였다. 눈 앞에 펼쳐진 경물에서 소재를 채택하되 그 경물이 무엇이든 아름다운 시로 탈바꿈놓은 훌륭한 시인이다. 그 점에서 그는 원초적 텍스트를 잘 읽고 해석하여 작품화하였다고 평가할 수 있다.

멋진 풍경이나 시적인 장면을 고아한 언어로 써야 아름다운 시로 평가받고 높은 평가를 받았었다. 그러나 이제는 아니다. 앞서 시론에서 살펴본 창작의 현재주의는 그의 작품 곳곳에 적용되고 있다. 있는 그대로의 실제 자연과 사회와 인생을 직접 보고 관찰하여 시로 썼고, 그랬더니 오히려 훌륭한 시가 되었다. 이덕무는 좋은 시의 기준을 바꾸었다. 이제는 두보나 이백의 시가 시인의 스승이 아니라 도회지골목에서 불리는 노래나 논밭에서 불리는 농부가가 시인의 스승이 되었다. 시가 담아야 할 내용과 표현의 언어에 큰 변화가 발생하였고, 다름 아닌 이덕무가 그 큰 변화를 만들어가는데 앞장을 섰다. 이서구는 이덕무의 그런 변화의 방향에 적극적으로 동의한 것이다.

6. 맺음말

이덕무는 시와 산문, 비평과 청언 등 다방면에서 독특한 개성을 드러낸 작가이다. 그중에서 누구에게나 높은 평가를 받았고, 동시대부터 후대에까지 폭넓은 영향을 끼친 갈래가 바로 시이다. 18세기 중반 이후 이덕무는 조선 한시단의 교사와 같은 존재였다. 실제로 그는 생전부터 시를 잘 가르치는 교사로 널리 알려졌다. 그에게 시를 배운 작가에는 이서구, 조수삼(趙秀三), 이단전(李亶佃), 김우문(金又門) 등이 있었다. 유득공은 "죽은 친구 이덕무는 참으로 한 시대의 사백(詞伯)이었고, 나도 그릇되이 헛된 명예를 누렸다. 새로 시를 배우는 후학들이 시를 가지고 고쳐주기를 부탁하는 자가 제법 많았다."[66]라고 고백한 적이 있는데 이덕무를 한 시대의 거장으로 인정하고 시에 입문하려는 젊은 시인들의 교사였음을 증언하였다. 과장이라 치부할 수 없는 평가이다.

이덕무는 작가로서 매우 높은 위상을 지녔고, 동시에 비평가와 이론가로서도 그에 걸맞은 위상을 지녔다. 창작의 방향을 선도한 거장이었을 뿐만 아니라 그 시대의 문학사조를 선도한 대표적 이론가이자 비평가였다. 시인으로서 이덕무가 지향한 시의 세계는 새로운 시, 신시(新詩)로 규정할 수 있다. 위에서 먼저 새로운 시를 창작하기 위한 창작론을 살펴본 다음 이어서 새로운 시의 구체적 모습을 확인하였다.

이덕무의 창작론은 문학을 보는 새롭고 창조적인 견해를 담고 있다. 자기만의 개성과 창의를 담은 창작을 지향한 점은 창작론의 바탕에 깔려 있다. 구체적으로는 현재를 살아가는 지금 사람이란 자의식을 바탕으로 지금 시대의 문학, 당시로서는 현대문학을 하겠다고 밝혔고, 그 주장은 조선 사람이란 자의식을 바탕으로 조선의 문학을 하겠다는 주체적 문학창조와 자연스럽게 연결되었다. 그에 따라 이덕무는 복고를 지양하고 창신을 적극 주장하였다. 과거의 창작법이나 세상에 널리 통용되는 형식을 장애와 구속으로 간주하고 과감하게 벗어날 것을 요구하였다. 한시창작에 복고주의가 은연중 깊게 뿌리 내린 것을 감안하면 혁신적 변화이다.

그러나 이보다 더욱 혁신적인 변화는 문학을 놀이와 유희(遊戲)의

66 柳得恭,『古芸堂筆記』권2,「補破詩匠」, 필사본. "故友李德懋懋官誠爲一代詞伯, 余亦謬有虛名. 新學後生, 贄詩章, 請改者, 頗有之."

일종으로 간주하였다는 점에 있다. 문학을 그 자체로 즐거운 행위로 보고 창작하고 향유하려 하였다. 도(道)와 정치교화의 도구나 출세와 관계 진출의 도구로 인정하지 않고, '즐기고 장난치는' 놀이로 보아 문학을 그 자체로 자족적이고 독립된 삶과 예술의 영역으로 간주하였다. 그의 창작과 삶을 규정하는 기반일 뿐만 아니라 현대적 의의를 지닌 관점이기도 하다.

이덕무가 지향한 새로운 시의 구체적 작품 성취를 세 가지 측면으로 조명하였다. 첫번째로 시적 창조의 대상을 표현하는 태도에 집중하여 대상을 진실하게 묘사하고 작가의 감정을 진실되게 표출하는 진실과 진정의 태도를 부각하였다. 두 번째로 새로운 시의 혁신성을 시어를 분석하여 제시하였다. 탁월한 시적 감각을 참신하게 구사하는 능력을 작품의 실제에서 확인하여 시어에서 어떤 혁신을 이루었는지를 입증하였다.

세 번째로 소재에 집중하여 분석하였다. 이덕무가 실생활과 구체적 사물에 밀착하여 시를 지은 점을 주목하여 자연과 사회란 넓은 소재를 시인다운 감각으로 포착해내는 창의적인 역량을 확인하였다. 이덕무는 전통적인 멋진 풍경이나 시적인 장면을 고아한 언어로 써서 아름다운 시로 평가받는 시단의 풍토를 거부하였다. 있는 그대로의 실제 자연과 사회와 인생을 직접 보고 관찰하여 시로 쓰려 했고, 그렇게 지은 작품이 가치있고 훌륭한 시라고 생각하였다. 이와 같은 이덕무의 창작은 시 창작과 평가의 오래 묵은 기준을 혁신적으로 바꾼 역사적 의의가 있다.

參考文獻

李德懋, 『雅亭遺稿』, 국립중앙도서관 소장 간본.

朴齊家, 정민 · 이승수 · 박수밀 외 옮김, 『정유각집』, 돌베개, 2010.

______, 『貞蕤集』, 한국문집총간 261집.

______, 『楚亭全集』, 아세아문화사, 1992.

朴趾源, 신호열 · 김명호 옮김, 『연암집』(개정판), 돌베개, 2012.

______, 『燕巖集』, 한국문집총간 252집.

尹光心, 『並世集』, 文卷 권2, 국립중앙도서관 소장 사본.

李圭景, 『五洲衍文長箋散稿』, 한국고전번역원 고전DB.

李德懋 編, 『三家詩鈔』, 홍대용 후손가 소장 사본.

________, 『騷壇千金訣』, 『열상고전연구』 제4집 영인, 203~300면.

李德懋, 『青莊館全書』, 미국 버클리대학 소장 사본.

______, 『青莊館全書』, 한국문집총간 257~259권, 한국고전번역원 영인.

이중환 원저, 안대회 · 이승용 외 옮김, 『완역정본 택리지』, 서울: 휴머니스트, 2018.

강명관(2002), 「이덕무의 소품문 연구」, 『고전문학연구』 22집, 303~313면.

김 경(2016), 「李箕元이 기억한 李德懋」, 『大東漢文學』 49집, 대동한문학회, 329~358면.

김경숙(2005), 『조선후기서얼문학연구』, 소명출판.

김대중(2005), 「『풍석고협집』의 평어 연구」, 서울대 국문과 석사학위논문.

______(2008), 「요연(寥燕)과 박지원(朴趾源)의 원초적 텍스트 이론」, 『한국실학연구』 15권, 107~191면.

김영진(2014), 「『青莊館全書』 및 其他 李德懋 著作에 대한 文獻學的 再檢討」, 『고전과 해석』 17권, 117~144면.

남재철(2012), 「白塔詩社 一攷」, 『한국한문학연구』 49권, 349~396면.

박희병 외 역주(2010), 『종북소선』, 돌베개.

박희병(2010), 『연암과 선귤당의 대화』, 돌베개.

부은아(2000), 「이덕무 문학론 연구」, 성균관대학교 석사학위논문.

宋寯鎬, 「朝鮮朝 後期四家詩에 있어서의 實學思想의 檢討」, 『淵民李家源先生七秩頌壽紀念論叢』.

신익철(2001), 「18세기 중반 椒林體 漢詩의 형성과 특징-李鳳煥을 중심으로」, 『고전문학연구』 19, 한국고전문학회.

안대회(1988), 「白塔詩派의 硏究」, 『열상고전연구』 창간호, 150~244면.

_____(1995), 「서얼시인의 계보와 시의 사적 전개」, 『문학과 사회집단』(한국고전문학회 편), 집문당.

_____(1998), 「진실한 시의 조건, 李德懋의 蘚書齋詩集序」, 『문헌과해석』 통권 4호, 가을호, 태학사), 115~121면.

_____(2000), 『18세기 한국한시사연구』, 소명출판.

_____(2003), 「李德懋 小品文의 美學」, 『고전문학연구』 24권, 273~307면.

_____(2010), 「18세기 奇詭尖新 漢詩의 한 양상-徐命寅의 『取斯堂煙華錄』을 중심으로-」, 『한국한문학연구』 45권, 331~365면.

_____(2012), 「洪大容 후손가 소장 李德懋 筆寫本 3종 연구」, 『고전문학연구』 42권, 377~417면.

_____(2013), 『궁극의 시학』, 문학동네.

_____(2014), 「한국 한시의 소리미학에 대한 연구」, 『한국한시연구』 22권, 255~283면.

_____(2016), 『조선의 명문장가들』, 휴머니스트.

_____(2017), 「茂亭 鄭萬朝의 『榕燈詩話』 연구」, 『한국문화』 79호, 서울대학교 규장각 한국학연구원, 77~104면.

_____(2017), 「北學派 文人의 작품에 나타난 諧謔과 弄談의 분석」, 『한국한문학연구』 67권, 179~208면.

오수경(1987), 「雅亭 李德懋의 詩論과 '朝鮮風' 의 성격」, 『한국한문학연구』 9권, 281~200면.

유재일(1998), 『이덕무의 시문학 연구』, 태학사.

이현우(2012), 「아정 이덕무의 經濟實用 사상과 創新 · 眞境의 문학」, 『실학파 문학 연구』, 실시학사, 실학연구총서5, 85~178면.

이화영(1994), 『李德懋의 文學硏究』, 집문당.

이덕무 필기소품의 작품 세계

정우봉 | 고려대학교 국어국문학과 교수

1. 문제 제기

2. 이덕무의 필기소품 개관

3. 이덕무 필기소품의 작품 세계

4. 마무리

1. 문제 제기

데카르트가 일찍이 '나는 생각한다. 그러므로 존재한다.'라고 한 바 있다. 데카르트는 내가 알고 있다고 여기는 것, 내가 믿고 있는 것 등 그 어떤 것에서든 분명하고 확실한 근거를 요구하였다. 이러한 요구가 바로 근대적 합리정신이며, 데카르트는 근대의 철학적 출발점이었다. 청장관 이덕무(1741~1793)에 대해 말한다면 이렇게 말할 수 있을 것이다. "나는 읽고 쓴다. 그러므로 존재한다." 독서광이었고, 총서를 기획하고 세상의 모든 지식을 알고자 했고, 그것을 글로써 남기고 싶어 했던 인물이었던 이덕무는 읽고 쓰는 행위가 곧 존재의 증거였다고 해도 과언이 아니다.

근대에 이르러 산문은 현실의 무한한 경험의 데이터를 하나도 빠짐없이 모두 기록하고자 하는 백과사전적 총체화를 지향한다. 예컨대 17세기 후반 영국의 사무서기였던 새뮤얼 핍스(1633~1703)는 10년 동안 하루도 빠짐이 없이 기록한 『일기』를 통해 삶의 총체성에 도전하고자 하는 산문정신을 적극적으로 실천하였다.[1]

백과사전적 총체화를 지향하는 점과 관련해 이덕무가 남긴 저술에 주목할 필요가 있다고 생각한다. 이덕무는 이 세상의 책들을 가능한 빠짐없이 읽으려고 했었고, 다양한 형식의 글쓰기를 통해 자신의 생각과 체험을 빠짐없이 기록하고자 하였다. 이 같은 점에서 이덕무의 저술 중 박물학적 지식을 지향하는 필기 장르가 중요한 의미를 지닌다.

이 논문은 이덕무의 산문 가운데 필기 장르에 초점을 맞추어 논의를

1 Wlad Godzich & Jeffrey Kittay, 『The Emergence of Prose』(Minneapolis : University of Minnesota Press, 1987) ; 윤혜준, 「새뮤얼 핍스의 일기에서의 주체와 문체」, 『영어영문학』 44권 2호, 영어영문학회, 1998 참조.

진행하고자 한다. 특히 필기 가운데 일상 생활의 신변 잡사나 개인적 감정과 정취를 개성 있게 표현한 일군의 작품을 '필기소품(筆記小品)'으로 개념화하여 이를 중심으로 이덕무 산문의 중요한 한 국면을 분석해 보려고 한다.[2] 이덕무는 여러 종류의 필기 저술을 남겼다. 이들 필기 가운데 소품적 성향이 강한 작품들을 모아 '필기소품'으로 범주화하고, 이들 작품을 주 대상으로 작품적 성격과 지향, 특성 등을 밝혀보고자 한다.

2. 이덕무의 필기소품 개관

본격적인 논의에 앞서 텍스트 문제를 언급하고자 한다. 이덕무의 저술을 모아 놓은 『청장관전서(靑莊館全書)』는 현재 버클리대학 아사미문고 소장본과 규장각 소장본 두 종이 알려져 있다. 서지학적 검토의 결과 아사미문고 소장본이 『청장관전서』 정고본(定稿本)으로서 자료적 가치가 높은 저술이다.[3] 아사미문고본 『청장관전서』는 이덕무의 아들인 이광규(李光葵)가 편집하고 이원수(李畹秀)가 교정하여 완성한 정고본으로서, 권수에는 교정자인 이원수의 장서인(絅菴, 李畹秀印, 蕙隣氏)이 찍혀 있다.[4] 현재 국내의 전본(傳本)들은 이 정고본을 바탕으로 일

2 이덕무의 산문에 대한 연구는 최근에 들어와 활발하게 이루어졌다. 특히 소품문의 관점에서 이덕무 산문이 지닌 특징적 면모들에 대해 집중적으로 다루어져 왔다. 尺牘, 祭文, 山水遊記, 日記 등에 걸쳐 이덕무 산문의 중요 장르에 관한 검토가 진행되었다. 이에 대한 기왕의 연구 성과는 참고문헌으로 대신한다.

3 미국 버클리대학 아사미문고본 『청장관전서』의 원문이미지는 고려대학교 해외한국학자료센터 홈페이지를 통해 서비스되고 있다.

제 시기에 필사를 한 전사본 또는 재전사본이다. 규장각 소장본 『청장관전서』도 그 중의 하나이다. 국내에 전하는 전사본의 경우에는 오기나 탈락이 군데군데 보이는 등 텍스트 이용에 유의할 필요가 있다. 더구나 현재 널리 이용되고 있는 한국문집총간에는 규장각 소장본 『청장관전서』가 실려 있다. 한국문집총간에 수록된 『청장관전서』를 이용할 때에는 버클리대학 아사미문고 소장 『청장관전서』와의 이본 대조가 필요하다. 그밖에 별도의 단행본 형태로 유통되었던 이덕무 저술들과의 대조 작업 또한 필요하다.

이 논문에서 다루는 『선귤당농소(蟬橘堂濃笑)』와 『무인편(戊寅篇)』을 대상으로 아사미문고본과 규장각 소장본을 비교 검토해보니, 글자의 출입, 단락 구분 등에 있어 부분적인 차이가 있었다.

① 春雨潤, 草芽奮. 秋霜隕, 木葉遜. (버클리대학 아사미문고본 『蟬橘堂濃笑』)

春雨潤, 草芽奮. 秋霜肅, 木聲遜. (규장각본 『蟬橘堂濃笑』)

② 物適則衡平, 物不適則衡傾. 帆便則舟行, 帆不便則舟橫. 平而傾, 行而橫, 在人, 不在衡與舟也. 心亦如之.

心靜者言靜, 心躁者言躁. 聽人之言靜言躁, 可知其心靜心躁也. (버클리대학 아사미문고본 『戊寅篇』)

物適則衡平, 物不適則衡傾. 帆便則舟行, 帆不便則舟橫. 平而傾, 行而橫, 在人, 不在衡與舟也. 心亦如之. 心靜者言靜, 心躁者言躁. 聽人之言靜言躁, 可知其心靜心躁也. (규장각본 『戊寅篇』)

4 이에 대해서는 오용섭, 「청장관전서 정고본의 서지적 연구」, 『서지학연구』 39, 2008 참조.

인용문 ①은 글자의 출입을 보인 예이고, 인용문 ②는 단락 구분이 다른 예이다. 버클리대학 아사미문고본에는 '가을 서리가 떨어지니 나뭇잎이 주눅이 든다' 정도로 해석이 되고, 규장각본에는 '가을 서리가 엄숙하니 나뭇잎 소리 주눅이 든다.'로 해석된다. 의미의 큰 차이는 없지만 표현상의 미묘한 차이는 있다. 단락 구분과 관련해 인용문 2번에서 아사미문고는 두 단락으로 구분해서 필사되어 있는 것에 반해, 규장각 본에서는 하나의 조목으로 합쳐서 필사되어 있다. '마음'의 문제를 다루고 있다는 점에서 연결이 가능하고, '마음이 또한 그와 같다'는 문장이 둘 사이의 연결 가능성을 시사해 준다. 하지만 다루고 있는 내용이 서로 다르게 볼 여지가 더 크기 때문에 아사미문고본이 좀 더 정확한 것으로 보인다.

다음의 예는 의미가 전혀 달라지는 것이어서 주목을 요한다.

> 或倒立, 或橫翻, 或吻出于浪, 細呷粼粼, 眞機之至, 猜忮恬然. (버클리대학 아사미문고본 『蟬橘堂濃笑』)
>
> 或倒立, 或橫翻, 或吻出于浪, 細呷粼粼, 眞機之至, 猜快恬然. (규장각본 『蟬橘堂濃笑』)

규장각 소장본에 나오는 '시쾌(猜快)'는 용례를 찾기 힘들다. 전후 문맥을 고려할 때에 버클리대학 아사미문고본에 나오는 '시기(猜忮)'(시기와 원망)가 타당하다고 생각한다. 이 대목은 『耳目口心書』에도 똑같이 실려 있는데, 거기에는 '시기이연(猜忮怡然)'으로 글자가 조금 바뀌어 있다. 이로써 볼 때 규장각본 청장관전서 소재 『선귤당농소』에 나오는 '시쾌(猜快)'는 '시기(猜忮)'로 고쳐져야 한다.[5]

---

5 규장각본 『청장관전서』에 수록된 이 조목에서 첫 시작에 나오는 구절이 '月青谿, 時雨

필기는 특별한 형식의 제약 없이 자유롭게 써내려가는 특징을 지닌다. 필기에는 정사(正史)에 들지 못한 야사(野史), 사대부들의 각종 일화, 문학 작품에 대한 비평과 창작에 관련된 일화, 풍속이나 지리, 생활 등에 관한 기록, 학술적 고증 등을 생각나는 대로 자유롭게 써내려가는 이른바 잡기식(雜記式) 글쓰기를 모두 포괄한다. 문학과 비문학, 사실과 허구, 서정과 서사와 의론의 경계를 넘어서 광범위하고 잡다한 내용들을 다룬다. 필기(筆記), 만필(漫筆), 수필(隨筆), 만록(漫錄), 잡록(雜錄), 소설(小說) 등의 다양한 명칭으로 불려왔으며, 백과사전류 저술인 유서(類書)와 단편 메모 형식의 기록인 차기(箚記) 역시 필기의 범주 안에 포섭되기도 한다.

이처럼 필기는 다루는 소재가 매우 광범위하고 형식상의 특정한 제약이 없기 때문에 그것의 정의, 범위 및 분류에 관해서 학자들 저마다 다양한 견해가 제출되어 있는 실정이다. 이 점은 필기가 매우 광범위한 소재와 내용을 담고 있음을 말해주는 동시에, 필기의 정의, 범위 규정 및 분류 등이 매우 어렵다는 사실 또한 말해준다. 필자는 필기잡록류를 조사하는 과정에서 기존의 여러 학설들을 참고하여 필기에 대해 '저자 편자가 자신이 직간접적으로 체험하거나 독서를 통해 받아들인 지식과 감상을 주관적 견해와 학문 체계를 바탕으로 하여 자유로운 형식으로 기록하되, 논증적 · 고증적 · 체험적 성격을 띠는 글'이라고 성격을 규정한 바 있다. 현대 연구자들이 필기를 분류하는 방식을 예로 들어보면 다음과 같다.[6]

新晴'로 되어 있다. '三月青谿, 時雨新晴'로 되어야 한다.

6 이에 대해서는 정우봉 외, 「필기잡록류 조사 연구」, 한국고전번역원, 2014 참조.

■ 중국 학계의 경우 :

馬嘯風 : 故事傳說類, 雜事瑣記類, 考辨評論類

褚斌杰 : 小說故事類, 野史舊聞類, 叢考雜辨類, 雜錄叢談類

謝楚發 : 志怪類, 人事類, 考證類, 綜合類

安芮璿 : 小說故事類, 雜事逸事類, 學術雜考類, 隨筆雜記類

劉葉秋 : 小說故事類, 歷史瑣聞類, 考據辨證類

■ 한국 학계의 경우 :

임형택 : 상위분류(筆記) / 하위분류(詩話, 野乘, 笑話)

임완혁 : 상위분류(筆記) / 하위분류(逸話, 野史, 詩話, 辨證)

이래종 : 상위분류(筆記) / 하위분류(稗說, 野史, 詩話, 辨證, 綜合)

신상필 : 상위분류(筆記) / 하위분류(詩話, 逸話, 野史, 辨證, 綜合)

심경호 : 상위분류(類書, 叢書) / 하위분류(歷史, 筆記, 典故, 醫學, 農學, 考證, 人物錄 등)

중국 학계의 경우 지괴(志怪)를 중심으로 서사적인 성격이 강하고 소설과의 친연성이 가장 강한 소설고사(小說故事, 또는 筆記小說), 역사적 사실의 기록이 주가 되는 야사구문(野史舊聞, 또는 歷史瑣聞), 학술 탐구의 결과물을 집적한 고거변증(考據辨證)의 세 분류가 공통적이고 기본적인 틀이라고 할 수 있다.

이 논문에서는 필기의 광범위하고 잡다한 내용들 가운데 개인 생활 속의 단상이나 정취 등을 주로 다루고 있는 일군의 작품들에 초점을 맞추어 논의를 진행하고자 한다. 이를 위해 필기 가운데 소품적 성향을 보이는 작품군을 '필기소품(筆記小品)'이라는 용어로 묶어서 다루려고 한다. 역사 사상 자료로서의 관점 혹은 지식 정보로서의 관점이 아니라, 조선 후기 산문사의 흐름 속에서 필기의 글쓰기 방식이 어떻게

변화해 갔는가를 주목해 본 것이다.[7]

이 논문에서 주로 다룰 이덕무의 필기 저술을 개관하면 다음과 같다.

제목	저술 시기	분량	내용
戊寅篇	1758년(18세)	38칙	淸言
歲精惜譚	1763년(23세)	33칙	淸言 및 인물 세태 논평
瑣雅	1764년(24세)	40칙	작품, 작가 논평
蟬橘堂濃笑	1766년(26세)이전[8]	64칙	淸言
耳目口心書	1766년(26세)[9]	약760칙[10]	淸言, 일화, 견문 등
天涯知己書	1766년~1768년		홍대용의 『會友錄』을 재편집하고, 논평을 기록
淸脾錄	1778년 이전	177칙	詩話書
寒竹堂涉筆	1783년(43세)	177칙	영남 지방의 명승과 고적, 인물 및 풍속 등에 관한 고증
盎葉記	1782년(42세) 이후	372칙	문헌, 문물 제도, 풍속과 역사 등에 관한 고증

7 중국학자 歐明俊은 필기소품에 대해 다음과 같이 설명하였다. 筆記小品은 筆記 중에서 자유롭게 보고 듣고 느낀 바를 기록한 것이다. 개인의 정취와 정감을 함축적이면서 운치 있게 표현하는 문장이다. 필기소품은 장중하고 전아한 장편의론과 달리 형식적 틀에서 벗어나 자유롭게 써내려간다. 떠오른 느낌과 단상 및 일상의 자잘한 이야기 등을 수필식으로 기록하는 것이다. 거기에는 詩情이 있고 美感이 있고 지혜가 있으며, 독자의 마음을 즐겁게 하는 오락성 消閑 문학이다. 개성이 선명하고 작가의 진실한 정감을 표현하는 데에 주력한다. 歐明俊, 「明淸的筆記小品(上)」, 『文史知識』 2001年 3期.

8 『耳目口心書』에 『선귤당농소』가 일부 인용되어 있고, 譯官 李白石을 통해 반정균에게 이 책을 보낸 것이 대략 1767년 무렵이다.

9 『이목구심서』는 이덕무의 나이 24세부터 26세까지 3년 동안 쓴 글들을 모아놓은 것이다. 李光葵가 작성한 「先考積城縣監府君年譜」의 丙戌年(26세) 기록에 따르면, "『耳目口心書』를 지었다. 공이 『禮經』을 읽는 여가에 견문을 기록한 것으로 모두 6편이다"라고 하였다.

10 『耳目口心書』를 다룬 기존 연구논문들에서 저마다 다른 견해를 보이고 있어 일단 개

필기를 연구하는 방향에 있어 자료 전체를 대상으로 필기의 주요 내용 및 글쓰기 방식에 나타난 특징과 의미 등을 분석할 수 있고, 지식정보의 유통과 파급의 문제에 초점을 맞추어 다룰 수도 있을 것이다. 여기에서는 필기 가운데 작가의 개성이 잘 드러나고, 생활 주변에서 느끼는 개인의 감정과 정취를 표현한 일군의 작품들을 선별하여 다루고자 한다. 조선후기 소품문의 흐름과 연관 지어 필기 장르의 변화를 파악할 수 있다는 점에서 이 같은 접근법이 필요하지 않을까 한다. 필기 장르의 변화 중에서 이 논문에서 주목한 것은 일상 주변의 생활을 주요 소재로 하면서 개인적 취향과 정감, 개성을 중시하는 일련의 작품군, 즉 필기소품이다.

필기소품은 필기 가운데 소품적 성향을 지닌 작품군을 가리키는 용어이다. '유기소품(遊記小品)', '척독소품(尺牘小品)', '제발소품(題跋小品)' 등의 용어가 사용되고 있는 것과 비슷한 맥락이다. 필기소품은 일상과 생활 주변의 잡사를 주로 다루며, 작가의 개성과 감정을 드러내는 데에 주력한다.

또한 필기소품 개념은 오늘날의 현대 수필 개념에 흡사하다고 할 수 있다. 논자에 따라 현대 수필에 대한 정의에 차이가 있겠지만, 대체로 '특정한 형식을 필요로 하지 않는다', '소재가 다양하여 제한이 없다', '자신의 체험을 바탕으로 하는 고백적 성격을 지닌다', '비교적 길이가 짧은 간결한 산문 형식이다', '유머, 위트, 비판정신이 들어간다' 등으로 요약된다. 여기에서 논의하는 필기소품이 이 같은 현대 수필 개념에 근접한 것이 아닐까 생각된다.

이덕무의 필기소품 가운데 중요한 비중을 차지하고 있는 청언소품

략적인 숫자만을 표시한다.

(淸言小品)의 현황을 개관해 보도록 한다. 청언소품은 필기소품 내에서 장르적 변별력을 지닌 특수한 작품군이다. 이덕무는 청언소품에 대해 분명한 창작의식을 가지고 있었으며, 10대 후반 때부터 20대에 이르는 기간 동안 지속적으로 청언소품을 창작하였다. 그는 예전 문헌에서 선별하여 청언집을 엮는 방식이 아니라, 자신이 직접 청언을 창작하는 방식을 택했으며 이들 청언을 모아 단행 저술로 묶었다.

이덕무가 쓴 첫 번째 청언소품집은 『무인편(戊寅篇)』이다. 1758년 18세 때에 쓴 『무인편』에는 총 38칙의 청언(淸言)이 수록되어 있다. 비교적 이른 나이 때부터 청언 창작에 큰 관심을 갖고 있었음을 잘 보여준다. 여기에 실려 있는 청언을 예로 들어본다.

> 비유하건대, 마음은 불이고 물욕은 땔감[薪]이고 염치는 물이다. 그러므로 물욕을 마음에 둘 적에 염치로 제어하기 어려운 것이 마치 땔감에 불을 질렀을 때 물로써 제어하기 어려운 것과 같다.[11]

> 다른 사람의 지적을 듣기를 풍류소리 듣는 것처럼 하고, 허물 고치기를 도둑 다스리는 것처럼 해야 한다.[12]

위의 예에서처럼 『무인편』은 언어 생활, 교유 관계, 심성 수양 등에 관련된 내용들이 주를 이루는 바, '사'(士)로서의 바른 삶에 관련된 청언들이 수록되어 있다. 한 가지 더 살필 부분은 『무인편』에 붙인 서문이다. 이덕무가 청언소품 장르에 대해 어떠한 인식을 남겼는가를 알려

---

11 李德懋, 『戊寅篇』, 『靑莊館全書』 권5. 假令心火也, 物欲薪也, 廉恥水也. 以欲著心, 不能制之以廉恥, 正如以薪熾火, 不能制之以水也.

12 李德懋, 『戊寅篇』, 『靑莊館全書』 권5. 聞過如聞樂, 治過如治賊.

준다는 점에서 중요하다.

『무인편』이란 한 해를 기록한 것이다. 이 해 겨울에 삼호(三湖)의 수명정(水明亭)에서 살면서 글을 지어 스스로 경계로 삼은 것이 수십 조목이었다. 중간에 볼 수 없게 된 것이 5년이나 되어서 흩어져 없어져 버렸나 생각하면서도 아까워서 잊을 수가 없었으며, 그 글을 기억할 수도 없었다. 그러다가 우연히 책 상자를 살펴보다가 다시 이를 얻게 되었다. 너무 기뻐서 들추어 살펴보니, 옛 친구와 서로 만난 것 같았다. 비록 남을 가르치거나 세상에 남기기에는 부족하지만, 스스로 경계로 삼기에는 뜻이 깊었다. 내가 어려서부터 배움에 뜻을 두어 마음을 닦은 것을 여기에서 볼 수 있다.

이제 그때의 나이를 헤아려보니 겨우 18세였다. 비록 삼대 시절에 소학에 들어가고 15세에 대학에 들어가는 절차를 따르지 못했지만, 젊은 나이의 말이 이치에 가까운 것이 있음은 좋게 여길 수 있을 것이다. 나는 내 자신이 엄한 스승이나 벗이 가르쳐주고 이끌어주는 유익함이 없음을 탄식하지만, 거칠게나마 학문을 하고 선한 사람이 되는 방법을 알게 된 것은 또한 가정의 가르침 때문이었다. 이에 다시 깨끗하게 베껴서 써두고, 책의 제목을 『무인편』이라고 하였다.[13]

이덕무는 18세 때에 창작한 청언소품을 모아놓은 『무인편』에 붙인 위의 서문(24세 작성)에서 청언 창작의 목적을 '스스로 경계로 삼은 것'[自砭]이라고 하였다. 양반들처럼 제대로 된 교육을 받거나 스승의 가

13 李德懋, 『戊寅篇』, 『青莊館全書』 권5. 戊寅篇者, 志歲也. 是年冬, 寓居于三湖之水明亭, 有著書自砭者數十條. 中間不得見者凡五年, 疑其散亡流失, 惜而不能忘, 亦不能記其文. 伊今偶閱巾箱, 乃復得之, 欣然披撿, 如故人之相逢也. 雖不足教人而垂世, 其自爲戒則深矣. 余之自幼志學素心, 於斯亦可見也. 今計其年, 才十八也. 縱不及三代八歲入小學, 十五入大學之規, 然亦或佳其冲年之語, 似有近於道者爾. 慨余無嚴師友教導之益, 而粗能識爲學爲善人之方, 亦家庭之訓誨歟. 乃更淨寫以置, 命其書曰戊寅篇.

르침을 배울 수 있는 기회는 없었지만, 자기 스스로 책을 읽고 사색하는 가운데 이치에 합당한 말들을 기록해 나갔다고 하면서, 학문을 하고 선한 사람이 되는 데에 이들 젊은 시절의 말들은 도움이 되었을 것이라고 보았다. 남을 가르치거나 세상에 남기는 부족하다고 겸양을 표하면서 『무인편』을 다시 찾게 된 기쁨 속에 이덕무는 '스스로 경계를 삼는 것'에는 나름 중요한 의미가 있다고 자평하였다. 자신을 반성하고 자각하는 주체 의식 형성의 맥락 속에서 청언 창작의 의미를 부여하였던 것이다. 이같은 성향은 이후에도 지속된다.

23세(1763년)에 쓴 『세정석담(歲精惜譚)』에는 청언만 수록된 것은 아니고 필기잡록에 해당되는 다양한 내용들이 들어있다. 제목의 뜻은 '세월이 흐르고 정신이 소모되는 것을 안타까워 하는 말'들이다. 화살처럼 빠르게 흘러가는 세월 속에 나는 어떻게 나의 정신을 바르게 지키면서 아깝지 않은 삶을 살아갈 수 있을까? 이것이 『세정석담』을 쓰게 된 기본적인 이유에 해당된다. 이덕무는 세월의 빠른 흐름 속에서 바른 정신을 지키면서 살아가기 위해 책상 위 메모장에다가 날마다 하루하루의 다짐을 적고 또 적었다. 『세정석담』에 붙인 서문에서도 이덕무는 자신이 지은 글이 빈 말에 불과하여 남에게 도움을 줄 수 없다고 하면서 '스스로 지침을 삼는 것'에는 분명히 도움이 된다고 밝혔다.[14] 앞서 『무인편』에서 언급한 '스스로 경계 삼은 것'과 같은 맥락이다. 『세정석담』에 수록된 청언을 예로 들어본다.

사람의 사귀는 도는 매우 신중한 것인데, 처음 사귀었을 적에는 대

14 李德懋, 『歲精惜譚』, 『青莊館全書』 권5. 迺置簡於案, 事親讀書暇, 有由中之得, 則隨書之漸成篇. 縱知空言無補, 然其自爲計, 則庶或未爲失也.

뜸 지기라고 하다가 사귐이 약간 성기어지면 대뜸 절교하자고 하니, 어찌 그리도 경박하다는 말인가. 나는 이에 대해 항상 두려워하는 바이다.[15]

아무리 좋은 말도 너무 많이 하면 듣는 사람이 싫어하여 망령된 데로 흐르게 되는데 하물며 좋지 않은 말을 너무 많이 함이랴? 작게는 업신여김을 받게 되고 크게는 해를 보게 된다.[16]

『세정석담』 내 청언에서 주로 다룬 것은 교유관계와 언어생활에 대한 것이었다. 그리고 이것은 앞서 살펴본 『무인편』의 청언과 같은 맥락에서 이해된다. 그리고 이들 청언에서 취하는 글쓰기 방식은 대체로 대구 형식을 많이 운용하고, 분량이 1-2행정도이며, 교훈적 목소리를 전면에 내세우고 있다는 점에서 공통적이다.

이 같은 초기의 청언이 보여주는 특성에서 벗어나 청언 형식을 자유롭게 발전시키고 예술적 완성도를 높인 것이 『선귤당농소(蟬橘堂濃笑)』이다. 창작 시기는 서발문 등이 없어서 정확하게 알기 어렵지만, 『이목구심서』에 일부 인용되어 있는 것으로 보아 『이목구심서』가 저술되기 이전으로 짐작된다. 여기에는 총 64칙의 청언이 수록되어 있다. 이덕무는 이 책을 역관 이백석(李白石)을 통해 중국인 반정균(潘庭筠)에게 보내었으며, 이를 계기로 중국 인사들에게 알려지게 되었다.[17] 또한 이 저술은 이의준(李義準)이 편찬한 『소화총서(小華叢書)』에 수록

15 李德懋, 『歲精惜譚』, 『靑莊館全書』 권5. 人之交道甚重, 而初交之時, 動必曰知己, 交少踈則動必曰絶交, 何其輕躁之甚也? 余於此常惕惕.

16 李德懋, 『歲精惜譚』, 『靑莊館全書』 권5. 雖善言, 多則令人厭, 流於妄. 况不善之言多乎? 小則受侮, 大則見害.

17 이에 대해서는 정민, 『18세기 한중 지식인의 문예공화국』, 문학동네, 2014 참조.

되어 있는데, 제목이 『선귤당농필(蟬橘堂濃筆)』로 표기되어 있다.

> 보여주신 『선귤당농소』 1권은 맑고 아득하고 높고 묘한 말이 많습니다. 내 생각에 영암 선생이라는 분은 분명히 동방의 고상한 선비여서 몹시 흠모해마지 않습니다. 비록 얼굴은 모르지만 목소리와 담긴 뜻이 황홀하게 문석(文席)의 사이에 있으니, 마땅히 상우천고(尙友千古)의 법으로써 벗을 삼음이 어떠하겠습니까? 서문 한 편을 짓고자 했지만 편지를 부치는 일이 급한데다가 글 솜씨가 거칠어 붓을 들지 못했습니다.[18]

역관 이백석이 가지고 온 『선귤당농소』를 읽고 반정균이 이백석에게 보낸 편지에 나오는 글이다. 반정균은 『선귤당농소』에 대해 '맑고 드넓으며 고상하고 오묘하다'고 평하면서 이덕무를 '동방의 고상한 선비'로 추켜세웠다. 그 후 이덕무는 반정균에게 보낸 편지에서 "전에 역관 이백석이 저의 『잡찬(雜纂)』 1편을 선생에게 드리매 선생은 크게 칭찬하고 고상한 선비라고까지 칭했다 하니, 목석 같은 사람이 아니고서야 어찌 감동되지 않았겠습니까?"[19]라고 하였다. 이덕무가 언급한 『잡찬』은 청언소품집 『선귤당농소』를 가리킨다. 이덕무는 이조원(李調元)에게 보낸 편지에서 자신의 이 청언소품집을 『오악총서(五嶽叢書)』에 수록해 줄 것을 부탁하기도 하였다.[20]

18 潘庭筠, 「答白石」, 『燕杭詩牘』(하버드대 소장본) 권2. 見示濃笑一卷, 多淸曠高妙之語. 意炯菴先生之爲人, 必是東之古寺, 欽慕之至. 雖未識荊, 而聲欬風音, 怳參文席之間. 當以尙友古人之法, 友之如何? 擬作一序, 因寄札匆匆, 硏墨繁蕪, 未能涉筆, 容俟.

19 李德懋, 「潘秋庫」, 『雅亭遺稿』 권11, 『靑莊館全書』 권19, 『총간』 257, 262면. 昔者舌官李白石, 持獻不佞雜纂一篇于先生. 先生大加奬詡, 稱爲高士. 人非石腸, 安得不感?

20 李德懋, 「李雨邨」, 『雅亭遺稿』 권11, 『靑莊館全書』 권19. 五嶽叢書, 天下壯觀, 而有眼難見. 嗟哉嗟哉! 願詳示其凡例及書目, 至祝. 蓋如張山水來所輯凡例否? 若不鄙域外

이덕무가 24세(1764년)부터 26세(1766년) 사이에 쓴 『이목구심서(耳目口心書)』에도 청언소품이 상당수 실려 있다. 『이목구심서』에는 청언소품 이외에 필기잡록, 일기 형식의 글, 우화적 성격의 글 등 다종다양한 형식의 글들이 수록되어 있다. 『선귤당농소』와 『이목구심서』에 수록된 청언의 작품적 특성에 대해서는 뒤에 자세히 다루고자 한다.

젊은 시절에 집중했던 문학 장르의 하나가 청언소품이라는 점이 주목된다. 이 점은 달리 말해 젊은 시절 이덕무의 문학 세계를 형성하는 데에 청언소품이 중요한 비중을 차지하고 있다는 점을 말해 준다. 현재 남아있는 자료를 놓고 보았을 때에 이덕무가 청언소품을 창작하여 하나의 저술로 묶은 것은 18세 때였다. 이덕무는 18세 때에 창작한 청언들을 묶어 『무인편』이라고 이름 붙였다. 이후 23세 때에는 『세정석담』을 묶었으며, 이 무렵에 청언소품의 대표적 저술인 『선귤당농소』도 창작되었다. 24세부터 26세까지 기록을 모아놓은 『이목구심서』에도 상당량의 청언소품이 수록되어 있다. 그 이후 별도로 청언소품들을 묶어놓은 저술은 보이지 않는다. 따라서 이덕무의 문학 세계에서 청언소품을 창작하였던 시기는 10대 후반에서 20대에 걸친 젊은 시절이었다.

이와 관련하여 한 가지 더 언급할 사항은 이덕무가 친구들과 함께 도륭의 『파라관청언(波羅舘淸言)』류의 청언들을 즐겨 읽고 있었다는 점이다.

저문 숲속 낡은 집에서 친구와 오순도순 『파라관청언』을 한참동안

而不佞輩所著諸種, 亦可許入, 則後當繕寫以上耳. 須向潘秋庫先生, 索所藏東國栗谷李先生珥聖學輯要一書, 並入於叢書中, 如何? 不佞所著雜纂一冊, 亦索於秋庫編之, 未知如何.

> 읽었네. 집에 돌아와 등불 아래 누워서 마음을 수양하기 위해 그때의 여운을 음미하였는데 마냥 기분이 좋아졌네. 문득 서씨의 서루에서 촛불 아래 「이소(離騷)」를 큰 소리로 읽을 때에 별이 반짝이고 주인과 손님들의 얼굴빛이 변하던 일이 떠올랐네. 한번은 기쁘고 한번은 슬픈 것이 어찌 그리도 다른가? 내가 이것은 즐기고 저것은 슬프게 생각해서가 아니라네. 문장이 기이하면 정신이 활발해지고 정신이 활발해지면 성령이 모이게 되니, 누가 이것을 막을 수 있겠는가?[21]

이덕무가 윤가기(尹可基)에게 보낸 척독 중의 하나이다. 이덕무가 윤가기에게 보낸 척독은 모두 18편에 이르는데, 보낸 횟수나 내용을 보면 두 사람의 친분이 매우 두터웠음을 알 수 있다. 윤가기 또한 서얼이었는데, 이 두 사람의 교유는 일찍부터 이루어졌다. 신분적 제약으로 인하여 책 읽기를 즐거움으로 삼고 있었다. 여기서 주목되는 것은 도륭(屠隆)의 『파라관청언』을 같이 읽고 있다는 점이다. 명말 유행하던 청언소품의 대표적 저술이다. 명말 청언소품이 이 시기 문인들 사이에서 널리 읽히고 있던 정황을 잘 보여준다. 이덕무는 이 편지글에서 『파라관청언』을 읽은 이유를 '정신을 수양'하는 것에서 찾았으며, 「이소경」을 읽을 때에는 슬퍼지다가 『파라관청언』을 읽을 때면 기뻐하게 된다고 말하였다. 「이소경」을 싫어하기 때문이 아니라 그 문장이 신기해서 정신이 활발해지고 이에 따라 성령이 모이게 되어서 그렇다고 하였다. 『파라관청언』을 읽으면 마음이 기쁘게 되는데, 그것은 그 문장이 기이하기 때문이라는 지적이다.

---

21 李德懋, 「尹曾若」, 『雅亭遺稿』 권8, 『青莊館全書』 권16. 夕林老屋, 把故人臂, 滿誦波羅舘淸言, 歸臥燈底, 政欲頤神葆精. 追味餘韻, 充然自欣. 忽想徐樓燭影中, 大讀楚人騷, 星斗動芒, 賓主變色, 欣暢鬱悒, 何其殊也? 匪吾樂此而悲彼, 文奇則精神活, 精神活則性靈會. 夫孰能禁之哉?

청언을 집중적으로 창작했던 시기는 산수유기, 척독, 서발, 잡저소품 등 여러 장르에 걸쳐 새로운 형식과 참신한 내용을 담아 소품문을 활발하게 창작해 나갔던 시기이기도 하다. 예컨대 산수유기의 경우 젊은 시절에 쓴 초창기의 유기 작품(예컨대 「記遊北漢」, 「七十里雪記」, 「西海旅言」)이 형식과 내용 양방면에 걸쳐 이덕무 산수유기 문학의 대표작이라고 할 수 있다. 청언소품 또한 젊은 시절 이덕무의 문학세계를 이해하는 데에 있어 중요한 비중을 차지하고 있는 영역의 하나이다.

한편 이들 청언소품은 기왕의 저술에서 선별해서 편찬하는 방식이 아니라 작가 자신의 문학적 역량을 투입하여 창작한 예술성 높은 작품이라는 점에서 주목된다. 가장 이른 시기인 18세 때에 지어진 『무인편』, 『세정석담』에서는 대구법 형식의 짧은 문장을 많이 구사하였으며, 사(士)로서의 삶의 자세와 태도 등과 관련된 주제에 집중된 경향성을 보인다. 이에 비해 『선귤당농소』와 『이목구심서』에 이르면 청언의 형식과 문체가 대폭 다양해지고, 다루고 있는 주제와 소재 또한 다채롭게 변화하였다. 표현과 내용 방면에서 모두 참신하고 혁신적인 변화를 적극적으로 시도하였던 것이다. 그리고 이 같은 청언 창작의 변화상은 젊은 시절 이덕무의 산문 세계가 변화해 가는 궤적과 긴밀하게 연관되어 있다.

한편 이덕무는 청언소품집으로 추정되는 『총언(叢言)』을 저술하기도 하였는데, 이 저술은 현재 소재가 파악되지 않는다.

> 도은(桃隱)이 『형암총언(炯菴叢言)』 도합 열세 조목을 글씨로 써서 한 권의 책자로 만들어 나에게 서문을 써 줄 것을 부탁하였다. 도은과 형암 이 두 사람은 내적인 면에 오로지 마음을 쓰는 사람인가, 육예(六藝) 속에서 노니는 사람인가? 그것이 아니고 이 두 사람이 사생과 영욕

> 의 분별을 잊어버리고 이와 같이 정교한 경지에 이르렀다면 어찌 지나친 것이 아니겠는가. 만약 이 두 사람이 무언가를 위해 다른 모든 것을 잊을 수 있다면, 도와 덕 속에서 서로를 잊고 지내기 바란다.[22]

위의 인용글에 따르면, 도은이라는 서예가가 이덕무가 지은 『총언』 13칙을 글씨를 쓰고 책을 만들어 연암에게 서문을 부탁하였다. 청언에 속하는 저술로 짐작되는데, 기왕의 청언소품집에서 일부 선별하여 만든 것인지, 아니면 완전히 새로운 저술인지 여부는 확실하지 않다.[23]

3. 이덕무 필기소품의 작품 세계

1) 다양한 형식적 실험

이덕무의 산문문학에서 중요하게 지적해야 할 점의 하나는 다양한 양식적 실험을 통한 문학적 혁신을 시도하고 있다는 점이다. 이덕무는 필기 장르의 내부적 변화 속에서 필기소품으로 묶을 수 있는 새로운 형식과 성향의 작품들을 창작하였다. 이 점에 대해서는 뒤에 자세하게 다루기로 하고, 여기서는 필기의 글쓰기 방식이 여타 장르와 접목하는 양상에 대해 언급하기로 한다. 그 대표적 사례는 『서해여언(西海旅言)』

---

22 朴趾源, 「炯言挑筆帖序」, 『燕巖集』 권7, 『한국문집총간』 252, 110면. 桃隱書炯菴叢言凡十三則爲一卷, 屬余叙之. 夫二子專用心於內者歟. 夫二子游於藝者歟. 將二子忘死生榮辱之分, 而至此其工也. 豈非過歟? 若二子之能有忘, 願相忘於道德也.

23 이 글이 실려 있는 『종북소선』은 1771년에 자서를 썼으며, 연암의 초장년기에 쓴 작품들이 주로 수록되어 있다. 따라서 이덕무의 나이 20대에서 30대에 걸쳐 이루어진 것으로 생각된다.

이다.

조선후기 산수유기의 새로운 글쓰기 방식 중의 하나가 필기잡록화이며, 이덕무의 『서해여언』과 이옥(李鈺)의 『남정십편(南征十篇)』, 심노숭(沈魯崇)의 『해악소기(海嶽小記)』가 그 대표적 작품이다.[24] 이덕무의 『서해여언』은 황해도 여정에서 견문한 다채로운 소재들이 등장한다. 황해도민의 생활과 풍속, 그리고 갖가지 이야기, 역사 회고, 산수유람, 어원 고찰 등 다양한 분야에 걸쳐 각 항목들이 독립된 형태로 서술되어 있다. 이 점은 산수유기와 필기의 장르적 혼효 현상으로 이해된다. 아래는 이 점을 극명하게 보여주는 예이다.

> 16일(경오) 비가 내리고 조니진에 머물다
>
> 강아지가 처음 났을 때 7일 동안 코끝에다 식초를 바르면 다 사냥개가 되고, 사냥개가 여우를 쫓을 때 여우가 개의 허리를 넘으면 개가 다시는 쫓지 못한다. 천초(川椒)를 밥에 타서 밭 사이에다 두면 꿩이 먹고 풍이 생겨서 입을 벌리고 죽는다. 왕기(王氣)가 있는 곳이라야 자석에 붉은 색과 남색물이 드는데 한성 이외에는 끝내 제대로 물드는 곳이 없다. 두꺼비는 독기를 뿜어 뱀을 죽이고 파리가 모이도록 두었다가 빨아들여 식량을 삼는다. 도마뱀은 개구리를 보면 적은 안개와 적은 번개로 벼락을 칠 수 있고, 길경(吉更)이 변해서 도마뱀이 된다. 굼벵이가 변해서 큰 자라가 되며, 여우와 수달은 말고기를 먹으면 죽는다.[25]

24 이에 대해서는 정우봉, 「조선후기 유기의 글쓰기 및 향유방식의 변화」, 『한국한문학연구』 49, 한국한문학회, 2012 참조.

25 李德懋, 「西海旅言」, 『青莊館全書』 권62. 犬之初生, 鼻端塗醋, 七日皆成獵狗. 獵狗逐狐, 狐越狗腰, 狗不能逐. 川椒和飯, 置於田間, 雉吞生風, 開口而死. 王氣所在, 紅靛漬磁, 漢城以外, 終莫能成. 蟾蜍吐氣殺蛇, 待其蠅集, 吸而爲粮. 蜴蜥見蛙, 小霧小電, 能生霹靂. 吉更化爲蝘蜓, 蠐螬化爲鱉狐. 獺啖馬肉則死.

정재 박태보가 파주를 다스릴 때에 밭을 두고 송사를 한 자가 있었다. 도장 찍은 것을 보니 상주(尙州)의 인장이어서 위조한 것이라 하여 물리쳐 버렸다. 그 아버지인 서계 박세당이 말을 듣고 탄식하기를, "넌 왜 그리 무식하냐. 주현(州縣)의 인장이 닳게 되면 예조에 반납을 하고 새 인장을 다시 주조를 한다. 아무 해에 파주에서 화재로 인장을 분실하였고 예조에서는 미처 주조를 못하여 닳지 상주 인장을 임시로 빌려주었던 것이다." 하였다.[26]

『서해여언』의 1768년 10월 16일 항목에 나오는 일부분이다. 이날 황해도 조니진에 머물렀을 때의 여행 기록에는 특별히 구경을 하거나 둘러본 곳은 나오지 않고, 오직 6칙에 걸쳐 필기잡록식으로 기록한 것만이 수록되어 있다. 소재 자체가 매우 특이한 것이어서 이덕무가 당시 현지에서 견문한 것을 기록한 것이 아닌가 추정된다. 그런데 위의 두 인용글은 이 지역과 직접적으로 관련된 것이 아니다. 황해도 조니진 지역과의 연관성도 없고, 각 항목간의 관련성도 없이 이들 기록들이 각각 독립적으로 배치되어 있는 것이다.[27] 18세기 전반에 나오는 홍백창(洪百昌)과 권섭(權燮)의 필기잡록식 산수유기에는 여행 여정 및 장소와 연관된 내용들이 서술되어 있었는데, 이덕무에 이르러서는 그 같은 연관성마저 찾기가 어렵게 되었다.

한편 이덕무의 필기소품 중에서 청언소품은 다양한 형식을 활용하

26 李德懋, 「西海旅言」, 『靑莊館全書』 권62. 朴定齋之爲坡州, 有訟田者, 見印畵, 則尙州印也, 以其僞也斥之. 西溪聞而嘆曰, "爾何鹵也? 州縣印頑, 則納于禮曹, 更鑄新印. 某年坡州火, 失印, 禮曹未暇鑄, 以尙州印不甚頑, 故姑假之.

27 이덕무의 산수유기와 필기 장르의 혼효 현상에 대해서는 최두헌, 「필기의 관점에서 본 이목구심서 연구」, 고려대 국문학과 석사학위논문, 2011 ; 정우봉, 「이덕무의 산수유기에 관한 연구 : 晩明 王思任과의 비교를 겸하여」, 『한국한문학연구』 50, 한국한문학회, 2012 참조.

고 있다는 점에서 중요한 의미를 지닌다. 짧은 길이의 단평 형식에서부터 완정한 대구 형식을 운용하기도 하고, 인물간 대화 기법을 운용하거나 긴 호흡의 서정적 산문으로 표현하기도 하였다.

청언소품의 창작 시기에 따라 살펴보면, 대체로 이른 시기의 청언소품에서는 분량이 길지 않으며 대구 형식을 주로 활용하였다. 이에 비해 『선귤당농소』에 이르면 긴 호흡의 서정적 산문 형식을 새롭게 활용하였다. 『이목구심서』는 청언, 일기, 우언, 잡록 등 다양한 형태의 글들이 수록되어 있는데, 청언의 경우에는 짧은 단평 형태의 청언들이 함께 활용되었다. 예술적 운치가 높은 청언소품의 창작이 『선귤당농소』에 이르러 크게 활성되었다.

① 사람 대하기를 공손으로 하면 욕을 면할 수 있고, 사물 처리하기를 청렴으로 하면 화를 면할 수 있다.[28]

② 말은 요점이 있어야 한다.(言語, 要而已)
멋대로 말을 하는 사람은 좋은 선비가 아니다.(放言, 非吉士)
욕심이 없어야 욕됨이 없다.(惟無欲, 迺無辱)
글은 형용을 귀하게 여기며, 글씨는 전아함을 귀하게 여긴다.(文貴形容, 書貴雅)
막힘의 병통은 어두움이며, 재빠름의 병통은 소홀함이다.(滯之病暗, 快之病忽)[29]

③ 객이 옛사람을 만나보지 못해 크게 탄식을 하다가 이어 눈물을 흘렸다. 시험삼아 왕마힐의 문집을 먼저 주고서 열흘간 재계하고 깨끗

28 李德懋, 『戊寅篇』, 『青莊館全書』 권5. 待人以恭, 可以免辱, 處物以廉, 可以免禍.
29 모두 『이목구심서』에 수록되어 있다.

한 방에서 읽어보도록 했다. 그 뒤에 객이 와서 환히 웃으면서 말했다.

"내가 옛사람 왕마힐을 보았소"

"눈썹과 눈은 어떻게 생겼고, 귀밑머리는 어떻게 생겼던가?"

"벌써 아득히 잊었습니다."

조금 있다가 다시 말했다.

"마음 속에는 또렷이 남아 있습니다."

마침내 내가 손을 저으면 말했다.

"많이 말할 것 없소. 나는 이미 알아들었소. 서수(犀首, 公孫衍의 호) 같은 언변이 있더라도 말로 표현할 수 없을 것이고, 호두(虎頭, 顧愷之의 호) 같은 재주가 있더라도 그림으로 그려내지 못할 것이오."[30]

인용문 ①은 청언소품에서 많이 사용되는 형식이다. 정연한 대구의 형식을 통해 간명하면서도 암송과 전달에 용이하게 작가의 사상을 표현할 수 있다. 인용문 ②의 경우 매우 짧은 형태의 청언소품이다. 이덕무의 경우 『이목구심서』에 수록된 청언에서 이같은 형식을 많이 활용했다. 인용문 ③은 화자와 손님 사이의 대화를 기본 구조로 하여 '언외지의(言外之意)'의 중요성을 설파하였다. 옛사람이 남긴 글을 통해 그와 만날 수 있는데, 그 만남을 통해 자득한 것은 뛰어난 언변의 소유자라고 하더라도 언어로 표현할 수 없고, 빼어난 그림솜씨를 지닌 화가라도 그려낼 수 없다고 하였다. 마음으로 터득하고 깨닫는 것의 중요성을 작가는 객과의 대화를 활용하여 흥미롭게 표현하였다.

30 李德懋, 『蟬橘堂濃笑』, 『青莊館全書』 권63. 客有不見古人, 噓唏之甚, 繼之以泣. 試先贈王摩詰集, 使齋十日, 讀於淨室. 客後來粲然曰, "我見古人王摩詰矣." 曰, "眉眼如何? 鬢髮如何?" 曰, "已忽忽忘之矣." 少焉曰, "又了了心中矣." 遂搖手曰, "無多言! 吾已意會耳." 犀首雖辯, 不能言之也. 虎頭雖才, 不能畫之也.

2) 내면 고백과 자기 인식

이덕무는 심계(心溪) 이광석(李光錫)과 나눈 대화에서 필기잡록에 관한 장르적 인식의 일단을 말하였다. 이광석이 이덕무의 필기잡록을 읽고 나서 "자득한 곳이 매우 많으니 결코 속된 사람이 아닙니다."라고 그 독후감을 이야기하였다. 이에 대해 이덕무는 "나는 참된 정감을 표현한 것에 힘을 쏟으니 마음 속 일이 아님이 없다네"라고 답하면서 문장 창작의 핵심이 진실한 감정의 토로에 있음을 강조하였다.[31] 문학 창작에서 이덕무는 참된 정감을 표현하는 데에 힘썼으며, 필기도 여기에서 예외가 아님을 힘주어 말하였다. 여기서 필기 장르가 견문한 지식과 독서를 통해 얻은 것들을 객관적으로 기록하는 데에 그치지 않고, 작가가 느끼는 감정을 진솔하게 고백하고 토로하는 양식적 기능을 수행한다고 보았다. 필기 장르에 대한 변화된 인식을 보여주고 있다는 점에서 중요한 발언이다.

이 같은 필기에 대한 장르 인식과 관련해 우리는 이덕무의 필기소품에서 자전적 성향의 작품들, 신변 잡사를 다룬 작품을 중심으로 작중 화자의 내면 정서에 주목하고자 한다. 여기서 다룰 것은 자전적 회상과 고백, 생활 주변에서 느낀 단상을 다룬 작품들이다. 『이목구심서』를 읽다보면, 날짜를 명기해 놓고 지난 시절을 회상하거나 당시 작가의 내면적 정감과 심리를 인상적인 필치로 표현한 글들을 자주 만나게 된다.

---

31 李德懋, 『耳目口心書』 권1. 心溪燈下讀余諸筆記雜說曰, "自得處甚多, 決非俗人也." 余笑曰, "心溪知我, 勝我自知. 余以寫出直情爲務, 無非胸臆間事耳. 夫文章, 沁入骨髓可好耳. 古人云, 可與知者道, 不可與俗人語. 余每疑此語甚薄, 而無忠厚意. 近日漸覺此語不得已也. 君之文章, 不無疵處, 余愛其眞情流出, 每多之也."

앞서 잠시 언급했듯이, 20대 무렵 이덕무는 시간의 흐름에 대해 매우 예민한 인식을 보였다. 24세에 쓴 『세정석담』의 서문에서 이덕무는 시간의 불가역성에 대해 이야기했다. 화자는 헛되이 세월을 보내어 정신이 소모되는 것을 가장 경계하였다. 『이목구심서』에서는 이른바 일기 형식을 활용해 그때그때 떠오른 화자의 복잡한 내면 심리를 묘사하였는데, 특히 한해가 마감하고 새해를 맞이하는 섣달 그믐날에 쓴 글들이 눈에 띈다. 아래의 필기소품은 소멸되는 시간에 대한 예민한 감성을 소유했던 이덕무의 의식 성향을 잘 보여준다.

> ① 예닐곱과 아홉 살 때에는 섣달그믐이나 정월 초하루만 되면 어찌 그리도 좋았던지. 길게 늘인 운장건을 쓰고, 머리에는 총각머리를 묶고, 초록빛의 작은 솜옷을 입고, 붉은 비단 띠를 두르고, 붉은 가죽신을 신고서 밤에는 윷놀이를 하고 낮에는 종이 연을 날렸다. 어른께 세배를 가면 이마를 어루만지며 귀여워해 주셨다. 이때에는 우쭐한 기분이 들어 막 일어나 바람처럼 내달리니 머리카락이 온통 나풀거렸다. 천하에 좋은 시절은 이날보다 좋은 때가 없었다. 이제 아이들이 뛰노는 것을 보면 마음이 설레며 다시 움직이지만, 돌아보건대 벌써 7척이나 되고, 높은 관은 키[箕]와 같고 수염은 거뭇거뭇하다. 도리어 시새움을 내며 말하기를, "너희들도 머지않아서 턱에 거뭇한 수염이 날 것이다. 너의 때때옷을 어디다 쓰겠느냐?"라고 했다. 아이들은 반드시 이 말을 믿지 않을 것이다.[32]

32 李德懋, 『耳目口心書』 권1, 『青莊館全書』 권48. 六七八九歲時, 除夕元日, 何其好也? 戴雲長巾, 頭結唐髻, 衣草綠小袍子, 帶則赤錦, 鞋則紅皮, 夜排柶子, 晝瞻紙鳶. 歲拜長老, 則撫頂嬌愛. 是時也, 俊氣橫生, 行如飄風, 毛髮皆躍, 天下之好時節, 無過於此日也. 今見此輩踊躍, 則意思層動, 而顧身七尺而高冠若箕, 鬚髯毿毿矣. 反猜之曰, "爾輩亦不久, 頤生玄髯. 安用爾姸嬋之衣哉?" 兒必不信.

② 요즈음 새해가 다가와도 즐거운 줄을 모르는 것은 나이를 먹는다는 사실 때문이다. 매년 11월, 12월이 되면 기분이 울적해져서 새해라는 두 글자를 거론조차 하기 싫어진다. 날짜가 점점 다가오면 평소 서먹서먹해서 만나고 싶지 않은 손[客]이 언제 내 집에 오겠다고 미리 알려온 것과 같아서, 아주 싫은 건 아니지만 관심은 거의 없다. 이윽고 초하루가 되면 그 손이 온 것 같아서 내쫓거나 피할 수는 없어도 조금도 반갑지가 않다.

선달 그믐날에는 한없이 아쉬운 기분이 든다. 마치 정든 친구가 멀리 떠나게 되면 헤어지기가 어려워서 이별할 때 그의 수염 · 눈썹 · 정신 · 노랫소리 · 웃고 욕하는 모습 · 옷차림 · 걸음걸이 등을 자세히 살피는 것 같으니, 이후로 혹 다시 만나지 못하게 되면 모습이 어느새 잊혀지기 때문이다. 또 관례를 목전에 둔 동자가 '관례를 하고 나면 동자 시절과는 영영 이별이겠구나'라는 생각에 땋은 머리를 자주 만져보는 것과 같으니, 인정이란 것이 항상 그러하다. 저녁 무렵 해가 지려하면 아쉬움을 금치 못해 석양을 찬찬히 바라보는데, 이는 그해의 햇빛이 다해 가기 때문이다. 그러다가 잠시 후 해가 지면 슬픈 마음을 감당하기 어려워진다. 밤이 되면 반드시 한층 더 애틋한 마음으로 고요히 북두성을 바라보면서 '금년 밤이 이젠 정말 얼마 남지 않았구나'라고 생각하는데, 문득 새벽닭이 울면 어찌할 수가 없다.[33]

33 李德懋, 『耳目口心書』 권1, 『靑莊館全書』 권48. 近日漸覺新年之來則沒無好趣, 以其添齒故也. 每年値十一月十二月, 則意思不快活, 不欲提起新年二字. 日子漸迫, 則正如平生情契冷淡, 不欲見之客子, 先言某日將到吾家, 雖不大憎恨, 然意中八九分淡薄. 俄然之間, 元日當著, 則如厥客來到, 雖不可逐避, 情地則無一毫滋味矣. 除日有無限戀惜意, 正如遠別情朋, 愛而難離. 當別期, 則細審其人之鬚眉精神歌音笑罵裝束步趨, 以其或此後不逢, 則樣子居然忘了故也. 又如童子將冠, 吉日旣逼, 心中以爲"冠一加則童則別矣", 必頻頻手撫編髮, 人情之恒然也. 除日夕陽將落, 則情又不忍, 必細玩夕陽, 今年之日色只有此故也. 須臾日落, 則其悵然難堪矣. 夜必加意靜觀星斗曰 : "今年之夜, 隔如薄紙耳." 忽五更雞鳴, 則無可奈何矣.

인용문 ①은 유소년 시절의 회상이 애틋한 추억 속에 잘 그려져 있다. 섣달 그믐밤에 예전 어릴 적 일들을 회상하면서 쓴 글이다. 어린아이들의 천진함을 시새움하는 화자는 너희들도 머지않아 수염이 길게 난 어른이 될 것이라고 말하는 장면이 웃음을 자아낸다. 인용문 ②에서는 지난 시절 어린아이의 행복했던 추억을 뒤로 한 채 어른으로서 세상살이에 얽매어 살아가는 화자는 해가 바뀔 때마다 특별한 감흥이나 흥취, 재미를 날이 갈수록 느낄 수 없다고 하였다. 지나간 시간과 추억의 소멸을 안타까워하면서 새해로 바뀌는 시간의 변화를 묵묵히 받아들일 수밖에 없다. 어린 시절에 대한 아련한 추억, 지난해를 보내야 하는 섭섭한 심정, 새해를 맞이하는 불안감 등이 복합적으로 표현되어 있다. 섣달 그믐밤을 경계로 묵은해가 가고 새해가 다가오는데, 작중화자는 신년을 맞이하면서 기쁨과 설렘보다 시간이 흘러가는 것을 안타까워하고 지난 온 시간들을 아쉬워하면서 아련한 추억 속에 젖어든다.

물리적인 자연의 시간은 결코 되돌릴 수 없다. 과거는 다시는 돌아갈 수 없는 지나간 시간이다. 작중 화자는 이 점을 명료하게 인식하면서, 풍요롭고 행복했던 기억으로 과거를 재현하는 것으로 지난 시절에 대한 그리움을 표현했다. 어린 시절에 대한 짙은 그리움의 정서에 비추어, 그것을 기억하고 회상하는 현재의 자아는 쓸쓸하고 안타까운 감정을 숨기지 않는다. 지금 머물고 있는 현재의 시간은 화자에게 만족감과 행복을 가져다주지는 못하는 것으로 보인다. 유년 시절은 영원한 그리움의 대상이다. 유년 시절의 자아가 지닌 순수성과 밝음을 이제 성인이 되는 화자는 더 이상 갖지 못하고 있음을 실감하면서, 변해버린 세월의 무게 앞에 어찌할 수 없는 탄식을 쏟아낸다.

작중화자는 어린아이의 이미지가 갖는 순수성에 대한 동경을 품은 채 이미 사라지는 것들에 대한 안타까운 심정을 토로하였다. 그것은 아마도 지금 마주하고 있는 속악한 현실에 대한 비판과 거부로부터 비롯되었을 것으로 보인다. 때 묻지 않은 과거 어린 시절의 시간을 회상하면서 화자는 현재 자기 자신을 반성하고 되돌아본다. 유년 시절을 아름답고 행복하게 그려 봄으로써 이제는 잃어버리는 현재의 자아를 되돌아보면서 화자는 다시금 자기 반성과 자기 정화의 시간을 갖는다. 그것은 현실의 자신을 돌아보고 반성하는 성찰로서의 의미를 지닌다. 요컨대 시간을 의식하는 것은 자기 자신을 의식하는 것이다. 그리고 자아의식은 자기 존재를 의식하는 것이다. 내면에 침잠한 작중화자의 복잡한 심리 상태를 생동감 있는 언어로 표현하는 한편, 자기를 의식하며 자기 존재에 대한 주체적 인식을 지향하는 화자의 모습을 잘 보여준다.

> 을유년 겨울 11월에 형재(炯齋, 저자의 서재)가 추워서 뜰아래 있는 조그마한 띳집으로 거처를 옮겼다. 집이 매우 누추하여 벽에 언 얼음이 뺨을 비추고 방구들의 그을음 때문에 눈이 시었다. 아랫목이 불쑥하여 그릇을 놓아두면 물이 반드시 엎질러졌다. 햇살이 비치면 쌓였던 눈이 녹아 스며들어 띠에서 누르스름한 국물 같은 물이 뚝뚝 떨어졌다. 손님의 도포에 한 방울이라도 떨어지면 손님이 깜짝 놀라 일어나는 바람에 내가 사과를 하곤 하였지만, 게을러 집을 수리하지는 못했다.
>
> 어린 아우와 함께 석 달간 이곳을 지켰지만, 그래도 글 읽는 소리가 그치지 않았다. 세 차례나 큰 눈을 겪었는데, 매번 눈이 한차례 오면 이웃에 사는 작달막한 노인이 꼭 대빗자루를 들고 새벽에 문을 두드리며 혀를 끌끌 차면서 혼자 말하기를 "불쌍하구먼. 연약한 수재가 추위

에 얼지는 않았는지."라 하였다. 먼저 길을 낸 다음 문 밖에 벗어 놓은 파묻힌 신발들을 찾아내어 털어놓고, 말끔히 쓸어 모아 둥글하게 세 덩어리를 만들어 놓고 가곤 하였다. 나는 그 사이에 이불 속에서 옛글을 벌써 서너 편을 외우곤 하였다.

오늘은 날씨가 자못 풀려서 마침내 책묶음을 챙겨 서쪽 형재로 옮기니, 연연히 차마 떠나지 못하는 어려운 마음이 있어, 몸을 일으켜 서너 번 돌고서야 곧바로 형재로 나가 쌓인 먼지를 털었다. 붓과 벼루를 정돈하고 도서를 점검한 뒤에 시험 삼아 편안히 앉아보니, 오래 나그네 생활 끝에 집에 돌아온 느낌이 들었다. 붓과 벼루와 도서들은 자식과 조카들이 나와서 절을 하는 것만 같아서 면목이 비록 조금은 생소한 듯했으나, 아끼어 어루만져 안아주고 싶은 마음을 절로 금할 수가 없었다. 아아! 이것이 인정이란 말인가. 병술년(1766년, 26세) 대보름에 쓴다.[34]

1년 전의 일을 회상하면서 이덕무는 지난 시절의 추억을 인상적인 필치로 묘사했다. 가난하여 땔감도 없는 추운 방에 형제가 서로를 의지하면서 책을 읽는 광경을 눈에 선하게 그렸다. 특히 이웃집 노인을 등장시켜 어린 형제들을 따뜻하게 위로하는 말을 삽입한 것이 인상적이다. 이웃집 노인은 누추하고 추운 방에 갇힌 형제를 찾아와서 말없이 눈을 쓸고 길을 내준다. 그리고 눈에 파묻힌 신발을 털어놓고 간다. 형제의 눈물겨운 독서의 모습을 떠올리게 하면서, 사람 사이의 따뜻한 인정을 느끼게 하는 작품이다. 이웃집 노인이 독백처럼 중얼거리는 말을 작중화자는 방 안에서 듣고 있으면서 독서에 열중하였다. 이 장면의 묘사는 귀유광(歸有光)의 「항척헌지(項脊軒志)」에 나오는 장면을 연상케 한다. 항척헌은 귀유광이 젊었을 때에 독서하던 서재 이름이다.

34 李德懋, 『耳目口心書』 권1, 『靑莊館全書』 권48.

이 서재에서 나오지를 않은 채 독서에 빠져 여자 아이 같다는 말도 듣는 작중화자는 사람들이 오가는 발자국 소리를 듣고 누구인지를 알 정도이다.

> 1년 동안의 일을 가만히 헤아려보면 파초로 덮어 감춰둔 살진 사슴을 찾지 못한 것같이 여름 구름보다 기이한 변화가 심하고, 한 사람의 일을 곰곰이 기억해보면 느티나무에 기대어 작은 개미나라를 꿈꾼 것처럼 가을 파도보다 아득함이 크다. 하물며 백년의 일이 원만하여 이지러짐이 없고, 만인의 일이 가지런하여 차별이 없는 것은 얻을 수 있겠는가. 내가 갑신년 섣달 그믐날 밤에 시를 지었다.
>
> 세상사람 하는 대로 덕담을 하고 吉語任俗爲
> 사람 만나 웃는 얼굴로 축하하네 笑顔逢人祝
> 소자가 바라는 것은 무엇이던가 小子何所願
> 어머님의 폐병이 낫는 것일세 慈母肺病釋
>
> 폐병은 기침병이다. 지금도 슬픈 생각이 들어 가만히 귀를 기울이면, 어머니의 기침소리가 은은하게 아직도 귀에 들려온다. 황홀하게 사방을 돌아보아도 기침하시는 어머니의 그림자는 찾을 수가 없다. 이에 눈물이 솟구쳐 얼굴을 적신다. 등불에게 물어보아도 등불은 말이 없는 것을 어찌하랴.[35]

35 李德懋, 『耳目口心書』 권1, 『靑莊館全書』 권48. 一年之事細筭, 則大蕉肥鹿, 劇奇變於夏雲. 一人之事暗記, 則荒槐纖螘, 太幻弄於秋濤, 而況百年之事, 圓而無缺, 萬人之事, 齊而無差, 其可得乎? 余甲申除日, 有詩曰, '吉語任俗爲, 笑顔逢人祝. 小子何所願, 慈母肺病釋.' 肺病者, 咳喘也. 于今悲思而靜聽, 則吾母之咳喘, 隱隱尙在于耳也. 怳惚而四瞻, 則咳喘之吾母, 影亦不可覿矣. 於是淚湧而面可浴也. 問諸燈, 奈燈不語何?

1765년 제야(除夜)에 쓴 글이다. 섣달 그믐밤 시간이 야속하게 흘러가는 것을 안타까워 하면서 작중화자는 자연스럽게 1년 전에 지었던 시를 떠올린다. 그 시는 어머니의 폐병을 낫기를 기원하는 바램을 담은 시였다. 하지만 어머니는 올해 5월에 돌아가시고 이 세상에 없다. 하지만 생전에 폐병으로 고생하시면서 기침하던 그 소리는 아직까지 귓가에 은은하게 남아 있다고 하였다. 귓가에 울리는 어머니의 기침소리, 그리고 등불에게 물어보아도 아무 말 없는 등잔을 묘사하는 대목이 특히 인상적이다. 어머니를 잃고 난 뒤 한 해를 마감해야 하는 작중화자의 서글픈 감정이 매우 잘 표현되어 있다.

섣달그믐을 보내고, 새해 첫날을 맞이하는 심정은 다음과 같이 묘사되었다.

> 일단 설날로 접어들면 오각계(烏脚溪)에 한 번 빠진 사람이 온몸이 까매져서 곤륜노(崑崙奴)가 되어 버리듯이 금년의 사람이 되지 않을 수 없다. 이것은 마치 내일 병술년에는 천지 만물이 자연히 병술년의 빛깔을 나타내지 않을 수 없는 것과도 같다. 또 처녀가 납채(納采)를 하고 나면 다른 집안의 신부가 되므로 처녀라는 이름을 다시 얻고자 해도 될 수 없는 것과 같으니, 이것은 군왕의 위엄으로도 어떻게 할 수 없고 부모의 사랑으로도 어떻게 할 수 없는 일이다. 또 애산(厓山) 앞바다에서 처절하게 항전하던 남송(南宋)의 선박이 침몰한 것과 같으니, 송나라 백성이 원나라 사람이 되지 않고자 하여도 정삭(正朔)이 반포되고 천하가 통일된 다음에는 내키지 않더라도 원나라 사람이 되는 것을 피할 수 없다.[36]

---

36 李德懋, 『耳目口心書』 권1, 『青莊館全書』 권48. 旣逢著元日, 則如一墜烏脚溪, 遍體黎黑, 成崑崙奴, 不可洗沐耳, 不可不爲今年人. 如來日丙戌年, 天地萬物, 莫不自然騰出丙戌年光色耳. 又如旣納采之處女, 已爲他家之新婦, 雖欲更得處女之名, 無如之何, 君王

비유가 참신하다. 새해가 되어 금년 사람이 될 수밖에 없는 것을 오각계(烏脚溪)에 빠져 온몸이 검게 변해 곤륜노처럼 되었다고 하였다. 오각계는 중국 장주(漳州)근처에 있었다는 물 이름으로, 물이 더러워서 이곳을 건너면 발이 새까맣게 변했다는 데서 나왔다. 곤륜노는 중국 삼국시대 이후 피부색이 검은 남지나해의 흑인 노예를 가리킨다. 시간에 의한 변화는 검은 것이 주는 이미지에서 짐작되듯이, 순수성으로부터 벗어남이다. 시간이 흐르면 흐를수록 맑고 깨끗한 영혼의 소유자에서 점점 타락해갈 수밖에 없는 점을 참신한 비유로 표현했다.

> 바야흐로 이경이나 삼경쯤 되었을 때에 대문을 마주한 이웃집에서 떠들썩하게 웃는 소리가 이따금 들려왔다. 그때 사나운 바람이 불어 눈송이가 날려 창틈에서 곧바로 등불 그림자까지 이르고, 벼루에도 펄펄 날아 떨어졌다. 내가 이때 옛날을 감상하는 마음이 몹시 구슬프고 절실하여서 다만 손가락 끝으로 되는대로 화로의 재에다 글씨를 썼다. 그 모양이 모나고 반듯한 것은 전서(篆書)나 주서(籒書)와 비슷했고, 얽히고설킨 것은 행서나 초서에 가까웠다. 나는 넋을 놓고 바라보며 마침내 그것이 무슨 글자인지 알지 못했다. 갑자기 눈썹 언저리가 돌같이 무거워서, 혼자서 불빛에 비친 얼굴 그림자를 보니 무너질 듯했다. 때때로 다시 엄숙히 옷깃을 바라하고 똑바로 자세를 가다듬었다. 잠시 후에 집 들보를 올려다보니 옛사람의 고결한 행실과 바른 절개가 또렷이 떠올랐다. 나는 개연히 말하기를, "명절(名節)을 세울 수 있다면 비록 바람 서리가 휘몰아치고 거센 파도에 휩쓸려 죽게 된다고 하더라도 후회하지 않을 것이다. 또한 인간 세상의 쌀과 소금 등의 자질구레하게 사람을 얽어매는 것들은 훌훌 벗어던져 깨끗이 마

之威, 不可爲也; 父母之愛, 不可謀也. 又如厓海舟溺宋民, 不欲爲元人, 然正朔旣班, 區宇旣一, 則雖沒無況趣, 其爲元人, 不可逃耳.

음에 두지 않겠다."고 하였다.

어린 아우는 아무것도 모르고 이불에 누워서 쿨쿨 자고 있어 매우 편안하니 상쾌하였다. 내가 이에 번연히 평(平)과 불평(不平) 중 어느 것이 더 나은가를 깨달았다. 눈을 감고 손을 모으고 『논어』 서너 장을 읽었다. 그 소리가 처음에는 막혀 껵껵 하다가 마침내는 화평하게 되었다. 그러자 가슴 속에 차 있던 것이 그 소리에 점점 가라앉아, 답답하던 기운이 비로소 내려앉고 정신이 맑고 시원해졌다. 공자는 도대체 어떤 사람이기에 온화하고 화평한 말 기운으로 나로 하여금 거친 마음을 떨쳐내어 말끔히 없어지게 하고, 평정한 마음에 이르게 하는가. 공자가 아니었더라면 나는 거의 발광하여 뛰쳐나갈 뻔하였다. 전에 한 일을 생각해보니, 아득하여 마치 꿈 속 같다. 을유년(1765, 25세) 12월 7일에 쓴다.[37]

화자의 내면 심리의 변화상을 예민하게 잘 포착한 소품이다. 불평의 상태에서 화평의 상태로 변화해가는 작중화자의 심리 변화를 생생하게 표현하였다. 눈바람이 부는 한밤중 작중화자는 화로의 재에다가 글씨를 쓰고 있는데, 그 행위는 진정되지 않는 내적 고통과 번민을 지우고자 하는 것으로 생각된다. 뜻 모를 낙서를 하는 작중화자의 모습에서 절망과 고통의 깊이를 헤아릴 수 있다. 그럼에도 쉽사리 지워지지

37 李德懋, 『耳目口心書』 권1, 『青莊館全書』 권48. 方二更三更, 對門隣舍, 喧笑之聲, 遠遠時聞, 而急風吹, 雪片從窓隙直赴燈影, 翻翻然墜于硯也. 余時感舊之心, 正悲切, 只將指尖, 隨意而畫爐灰. 方正者, 或肖于篆籒, 繆結者, 或近于行草, 余脉脉終不知其爲何字也. 忽眉稜如石, 自顧頰影, 頹然委頓, 時復肅然整襟危坐而致敬. 少焉, 凝然仰視屋樑. 於是古人之壞行危節, 歷歷從思想來, 慨然曰, "名節可立, 雖振撼風霜, 閱歷濤波, 九于死而罔悔也." 且人間米塩零碎諸掛罥之物, 庶超脫而淨盡. 稚弟也則無知而偃于衾, 睡聲佁儗, 甚自得也. 快哉! 余迺幡然而悟, 平與不平孰愈. 始低眉拱手, 讀論語三四章, 其聲也初咽澁, 而終和平. 胸中澎湃, 有嗚嗚漸微, 鬱嵂之氣, 始按下, 神思清明洒落. 仲尼何人也? 雍穆和悅之詞氣, 使余麤心剝落銷磨, 迺抵于平. 非夫子, 我幾發狂走. 思前之爲, 則遙如夢也. 乙酉十二月初七日書.

않는 번민으로 인해 눈썹 언저리가 돌처럼 무거워지면서 온몸이 가라앉는 상태에 이르게 된다. 더 이상 버티기조차 힘든 상황을 대면하고 있음을 알려준다.

화자의 내면에 깃든 불평과 근심 등의 정체가 구체적으로 무엇인지는 드러나 있지 않다. '인간 세상의 쌀과 소금 등의 자질구레하게 사람을 얽어매는 것'이라는 말을 통해 경제적 가난과 신분적 제약 등을 포함하는 것으로 짐작된다. 눈보라 치는 엄혹한 상황 속에서 내적 고통과 번민으로 갈등하는 자아의 형상을 잘 포착해 내었다.

> 병자가 막 아파 신음할 때에는 평생의 모든 욕심이 다 사라지고 다만 회복되기만을 바라는 마음만 있기 때문에 다른 것에 마음이 미칠 겨를이 없다. 그런데 어떤 병자는 돈이나 쌀 등의 자질구레한 일을 치료받고 약을 먹는 도중에도 능히 관리하고, 또 영리를 볼 수 있는 일을 자신의 오랜 병 때문에 기회를 놓치게 되면, 울화가 치밀어 간혹 목숨을 잃기까지 하는 자가 있으니 어찌 크게 불쌍하지 않은가? 원래 병에 걸리지 않고 욕심도 없어 죽고 사는 것을 따지지 않는 사람은 이른바 덕이 높은 사람이다. 내가 병이 난 지 벌써 5, 6일이 되었는데, 혀는 소태 같아 두터운 맛이 없고, 머리가 띵하여 종일 가도 맑아지지 않는다. 밤에는 이리저리 몸을 뒤척이니 마치 지향할 바가 없는 사람 같다. 그러므로 내가 평생에 책을 읽던 그 마음도 거의 반이나 줄어들었다. 그래도 차마 어쩔 수 없어서 하루에 한 번은 읽고는 하는데, 마치 뜬구름이 눈앞을 스치듯 하는 것 같다. 을유년 12월 24일에 부질없이 쓴다.[38]

38 李德懋, 『耳目口心書』 권1, 『靑莊館全書』 권48. 病者, 方其呻吟時, 平生諸慾沙汰, 只有平復之願, 存于中, 故不暇它及耳. 又有一種病人, 錢米細事, 於醫藥中, 能管領且榮利等事, 緣渠淹病, 坐失期會, 則虛熱上攻, 或失性命者有之. 豈不大哀乎? 彼原不病而且無慾, 不以死生爲計者, 是所謂至人也. 余病已五六日, 舌苦而無厚味, 頭暈終日不暢暢,

청언소품에서는 일상 생활 속 정취와 단상들을 명징하고 감각적인 언어표현 속에 생동감 있게 묘사하였다면, 『이목구심서』에 주로 보이는 필기소품들에서는 자신의 내면 깊이 감추어둔 것을 숨김없이 드러내면서 자아의 내적 번민과 고뇌를 자주 토로하였다. 시간의 불가피한 흐름 속에서 고뇌와 불안을 토로하기도 하고, 허약한 신체에 따른 고통을 호소하기도 하였다. 허약한 체질의 소유자였던 그는 평소 정신이 맑지 못하게 될 때가 있는데 그때는 시끄러운 소리를 민감하게 싫어한다고 고백하기도 하였으며, 병으로 고통을 받고 있는 가운데 화자는 병중에도 영리에 여념이 없는 이들에 대해 연민의 감정을 느끼기도 하였다.

서얼 출신의 이덕무는 젊은 시절 고독한 내면의 감정을 토로하기도 하고, 이를 친구와 서적을 통해 위안받기도 하였다.

> 가난해서 반 꿰미의 돈도 쌓아두고 있지 못하면서 천하의 가난한 사람에게 은택을 베풀려 하고, 노둔해서 한 부(部)의 책도 통독하지 못하면서 만고의 경전과 역사서, 총서와 패설을다 보려고 한다. 이는 오활한 자가 아니면 바로 어리석은 사람이다. 아, 이덕무야! 아, 이덕무야![39]

이덕무의 자의식을 잘 보여주는 청언이다. 가난하지만 천하 사람을 구제하고자 하고, 책 하나 통달하지 못하면서 만고의 서적을 다 보고자 하는 것에서 작중화자가 지향하고자 하는 바가 분명히 드러난다.

夜則轉身無筭, 如無所指向者. 故余平生看書之心, 已減太半矣. 猶不忍也, 一日一番看, 然如邁雲之歷于眼也. 乙酉十二月二十四日, 漫筆.

39 李德懋, 『蟬橘堂濃笑』, 『青莊館全書』 권63. 貧不貯半緡錢, 欲施天下窮寒疾厄. 鹵不透一部書, 欲覽萬古經史叢稗. 匪迂卽痴. 嗟! 李生. 嗟! 李生.

서얼 출신이라는 신분적 한계와 차별 속에서 작중화자는 광대한 이상과 목표를 추구하고자 한다. 오활함과 어리석음은 현실과 이상 사이의 괴리를 극명하게 보여주는 말이다. '이덕무야'라고 자기 스스로를 호명하는 작중화자의 말 속에 자기 정체성이 분명하게 표현되어 있다.

3) 시적 경계의 구현과 참신한 언어 운용

이덕무의 청언소품 가운데 특히 주목해야 할 것은 시적(詩的) 경계를 구현한 작품들이다. 교훈적 목소리를 내세우지 않고 작가가 느끼는 정취와 느낌에 초점을 맞추어 시적 경계나 분위기를 생생하게 창출하였다. 그리고 이들 성향의 청언들은 기왕의 교훈적 성향과 구별된다는 점에서 특별한 의미를 지니며, 한 편의 독립된 산문작품으로서의 예술성을 지니고 있다는 점에서도 중요한 의의를 갖는다. 예술 산문 혹은 미문(美文)으로서 독자에게 미적 감흥을 제공해 준다.

> 3월 푸른 계곡에 때맞은 비가 새로 개고 햇빛이 화창하고 복사꽃 붉은 물결이 온 언덕에 출렁거린다. 오색의 작은 붕어는 지느러미를 힘차게 치지 않고서 마름풀 사이에서 헤엄쳐 다니고 있다. 혹은 거꾸로 서기도 하고, 혹은 옆으로 뒤집기도 하고, 혹은 주둥이를 물결 위로 내어 가늘게 뽀골뽀골 물을 마시기도 한다. 자연 그대로의 모습으로 시샘할 만큼 쾌활하고 편안해 보인다. 따스한 모래가 깨끗한데 백로와 원앙 같은 물새들이 둘씩 넷씩 짝을 지어 혹 비단 같은 바위 위에 앉기도 하고, 물풀을 뜯기도 한다. 혹은 깃을 다듬기도 하고 모래로 목욕을 하기도 하며, 물에 비친 그림자를 비춰 보기도 한다. 천연스러운 자태의 해맑음이 절로 사랑스러워 요순 시절의 기상 아님이 없다. 웃음 속에 감춘 칼날, 마음에 쌓아둔 만 개의 화살, 가슴 속에 숨겨둔 서 말의

> 가시가 통쾌하게 사라져버려 눈곱만큼도 남아 있지 않는다. 항상 나의 마음을 3월 복사꽃 물결이 되게 한다면 물고기와 새의 활발함이 순리 조금이라도 앞을 가리는 것을 하나도 두지 않고 항상 나의 의사로 桃花 물결을 삼으면 고기와 새의 활발함이 자연에 순응하는 나의 마음을 절로 도울 것이다.[40]

> 동이를 묻어놓고 물고기를 기를 때 열흘이 되도록 물을 갈지 않으면 이끼가 청동처럼 푸르러 사람의 옷을 물들일 수 있을 정도다. 금붕어는 온 몸이 연록색이 되어 비틀비틀 머리를 늘어뜨리고 헤엄친다. 이때 시험삼아 새 샘물로 갈아주고 붉은 벌레를 던져 넣어주면 매가 토끼를 쫓는 것처럼 생기가 일어 반신을 물 위에 내놓고 서서 나를 향해 말을 하려 한다.[41]

위의 청언은 자연물의 미묘한 변화와 움직임을 세밀하게 관찰하고 느끼는 홍취를 잘 표현하였다.[42] 화창한 봄날 복사꽃 물결이 흐르고 물고기들이 자유롭게 헤엄쳐 다니고 새들도 한가롭게 하루를 보내고 있다. 이덕무가 말한 '자연의 진기(眞機)'가 흘러넘치는 풍경이다. 두 번째 인용문에서는 신선한 물을 공급해지자 다시금 활기차게 움직이는 물고기의 생리를 통해 자연물의 생명력을 묘사하였다. '매가 토끼

---

40 李德懋, 『蟬橘堂濃笑』, 『青莊館全書』 권63. 三月青谿, 時雨新晴, 日色怡熙. 桃花紅浪, 瀲灩齊岸, 五色小鯽魚, 不能猛鼓其鬐, 游泳荇藻間. 或倒立, 或橫翻, 或吻出于浪, 細呷粼粼, 眞機之至, 猜快恬然. 暖沙潔淨, 鵁鶄鸂鶒輩二二四四, 或垂錦石, 或喋芳芷, 或刷翎, 或浴沙, 或照影自愛. 天態穆穆, 無非唐天虞日之氣像. 笑中之刀, 攢心之萬箭, 胸中之三斗棘, 掃除之快, 不留一纖翳. 常以吾意思爲三月桃花浪, 則魚鳥之活潑, 自然助吾順適之心.

41 李德懋, 『蟬橘堂濃笑』, 『青莊館全書』 권63. 埋盆養魚, 旬日不換水, 苔如青銅, 欲染人衣. 金鯽渾身, 作軟綠色, 悶悶垂頭而游. 試灌新泉, 投紅蟲, 無不如鶻逐兎, 生氣勃然, 或半身出水上立, 欲向人語.

42 『선귤당농소』 이외에 『이목구심서』에도 실려 있다.

를 쫓는 것' 같다는 비유를 들어 생기발랄한 물고기의 생명력을 표현했다. 나를 향해 말을 하려고 한다는 표현 속에 작중 화자가 자연과의 일체화된 감흥을 보여주었다.

작자는 자연의 각 존재들이 저마다의 생명을 드러내는 광경을 한 폭의 수채화처럼 생동감 있게 묘사하였다. 시적 정취가 넘치는 소품이다. 제목이 없을 뿐이지 한 편의 짧은 산문으로 읽어도 무방하다. 시적 정취가 풍부한 산문이라는 점에서, 이른바 시정화의(詩情畵意)를 풍부하게 함축하고 있는 예술성 높은 산문이다.

자연의 진기를 바라보는 작가는 자신의 '순적(順適)'을 돕는다고 하였다. 이덕무 청언소품의 지향처의 하나가 '순적(順適)'이라고 할 수 있다. 이덕무는 「적언찬(適言讚)」이라는 글에서 '적(適)이란 즐거움이며 편안함이니, 나의 인생을 즐기고 나의 분수를 편안히 여긴다'는 뜻이다. 또한 적언(適言)은 '적절히 말하여 억지 부리지 않는다'는 뜻이다.[43] 이덕무의 필기소품 가운데에는 일상 생활 속에서 고아한 정취를 추구하고, 자연의 섭리에 순응하면서 살아가고자 하는 의식지향을 보이는 작품이 눈에 띈다.

> 세속에 초연한 선생이 깊은 산중 눈 내리는 집에서에서 등불을 밝히고, 주묵을 갈아 『주역』에 권점을 치는데, 낡은 화로에서 피어오르는 푸른 향연(香煙)이 하늘하늘 허공으로 오르면서 오색빛 찬란한 공[毬] 모양을 짓는다. 조용히 한두 시간쯤 그 모양을 구경하다가 오묘한 이치를 깨닫고 문득 웃었다. 오른편에는 일제히 꽃봉오리를 터뜨린 매화가 보이고, 왼편에는 솔바람과 회화나무에 듣는 빗소리와 보글보글 차

43 이에 대해서는 안대회, 「이덕무 소품문의 미학」, 『고전문학연구』 24, 한국고전문학회, 2003 참조.

끓는 소리가 들린다.[44]

속세의 번잡함에서 벗어나 푸른 향연기가 허공으로 피어오르는 모습을 황홀하게 구경하다가 오묘한 이치를 깨닫는다. 순간 마음 속으로 홀연 깨닫는 순간 입가에 흡족한 미소가 번진다. 한동안 정신을 모아 집중해 있다가 주변을 둘러보는데, 작가는 이때의 장면을 시청각적 이미지를 효과적으로 활용하였다. 빗소리와 차 끓는 소리라는 청각적 이미지, 꽃봉오리를 터뜨린 매화라는 시각적 이미지가 유기적으로 결합하여 평온한 일상의 풍광을 매우 선명한 이미지로 연출하였다.

① 가을날 오건(烏巾)을 쓰고 흰 겹옷을 입고 녹침필(綠沈筆)을 휘두르면서 「해어도(海魚圖)」를 평하는데, 종이를 바른 창이 환하더니 국화꽃이 비스듬히 그림자를 만들었다. 먹을 옅게 갈아서 기뻐하며 모사하였더니, 한 쌍의 큰 나비가 향기를 좇아와서 꽃 가운데 앉는다. 더듬이가 구리주같이 또렷하여 헤아릴 수 있어서 그림에 보태어 그렸다. 또 참새 한 마리가 가지를 잡고 매달리니 더욱 기이하였다. 그러나 참새가 놀라 날아갈까봐 급히 그리고서 쟁그렁 붓을 던지면서 말했다. "일을 잘 마쳤다. 나비를 얻었는데, 또 참새를 얻었구나!"[45]

② 4, 5월 무렵 동산에 숲이 우거지고 과일이 열리기 시작하고 새들이 지저귀면 부드럽고 푸른 파초 잎새를 따서 미원장(米元章, 米芾의

44 李德懋, 『蟬橘堂濃笑』, 『靑莊館全書』 권63. 有超世先生, 萬峰中雪屋燈明, 研朱點易, 古鑪香烟, 嫋嫋靑立, 空中結綵毬狀. 靜玩一二刻, 悟竗忽發笑, 右看梅花齊綻蕚, 左聞茶沸響, 作松風檜雨澎湃鼡.

45 李德懋, 『蟬橘堂濃笑』, 『靑莊館全書』 권63. 秋日烏巾白袷, 搖綠沈筆, 評海魚圖, 蠟窓明快白, 菊花作欹斜影. 抹淡墨, 欣然摹寫, 一雙大蝴蝶, 逐香而來, 立花中, 鬚如銅線, 的歷可數, 仍添寫, 又有一雀, 握枝而懸, 尤奇之, 而恐其驚去, 急寫了, 鏗然擲筆曰, 能事畢矣, 旣得蝶, 復得雀乎.

자)의 아집도서첩(雅集圖序帖)을 본받아 왕마힐(王摩詰, 王維의 자)의 망천절구(輞川絶句)를 옆 줄에 써놓으면 글 배우는 동자가 가지고 싶어 할 것이다. 그러면 선뜻 주고, 동자를 시켜 호랑나비를 잡아오게 하여 머리·수염·눈·날개의 금빛을 세밀히 살펴본 다음 산들바람 부는 꽃밭 사이로 날려 보낼 것이다.[46]

인용문 ①은 어느 가을 날 그림을 감상하면서 평을 하다가 문득 흥이 일어나 나비와 참새 그림을 그리게 된 장면을 묘사하였다. 무의도적, 무작위로 솟아나는 예술적 감흥에 의해 한 폭의 그림을 소묘하는 일상의 한 단면을 묘사한 작품이다. 창에 비치는 나비와 참새를 보면서 작가는 스케치 하듯이 빠른 속도로 그림을 그렸다. 실제로 이덕무가 그렸다고 전하는 그림이 전하기도 한다. 「어옹수조(漁翁垂釣)」라는 제목의 그림은 이인상(李麟祥)의 화풍의 영향을 받았다고 알려진 작품이기도 하다.

인용문 ② 또한 작중 화자의 생활 속 정취를 잘 담아내고 있다. 더운 여름날 파초 잎에 글씨를 써서 시를 적는 것이 문인들에게는 최고의 홍취이며 유희였다.[47] 미불의 「서원아집도기(西園雅集圖記)」와 관련해서 살펴보면, 서원이라는 원림에 소식과 소철, 황정견, 이공린, 미불 등 유명한 문사들이 모여 한때의 아취 있는 모임을 즐겼다. 이때 이공린이 그림을 그리고, 미불이 글로 기록했는데, 「서원아집도기」가 그것

46 李德懋, 『蟬橘堂濃笑』, 『青莊館全書』 권63. 四五月間, 園林繁縟, 果實初結, 百鳥嚶鳴, 摘軟綠蕉, 倣米元章雅集圖序帖, 寫摩詰輞川絶句於側理旁行間. 硯北童子, 意內欲得之, 快持贈, 使捕鬼車蝶來, 細玩其頭鬚眼翅, 金碧照映, 久之向花間微風飛送也.

47 이는 당나라 승려이자 명필가인 懷素에서 비롯한 것이다. 가난 때문에 종이 살 돈이 없어 고향에 파초 1만 그루를 심고 잎 위에 글씨 연습을 했다는 고사에서 연유한 것이다.

이다. 만년에 왕유가 종남산 망천에 별장을 짓고 은거하면서 망천 20경을 노래한 오언절구 20 수를 지어 『망천집(輞川集)』에 실었다. 여린 파초 잎에 왕유의 오언절구시를 쓰고 나서 그것을 미련 없이 먹을 갈던 아이에게 주어 버리고는 호랑나비를 잡아오게 해 머리와 더듬이, 눈과 날개의 빛깔을 자세히 살펴보다가 산들바람 부는 꽃밭 사이로 날려 보낸다. 어떤 것을 소유하거나 집착함이 없이 자유자재로 흥이 일어나는 대로 생활하는 작중화자의 모습을 한 폭의 그림처럼 형상화하였다.

이덕무의 청언소품에서 두드러진 특징 중의 또 하나는 절묘한 비유와 상상의 운용이다.

> 여름날 저녁 콩꽃이 핀 울타리 옆을 거닐다가 거무죽죽한 거미가 실 뽑는 것을 구경하고 있으니, 오묘함이 부처와도 통하는 것 같았다. 실을 뽑아내고 그 실을 깁는 데에 다리 움직임이 영롱했다. 때때로 머뭇거리며 의심하는 듯하고, 때때로 획 내닫기도 하였는데, 마치 보리 모종하는 사람의 발뒤꿈치 같기도 하고, 거문고 퉁기는 손가락 같기도 했다.[48]

거미가 실을 뽑아 거미줄을 만드는 모습을 세심하게 관찰하여 글로 옮겼다. 화자는 실을 뽑는 솜씨의 오묘함에 놀라는 한편, 특히 거미의 다리가 움직이는 동작을 참신한 비유를 활용하여 묘사했다. 박지원의 「하야연기(夏夜讌記)」에서 이덕무의 이 말을 인용하기도 하였다. 이덕무가 위의 청언에서 구사한 비유와 관련해 『종북소선(鐘北小選)』의 평

48 李德懋, 『蟬橘堂濃笑』, 『青莊館全書』 권63. 暑月之夕, 步荳花籬畔, 玩瓦色珠結絲, 妙悟可以通佛. 産絲汲絲, 股法玲瓏. 有時遲疑, 有時揮霍. 大畧如蒔麥之踵, 按琴之指.

비(評批)에 주목할 필요가 있다.

'무엇이 무엇과 비슷하다'라고 하거나 '무엇이 무엇과 같다'라고 하는 말은 그 묘미가 별안간 떠오르는 대로 표현하는 것에 달려 있다. 그렇게 표현하려고 해서 한 것도 아니며, 알고서 그렇게 한 것도 아니다. 하늘이 처음 어떤 것을 낼 때에 반드시 그에 대한 비유도 갖추어 놓았으니, 비유에는 일정한 짝이 있어서 부부나 형처럼 함부로 바꿀 수가 없다.

만약 어리석은 사람이 모방을 하여 '수레가 왕래하는 것이 뜬 구름 같다'고 하거나, '놀란 오리처럼 훨훨 날아간다'고 하거나, '매의 흘겨보는 눈이 근심에 잠긴 이와 비슷하다'고 하거나, '거위 새끼의 누런 빛이 기름과 비슷하다'고 하거나, '강요주가 용안과 비슷하다'고 하거나, '서호가 조비연에 견줄 만하다'고 하거나 '문틈 사이로 흰 사슴이 지난 것을 보는 것 같다'고 하거나, '여섯째 아들이 복사꽃과 같다'고 하거나 '맑은 강물이 깨끗하기가 명주 같다'고 한다면, 말인즉 같은 말이지만 전혀 정채가 없어지게 된다. 혹 꽃으로 꽃을 비유하고 돌로 돌을 비유한다면, 이것은 마치 이 말이 저 말과 같다고 하거나, 저 소가 이 소와 비슷하다고 하고, 왼쪽 눈썹이 오른쪽 눈썹과 같다고 하거나, 오른쪽 콧구멍이 왼쪽 콧구멍과 비슷하다고 하는 것이어서, 전혀 정채가 없게 될 것이다.

지금 늙은 거미의 발은 보리 파종과 아무런 관련이 없는데 '보리 파종할 때에 씨를 밟는 발 모양 같다'고 하고, 거문고 타는 것과 아무런 관련이 없는데 '내 비로소 늙은 거미에 대한 깨우침을 알게 되었다'고 하였으니, 이를 '오묘한 깨달음'이라고 한다.[49]

---

49 李德懋 評選, 『鐘北小選』, 박희병 외 역주, 돌베개, 2010. 凡曰似曰如者, 妙在瞥然悠然之間, 不期然而然, 莫知爲而爲, 毋勦說, 毋雷同. 天旣生此事, 必又備彼喩, 可以一定, 不可移易, 如婚姻, 如兄弟. 如有癡人倣之曰, 車如浮雲, 翩若駭鳧, 側目似憂夷, 鵝兒黃似油, 江瑤柱似龍眼, 西湖比飛鷰, 如白鹿之過隙, 六郎似桃花, 澄江淨似綃. 同則同矣,

위의 글은 연암 박지원의 산문 10편을 선별하여 평점을 붙인 『종북소선』에서 뽑은 것이다. 비유에 관한 이덕무의 생각을 명료하게 보여주는 글이라는 점에서 이덕무의 문학관 및 문학세계를 이해하는 데에 매우 중요한 의미를 지닌다.

이덕무는 위의 인용글에서 비유의 핵심을 의외성과 돌발성에서 찾았다. 평범하고 상식적인 수준에서 이루어지는 비유는 진부하고 특별한 의미가 없다. 일반인의 예상과 통념 그리고 상식을 단번에 뒤집어 버릴 수 있는 의외성과 돌발성이 무엇보다도 비유의 핵심이라고 보았다. 청언소품 뿐만 아니라 이덕무의 소품문에서 비유의 활용은 특히 중요한 의미를 지닌다. 비유는 추상적 관념에 육체를 부여하여 실감을 주게 하는 것이다. 그것은 정확한 일상 언어를 애매하고 어렵게 만드는 것이 아니라, 오히려 일상 언어보다 훨씬 더 정확하게 감정과 사상의 결을 표현해 주고, 나아가 새로운 감정과 사상의 결을 인식하게 해주는 도구이다. 이덕무의 문학에서 정교하고 참신한 비유의 활용은 매우 중요한 비중을 차지한다.

절묘한 비유를 활용한 청언을 몇 개 들어본다.

> ① 아침 안개는 진사(辰砂)처럼 붉고, 저녁 안개는 석류꽃처럼 붉다.[50]

> ② 다정한 좋은 친구가 있는데 그를 오래 머물 수 없는 것은 마치

索然無精彩耳. 如或以花喩花, 以石喩石. 是此馬如彼馬, 彼牛如此牛, 左眉如右眉, 右鼻孔如左鼻孔, 又索然無精彩耳. 今老蛛之脚, 不與蒔麥期, 而曰如蒔麥之種. 又不與按琴期, 而曰吾得老蛛之解. 此之謂妙悟. 원문과 번역은 『鐘北小選』, 박희병 외 역주(돌베개, 2010)를 따랐다.

50 李德懋, 『耳目口心書』 2, 『青莊館全書』 권49. 朝霞辰砂紅 夕霞榴花紅.

꽃술의 가루를 옮기는 나비가 꽃에 오는 것과 같다. 올 때에는 즐겁고, 조금 머물면 서운하고, 가고 나면 애틋해지는 것과 같다.[51]

③ 약초 밭두둑 난간에 봉선화가 새벽 비에 붉은 색깔이 가셔 버렸다. 어린 계집종이 꽃을 거머잡고 훌쩍거렸다. 한 세속에서 초탈한 선비가 이를 보고서 눈동자를 크게 뜨며 말했다. "초패왕 항우가 우미인과 울며 이별할 때가 바로 이러하였을 것이다."[52]

인용문 ①에서 작가는 아침 안개와 저녁 안개를 각각 진사(辰砂)와 석류꽃에 비유했다. 전자는 주홍색 광물이고, 후자는 붉은 빛의 꽃이다.

인용문 ②에서는 다정한 친구가 왔다가 떠나간 것을 꽃가루를 옮기는 나비에 비유하였다. 꽃가루를 옮기는 나비가 어떤 꽃에 왔다가 다시 다른 꽃으로 날아간다. 이것을 빗대어서 친구가 찾아왔다가 다시 떠난 것을 비유하였다.

인용문 ③은 손톱을 붉게 물들이던 봉선화가 새벽비를 맞아 붉은 기운을 잃어버린 것을 슬퍼하며 눈물을 흘렸다. 이를 두고 초패왕 항우가 최후를 맞이하기에 앞서 사랑하던 여인 우미인과 마지막 이별을 하는 것에 비유하였다. 하나는 아주 평범한 일상의 일을 영웅의 고사에 빗대어 비유한 점이 독특하다. 어린 여종이 봉선화 꽃을 거머잡고 울고 있는 장면과 항우의 마지막 이별 장면이 비유적 관계로 이어진 것은 사랑하는 대상을 떠나보내야 하는 애절함과 슬픔 때문이다.

---

51 李德懋, 『蟬橘堂濃笑』, 『青莊館全書』 권63. 佳朋之有情, 而不能久留者, 如接蘂之粉翅蝶. 其來也款款, 少留也忽忽, 其去也戀戀.

52 李德懋, 『耳目口心書』 2, 『青莊館全書』 권49. 藥欄干畔金鳳花, 爲曉雨紅, 小婢子攀花而泣. 有達觀士夫, 開眼孔曰, "項覇王泣別虞兮, 時政如是."

기발하고 독특한 상상을 발휘하여 문학적 표현 역량을 유감없이 발휘한 청언을 들어본다.

> ① 곱고 빼어난 푸른 봉우리와 선명하게 짙은 흰 구름을 한참 동안 부러워하다가 속으로 한 번에 움켜쥐고 모두 먹으려 했더니 어금니와 뺨 사이에서 벌써 군침 도는 소리가 들렸다. 천하에 가장 먹음직스러운 것치고는 이만한 것이 없다.[53]

> ② 세상은 커다란 도화지이고, 조화옹은 위대한 화가이다. 오구나무의 꽃은 차고 고우면서 붉으니, 누가 황화수은과 붉은 빛깔 돌로 칠하고 산호가루를 뿌리었는가? 복사꽃잎에는 연지처럼 붉은 즙이 뚝뚝 떨어지려 하고, 가을 국화꽃 빛깔은 등황색을 곱게 바른 것 같다. 눈이 그치고 푸르스름한 기운에는 푸른 빛깔이 두 겹 세 겹 엇갈려 먼 곳과 가까운 곳에 골고루 나뉘었다. 세찬 소나기가 강 위를 내달려 수묵을 잔뜩 뿌려 놓은 듯 물들 듯 번져서 빈틈이 없다. 잠자리의 눈동자는 초록빛으로 은은하고, 나비의 날개는 금빛으로 물들었다. 생각해 보건대 천상에 채색을 담당하는 성관(星官)이 있어서 풀과 꽃과 돌과 금의 정수만을 모았다가 조화옹에게 바쳐 온갖 만물에게 빛깔을 입힌 것일까? 가을 강 위에 타는 저녁놀은 가장 멋진 그림이다. 이것이야말로 조물주의 득의의 솜씨이다.[54]

53 李德懋, 『蟬橘堂濃笑』, 『青莊館全書』 권63. 媚秀之青峯, 鮮濃之白雲, 羡艶良久, 意內欲一攬而盡飡, 牙頰間, 預聞簌簌聲. 天下之大饞饕, 無如爾也.

54 李德懋, 『蟬橘堂濃笑』, 『青莊館全書』 권63. 世界大粉本, 造化翁大畫史. 烏舅樹冷艶而老紅, 誰其設銀硃赭石珊瑚末耶? 桃花瓣臙脂綿, 汁滴滴欲漬, 秋菊色藤黃鮮. 抹雪晴烟嵐, 二靑三靑, 勻分遠近. 急雨奔江, 滿灑水墨, 渲染無罅, 蜻蜓眼石綠隱隱, 蝶翅暈以乳金. 意者天上有一星官主彩色, 收草花石金精英, 以供造化翁, 着色萬品耶? 秋江夕陽, 粉本最好. 此造化翁得意筆也.

인용문 ①에서 푸른 봉우리와 흰 구름이 부러워서 그것을 모두 먹어 버리려고 했다는 것이 매우 독특한 상상이다. 봉우리와 구름은 눈을 통해 바라볼 수 있는 대상인데, 오히려 화자는 발상의 전환을 통해 그것을 먹고 싶다고 말한다. 이어지는 대목에서 화자는 먹기도 전에 군침 도는 소리가 입 안에서 맴돈다고 하였다. 청각적 이미지의 활용도 참신한데가 맛있는 음식 앞에 군침이 도는 것을 봉우리와 구름을 바라보며 부러워하는 것에 비유한 것 또한 의외의 참신한 시도이다.

인용문 ②에서 작중화자는 이 세상은 커다란 도화지이고, 조화옹은 그 도화지에 그림을 그리는 화가로 비유하였다. 이같은 참신한 비유를 활용하여 작중화자는 이 세계의 사물들이 제각각 고유한 빛깔을 지닌 미적 존재임을 명징한 언어로 묘사하였다. 자연계의 아름다운 사물들이 저마다의 빛깔을 뽐내면서 한 폭의 그림처럼 독자의 눈앞에 화려하게 펼쳐져 있다. 저마다의 아름다운 색채로 이 세계를 화려하게 수놓은 장면을 바라보면서 작가는 다시 한 번 상상력을 발휘한다. 천상에 채색 담당 성관(星官)이 풀과 꽃과 돌과 금의 정수를 조화옹에게 제공하여 만물에 빛깔을 입히게 한 것이라고 한 것이다. 매우 기발하고 독특한 상상을 보여준다. 이것은 명말 왕사임(王思任)이 산수유기 「소양(小洋)」에서 석양에 비친 자연의 아름다운 빛깔과 그 황홀한 느낌을 "천상에서 이렇게 거대한 염색 가게를 열고서 무슨 물건을 만들려고 하는 것인지 모르겠다"고 한 말과 유사하다.[55]

또 하나 위의 인용글에서 주목되는 것은 석양 무렵의 풍경을 특별히

55 申緯 또한 낙엽을 소재로 한 시에서 "天地는 커다란 染局, 변화가 어찌 그리도 빠른가(天地大染局, 幼化何太遽)"라고 하여 아름답고 다채로운 색채를 빚어내는 천지자연을 하나의 거대한 '染局'에 비유했다. 그리고 그러한 自然의 아름다운 빛깔들이 계절의 변화에 따라 시시각각 변해 감을 노래했다.

더 아름답다고 말하는 대목이다. 다음 청언 또한 석양의 풍광을 화려한 색채감을 통해 매우 감각적인 언어로 표현하였다.

> 해가 서쪽 하늘로 내려올 때에 첩첩 구름이 이를 가리게 되면 갑자기 침향색으로 변한다. 햇빛은 구름 곁으로 흘러넘쳐 반 하늘이 붉게 끓고, 구름 테두리는 마치 자줏빛 금테를 두른 것 같다.[56]

서쪽으로 해가 기울 무렵 노을 풍경을 색채미에 초점을 맞추어 묘사하였다. 침향색, 붉은 색, 자주색 등 삼색 빛깔이 화려한 세계를 연출한다. 이덕무가 특별히 색채감각에 남다른 능력을 지니고 있었으며, 이를 풍경 묘사에 적절하게 활용하였음을 보여준다. 시청각적 이미지에다가 '구수한 향기'라는 후각적 이미지가 더해져 인상적인 장면을 보여주는 청언 또한 이덕무의 청언소품이 지닌 예술성을 잘 보여주는 사례이다.[57]

또한 이덕무가 낮과 밤의 시간대가 변화해 가는 시점에 특별하게 민감한 반응과 의식을 보이고 있다는 점 또한 나름 의미가 있다고 생각한다. 이덕무는 시간의 변화 및 그 시간의 변화에 의해 세상 존재들이 사라지는 것에 대해 매우 예민한 의식을 소유하고 있었다. 특히 하루의 시간대에 있어서는 황혼 무렵, 1년의 시간대에 있어서는 섣달 그믐밤이 더욱더 특별한 의미를 지녔다. 황혼과 섣달그믐은 낮과 밤, 한해와 한해가 교체되는 경계적 시점이다. 그 같은 경계적 시간대에 처한

---

56 李德懋, 『蟬橘堂濃笑』, 『靑莊館全書』 권63. 日下西天, 疊雲障之, 驟變沈香色, 日光旁溢, 半天紅盪, 雲頭緣似紫金線.

57 李德懋, 『耳目口心書』 2, 『靑莊館全書』 권49. 溪淸石凉拾紅葉, 爨黃粱越添潤香.(시냇물이 맑고 돌이 시원스러운 데에서 낙엽을 주워다가 메조로 밥을 짓노라면, 구수한 향기가 진동한다)

작중화자는 자연스럽게 흐르는 시간 앞에 자기 내면을 들여다보면서 과거의 시절을 회상하기도 하고, 현재의 자신을 반성하기도 하였다. 주체적 자아의 발견과 각성이라는 측면에서 이덕무의 필기소품에 등장하는 황혼과 선달그뭄이라는 경계적 시간대는 특별한 의미를 지니고 있었던 것이다.

4) 유머와 위트의 활용

이덕무의 필기소품에는 위트와 유머가 넘치는 것들이 눈에 띤다.

> 늘씬한 한 장부가 나의 귀에다 대고 말하기를, "너는 한탄을 버려라." 하기에, "감히 말씀대로 하지 않겠습니까?" 하고, "성내는 버릇을 버려라." 하기에, "감히 말씀대로 하지 않겠습니까?" 하고, "시기하는 짓을 버려라." 하기에, "감히 말씀대로 하지 않겠습니까?" 하고, "자만심을 버려라." 하기에, "감히 말씀대로 하지 않겠습니까?" 하고, "조급한 성질을 버려라." 하기에, "감히 말씀대로 하지 않겠습니까?" 하고, "게으름을 버려라." 하기에 "감히 말씀대로 하지 않겠습니까?" 하고, "명예에 대한 마음을 버려라." 하기에, "감히 말씀대로 하지 않겠습니까?" 하고, "서책에 대한 기욕을 버려라." 하기에, 속으로 어이가 없어 뚫어지게 보다 말하기를, "글을 즐겨하지 않고 무엇을 좋아해야 합니까? 나를 귀머거리와 소경을 만들려 하시는 것입니까?" 하니, 그 장부가 웃고 등을 어루만지며 말하기를, "너를 시험해본 것이다." 하였다.[58]

58 李德懋, 李德懋, 『耳目口心書』 2, 『青莊館全書』 권49. 有頎然丈夫, 提余耳詔之曰, "棄汝饕." 曰, "敢不從命." "棄汝嗔." 曰, "敢不從命." "棄汝猜." 曰, "敢不從命." "棄汝矜." 曰, "敢不從命." "棄汝躁." 曰, "敢不從命." "棄汝懶." 曰, "敢不從命." "棄汝名心." 曰, "敢不從命." "棄汝嗜書." 心瞠然熟視曰, "書不嗜, 當奚爲欲聾瞽我耶?" 丈夫笑撫背曰, "聊試汝耳."

작중화자와 어떤 사내와의 대화를 통해 구성되었다. 같은 구문의 형식이 반복되는 구조를 취하면서 사내의 요구에 작중화자는 그대로 따르겠다고 대답한다. 하지만 서책에 대한 욕심을 버리라는 요구에 작중화자는 자신을 귀머거리와 소경으로 만드는 꼴이라고 항의를 한다. 이에 작중화자를 시험해 본 것이라는 사내의 말로써 마무리하였다. 문답법의 효과적 활용도 돋보이며, 사내의 요구를 모두 들어주다가 마지막 요청에 이르러서 발끈하며 항의를 하는 모습이 웃음을 자아낸다. 서적에 대한 욕심만큼은 어떤 요구에도 꺾지 않을 것이라는 작중화자의 결연한 의지가 잘 그려져 있다.

> 망가진 우산으로 낙숫물을 받아 부서진 추녀를 보수하고, 낡은 약절구는 섬돌에 괴어 계단을 보수했다. 참새들을 문생으로 삼고, 구름과 안개로 친구를 삼는다. 나의 일생은 편안한 팔자로다. 하하하![59]

> 부엌살림이 가난하여 새가 둥지에 깃들이고서야 밥을 먹고, 집이 춥다 보니 새가 둥지를 나선 뒤라야 잠을 깬다. 선생은 어찌하여 새를 따라 아침저녁을 삼는가? 나는 새 울음으로 자명종과 연화루(蓮花漏)를 삼는다.[60]

가난한 삶을 살아가는 자신의 모습을 유쾌한 어조로 표현했다. 가난한 생활에 대해 작중화자는 새 울음소리를 물시계와 자명종으로 삼았다고 위안하며, 참새를 문생으로 여기고 구름과 안개를 친구로 생각한

59 李德懋, 『蟬橘堂濃笑』, 『青莊館全書』 권63. 敗雨傘承霤而補, 古藥臼逮堦而安, 以鳥雀爲門生, 以雲烟爲舊契. 烱菴一生, 占便宜人. 呵呵呵.

60 李德懋, 『蟬橘堂濃笑』, 『青莊館全書』 권63. 廚貧, 鳥定棲而飯飧. 齋冷, 鳥出棲而眠悟. 先生何隨鳥而朝夕之耶? 我以鳥爲自鳴鍾蓮花漏.

다. 궁색한 생활에 대한 불평을 토로하기보다 가난함과 궁색함을 웃음 속에서 넘겨 버리는 생활 속의 여유를 보여주었다. 이 같은 해학적 필치 속에는 가난과 신분적 제약 속에 살아가야 했던 이덕무의 비애와 울분이 감쳐져 있다. '편안한 팔자'라고 말하면서 '하하하' 웃는 작중화자의 표정 속에 이 점을 잘 엿볼 수 있다. 불평과 불만을 직접적으로 드러내지 않고 웃음으로 승화하고자 하는 데에서 이덕무 청언의 특징이 자리하고 있다.

청언소품을 제외한 여타 필기소품에서도 이 같은 경향을 보여주는 것들이 눈에 띤다. 이덕무가 사근역(沙斤驛) 찰방(察訪)으로 근무하고 있을 때의 일상을 다룬 소품을 예로 들어본다.

> 내가 사근역에 부임했을 때 우공(郵供)이 충분치 못했을 뿐 아니라, 내 자신의 식생활도 매우 박하게 하였다. 하루는 손님이 나의 식사하는 것을 보고는, "왜 음식이 그리도 담박하오?" 라고 하였다. 내가 장난삼아, "이것은 상산찬(商山饌)이오." 하였다. 손님이, "채소만 있고 영지(靈芝)가 없는데 어찌 상산찬이라 하오?" 하기에 내가, "신김치 짠 김치에 익힌 나물과 국이 모두 무이니, 이 어찌 사호(四皓)가 아니오?" 하였다.
>
> 하루는 또 손님이 나의 식사하는 것을 보고는, "오늘 음식은 무슨 찬이오?" 하기에 내가, "이 음식은 풍년찬(豊年饌)이오." 하였다. 손님이, "금년은 흉년이 들었는데 어째서 풍년이라 하오?" 하기에 내가 "이 음식은 신김치 · 짠김치 · 생채(生菜)가 모두 무이니, 이는 삼백(三白)이오. 옛말에 이르기를 '납일(臘日) 전의 삼백(三白)은 풍년의 징조이다.' 했소." 하였더니, 손님이 마침내 껄껄 웃으며, "동파(東坡)의 효반(皛飯)에 비하면 뜻이 심오하오." 하였다.[61]

---

61 李德懋, 「商山饌」, 『寒竹堂涉筆(下)』, 『青莊館全書』 권69. 余莅沙郵, 不惟郵供不豊,

가난한 벼슬 생활 속의 여유와 유머를 재치있게 잘 표현한 필기소품이다. 이덕무는 정조 2년(1778)에 외직인 사근역 찰방으로 부임하였다. 이 때에 저술한 것이 『한죽당섭필(寒竹堂涉筆)』이다. 김치와 나물밖에 없는 식사이지만 모두 무로 반찬을 만들었으니, 진나라 말기 때 세상을 등지고 은거하던 상산사호(商山四皓)가 먹던 음식이라고 하였다. 또 한번은 '납일 전의 삼백(三白)은 풍년의 징조이다.'[62]라는 옛말을 들어서 전부 무로 만든 반찬을 '풍년찬(豊年饌)'이라고 하였다. 마지막에 이르러서는 소식이 한 줌 소금과 생무우 한 접시에 백반 한 그릇을 '삼백'이라고 한 것에 견주어 뜻이 더 심오하다는 객의 말로 마무리지었다. 손님의 대화로 구성하였고, 옛 고사를 적절하게 활용하였으며, 기지를 발휘하여 유머스럽게 가난한 생활을 운치 있게 표현하였다. 이런 점에서 이 필기소품은 독자들에게 읽는 매력과 여운을 느끼게 해준다.

> 여색을 좋아하는 사람은 골수가 마르고 살이 빠져서, 죽게 되는 날 밤에 욕망의 불꽃이 위로 솟구쳐도 끝내 뉘우치는 마음이 없다. 그가 이룬 것이라곤 하나의 색에 빠진 아귀일 뿐이다. 내가 일찍이 이를 비웃고 불쌍히 여기고 두려워하고 경계하였다. 그런 인간을 나는 일찍이 비웃고 가여워하고 두려워하고 경계하였지만, 내 스스로 불행히도 그런 인간에 가까운 점이 있는 줄을 전혀 생각지도 못했다. 내가 책을

自奉甚薄. 客見余當食, 問曰, "何其淡泊?" 余戲曰, "此商山饌也." 客曰, "只見蘿葍, 不見靈芝, 何謂商山?" 余曰, "酸菹鹹菹, 熟菜及羹, 都是蘿葍, 此非四皓乎?" 客大笑. 一日客又見余當食, 問曰, "今日是何饌?" 余曰, "此名豊年饌." 客曰, "今年荒, 何謂豊年?" 余曰, "此饌, 酸菹鹹菹生菜, 都是蘿葍, 此三白也. 古語曰, '臘前三白, 豊年之象.'" 客遂胡盧曰, "較諸東坡皛飯, 却深奧矣."

62 이 말은 立春日을 다룬 시에 많이 나온다. 예컨대 陸游가 지은 「立春日」은 다음과 같다. 日出風和宿醉醒, 山家樂事滿餘齡. 年豊臘雪經三白, 地暖春郊已遍青. 菜細簇花宜薄餅, 酒香浮蠛瀉長瓶. 湖村好景吟難盡, 乞與侯家作畵屛.

> 좋아하는 것이 색을 좋아하는 것과 너무도 비슷하다. 근래 유행하는 풍열로 오른쪽 눈마저 가려운데, 남들은 몹시 걱정하며 책을 읽어 생긴 병이라고 하고 나도 어느 정도 그렇다고 생각한다. 그러나 책은 차마 하루도 떠나지 못하여서, 매번 실눈을 뜨고서 글자와 먹 사이의 정화에 집중하여 맥망이 '신선'이라는 글자를 파먹는 방법을 쓴다. 저 여색에 빠져 죽은 자들이 분명 나에게 야유를 퍼부을 것이다. 9월 그믐 오우아거사(吾友我居士)는 장난삼아 쓴다.[63]

위의 필기소품은 '책만 보는 바보'라고 자신을 자조하면서 또 자부하기도 했던 「간서치전(看書痴傳)」과 자매편이라고 할 수 있다. 「간서치전」에 비해 희필(戲筆)의 성격이 짙다. 작중 화자가 느끼는 자괴감과 자부심의 감정을 해학적인 필치로 표현하였다. 여색을 밝히다가 죽은 사람들을 비웃고 가련하게 여기면서, 자신은 결코 그러한 인간과는 다르다고 생각해 왔다. 하지만 달리 생각해 보니, 세상 물정에는 어두운 채 책에만 빠져 있는 작중 화자도 자신이 그토록 미워하고 멸시하였던 부류의 인간과 다름이 없음을 깨닫게 된다. 그 순간 자신의 정체를 환하게 마주하게 된다. 여색에 빠진 부류의 사람들로부터 오히려 야유를 받을 자기 자신에 대해 작중화자는 자조적 심정에 빠지게 된다. 그러면서 속악한 현실세계의 무리들과는 다르다고 하는 자부심이 동시에 함축되어 있다.

63 李德懋, 『耳目口心書』 권1, 『青莊館全書』 권48. 好色者, 髓枯膚削, 至于死之夕, 而慾火上升, 終無悔心, 成就只一色中餓鬼. 余嘗笑之憐之, 懼之戒之, 勿顧自家有不幸而近之者. 余之好書, 太類好色. 近以天行風熱, 右眼亦癢, 人頗恐動以書祟, 余稍然之. 然書不忍一日離, 每開眼一線許, 湊集字墨間精華, 用脉望食僊字法. 彼殉於色者, 應揶揄我. 九月晦, 吾友我居士戲寫.

① 심계자(心溪子)가 말하기를, "밝고 밝은 두 눈동자로 가을 물에 환히 비치는 허공을 내려다보다가 문득 하늘과 내 마음이 만나게 되면 마음속에 허공을 머금어 넓어집니다. 그 흥취는 아득하고 그윽하여 말로 표현할 수 없고 또 말로 들려줄 수도 없습니다."라 하였다. 내가 성을 내어 흘겨보며 말하기를, "나의 두 귓구멍이 영롱하게 뚫려 있는데, 유독 네가 하는 말을 들을 수 없겠는가?"라 하였다.[64]

② 여러 사람들과 함께 각기 좋아하는 것을 말하게 되었다. 한 사람이 말하기를, "내가 좋아하는 것은 담배 · 술 · 고기 세 가지요." 하기에, 내가 "이 세 가지를 다 갖추지 못한다면 어느 것을 빼겠소?" 하니, 그 사람이, "먼저 술을 빼고 그 다음엔 고기를 빼겠소." 하므로, 내가 다시 그 다음을 물으니, 그 사람이 눈을 휘둥그레 뜨고 똑바로 쳐다보면서, "담배가 없다면 살아 있은들 무슨 재미가 있겠소." 하였다.[65]

③ 지방의 관장이 방언을 알면 그 지방의 실정을 알 수 있다. 내가 처음 사근역에 부임했을 때, 아전이나 하인들의 말을 얼핏 듣고는 알 수가 없었다. 이는 대개 그들이 신라의 방언을 사용했기 때문이었다. 그들 또한 나의 말을 잘 알아듣지 못해서 착오를 일으키는 일이 많았다. 얼마 지나서는 나도 자못 방언을 익혔으므로 드디어 백성을 대하는 데 방언을 사용하게 되었다.

한번은 환곡을 거두어 창고에 들일 때 시험 삼아 하례(下隸)들에게 사투리를 사용해 분부하기를, "거치가 온전치 않으면 나락에 물이 새

64 李德懋, 『耳目口心書』 권2, 『青莊館全書』 권49. 心溪子曰, "兩瞳子炯炯, 垂秋水虛映空, 忽天與靈逢, 中之包空蕩蕩. 其趣也灝溔不可言, 亦無可以言聞者." 炯菴怒睨曰, "我有兩耳竅, 玲瓏嵌空, 獨不可聞爾之言耶?"

65 李德懋, 「烟肉酒」, 『寒竹堂涉筆(下)』, 『青莊館全書』 권69. 偶與諸客, 各言所欲. 有一客曰, "僕所嗜, 烟肉酒三物." 余問三者, 如俱不得, 當去何物? 客曰, "先去酒, 其次肉." 余問其次, 客瞠然曰, "如去烟, 雖生何樂?"

게 된다. 청이로 까분 뒤에 사창귀로 단단히 묶어서 정지간에 들여 놓으라." 하였다. 마침 서울에서 온 손님이 옆에 앉아 있다가 입을 가리고 킥킥 웃으면서 무슨 말이냐고 하기에 내가 다음과 같이 일일이 풀이해 주었다. "거치는 섬(苫)을 말하고, 나락은 벼를 가리키며, 청이는 키[箕]를, 사창귀는 새끼를, 정지간은 창고를 가리킨다."[66]

인용문 ①의 심계자는 이덕무의 조카 이광석을 말한다. 조카이지만 마치 친구처럼 지내면서 시를 통한 교류가 활발하였는데, 불경에 경도된 작품 창작에 대해 충고를 해 주기도 하였다. 이광석은 말로 전달하거나 표현할 수 없는 '언외지의(言外之意)'의 홍취에 대해 진지하게 말한다. 조카의 이 같은 진지한 고민에 대해 작중화자는 농담으로 응수를 하였다. 양쪽 귓구멍이 뚫려 있는데 말을 알아듣지 못하겠느냐고 농담을 하였다. 삼촌과 조카 사이의 관계를 넘어서 마치 허물없는 친구처럼 격의 없는 대화를 주고받는 장면을 유머러스하게 묘사하였다.

인용문 ②는 담배를 무척 싫어하였던 이덕무의 취향과 관련된 신변잡사 일화이다. 담배, 술, 고기 중에서 담배를 뺄 수 없다고 하는 어떤 인물의 얼굴 표정과 대답이 생생하게 묘사되어 있다. 상대방이 눈을 크게 뜨고 똑바로 쳐다보는 모습, 담배가 없다면 세상을 사는 재미가 어디 있느냐는 반문을 내뱉는 모습에서 당황했을 작중화자의 얼굴이 오버랩 된다. 상대방의 반문에 대해 화자가 어떻게 반응하고 대답을

66 李德懋, 「新羅方言」, 『寒竹堂涉筆(下), 『青莊館全書』 권69. 爲官長, 能習方言, 可通俗情. 余初到沙郵, 吏隸之言, 驟聽不可解, 蓋新羅方言也. 余之言, 吏隸亦不能曉, 事多謬錯. 居無何, 余頗習方言, 遂以方言臨民. 嘗收糴納倉, 余試分付官隸曰, "居穉不完, 則羅洛必漏. 以請伊簸颺, 然後堅縛沙暢歸, 納于丁支間." 適有京客在坐, 掩口而笑曰, "此是何語?" 余一一釋訓曰, "居穉者苫也, 羅洛者, 稻也, 請伊者, 箕也, 沙暢歸者, 藁索也, 丁支間者, 庫也."

했는지 하나도 적어놓지 않았지만, 전후 문맥을 통해 우리는 작중화자의 당황하면서 어쩔 줄 몰라 하는 표정을 상상하게 된다. 이 점이 이 필기소품을 재미있게 읽게 해준다.

인용문 ②는 사근역 찰방으로 재직하던 시절의 일화이다. 경상도 사투리를 알아듣지 못해 애를 먹었던 이덕무는 직접 사투리를 배우고 나서 하례(下隷)에게 경상도 사투리로 분부를 내렸다. 경상도 사투리로 분부를 내리는 장면에서 독자들은 소품 속에 등장하는 '서울에서 온 손님'처럼 웃음을 머금게 된다. 방언의 습득이 지방 행정 실무에 필요하고 도움이 된다는 점에서 이 소품은 흥미롭거니와 서울 출신의 이덕무가 경상도 사투리로 말하는 장면이 더욱 흥미롭다.

4. 마무리

이 논문은 백과사전적 총체화를 지향하였던 이덕무의 산문 정신에 주목하여, 이덕무가 남긴 필기소품을 연구 대상으로 설정하였다. 필기를 연구하는 방향에 있어 자료 전체를 대상으로 필기의 주요 내용 및 글쓰기 방식에 나타난 특징과 의미 등을 분석할 수 있고, 지식 정보의 유통과 파급의 문제에 초점을 맞추어 다룰 수도 있을 것이다. 여기에서는 필기 가운데 작가의 개성이 잘 드러나고, 생활 주변에서 느끼는 개인의 감정과 정취를 표현한 일군의 작품들을 '필기소품'으로 범주화하였다. 조선후기 소품문의 흐름과 연관 지어 필기 장르의 변화를 파악할 수 있다는 점에서 이 같은 접근법이 필요하다고 생각한다.

이덕무는 여러 종류의 필기를 남겼다. 필기 가운데 개인적 감정과 정취를 개성 있게 표현한 일군의 작품을 '필기소품'으로 개념화하여 이를 중심으로 이덕무 산문의 중요한 한 국면을 구명하였다. 이덕무의 필기소품에 나타난 작품 특징을 다양한 형식적 실험, 내면 고백과 자기 인식, 시적 경계의 구현과 참신한 언어 운용, 유머와 위트의 활용으로 나누어 살펴보았다.

이덕무는 필기소품에서 자아의 내적 번민과 고뇌를 자주 토로하였다. 청언소품에서는 일상 생활 속 정취와 단상들이 명징하고 감각적인 언어표현 속에 생생하게 묘사되었다면, 『이목구심서』에 주로 보이는 필기소품들에서는 자신의 내면 깊이 감추어둔 것을 숨김없이 드러내 보였다. 이덕무의 필기소품에서 자전적 성향의 작품들, 신변 잡사를 다룬 작품을 중심으로 작중화자의 내면 정서에 주목하였다. 내면에 침잠한 작중화자의 복잡한 심리 상태를 생동감 있는 언어로 표현하는 한편, 자기를 의식하며 자기 존재에 대한 주체적 인식을 지향하는 화자의 모습을 보여주었다. 청언소품에서는 일상 생활 속 정취와 단상들을 명징하고 감각적인 언어표현 속에 생동감 있게 묘사하였다면, 『이목구심서』에 주로 보이는 필기소품들에서는 자신의 내면 깊이 감추어둔 것을 숨김없이 드러내면서 자아의 내적 번민과 고뇌를 자주 토로하였다. 또한 이덕무는 참신한 비유와 상상을 통해 자연물의 미묘한 변화와 움직임을 세밀하게 관찰하고 느끼는 흥취를 표현하였다. 교훈적 목소리를 내세우지 않고 작가가 느끼는 정취와 느낌에 초점을 맞추어 시적 경계나 분위기를 생생하게 창출하였다. 이덕무의 필기소품에는 위트와 유머가 넘치는 것들이 다수 보인다. 이덕무는 유머와 위트를 효과적으로 활용하여 신분적 한계와 가난 속에 살아가야 했던 자신의 모습을 유쾌한 어조로 표현했다. 이 속에는 자조적 심정과 함께 속악한 현실세계의 무리들과는 다르다고 하는 자부심이 동시에 함축되어 있었다.

앞으로 이덕무의 산문 작품에 관한 연구가 더욱 활성화되고, 아울러 필기소품 및 필기의 성격과 범위, 분류 등에 대해서도 활발한 연구가 이루어지기를 기대한다.

參考文獻

李德懋, 『青莊館全書』, 미국 버클리대 아사미문고 소장본.

李德懋, 『青莊館全書』, 한국문집총간 257-259.

李德懋, 『國譯 青莊館全書』, 민족문화추진회, 1978~1981.

李箕元, 『洪厓集』, 연세대 소장본.

朴趾源, 『연민문고소장 연암박지원 작품필사본 총서』, 문예원, 2012.

尹光心 편, 『并世集』, 국립중앙도서관 소장본.

李 鈺, 『역주 이옥전집』, 실시학사 고전문학연구회 역, 휴머니스트, 2009.

이덕무 평선, 『종북소선』, 박희병 외 역주, 돌베개, 2010.

고려대 민족문화연구원 해외한국학자료센터 http://kostma.korea.ac.kr/

강명관(2002), 「이덕무 소품문 연구」, 『고전문학연구』 22, 한국고전문학회.

______(2002), 「이덕무와 공안파」, 『민족문학사연구』 21, 민족문학사연구소.

권정원(2005), 「이덕무 초기 산문에서 공안파 수용의 실천양상」, 『한문학보』 13, 우리한문학회.

______(2007), 「이덕무의 가계와 교유관계」, 『한문학보』 17, 우리한문학회.

길진숙(2007), 「이덕무 소품문의 특징과 산문교육의 의의」, 『국어문학』 43, 국어문학회.

김 경(2015), 「이덕무 산문의 자기고백에 나타난 이중적 자아」, 『대동한문학』 45, 대동한문학회.

______(2016), 「이기원이 기억한 이덕무」, 『대동한문학』 49, 대동한문학회.

김대중(2013), 「내부 외부에 대한 두 개의 시선」, 『한국사연구』 162, 한국사연구회.

김민정(2016), 「이덕무 제문의 글쓰기 방식과 특징」, 『대동문화연구』 95, 성균관대 대동문화연구원.

김상조(2000), 「중국의 필기 연구 동향」, 『대동한문학』 12집, 대동한문학회.

김성진(2010), 「조선후기 소품문과 양생」, 『동양한문학연구』 30, 동양한문학회.

김 영(1983), 「이덕무의 독서론」, 『동방학지』 36, 연세대 국학연구원.

김영진(2003), 「조선후기 명청소품 수용과 소품문의 전개양상」, 고려대 박사학위 논문.

______(2005), 「조선후기 실학파의 총서 편찬과 그 의미」, 이혜순 외, 『한국한문학 연구의 새 지평』, 소명출판.

______(2014), 「청장관전서 및 기타 이덕무 저작에 대한 문헌학적 재검토」, 『고전과 해석』 17.

김준형(2009), 「사실의 기록과 야담의 진실성」, 『동방한문학』 39, 동방한문학회.

______(2009), 「조선전기 필기·패설의 전개양상」, 『새민족문학사강좌』, 창비.

박문열(1988), 「청장관 이덕무의 독서관」, 『인문과학논집』 7, 청주대 인문과학연구소.

박수밀(2010), 「이덕무 산문의 생태적 글쓰기와 그 의미」, 『작문연구』 10, 한국작문학회.

박종훈(2010), 「형암 이덕무의 초기시 고찰」, 『한문학논집』 30, 근역한문학회.

박희병(2010), 『연암과 선귤당의 대화』, 돌베개.

소인호(1995), 「선초 잡록의 성행과 전기소설의 변모」, 『고소설연구』 1집, 한국고소설학회.

신상필(2004), 「15세기 필기에서의 서사 수용 양상」, 『한국한문학연구』 33집, 한국한문학회.

______(2011), 「필기 양식의 기록성과 그 미의식의 전개 양상」, 『동방한문학』 49집, 동방한문학회.

신익철(2000), 「중흥유기의 글쓰기 방식과 18세기 북한산 산행의 모습」, 『문헌과 해석』, 문헌과해석사.

심경호(2003), 「박지원과 이덕무의 희문 교환에 대하여」, 『한국한문학연구』 31, 한국한문학회.

______(2007), 『산문여행』, 이가서.

______(2011), 『여행과 동아시아 고전문학』, 고려대출판부.

안대회(2003), 「이덕무 소품문의 미학」, 『고전문학연구』 24, 한국고전문학회.

______(2012), 「조선후기 소품체 유기의 연구」, 『대동문화연구』 79, 성균관대 대동문화연구원.

______(2012), 「홍대용 후손가 소장 이덕무 필사본 3종 연구」, 『고전문학연구』 42, 한국고전문학회.

_____(2015), 「조선 중후기 청언소품의 향유와 창작」, 『한국한문학연구』 59, 한국한문학회.

안예선(2006), 「송대 필기와 만명 소품 : 수필류 필기를 중심으로」, 『중어중문학』 38, 중어중문학회.

오용섭(2008), 「청장관전서 정고본의 서지적 연구」, 『서지학연구』 39.

윤혜준(1998), 「새뮤얼 핍스의 일기에서의 주체와 문체」, 『영어영문학』 44권 2호, 영어영문학회.

이규필(2005), 「이덕무의 이목구심서에 대한 고찰」, 『한문학연구』 19, 계명한문학회.

이래종(1996), 「필기의 개념에 관한 몇몇 문제에 대하여」, 『대동한문학』 8집, 대동한문학회.

_____(1997), 「선초 필기의 특성에 대한 고찰」, 『태동고전연구』 14집, 한림대학교 태동고전연구소.

이만수(2008), 「형암 이덕무의 독서론」, 『독서문화연구』 7, 대진대 독서문화연구소.

이학당(2011), 「이덕무의 명대문학 비평에 대한 일고찰」, 『한국실학연구』 21, 한국실학학회.

임완혁(1991), 『조선전기 필기 연구-조선전기 필기의 장르적 성격 규명을 위하여』, 성균관대 석사학위논문.

_____(2006), 「조선전기 필기의 전통과 패설」, 『대동한문학』 24, 대동한문학회.

임형택(1984), 「이조전기의 사대부문학」, 『한국문학사의 시각』, 창작과비평사.

정 민(2004), 『미쳐야 미친다 : 조선 지식인의 내면 읽기』, 푸른역사.

_____(2014), 『18세기 한중 지식인의 문예공화국』, 문학동네.

정우봉(2012), 「이덕무의 산수유기에 관한 연구 : 만명 왕사임과의 비교를 겸하여」, 『한국한문학연구』 50, 한국한문학회.

_____(2012), 「조선후기 유기의 글쓰기 및 향유방식의 변화」, 『한국한문학연구』 49, 한국한문학회.

정우봉 외(2014), 「필기잡록류 조사 연구」, 한국고전번역원.

_____(2015), 「이덕무의 관독일기에 나타난 자아상」, 『어문논집』 74, 민족어문학회.

정재철(2015), 「연암의 면양잡록 수록 윤가기 시에 대하여」, 『한문학논집』 40, 근역한문학회.

진재교(2005),「19세기 차기체 필기의 글쓰기 양상,『한국한문학연구』36, 한국한문학회.
_____(2007),「이조 후기 차기체 필기 연구」,『한국한문학연구』39, 한국한문학회.
최두헌(2011),「필기의 관점에서 본 이목구심서 연구」, 고려대 국문학과 석사학위논문.
최숙인(2005),「여행자 문학의 관점에서 본 입연기 연구」『비교문학』35, 한국비교문학회.
한영규(2001),「조희룡 산문의 만명 청언소품 수용과 그 특징 : 진계유 청언소품과의 관계를 중심으로」,『한문학보』4.
_____(2002),「명청과 대비한 조선후기 청언소품의 특징」,『고전문학연구』21.

歐明俊,「明清的筆記小品(上)」,『文史知識』2001年 3期.
歐明俊,「明清的筆記小品(下)」,『文史知識』2001年 4期.
李延祜 編(2012),『浮生半日閑 : 筆記小品賞讀』, 中州古籍出版社.
張學忠 編(1981),『古代筆記小品選讀』, 廣州 : 花城出版社.
范軍, 阮忠 編(1994),『歷代筆記小品』, 武漢 : 湖北辭書出版社.
安芮璿(2005),「宋人筆記研究 : 以隨筆雜記爲中心」, 復旦大學 박사학위논문.
李銀珍(2014),「宋代筆記研究」, 復旦大學 박사학위논문.
Wlad Godzich & Jeffrey Kittay(1987),『The Emergence of Prose』, Minneapolis : University of Minnesota Press.

이덕무-사랑의 박물학

김대중 | 서울대학교 국어국문학과 교수

1. 실학연구와 '사랑'

2. 독서행위의 육체성

3. 책에 대한 쾌락주의적 태도

4. 박물학의 운동성과 그 명암

5. 이덕무의 죽음이 남긴 것

1. 실학연구와 '사랑'

이덕무(李德懋, 1741~1793)는 책을 사랑한 조선후기 서얼 지식인이다. 본고는 이 명제에 대한 주석이다.[1] 애초에 본고는 이덕무 학문사상의 전체상을 체계적으로 규명하려는 문제의식에서 출발했다. 이덕무의 박학다식은 기왕에 널리 알려져 있지만 그 방대하고 다채로운 지식 전체를 통관하는 논리가 무엇인지는 여전히 불분명하다고 판단되었기 때문이다. 심지어 이덕무의 방대한 저작 속에는 상호 모순되어 보이는 생각이 병존하기까지 하다.

그렇다면 이덕무는 방대한 지식에 질서를 부여하고 자기모순을 통일하려는 노력, 학적 체계화와 자기화의 노력을 게을리 했거나 그럴만한 역량이 부족했던 것일까? 아마 그렇게 볼 수 있는 점이 없지 않을 것이다. 그런데 체계화가 자기화의 유일한 길일까? 그리고 체계화된 지식은 그렇지 않은 지식에 대해 과연 어느 정도 우월성을 가질까?

지식의 체계화를 학문행위의 도달점으로 전제하는 한, 이덕무의 지식집적 행위는 어찌되었든 그에 미달한 것이 될 수밖에 없다. 이런 견지에서 보면 이덕무가 평생에 걸쳐 한 것은 결국 '박물학'에 다름 아니다. 물론 이렇게 큰 틀에서의 한계를 직시하는 것은 꼭 필요하지만, 왜 그토록 집요하게 이덕무가 실로 많은 책을 섭렵해가며 실로 많은 지식을 집적해놓았는지는 그런 틀로는 거의 설명되지 않는다. 그 답을 찾기 위해서는 이덕무의 마음속으로 들어가서 내재적인 탐색을 해야 할 것이다.

---

1 '지식' 대신 '책'이라 한 것은 지식의 물적(物的) 형태화 및 그와 관계하는 독서행위의 신체성을 부각하기 위해서다. 그밖에 '사랑', '서얼' 등의 단어가 본고의 연구시각과 관련하여 어떤 함의를 갖는지는 곧 서술한다.

이런 이유에서 본고는 이덕무의 '박물학'을 단순히 체계화에 미달한 '결여태'로 간주하는 대신, 이덕무 나름의 주체적이고 자각적인 자기실현 행위로 간주한다. 제목의 '사랑'은 그 자기실현 행위의 핵심을 개념화한 것이다. 본고가 '사랑'을 핵심 개념으로 내세우는 이유는 다음과 같다.

첫째, 이덕무의 박물학은 단순히 '지식 정보'의 차원으로 환원되지 않으며 더 근원적으로 실존적 차원의 것이라 생각된다. 대체로 지식축적은 목적성을 갖는 것이 일반적이다. 이 경우, 지식축적보다 그 목적이 상위에 놓인다. 상위의 목적은 하위의 잡다한 지식에 질서를 부여하는 기준을 제공하거니와, 지식축적은 어디까지나 그 목적에 이르는 과정에 불과하다. 이덕무도 물론 특정 학문적 관심과 구체적인 목적의식에 따라 지식축적을 해나간 면이 크다. 그러나 이덕무의 지식축적 행위에는 그런 '목적'을 초과하는 지점이 더러 보인다. 지식추구 그 자체가 목적이 되는 것이다. 이것이야 말로 지식에 대한 이덕무의 태도가 갖는 독특한 점이라 판단된다.

'사랑'은 이처럼 그 자체가 목적인 것을 개념화하기에 적합한 단어가 아닌가 한다. 이렇게 '사랑'이란 말을 도입하고 나면, 이덕무의 지식추구 행위를 좁은 의미의 '추상적 지식'의 틀을 넘어서 실존적 차원에서 폭넓게 고찰하는 것이 가능해진다. 앞으로 살펴보겠지만 이덕무의 박물학에서는 지식에 대한 사랑이 인간과 세계에 대한 사랑으로 이어지고, 자신에 대한 사랑이 타자에 대한 사랑으로 이어진다.

둘째, 조선후기 실학 연구를 통해 '사랑'이란 말을 새롭게 전유하는 것이 유의미한 작업이 될 수 있다. 현재 '사랑'이란 말은 남녀 간의 연애감정이나 부모의 자식사랑 같이 사적인 인간관계에 국한하여 쓰이는 경향이 강하다. 물론 이 말이 그런 사적 관계를 넘어서서 보편적인 지평을 획득하기도 하지만 이는 대체로 종교 영역에 한정된다. 그러나 이렇게 방치하기에 '사랑'은 너무나 소중하다. 실학 연구를 통해 이덕무의 박물학을 '사랑의 행위'로 부각할 수 있다면, '사랑'은 지식을 사랑함으로써 자신과 타자와 세계를 사랑하는 행위라는 새로운 의미를 획득할 수 있다.[2]

자신과 타자와 세계에 대한 사랑은 모종의 정치성을 갖는다. 이 점과 관련하여 본고는 일단 이덕무가 '서얼'이라는 사실에 유의한다. 서얼 신분이라는 것이 이덕무에게 가장 큰 존재구속성을 갖기 때문이다. 그런데 서얼이라 하면 대체로 '불우의식'이 연상될 것이다. 서얼 지식인이 직면한 신분제적 모순은 당연히 중요하게 고려해야겠지만, 그렇다고 해서 서얼 지식인의 '불우의식'만 부각하는 것 또한 본고의 관심사가 아니다. 서얼의 '불우의식'만을 강조하는 것은 결국 서얼을 신분제의 피해자로, 수동적 존재로 국한시키는 결과를 초래할 수 있기 때문이다.

이덕무는 서얼이지만 어디까지나 '이덕무'이다. 하지만 동시에 그는 결국 '서얼'의 신분적 한계를 완전히 초월할 수는 없었다. 따라서 이덕무의 행위자성이 갖는 복합성에 유의할 필요가 있다. 서얼의 피해자적 면모를 간과하지 않으면서도, 거기에 국한되지 말고 서얼 지식인이 사회적 제약 속에서 자기실현을 위해 분투하면서 어떻게 자기 나름의 주체화를 모색했는지, 그 모색의 명암은 무엇인지를 이덕무의 사례를 통

2 자신과 타자와 세계에 대한 사랑은 '호혜적 자기성취'에 다름 아니다. '호혜적 자기성취'로서의 사랑이 갖는 윤리성과 정치성에 대한 이론적 고찰로 Eagleton(1990, 방대원 역 : 1995), 472~475면 ; Eagleton(2003, 이재원 옮김 : 2010), 171~172면 참조.

해 고찰하는 것이 본고의 목표이다.

2. 독서행위의 육체성

이덕무의 박물학이 단순한 지식 나열 이상의 것, '실존적 차원'의 것이라면 그런 차원으로 들어갈 수 있는 통로를 어디서 찾을 수 있을까? 자신의 존재여건에 대한 이덕무 본인의 감정적 반응이 그 통로가 될 수 있을 듯하다.

젊은 시절 이덕무에게는 불안과 우울이 강했던 것으로 보인다. 다음은 1760년, 이덕무 나이 20세 때의 기록이다.

> 나는 어려서부터 몸이 약하고 질병이 많아 독서를 부지런히 하지 못했으니, 글을 외고 익힌 것이 고루하고, 사우(師友)의 교도(教導)가 없었고, 집이 가난하여 장서(藏書)를 갖추지 못했기에 지식을 늘릴 수 없었다. 비록 글을 깊이 좋아하긴 하지만 그 학문한 것으로 말하면 역시 민망하게 여길 만하다.[3]

20세 청년 이덕무는 자신이 천성적으로 글을 좋아함에도 제대로 된 학문을 할 수 없도록 제약하는 조건을 세 가지로 요약한다. 병약함, 사우(師友)의 교도(教導)가 없음, 장서(藏書)를 갖추지 못함이 그것이

---

3 李德懋, 「嬰處稿自序」, 『嬰處文稿』 一, 『青莊館全書』 卷之三, 한국문집총간 257, 59면. "蓋余夙弱多疾, 不能勤讀, 誦習固陋, 無師友以教導, 家貧不藏書, 無以長知, 見嗜雖深, 其爲學亦可悶也." 인용문의 번역은 민족문화추진회, 『국역 청장관전서』 1, 1978, 228면을 참조하여 필자가 수정한 것이다. 이하 『청장관전서』를 인용할 때에는 모두 이와 같이 한다.

다. 일단 병약한 체질은 타고난 것이므로 이덕무 스스로 어찌할 수 없는 '운명적인 것'이라고 할 수 있을지 모른다. 하지만 나머지 두 가지는 꼭 그렇지는 않다.

장서를 갖추지 못한 것, 사우의 교도가 없는 것은 일단 이덕무 집안이 한미하기 때문이다. 그리고 나이로 보나 사회적 지위로 보나 이덕무가 아직 경제적으로 자립하지 못했고 스스로 인적 네트워크를 형성할 만한 여건이 못 되었기 때문이기도 하다. 따라서 이 두 가지 문제는 비록 상당 부분 사회경제적으로 조건 지워진 면이 있지만, 이덕무 자신의 노력 여하에 따라 어느 정도 개선될 여지가 있다. 실제로 이덕무는 폭넓은 교유관계를 형성했으며,[4] 두루 책을 빌려 초서(抄書)함으로써 가난한 형편임에도 방대한 장서를 구축할 수 있었다. 결국 이덕무는 20세 때 이미 자신의 공부를 제약하는 조건을 파악하여 자기 나름의 출구를 모색한 것이다.

그런데 20대 청년 이덕무의 지적 모색을 추동한 감정은 활기차고 발랄한 것이라기보다는 불안하고 우울한 것으로 보인다. 방금 읽은 글에는 불안감이 드러나 있다. 다음 글도 마찬가지다.

> 천지 사이에서 가장 아까운 것이 세월이고 정신이다. 세월은 무한한데 정신은 유한하다. 세월을 허비하고 나면, 그렇게 해서 소모된 정신은 다시는 수습할 길이 없다. …… 나는 이미 열 두셋부터 이 일을 깨닫고 두려움과 개탄이 마음속에 꽉 찼다. …… 지금 나는 나이가 젊고 정신이 밝은데, 만약 독서와 위기지학(爲己之學)을 하지 않는다면 늙어서 머리나 긁적이는 비탄이 응당 나에게 돌아올 것이다. 구구한 나의 뜻은 언행상(言行上)에 힘쓰고 싶지만 세상살이에 대한 온갖 생각에 골

4 이덕무의 교유 관계에 대해서는 권정원(2007) ; 김윤조(2013) 참조.

몰하다 보니 간단(間斷)이 있다. 그 애석함으로 말하면 어찌 이루 다 탄식할 수 있겠는가. ……[5]

1763년, 이덕무 나이 23세 때의 기록이다. 이 글은 청년기 특유의 '자기형성에의 불안'을 보여준다. 보기에 따라서는 '강박적'이라고 할 수 있을지도 모른다. 이덕무가 스스로 노년의 상태를 가정함으로써 불안감이 가중된다. 지금 상태로 삶이 지속되다 종결되는 것이 상상만으로도 끔찍한 것이다. 이덕무는 자기 의지에 반하여 온전한 자기실현을 하지 못하는 것에 절망하고 있으며, 결국 그런 상태를 벗어나지 못할까 불안해하고 있다.

요컨대 청년 이덕무의 자기의식과 외적 조건은 모순 대립의 관계에 있다. 그러나 자신을 제약하는 외적 조건을 이덕무로서는 어찌하지 못하고 감수할 수밖에 없으므로 이덕무는 '괴로운 수동적 위치'에 놓인다. '괴로운 수동적 위치'에 대응되는 감정은 극도의 우울이다. 다음 글은 청년기 이덕무의 슬픔과 우울을 잘 보여준다. 25세 때의 기록이다.

> 바야흐로 이경(二更) 삼경(三更)쯤 되었는데 문을 마주한 이웃집에서 웃고 떠드는 소리가 때때로 들려왔다. 그런데 센 바람이 불어 눈이 창틈으로 곧장 등잔까지 날아오더니 펄펄 날라 벼루에 떨어졌다.
>
> 나는 지난 일에 대한 감회가 일어 참으로 슬픔이 간절했는데 다만

5 李德懋, 「歲精惜譚」, 『嬰處雜稿』 一, 『青莊館全書』 卷之五, 한국문집총간 257, 95~96면. "天地間最可惜者, 歲月也, 精神也. 歲月無限, 精神有限. 虛費了歲月, 其衰耗之精神, 無可復收拾矣. …… 余自十二三早已覺此事, 懼歎弸中. …… 今余年少而精神皎皎, 如其不早讀書學爲己, 搔首之悲當遽歸於余也. 區區志意庶欲於言行上勖勉, 而世念淪汨, 有時乎間斷, 其可惜可勝歎哉. ……"

손가락 끝으로 되는대로 화로의 재를 뒤적였다. 모나고 바른 것은 혹 전자(篆字) · 주서(籒書) 같았고, 얽히고 맺힌 것은 혹 행서 · 초서에 가까웠다. 나는 아무리 봐도 결국 무슨 글자인지 알 수 없었다. 그런데 갑자기 눈썹 언저리가 돌덩이처럼 느껴져 스스로 불 그림자를 돌아보며 벌렁 누웠다가 때로 다시 숙연하게 옷깃을 여미고 공경히 꿇어앉았다. 잠시 후에 집 들보를 쳐다보니 옛사람의 위대한 행실과 고상한 절개가 역력히 떠올라 개연(慨然)히 말했다. "명절(名節)을 세울 수만 있다면 아무리 풍상(風霜)이 휘몰아치고 파도를 넘나들어 구사일생의 지경에 처하더라도 후회하지 않을 텐데. 그리고 인간 세상의 자질구레한 일과 사람을 얽매는 물건도 거의 깨끗이 벗어버릴 텐데."

어린 아우는 아무것도 모르고 이불 속에 누워서 쿨쿨 자고 있어 불평이 전혀 없었으니 속 시원한 노릇이다. 내가 이에 번연히 평(平)과 불평 중 어떤 게 더 나은가 깨달았다. 눈을 감고 팔짱을 끼고서 『논어(論語)』 서너 장(章)을 읽었다. 그 소리가 처음에는 막히고 껄끄럽다가 마침내 화평해졌다. 그러자 가슴 속에 꽉 찼던 것이 조금씩 사라져 답답했던 기운이 비로소 가라앉고 정신이 맑고 깨끗해졌다. 중니(仲尼)는 어떤 사람이기에 그 온화하고 화락한 사기(詞氣)가 나의 거친 마음 속 불평스러운 것으로 하여금 깎이고 갈리게 하여 마침내 화평해지는 데 이르게 한단 말인가. 부자(夫子)가 아니었다면 나는 거의 발광하여 폭주할 뻔했다. 예전에 했던 것을 생각하니 아득히 꿈같다. 을유년(1765) 12월 7일에 쓰다.[6]

---

6 李德懋, 『耳目口心書』 一, 『青莊館全書』 卷之四十八, 한국문집총간 258, 357~358면. "方二更三更, 對門隣舍, 喧笑之聲遠遠時聞, 而急風吹, 雪片從窓隙直赴燈影, 翻翻然墜于硯也. 余時感舊之心正悲切, 只將指尖, 隨意而畫爐灰. 方正者或肖于篆籒, 繆結者或近于行草. 余脉脉終不知其爲何字也, 忽眉稜如石, 自顧頹影, 頹然委頓, 時復肅然整襟, 危坐而致敬. 少焉, 凝然仰視屋樑. 於是古人之瓌行危節, 歷歷從思想來. 慨然曰 : '名節可立, 雖振撼風霜, 閱歷濤波, 九于死而罔悔也. 且人間米塩零碎諸掛罥之物, 庶超脫而淨盡.' 稚弟也則無知而偃于衾, 睡聲佁儗, 甚自得也, 快哉. 余迺幡然而悟平與不平孰愈. 始低眉拱手, 讀『論語』三四章, 其聲也初咽澁而終和平, 胸中澎湃, 有嗚嗚漸微, 鬱律之

책읽기가 유일한 위안이 된다는 사실을 이렇게까지 가슴 아프게 보여주는 글은 아마 달리 찾아보기 힘들 것이다.[7] 이덕무는 극도의 단절감을 느낀다. 이웃집과 동생은 물리적으로는 이덕무와 인접해 있다. 하지만 역으로 정서적으로는 단절되어 있다. 그 단절 속에서 이덕무는 홀로 자기 자신을 직면한다. 단독자가 된 것이다. 그런데 이덕무가 직면한 이덕무는 지극한 슬픔에 젖어 있다. 화로의 재를 뒤적였다가, 벌렁 누웠다가, 다시 옷깃을 여미고 정좌했다가, 집의 들보를 쳐다보다가, 어린 아우를 보았다가, 눈을 감고 『논어』를 외는 등 이덕무는 정서적으로 매우 불안정해 보인다.[8]

이렇게 불안정한 행위가 연쇄적으로 일어난 것은 『논어』를 외기 전까지 이덕무가 달리 위안을 얻지 못했기 때문이다. 그리하여 극도의 우울상태에 빠진 이덕무에게 유일한 위안이 되는 것은 오직 책뿐이라는 사실이 부각된다. 그런데 슬픔을 참지 못한 이덕무의 연쇄적 행위는 그 양태가 다양하지만 결국 좁은 방안에서 벌어진 것이다. 이러한 '비좁음'과 '갇혀있음'의 공간성은 이덕무의 우울한 정서에 대응된다.

氣始按下, 神思淸明洒落. 仲尼何人也, 雍穆和悅之詞氣使余䰟心剝落銷磨, 迺扺于平? 非夫子, 我幾發狂走. 思前之爲, 則遙如夢也. 乙酉十二月初七日書."

7 청년 시절 이덕무에게 독서가 갖는 자기위안적·치유적 의미에 대해서는 정우봉(2016) 참조.

8 이 중에서 특히 이덕무가 화로의 재를 뒤적인 것은 좀 더 심층적인 분석을 요한다. 그것은 지난날에 대한 감회로 인해 슬픔을 느낀 이덕무가 한 첫 번째 행위이다. 일단 그것은 이덕무의 '하릴없음'을 보여준다. 그런데 그 하릴없는 행위의 결과로 문자 비슷한 것이 형성된다. 재를 뒤적이는 행위가 문자 기입행위 비슷한 것이 된 셈이다. 그러나 이덕무는 그 글자를 판독하지 못한다. 판독불가의 벽에 부딪침으로써 일련의 불안정한 행위가 연쇄된다. 이 점에서 문자 기입과 그 문자의 판독불가능성은 결정적인 전환점을 마련한다고 할 수 있다. 그렇다면 이덕무가 하릴없이 기입하고 그 스스로가 해독하지 못한 문자의 정체는 과연 무엇인가? 이덕무의 '무의식'이 아닌가 한다. 이덕무는 절망 속에서 자기 자신의 '무의식'을 직면한 것이다.

출구 없이 갇힌 이덕무에게 유일한 출구가 바로 책이었던 것이다.

『논어』를 외지 않았다면 미치고 말았을 것이라고 이덕무는 말한다. 아마 이덕무는 이 무렵 심각한 우울증을 앓았던 것이 아닌가 짐작된다. 그렇다면 이덕무에게 책읽기는 위안을 넘어 치유를 선사했다고 할 수 있고, 더 나아가 '존재의 마지막 보루' 같은 것이었다고 할 수 있다. 이것이 이덕무 박물학의 기저에 놓인 원체험에 해당한다. 이덕무에게 책읽기는 자기 존재를 지키기 위한 필사적 행위인 것이다.

그런데 이러한 책읽기가 구체적으로 어떻게 행해졌는지 좀 더 파고들 필요가 있다. 흔히 책읽기라 하면 해당 서적의 구체적인 내용을 중시하기 마련이다. 하지만 인용문을 보면 『논어』의 내용은 별로 중요하지 않다. 그보다는 『논어』를 소리 내어 읽은 사실 자체가 훨씬 더 중요하다. 이 경우에 책읽기는 책의 내용에 대한 분석과 사색 같은 것이라기보다는 일종의 육체행위 같은 것이다.

기실 책 자체도 정신성과 물질성 모두를 갖는다. 굳이 책의 내용을 '정신적인 것'이라고 한다면 책은 그 정신적인 것의 물적 형태화이기 때문이다. 따라서 책의 물질성에 대응하여 독서 또한 육체성을 갖는 것이 당연하다. 그런데도 왜 책읽기가 육체행위라고 하면 생소하게 느껴질까? 평소에 묵독(默讀)이 위주가 되기 때문일 것이다. 묵독 또한 눈[目]이라는 신체기관에 의지하므로 명백히 육체행위이다. 그럼에도 읽는 이의 목소리가 소거됨으로써 독서는 육체성을 탈각한 '내면행위'처럼 느껴질 수 있다. 그런데 이덕무의 경우에는 자신의 주체할 수 없는 우울한 기분을 해소해야 했기 때문에 '소리 내어 읽기'를 하지 않을 수 없었다. 『논어』를 읽기 전의 이덕무가 내면 과잉의 상태에 빠져 있었다고 한다면, 독서의 육체성을 회복함으로써 그 내면 과잉을 해소했다고도 볼 수 있다.

이렇게 목소리가 도입되고 나면, 소리를 내는 존재와 그 소리를 듣는 존재의 이원구도도 함께 도입된다. 이덕무가 『논어』를 욀 때 이덕무는 '송신자 이덕무'와 '수신자 이덕무'로 분리된다. 물론 그렇다고 해서 그가 자기분열에 빠졌다는 것은 아니다. 오히려 그 반대다. 왜냐하면 이덕무가 그렇게 분리된 뒤에 결과적으로 안정을 찾았기 때문이다. 어떻게 해서 그렇게 되었을까?

'송신자 이덕무'는 아직 안정을 찾지 못한 채 『논어』를 윈 존재이고, '수신자 이덕무'는 '송신자 이덕무'의 목소리를 듣고 위안을 받은 존재이다. 이 둘은 이렇게 상반된 점이 있지만 결국 하나의 '이덕무'로 통합된다. 그런데 애초에 송신자가 없었다면 수신자도 있을 수 없고 그렇다면 통합도 불가능했을 것이다. 따라서 송신자가 없으면 안 된다. 그런데 송신자의 목소리가 온전히 전달될지 어떻게 보장할 수 있는가? 따라서 송신자가 있는 것만으로는 부족하며, 송신자의 목소리가 착오 없이 수신자에게 전달되어야 한다. 이 두 가지 조건을 동시에 충족하는 방법은 무엇인가? 스스로 글을 윔으로써 스스로 '송신자=수신자'가 되는 것이다. 그러면 송신자의 발화가 온전히 수신자에게 전달될 수 있다. 결국 '송신자 이덕무'와 '수신자 이덕무'의 분리는 자기회귀적 분리였던 것이다.

'자기회귀적 분리'는 결국 이덕무가 자기 자신과 맺은 대화적 관계의 또 다른 이름이다. 그것은 자폐성과 구분된다. 자폐성에는 '자기와의 분리'라는 계기가 빠져 있기 때문이다. 이렇듯 이덕무는 '자기회귀적 분리'를 통해 자기애를 회복했는데, 그 자기애는 타자에 대해 배타적이지 않고 오히려 타자에 대한 사랑으로 이어진다.

다행스럽고 묘하구나, 오늘의 나란 존재는! 나보다 먼저 태어난 사람도 내가 아니고, 나보다 뒤에 태어난 사람도 내가 아니다. 나와 더불어 같은 하늘을 이고 있고, 나와 더불어 같이 숨을 쉬는 사람 모두가 각자 '나'이기는 하지만, '나의 나'는 아니다. ……

이 붓과 벼루로 이 「『양환집(蜋丸集)』 서문」에 이렇게 붉은 글씨로 비평을 하면서 이렇게 무수한 '나'라는 글자를 적고 있는 사람, 이 사람이 '진정한 나'이다. 어제는 '어제의 오늘'이고, 내일은 '내일의 오늘'이지만, 모두 '오늘의 오늘'이 눈앞에 있어서 내가 정말 누리고 있는 것만 못하다. 내가 오늘 이 평(評)을 쓰고 있는 것이 다행스럽고 묘하고, 또 공교롭구나! 이것은 큰 인연이고 큰 만남이다. ……

사람들이 혹 비웃더라도 나는 화를 내지 않겠으며, 사람들이 혹 책망하더라도 나는 두려워하지 않겠다. 나는 술동이 하나, 오래된 검 하나, 향로 하나, 등잔 하나, 벼루 하나, 매화나무 하나가 있는 방 안에서 내 벗에게 이것을 읽게 하리라. 내 벗은 나를 아는 자이니, 나를 안다면 나를 사랑하는 것이고, 나를 사랑한다면 어찌 내 글을 잘 읽지 않겠는가?

이렇게 하는 것은 나의 오늘을 즐기고자 해서이다. 세상 사람들은 진정 오늘을 즐길 줄 모르나니, 나 죽은 뒤의 일을 미리 생각하는 것은 내 알 바가 아니다.[9]

9 이덕무, 「『양환집』 서문(蜋丸集序)」에 대한 비평, 박희병 외 역주, 『종북소선(鍾北小選)』, 돌베개, 2010, 101~102면. "幸哉妙哉, 今日之吾也! 生吾前者非吾也, 生吾後者非吾也. 與吾同載天、同履地、同食同息者, 皆各自吾也, 非吾之吾也. …… 捉此筆硏此硃, 評此「蜋丸集序」, 書此無數吾字者, 是眞吾也. 昨日者昨日之今日也, 明日者明日之今日也, 皆不如今日之今日近在目前, 眞爲吾有也. 吾爲此評於今日者, 幸矣妙矣, 而又巧矣! 此大因緣也, 大期也. …… 人或笑之, 吾毋怒之 ; 人或責之, 吾毋愳之. 酒尊一、古劒一、香爐一、燈一、硯一、梅樹一之中, 使吾友讀之. 吾友, 知吾者也. 知吾則愛吾, 愛吾則豈不善讀吾書也哉? 如是而已者, 娛吾之今日也. 世之人不知眞娛今日. 預圖身後者, 非吾所取也." 인용문의 번역은 박희병 외 역주, 같은 책, 94~99면을 참조하여 필자가 일부 고친 것이다.

박지원(朴趾源, 1737~1805)의 「『양환집』 서문(蜋丸集序)」에 대한 이덕무의 비평이다. 1771년 전후에 작성된 것으로 짐작된다.[10] 1771년이면 이덕무가 31세 때이다. 이 글은 방금 분석한 이덕무 25세 때의 글과 반대로 글읽기의 기쁨과 행복을 보여준다. 이덕무는 유일무이한 '나'가 유일무이한 '오늘'을 충만하게 즐기는 방식이 곧 글읽기와 비평하기이며 그러한 '행복의 비평'은 작가와의 소중한 인연 덕분이라는 점을 밝힌다.[11] 자기에게 충만한 삶은 곧 타자와의 깊은 유대감 속에서 가능해지며 그럼으로써 자기애는 '자기애=타자애'로 실현된다.[12]

이렇게 자기애가 타자에 대해 개방성을 갖는 것은 다양한 시각에서 고찰할 수 있을 터이다. 선행연구에서 이미 비평사적 · 문예미학적 · 존재론적 측면에서 논한 바 있으므로, 여기서는 '문자 기입행위'에 주목하기로 한다. 이덕무는 충만한 행복의 순간에 있는 자신을 두고 "무수한 '나'라는 글자를 적고 있는 사람"이라고 지칭한다. 이덕무에게 행복의 주체는 문자 기입행위의 주체인 것이다.[13]

문자는 물질성을 갖는 동시에 물질성을 초과한다. 붓, 벼루, 붉은색 먹은 문자의 물질성을 확인시켜준다. 이덕무가 이렇게 문자의 물질성을 환기한 이유는 무엇일까? 자신의 비평행위가 '눈앞에 있는' '오늘의

10 『종북소선』 비평의 성립 연도에 대해서는 박희병(2010), 23면 참조.

11 이덕무의 「『양환집』 서문」 비평에 대한 분석은 박희병(2010), 117~147면 참조.

12 다만 이덕무가 언급한 '벗'의 존재를 '타자'로 개념화하기 위해서는 몇 가지 단서가 필요하다. 일단 '벗'은 '나'가 아니라는 점에서는 넓은 의미의 '타자'라고 할 수 있을 법하다. 그러나 '벗'은 '나'와 유대감을 갖는 존재이므로 오히려 '동일자'에 더 근접한 면이 있다. 그렇다면 '벗'은 유의미한 타자성을 갖는 타자라고 보기 어려운가? 그런데 이덕무가 생각하는 진정한 벗은 그저 동질성만 갖는 존재가 아니다. 그렇다면 벗과의 우정적 관계에서 타자성이 어떻게 도입되는가? 이 문제에 대해서는 추후에 논한다.

13 이 '문자 기입행위'의 주체는 앞에서 살펴본바 화로의 재를 뒤적인 25세 이덕무의 모습과 겹치면서도 구분된다.

오늘'의 일이라는 것을, 환원불가능한 지금 이 순간의 행복이라는 것을 부각하기 위해서다.

그런데 순간은 오랫동안 붙들어두기 어렵다. 그렇다면 순간의 환원불가능성을 손상하지 않으면서 그 순간을 영원히 보존하는 것은 어떻게 가능한가? 행복한 그 순간의 '나'를 비평문 속의 '나'로 기입하면 된다. 이때의 '나'는 자신의 모든 속성을 통합하고 추상화한 개념어 같은 것이 아니다. 오히려 '순간의 행복' 외 모든 부차적인 것을 소거한 고유명 같은 것이다. 결국 이덕무가 책읽기의 행복에서 촉발되어 지은 비평문은 그 글을 구성하는 한 글자 한 글자를 기입하는 바로 그 순간의 '나'의 본래적 모습이다.

요컨대 이덕무가 기입한 글자는 이덕무 자신의 거울상이다. 이 '문자적 거울상' 또한 앞에서 분석한 '소리 내어 읽기'와 유사하게 자기회귀성을 갖는다. 그러나 양자 간에는 역시 간과할 수 없는 차이가 있다. '소리 내어 읽기'의 경우, 자기회귀의 종착점은 말 그대로 이덕무 자신이다. 물론 읽기 전의 이덕무와 읽은 후의 이덕무는 다르지만 결국 하나의 이덕무로 통합된다. 반면 "'나'라는 문자를 기입하기"는 그렇지 않다. 그것은 '나'의 행복을 즐긴다는 점에서는 자기회귀적이지만 궁극적으로는 '나'의 내부에만 머물지 않고 '벗'을 향한다. '소리 내어 읽기'와 달리 "'나'라는 문자를 기입하기"에는 '벗'이라는 제삼자가 매개되는 것이다.

매개 유무의 차이는 양자를 추동하는 감정의 차이에 대응된다. '소리 내어 읽기'가 극도의 슬픔과 우울에 의해 추동된 반면, "'나'라는 문자를 기입하기"는 기쁨과 행복에 의해 추동된다. 『논어』를 소리 내어 읽지 않았더라면 발광하여 폭주할 뻔한 이덕무의 모습에서는 자기긍정을 찾아보기 어렵다. 반면 '행복의 비평'에서는 자기가 긍정될 뿐 아니라 자기긍정이 벗에 대한 사랑과 불가분의 관계를 맺기에 이른다.

3. 책에 대한 쾌락주의적 태도

이제까지 살펴본 바와 같이 이덕무에게 책읽기는 '존재 이유'이자 자기애를 '자기애=타자애'로 실현하는 자기긍정의 행위이다. 그것은 그저 추상적인 차원의 독서가 아니라, 소리 내어 읽기와 문자 기입하기를 동반한 육체행위이다. 따라서 육체행위와 관계하는 책도 막연히 추상적인 것이 아니라 구체적인 물질성을 갖는다.

책을 일종의 '물건'으로 대하는 것은 정신주의적 · 엄숙주의적 태도와 꼭 상반된 것까지는 아니지만 역시 그와 상당히 다르다고 할 수 있다. 엄숙주의적 태도를 견지하면 결국 자기절제를 해야 한다. 다독(多讀)과 남독(濫讀)을 경계해야 하고 흥미위주가 아닌 진지한 독서를 해야 한다. 물론 이덕무도 여러 글에서 그런 엄숙주의적 태도를 강조한 바 있다. 하지만 그러면서도 그와 다른 면모를 보인다.

> 우리 증조 · 고조 대부터 가세가 넉넉하지 않았으니 자력이 없는 것이 당연하고, 이미 자력이 없으니 서적이 없는 것도 물론이다. 비록 그렇지만 나는 세상을 살아가는 일에 대해서는 우활하여 오직 시서(詩書)를 모으는 것에만 마음을 두었다. 그래서 남의 책을 빌려다가 일찍이 좌우에 즐비하게 늘어놓고 수백 권을 쌓아 놓았다. 혹시라도 책을 계속 빌리지 못하거든 비록 장부(帳簿)나 일력(日曆)따위라 할지라도 피열(披閱)하기를 마지않았다.

나는 일찍이 이렇게 말한 바 있다. "성현의 경적(經籍) 및 좌우의 신뢰할 만한 역사서는 이리저리 깊이 음미하여 그 심오한 뜻을 터득한 뒤에야 그만두고, 그 밖의 패관야승(稗官野乘)과 잡가(雜家)의 말은 대강 섭렵한다면, 천지를 가득 채운 책을 거의 다 볼 수 있을 것이다."

나의 벗 다계자(茶溪子) 이정부(李正夫 : 이형상李亨祥)와 심계(心溪) 종인(宗人) 여범(汝範 : 이광석李光錫)에게 질정했더니 모두 옳다고 했다.

나는 금년 겨울에 책을 깊이 음미하는 것과 섭렵하는 것을 병행했다. ……[14]

이덕무는 24세 때인 1764년 여름 동안 과거시험 공부를 하다 답답함을 견디지 못해 음력 9월부터 11월까지 읽고 싶은 책을 실컷 읽은 뒤에 두 가지 기록을 남겼다. 하나는 「관독일기(觀讀日記)」이고 다른 하나는 「갑신제석기(甲申除夕記)」이다. 인용문은 그 중 후자의 일부이다. 기본적으로 이덕무는 유교 경전, 역사서, 패관잡기 등을 구분하여 정독할 가치가 있는 책과 그렇지 않은 책을 구분하긴 한다. 하지만 유교 경전과 역사서 외 잡서를 배제하기 위해서가 아니다. 오히려 유교 경전과 역사서, 그리고 기타 잡서를 아울러 천하의 모든 책을 몽땅 읽고 싶기 때문이다. 결국 다독의 최대치를 실현하기 위한 효과적인 방법을 강구하느라 정독할 책과 대충 섭렵할 책을 구분한 것이다. 따라

14 李德懋, 「甲申除夕記」, 『嬰處文稿』 一, 『青莊館全書』 卷之三, 한국문집총간 257, 68면. "粤自我高曾之世, 廩不豐積, 其無資也宜矣. 旣無資矣, 則無其書固也. 雖然, 余於當世之務, 蓋迂濶哉. 惟詩書之藪, 則能有心也. 故借夫人之書, 嘗左右鱗鱗, 擁累數百卷云矣. 書或不繼借焉, 雖帳簿、曆日, 惟披閱之不厭. 余嘗有言曰 : '羣聖賢之籍及左右信史可游泳上下, 得其蘊奧而後已也. 其它稗官野乘雜家言涉獵之, 則庶幾驅除盈天地之書矣.' 質諸我執友茶溪子 李正夫、心溪宗人汝範, 俱曰可云矣. 余於今年冬之游泳之涉獵之幷行哉. ……" 번역문 내 괄호 속 간주(間註)는 모두 인용자에 의한 것이다. 이하 마찬가지다.

서 정독은 '다독'의 일부로 포괄된다.[15]

그런데 왜 천지를 가득 채운 책을 다 보려 하는가? 이유 같은 것은 없다. 굳이 이유를 찾자면 천하의 책을 몽땅 읽는 것 자체가 목적이다. 이덕무는 책의 내용과 무관하게 '읽기' 자체에 탐닉한 것이다. 이 점은 그가 책을 빌리지 못했을 경우에 장부(帳簿)나 일력(日曆) 같은 것도 마다하지 않았다는 진술에서 단적으로 드러난다.

대체로 책에 대한 탐닉은 장서에 대한 욕심과 불가분의 관계를 맺는 경우가 많다. 그런데 인용문에서는 책 자체에 대한 탐닉이 소유욕과 구분된다. 읽고 싶은 책이 너무 많은 이덕무는 남의 책을 빌려다 좌우에 수백 권 쌓아 놓는다. 읽기와 소유가 분리된 것이다. 이덕무가 탐닉한 것은 책 그 자체이지 책의 소유가 아니다. 이덕무가 정신적으로 고고해서가 아니다. 집안이 빈한하다 보니 부득이 그렇게 된 것이다. 그러나 그렇기 때문에 역으로 이덕무가 자기 소유의 책인지 아닌지 구분하지 않고 책 자체를 탐닉한 점이, 소유욕을 벗어난 순수성을 가진 점

---

15 실제로 이때 이덕무가 읽은 책들을 보면 그 범위를 종잡을 수 없다. 그 독서 목록을 순서대로 제시하면 이렇다 : 『성리대전(性理大全)』 소수(所收) 「태극도설(太極圖說)」·『정몽(正蒙)』·『황극경세서(皇極經世書)』, 『북계자의(北溪字義)』, 『성학집요(聖學輯要)』, 『주역』 건괘(乾卦)의 단전(彖傳)·상전(象傳)·문언전(文言傳), 『맹자』, 한유(韓愈)의 글, 소순(蘇洵)·소식(蘇軾)·소철(蘇轍)의 글, 육유(陸游)의 『남당서(南唐書)』·『입촉기(入蜀記)』, 원진(元稹)의 『장경집(長慶集)』, 백거이(白居易)의 『장경집(長慶集)』, 『노자익(老子翼)』, 『장자익(莊子翼)』, 이황(李滉)의 「성학십도(聖學十圖)」, 남용익(南龍翼)의 『기아(箕雅)』 시인명(詩人名), 노수신(盧守愼)의 「숙흥야매잠소(夙興夜寐箴疏)」, 허목(許穆)의 『경설(經說)』 및 「청사열전(淸士列傳)」, 『우린집(于鱗集)』, 『헌길집(獻吉集)』, 『예기(禮記)』 「단궁(檀弓)」, 『전국책(戰國策)』, 『해동야언(海東野言)』, 『기언(記言)』, 『국조전고(國朝典故)』, 『월사집(月沙集)』, 『옥오재집(玉吾齋集)』, 『명사(明史)』, 『본초(本草)』, 『지봉유설(芝峰類說)』, 구양수(歐陽脩)·소식(蘇軾)·왕안석(王安石)의 척독(尺牘), 『노릉지(魯陵誌)』, 「육신전(六臣傳)」, 정두경(鄭斗卿)의 가행장편(歌行長篇) 등등.

이 더 잘 부각된다.[16]

그렇다면 이덕무는 진정 책을 '사랑'한 것이 된다. 사랑에는 목적과 이유 따위가 필요치 않다. 사랑에 어떤 이유가 붙는다면 그것은 사랑이 아니다. 사랑보다 그 '이유'가 상위에 놓이기 때문이다. 그 자체가 최고의 가치를 가질 때 진정 '사랑'이라 할 수 있다. 아울러 소유를 뛰어넘을 때 사랑은 그 지고지순의 진실성을 인정받을 수 있다. 진정 책을 사랑한다면, 책이 내 소유로 귀속되는지 여부는 전적으로 부차적인 문제가 된다. 소유 여부와 무관하게 책 자체에 순수하게 몰입할 수 있어야 한다.

이덕무에게는 '읽는 책' 뿐 아니라 '쓰는 책'도 '사랑'의 대상이다. 제자백가(諸子百家)를 두고 이덕무는 이렇게 말한다.

> 아, 이 80인은 책을 써서 스스로 즐긴 것인가? 아니면 세상에 영원히 전하고자 한 것인가? …… 저들은 각자 자신의 도(道)를 말하고 각자 자신의 글을 쓰고 자기의 문사(文辭)를 다듬고 자신의 의리를 심오하게 했는데도 오히려 세상에 영원히 전하지 못한다. 비록 세상에 전한다 하더라도 그 중에서 완전한 것은 열에 두셋이니, 이에 사군자(士君子)가 자기의 심간(心肝)을 뽑아내어 세상에 전하고자 하는 것은 오활하고 또 수고로운 일인 줄을 알겠다.
>
> 하지만 어찌 꼭 세상에 전하는 것이 더 낫겠는가? 조용히 지내면서

16 물론 이덕무가 책의 소유로부터 평생 벗어나 있었던 것은 아니다. 나중에 살펴보겠지만 이덕무는 서적을 구입하는 대신 초서(抄書)를 통해 방대한 장서를 구축했다. 따라서 책에 대한 탐닉이 소유로 이어지지 않은 것은 한시적 현상이라고 할 수 있다. 그렇기는 하나 초서를 통한 서적 보유를 굳이 '소유'라고 한다면, 그런 의미의 소유는 도서 구입을 통한 소유와는 구분할 필요가 있지 않은가 한다. 그렇다면 이덕무가 다른 사람의 책을 빌려서 초서한 것에서 마찬가지로 이덕무의 '책사랑'을 확인할 수 있을 듯하다.

저술하여 애오라지 스스로 즐기는 것이 옳을 것이다. 고금의 사람 중에 스스로 즐긴 자가 몇 사람이나 되겠는가? 세상에 전하고자 한 사람이 태반일 것이다.[17]

저서는 이른바 '삼불후(三不朽)'의 세 번째에 해당한다. 이덕무는 '삼불후'에 대한 전통적인 관념을 뒤집어서, 저서를 통해 자신을 후세에 전하려고 노력하는 것은 어리석은 헛수고에 불과하며 '자오(自娛)'가 중요하다고 강조한다. 이는 앞에서 인용한 「『양환집』 서문」 비평의 핵심 내용과 상통한다.

기실 자신의 저술에 대한 '사랑'이라 하면 심혈을 기울여 저술에 임하는 것, 그런 자신의 저술에 대해 자부심과 애착을 갖고 세상에 널리 알리려고 노력하는 것 등을 떠올리기 쉽다. 그러나 이러한 것들도 결국 소유욕에 다름 아니다. 자기 이름으로 진리를 소유하여 자기 이름을 영원히 남기려는 욕심이 수반되기 때문이다. 이덕무가 추구한 것은 그와 상반된다. 그런 소유욕에서 벗어나 그냥 저술 자체를 즐기는 것이 이덕무의 '사랑'이다. 만약 '자오'가 본질적인 의미의 소유라 한다면, 소유욕으로부터 탈피함으로써 오히려 본질적인 소유가 가능해진다고도 할 수 있다.

그렇다면 이덕무는 결국 본원적인 의미의 '쾌락'을 추구한 것이 된다.[18] 명성, 평판, 목적, 쓸모 등 외재적인 것 일체를 도외시하고 책

17 李德懋, 「書諸子書目後」, 『嬰處文稿』 二, 『靑莊館全書』 卷之四, 한국문집총간 257, 79면. "嗚呼! 玆八十人者, 其著書自娛歟? 欲傳世永久歟? …… 彼各道其道, 各書其書, 藻其文辭, 奧其理義, 猶不能傳于永世. 雖其傳世, 其完全者十二三, 斯知士君子抽其心肝, 欲傳于世者, 迂且勞矣. 然何必傳世之爲愈? 靜居著述, 聊以自娛迺可也. 古今人自娛者又幾人歟? 欲傳于世者過半也歟!"

18 서적에 대한 이덕무의 쾌락주의적 태도는 유희 정신으로 이어진다. 지식에 대한 이덕

자체를 즐길 때 비로소 읽기와 쓰기의 쾌락이 가능해진다. 책 자체에의 '순수한 몰입'에서 쾌락이 발생한다. 그러한 쾌락행위로서의 읽기와 쓰기는 정신성과 육체성을 동시에 갖는다. 그에 상응하게 책 또한 정신성과 물질성을 동시에 갖는다. 그런데 책을 '물질적인 것'으로 대하는 것은 책의 가치를 강등시키는 것 아닌가? 책이란 것이 설령 물질성을 갖는다 해도 거기에 정신적 가치를 부여해야 책이 더 소중해지는 것 아닌가?

이런 질문은 책의 두 측면 중 '물질적인 것'은 그 자체로 의미를 갖지 못하고 '정신적인 것'에 의해서만 가치를 부여받을 수 있다는 것을 전제로 한다. 그러나 이덕무의 쾌락주의에서 책은 굳이 '정신적인 것'과 매개되지 않더라도 '물질적인 것'으로서만도 충분히 소중한 대상이 될 수 있다.

> 책을 볼 때에는 손가락에 침을 묻혀서 책장을 넘기지 말고, 손톱으로 줄을 긁지 말고, 책장을 접어서 읽던 곳을 표시하지 말고, 책머리를 말지 말고, 책 표면을 문지르지 말고, 땀난 손으로 책을 받쳐 읽지 말고, 책을 베지 말고, 팔꿈치로 책을 괴지 말고, 책으로 술항아리를 덮지 말고, 먼지 쓰는 곳에서는 책을 펴지 말고, 책 보다 조느라 어깨와 다리 사이로 떨어뜨려 접히게 하지 말고, 책을 던지지 말고, 심지를 돋우거나 머리를 긁은 손가락으로 책장을 넘기지 말고, 너무 세게 책장을 넘기지 말고, 책으로 창이나 벽에 휘둘러서 먼지를 떨지 말라.[19]

무의 유희적 태도와 그 인간학적 의의에 대해서는 심경호(2003) 참조.

19 李德懋, 「士典」 一, 『士小節』 上, 『青莊館全書』 卷之二十七, 한국문집총간 257, 483면. "看書勿涎指揭葉, 勿以爪劃行, 勿摺葉以標方看, 勿捲書腦, 勿揉書面, 勿以汗手承而讀之, 勿枕書, 勿以肘憑書, 勿以書覆酒缸, 勿開書於掃塵處, 勿看書引睡, 墮摺於肩股間, 勿擲書, 勿以挑燈搔首之指翻葉, 勿用力猛翻葉, 勿揮撲窓壁以拂塵也."

『사소절(士小節)』의 한 대목이다. 이덕무는 일상생활에서 책이 훼손될 수 있는 경우를 대단히 소상하게 나열한다. 너무 자세해서 시시콜콜해 보일 정도이다. 어째서 이덕무는 이렇게까지 하는 것일까? 책은 내용과 무관하게 그 자체로 소중하게 다루어져야 하며 책은 엄연한 '물질'이라는 생각이 깔려 있는 것이 아닌가 한다.[20]

기실 책의 내용에만 집중하면 책의 물적 특성은 부차적인 것으로 치부할 수도 있을 법하다. 그러나 역으로 책이 그만큼 소중하기 때문에 그에 상응하게 그 자체로 소중하게 다루어야 한다는 것이 이덕무의 생각인 듯하다. 책의 물적 특성 하나하나를 세심하게 대함으로써 책에 대한 사랑이 구체화되는 것이다. 보기에 따라서는 이덕무가 책을 물신화했다고 할 수도 있을 법하다. 그 정도로 이덕무는 책의 물질성에 각별히 유의하여, 책을 손상시키지 않고 소중하게 다루는 것을 일종의 윤리덕목으로 정립하고자 했다.[21]

기실 '쾌락'이라 하면 방종을 떠올리기 쉽다. 그러나 이덕무가 추구한 '쾌락'은 쾌락의 대상을 무절제하게 함부로 대하는 것이 아니라 세심하고 사려 깊게 대하는 태도를 수반한다. 이덕무의 경우처럼, '사랑'과 매개될 때 쾌락은 그 본연의 가치를 구현하면서 윤리성을 띨 수 있다.

---

20 만일 이덕무가 책의 내용에 따라 구분해서 말했다면, 이를테면 유교 경전은 잡서와 달리 소중하게 다루어야 한다고 했다면, '정신적인 것'에 입각하여 책에 위계적 가치를 부여했다고 할 수 있다. 물론 이덕무에게 모든 책이 동등한 가치를 가질 리 없다. 그러나 이 점을 고려한다 해도, 인용문을 보면 이덕무는 책의 구체적인 내용과 무관하게 책 자체의 물적 특성을 대단히 중시한다. 이 점에서 이덕무는 책의 물질성에 즉하여 책에 대해 사고했다고 볼 수 있다.

21 더 나아가 이덕무는 그렇게 책을 세심하게 대하는 자기 자신의 모습을 사랑한 것일 수도 있다. 자기 자신이 소중하기 때문에 자기를 행복하게 하는 책도 그만큼 소중한 것이 될 수 있다. 읽기와 쓰기의 행복을 통해 자기애가 '자기애=타자애'로 실현되듯이, 책을 세심하게 아낌으로써 자기애가 '자기애=책사랑'으로 실현되는 것이다.

4. 박물학의 운동성과 그 명암

1) 공유의 윤리학

일반적으로 쾌락은 유아적(唯我的)인 것처럼 느껴질 수 있다. 특히 지식의 쾌락은 책과의 대면 속에서 생기므로 내밀하고 독점적인 속성을 갖는다. 그러나 아무리 독서가 내밀한 경험이라 해도, 책과 더불어 타자 존재가 끼어들지 않을 수 없다. 다른 누군가가 그 책을 지은 것이기 때문이다. 더 근본적으로는 책 자체가 타자 존재이기 때문이다.

이렇게 독서행위가 이미 타자성을 갖지만, 이덕무는 장서를 갖추기 어려운 경제적 여건으로 인해 다른 사람에게서 상당수의 책을 빌려 봐야 했다. 그렇기 때문에 이덕무에게는 책읽기의 쾌락과 타자와의 교섭이 좀 더 직접적이고 구체적인 방식으로 얽혀 있다. 책의 입수경로에 있어서만 그런 것이 아니다. 이미 살펴보았다시피, 이덕무의 경우 책읽기의 행복은 무수한 '나'라는 글자를 기입하는 행위를 동반한다. 이렇게 '나'가 기입된 글을 읽어줄 존재가 '벗'이다. 따라서 그 행복은 '벗'에 대한 개방성을 갖는다.

이와 유사하게 이덕무는 독서를 단순한 읽기가 아니라 기록행위와 결합된 '읽기=쓰기'로 즐겼다. '초서'(抄書)가 그것이다. 이덕무가 초서에 능했다는 사실은 그의 박학다식함만큼이나 잘 알려져 있다.[22] 초서는 이덕무 박물학의 매체적 기반이다. 이덕무가 경제적 악조건을 딛고 방대한 지식 정보를 수집하기 위해 강구한 방책이 바로 초서이다. 이덕무의 초서행위에 대한 언급을 들면 다음과 같다.

22 현재 이덕무 친필 『일지록 략(日知錄略)』, 『별재집 산(別裁集刪)』, 『석호시초(石湖詩抄)』 등이 국립민속박물관에 소장되어 있다. 김채식(2008), 85~86면 참조.

책 하나를 얻으면 반드시 보면서 초서(抄書)했으니, 본 책이 거의 수만 권 이상이었고 초서한 것 또한 거의 수백 권 되었다. 아무리 길을 다닐 때라도 반드시 책을 소매 속에 넣어두었고 심지어는 붓과 벼루도 함께 가지고 갔으며, 여관에 묵거나 배를 탈 때에도 일찍이 책을 덮은 적이 없었고 만약 기이한 말과 소문을 들었으면 곧바로 기록해 두었다.

저서로 말하면 고거(攷據)와 변증(辨證)에 능하여, 일찍이 조수초목(鳥獸草木), 명물도수(名物度數), 국가 경영의 방책, 금석비판(金石碑板)으로부터 국조(國朝)의 전장(典章)과 외국의 풍토에 이르기까지 자세히 연구하지 않은 것이 없었다.[23]

삼가 생각건대 우리 왕고(王考) 청장공(靑莊公)께서 손수 초서하신 것이 거의 천여 권이다. 모두 파리 대가리만한 세해(細楷)로 적혀 있는데, 육서(六書)를 모범으로 삼으셨기 때문에 하나도 속된 글자모양이 없었다. 그 밖에 잡다하게 초서하여 축(軸)을 이룬 것이 또 수십 아름이 되는데, 만약 권수(卷數)로 계산하면 백여 권을 밑돌지 않으니 거의 고금에 드문 일이다. 정조조(正祖朝)에 어명(御命)을 받들어 서적을 편찬하여 필적이 내부(內府)에 남아 있는 것 또한 백여 편을 밑돌지 않으니, 우리나라에서 초서를 해 온 이래로 이렇게 성대한 것은 있지 않다. ……

김숙(金淑)은 여항의 용서인(傭書人)이다. 자호를 '용은(傭隱)'이라 했는데 글씨를 잘 쓰고 시(詩)에 능했으며, 의약(醫藥)과 풍수가(風水家)

23 朴趾源, 「炯菴行狀」, 『孔雀舘文稿』, 『燕巖集』 卷之三, 한국문집총간 252, 68면. "得一書, 必且看且抄. 看書殆踰數萬卷, 抄書亦幾數百卷. 雖行路時, 必以書卷貯袖中, 至齎筆硯而隨之, 店次舟行, 亦未嘗掩卷. 若得奇語異聞, 輒記之. 著書善於攷據辨證, 嘗於鳥獸草木、名物度數、經濟方略、金石碑板, 以至國朝典章、外國風土, 莫不細究焉." 인용문의 표점 및 번역은 각각 신호열·김명호 옮김, 『국역 연암집』 중, 돌베개, 2007, 474면과 95~96면을 참조하여 필자가 일부 수정한 것이다.

> 의 말에도 능통했다. 그리고 초서에 벽(僻)이 있어서 나이가 일흔이 넘어도 여전히 급급하여 그만두지 않았다. 『전당시(全唐詩)』, 『사문유취(事文類聚)』, 『동의보감(東醫寶鑑)』을 등사(謄寫)했거니와, 그 밖의 작은 책들은 이루 다 기록할 수가 없을 정도다. 그리고 감여서(堪輿書) 삼백 여 책을 모아서 베껴 적었다. 우리 왕고께서 그를 우리나라 제일의 초서가(抄書家)로 인정하셨다. 용은(傭隱)은 위장(衛將) 유명표(柳明杓) 집에 우거(寓居)하다 죽었다고 한다. 지금은 이런 사람이 있다는 말을 듣지 못했다.[24]

각각 박지원의 「형암행장(炯菴行狀)」과 이규경(李圭景, 1788~1856)의 「초서변증설(鈔書辨證說)」의 일부이다. 이들 인용문을 통해 초서의 매체적 속성을 확인할 수 있다. 첫째, 초서는 독서와 거의 동시적으로 병행되었다. 둘째, 초서는 기본적으로 책을 대상으로 하지만 그에 국한되지 않고 전문(傳聞)을 기록으로 정착시키는 데까지 확장되었다. 셋째, 초서는 방대한 규모의 지식 축적을 가능케 했으며 그에 상응하는 광범위한 박물학적 고증으로 이어졌다.[25]

24 李圭景, 「鈔書辨證說」, 『五洲衍文長箋散稿』 卷60, 『五洲衍文長箋散稿』 下, 명문당 영인, 1982, 945면. "恭惟我王考青莊公手抄書幾千餘卷, 竝蠅頭細楷, 書法六書, 故一無俚俗字樣. 其他雜抄成軸者又爲屢十圍, 若以卷數計之, 不下爲百許卷, 殆古今所罕有也. 正廟朝承命編書, 筆跡之在內府者亦不下百許編之多, 則自東方抄書以來, 未有若斯之盛也. …… 金淑者, 閭巷傭書人也. 自號傭隱, 善書工詩, 旁通醫藥、風水家言. 又僻於抄書, 年踰七十, 猶汲汲不已. 傳謄『全唐詩』、『事文類聚』、『東醫寶鑑』, 其他小秩書, 不可殫記. 又輯寫堪輿書三百餘冊. 我王考許以東國抄書家第一. 傭隱寓於衛將柳明杓家以終云. 今則未聞有如此人也." 유명표(柳明杓)는 정조 때 각종 서적 편찬 사업의 실무를 맡은 인물이다. 자학(字學)에 밝았으며, 『전운옥편(全韻玉篇)』을 편찬하여 국왕 정조에게 바친 바 있다. 『이향견문록(里鄉見聞錄)』 권6에 그 행적이 소개되어 있다. 유재건, 실시학사 고전문학연구회 옮김, 『이향견문록』, 글항아리, 2008, 457~458면 참조.

25 이덕무의 고증적 학문 경향에 대해서는 권정원(2015) 참조.

이렇듯 박지원과 이규경은 이덕무의 초서벽(抄書癖)을 특필했지만, 기실 초서는 이덕무만의 독자적인 것은 물론 아니다. 동시대 중국 및 일본에 비해 상업출판이 활성화되지 않은 조선후기 사회에서 적지 않은 지식층이 지식 습득 및 축적을 위해 초서에 의지해야 했다. 따라서 거시적으로 보면 이덕무의 초서벽은 조선후기 지식사회의 한 면을 반영한다고 할 수 있다. 그러나 그렇다고 해서 조선후기 지식인 모두가 이덕무같이 초서벽을 가졌던 것도 물론 아니다.

이덕무의 초서행위는 크게 세 가지 층위를 갖는 듯하다. 첫 번째는 방금 지적한 조선후기 지식층 전반이 공유한 지식매체적 일반성이다. 두 번째는 그런 일반성을 공유하되 꼭 그것으로 환원되지 않는 이덕무 한 개인의 고유성이다. 세 번째는 그 고유성을 보존하되 그러면서도 이덕무와 비슷한 처지에 놓인 존재와 공명하는 소수집단성이다. 이 중 첫 번째 층위에 대해서는 방금 간단하게나마 언급했으므로, 지금부터는 나머지 두 층위에 대해 순서대로 고찰한다.

이덕무에게 초서의 매체적 속성은 단순한 정보수집 '수단'의 측면에 한정된 것이 아니다. 더 나아가 실존적 의미를 갖는다. 박지원의 진술에 따르면 이덕무는 한시도 '읽기(독서)=쓰기(초서)'를 손에서 놓은 적이 없다. 그 집요함을 두고 그저 '지식욕'이라고 하는 것만으로는 불충분하다. 초서는 이덕무의 삶 그 자체, 존재 그 자체였던 것이다. 이는 앞에서 살펴본바 이덕무에게 책읽기가 모종의 '존재 이유'인 것에 대응된다.

아울러 이규경의 진술에 따르면, 이덕무는 빠르게 잔글씨를 씀으로써 필사의 신속성과 공책지의 공간 효율성을 극대화하면서도 육서(六書)의 법도를 따름으로써 엄정하고 단정한 태도를 잃지 않았다. 이는 앞에서 살펴본바 이덕무가 문자 기입행위를 소중하게 여기고 그로부터 기쁨을 느끼며 책의 물적 특징에 대해 대단히 세심한 관심을 기울인 것에 대응된다. 요컨대 이덕무에게 초서행위는 경제적 여건으로 인한 불가피한 선택인 동시에 충만한 자기실현의 길이었다.

이렇게 초서행위를 자기실현의 전략으로 전유한 것은 이덕무뿐이 아니다. 이규경의 기록은 김숙(金淑)이라는 여항 지식인의 존재를 알려준다. 김숙은 이덕무로부터 조선 최고의 초서가(抄書家)로 인정받은 인물이다. 그는 일용직으로 책 베끼기를 하면서 생계를 도모하는 한편, 바로 그 생계수단을 통해 그 자신도 광범위한 서적을 구비할 수 있었다. 더 나아가 그의 초서행위는 모종의 학술기획적 성격을 갖는다. 그는 300권에 달하는 풍수리지서를 모아서 필사했다. 일종의 풍수지리 총서 같은 것을 만든 셈인데 여항인의 초서행위가 비주류 학문의 정리작업으로 이어진 것이다.

김숙 같이 일용직으로 글 베끼기에 종사한 사람을 '용서인(傭書人)'이라고 한다.[26] 중국의 경우 후한(後漢) 때 이미 관(官)의 공무를 위한 용서인이 있었으며, 민간 수요에 부응한 용서인의 존재는 늦어도 3세기 초부터 문헌상으로 확인된다. 이는 서적의 민간 내 확산을 반영하는 현상이다.[27] 이렇게 동아시아적으로 보면 용서인은 상당히 오래 전부터 등장했는데, 조선후기 사회에서도 활동한 것이다. 후한과 조선후기의 시대적 거리를 고려하면, 초서 행위가 얼마나 끈질긴 생명력을 갖는지를 실감할 수 있다.

26 조선후기 용서인(傭書人)에 대해서는 정민(2015), 92~100면 참조. 이 책에는 조선후기 용서인으로 김숙과 이단전(李亶佃)이 소개된다.

27 1세기부터 3세기 사이의 중국 내 용서(傭書)에 대해서는 井上進(2002, 이동철 · 장원철 · 이정희 옮김 : 2013), 90~92면 참조.

문헌상 확인되는 조선후기 용서인으로 김숙 외에도 박창원(朴昌元, 1683~1753), 박영석(朴永錫, 1735~1801), 엄계흥(嚴啓興, ?~?), 이단전(李亶佃, 1755~1790), 장혼(張混, 1759~1828), 유기(柳記, 1807~1859) 등이 있다. 이들은 모두 여항인이다.[28] 여항인은 조선후기 경제적·문화적 토대 위에 형성된 서울의 중간계급이다.[29] 이런 중간계급의 하나로 용서인이 활동한 것이다.

조선후기 사회에서 전문적인 필사자에 대한 수요는 관민(官民) 모두에게 있었다. 박창원과 박영석은 승정원(承政院)의 조보(朝報)를 필사했다. 이는 여항인이 관의 수요에 부응하여 일용직으로 필사 업무를 맡은 예다. 다만 민간 영역에서의 활동에 관해서는 "다른 사람을 위해 날품팔이로 글 베끼기를 했다"[30]는 다소 막연한 언급이 보일 뿐이어서, 여항인이 정확하게 어떤 수요에 부응하여 어떤 일을 했는지 단언하기 어렵다. 그렇기는 하나 조선후기 민간 영역에서도 문집 정리나 장서(藏書) 등의 목적으로 필사자를 고용했으므로, 추정컨대 여항의 용서인이 이런 일들을 맡았을 가능성이 높다.[31]

28 여항인 외에도 양반 사대부가 글 베끼기에 고용된 예가 아주 없는 것은 아니다. 이경직(李景稷, 1577~1640)이 그렇다. 그는 이경석(李景奭, 1595~1671)의 백씨(伯氏)로 임진왜란 때 명나라 원군(援軍)의 군부(軍簿)를 적는 일에 종사한 적이 있다. 그러나 이는 한시적인 일이었거니와, 이와 유사한 사례가 문헌상으로 달리 확인되지 않는다. 이경직의 사례에 대한 언급으로 다음 글 참조. 李植, 「曹判書贈右議政李公諡狀」, 『澤堂先生別集』 卷10, 한국문집총간 88, 442면. "公有孝友至性, 少時遭亂, 父母艱食, 公從漢將衙門, 傭書軍簿以供甘旨."

29 여항인의 범위와 개념 규정에 대해서는 강명관(1997), 34면 참조.

30 해당 원문은 곧 제시한다.

31 그렇다면 용서인의 작업량과 수입은 어땠을까. 용서인의 작업량에 대한 기록으로는, 이단전이 하루에 종이 35지(紙)를 썼다는 것이 현재로서는 유일한 듯하다. 趙秀三, 「李亶佃傳 幷小序」, 『秋齋集』 卷8, 한국문집총간 271, 525면. "家貧寠, 常傭書, 日三五十紙而歷之, 旣得錢, 輒酤飮, 醉作草書行一二字, 止十餘字." 용서인의 수입에 관해

이렇게 김숙의 사례를 실마리로 삼아 추적해 들어가면, 초서행위의 사회계급적 성격이 어느 정도 드러난다. 이덕무가 김숙을 조선 최고의 초서가로 꼽은 것은 이렇게 조선후기 용서인의 활동을 배경으로 한다. 결국 이덕무는 자신과 유사성을 갖는 존재, 자신의 존재여건으로 인해 초서행위를 택했지만 오히려 그럼으로써 초서를 자기실현의 방법으로 전유한 존재를 김숙 같은 여항인에게서 발견한 것이 아닌가 한다.

다만 이덕무가 여항 지식인과 과연 어느 정도의 내적 동질감을 느꼈는지는 단언하기 어렵다. 기실 이덕무 같은 서얼도 여항인과 마찬가지로 조선후기 사회의 중간계급층을 형성한다고 볼 수 있다. 그러나 여항인과 서얼의 관계는 그리 단선적이지 않다. 여항인에 속하는 중인(中人)을 예로 들면, 서얼과 중인은 '중서'(中庶)로 묶이기는 하지만 꼭 동질적이지는 않으며, 오히려 서로 구분되는 경우도 적지 않다.

초서행위의 경우에도 마찬가지로 이덕무와 여항인 사이에는 공통점과 차이점 모두를 갖는다. 먼저 차이점부터 보면, 여항인에게 초서는 개인적인 벽(癖)이기 전에 엄연한 생계 수단이었던 반면 이덕무에게는 꼭 그렇지 않다. 하지만 그보다 더 유의미한 공통점이 얼마든지 있다. 이덕무가 규장각 검서관으로 맡은 업무도 결국 용서인의 그것과 크게 다르지 않다. 그리고 김숙과 마찬가지로 이덕무의 경우에도 초서행위가 학문행위를 추동한다.[32] 게다가 이덕무는 여항 지식인의 활동에 비

서는, 장혼이 한 해에 쌀 수십 곡(斛)을 벌었다는 기록, 그리고 유기가 한 달에 500전(錢)을 벌었다는 기록이 확인된다. 張混, 「祭亡室令人善山金氏緬葬日文」, 『而已广集』 卷12, 문집총간 270, 561면. "自子之醮余三年而生男, 又四年而又生男. 伊間余傭書, 歲得米數十斛, 甘毳不絶, 又翼年余職忝秘書受月稟"; 張之琬, 「柳文山小傳」 『枕雨堂集』 卷6, 한국문집총간 속 128, 270면. "爲人傭書, 月取五百錢, 餬其口不給." 물론 이런 단편적인 언급들을 가지고 용서인의 작업량과 수입을 일반화할 수는 없지만, 부족하나마 관련 기록을 소개한다.

상한 관심을 갖고 있었다.[33] 이렇게 보면 이덕무의 초서행위는 김숙 등 여항 지식인의 초서행위와 공명하면서 조선후기 중간계급의 행위자성을 드러낸다고 할 수 있다. 이규경이 이덕무의 초서행위를 특필하면서 김숙을 병칭한 것도 같은 맥락에서 이해할 수 있다.

이렇게 해서 박지원과 이규경의 글을 토대로, 초서의 매체적 속성 및 그 사회계급적 성격을 살펴보았다. 그런데 그 두 사람의 글에는 초서의 중요한 특징 하나가 빠져있다. 초서행위의 매체적 확산성이 그것이다. 통념적으로 독서는 저자에게서 독자에게로 일방향성을 갖는 것처럼 보인다. 그러나 초서와 매개됨으로써 독서도 물적으로 형태화하여 또 하나의 텍스트를 산생한다. 그 텍스트는 단지 저자의 작품일 뿐 아니라 독자의 독서를 경유한 것이라는 점에서 '읽기=쓰기'의 텍스트이다. 읽기의 즐거움이 그저 한 개인의 일시적인 감정으로 그치지 않고 또 하나의 책으로 형태화함으로써 '타인과 공유 가능한 것'으로 확장되는 것이다.

그렇다면 이덕무에게 초서행위, 지식의 쾌락, 타인과의 공유는 구체적으로 어떻게 연결되는가?

> 옛날에 날품팔이로 책을 베끼면서 그 책을 읽은 사람이 있었는데, 나는 일찍이 그가 너무 수고롭다고 비웃은 적이 있습니다. 그런데 이제 홀연 나도 스스로 그걸 따라하느라 눈이 침침하고 손이 부르트는 지경에 이르렀으니, 사람은 참으로 스스로 알 수 없군요. 『유계외전(留溪外傳)』 첫 권을 삼가 보내드리니 등잔불 밑에서 한 번 읽어 보고 내

32 이 점에 대해서는 추후에 상론한다.

33 이덕무의 「백윤구전(白胤耉傳)」을 그 예로 들 수 있다. 백윤구는 예학에 조예가 깊었던 인물로, 『이향견문록』 및 『희조일사(熙朝軼事)』에도 입전되었다.

> 일 이른 아침에 돌려주십시오. 모두 효자(孝子)·충신(忠臣)·열처(烈妻)·기부(畸夫)에 관한 것으로, 세도(世道)에 보익이 되는 글입니다. 매양 갑신년 대목을 읽을 때마다 눈에서 눈물이 나고 뼈가 시리며 간담이 서늘해집니다.[34]
>
> 어떤 이가 나에게 소책(素冊 : 공책)을 주기에 벼루 북쪽에 두고, 한적할 때 글을 읽고 싶은 마음이 유연(油然)히 생기면 옛사람의 득의작을 되는대로 뽑아 낭랑하게 읽고, 서둘러 먹을 갈아 적되 세차(世次)를 따지지 않으니, 마음이 몹시 즐겁습니다. 이때 아무리 좋은 술과 아름다운 꽃이라도 이 즐거움과 바꿀 수 없지요. 이제 문득 이헌길(李獻吉 : 이몽양李夢陽)의 글이 생각나 한두 수를 적어두어 보내니, 내가 7~8년 전에 읽었던 것입니다. 『설부(說郛)』 1권을 돌려보냅니다.[35]

모두 이서구(李書九, 1754~1825)에게 보낸 편지이다. 이덕무에게 초서행위가 어떤 의미를 가졌는지를 이들 편지는 잘 보여준다. 무엇보다 초서는 즐거운 일이다. 그냥 글을 읽고 싶은 마음이 들면 아무 글이나 뽑아서 읽고 공책에 글을 옮겨 적는 것이 즐겁다는 것이다. 여기서 쾌락주의적 태도를 다시 한 번 확인할 수 있다. 그런데 여기서 쾌락은 일시적인 것으로 끝나지 않는다. 이덕무는 자신에게 쾌락을 선사한 글

---

34 李德懋, 「與李洛瑞書九書」, (刊本)『雅亭遺稿』 卷之六, 『雅亭遺稿』 제3책, 서울대학교 규장각한국학연구원 소장본, 도서번호 : 奎4149, 장23뒤. "古有傭書而仍讀之者, 僕嘗笑其太劬. 今忽自蹈, 幾至眼眵手胝. 嗟乎人固不自量也. 『留溪外傳』首卷奉贈, 燈底一讀, 明早朝還之. 此皆孝子忠臣烈妻畸夫, 毗益世道之書, 每讀甲申之際, 目淚浸淫, 骨青而膽寒也."

35 李德懋, 「與李洛瑞書九書」, (刊本)『雅亭遺稿』 卷之六, 『雅亭遺稿』 제3책, 장23뒤~장24앞. "有人饋吾以素冊者, 置硏之北, 蕭閒岑寂時, 讀書之心油然而生, 雜抽古人得意文, 朗然而讀, 急磨墨書之, 不計世次, 心甚樂焉. 伊時雖佳酒美花, 無以易此好也. 今忽憶李獻吉文, 欲錄置一二首送之也. 盖余七八年前所讀者也. 『說郛』一卷還送之也."

을 이서구에게 보내어 공유하려 한다. 쾌락행위가 쾌락행위로 공유됨으로써 확산성을 갖게 되는 것이다.

이렇게 쾌락행위가 쾌락의 속성을 그대로 보존하면서 확산성을 갖는 것은 책의 물질성과 밀접한 관계가 있다. 쾌락의 독서행위가 초서를 매개로 물적으로 형태화함으로써, 떨어져 있는 벗에게 전달 가능한 매체적 기능을 부여받은 것이다. 실제로 인용문을 보면, 이덕무가 자신의 초서행위에 대해 언급한 것은 서로 서적을 빌려주고 돌려받는 지식 공유의 맥락에서이다.

이덕무의 '책 공유'는 책의 특정 내용을 구체적으로 염두에 둔 것이면서도, 지식의 목적성과 유용성을 초과하는 점이 있다. 이덕무는 특정한 목적의식 하에 특정한 내용의 글을 찾아내는 것에서 쾌감을 느낀 것이 아니다. '읽기=쓰기' 자체에서 쾌락을 느낀 것이다. 그가 이서구에게 글을 보내려는 것도 특정한 목적과 용도에 부합하는 지식을 제공하기 위한 것이 아니다. 쾌락을 공유하기 위한 것이다. 그 쾌락은 대체 불가능성을 갖는다. 그 자체가 목적인 무목적성을 갖는 것이다.

그렇다면 이덕무에게 '읽기=쓰기'는 지고(至高)한 것이라고도 할 수 있다. 지고한 것은 윤리성을 갖는다. 이덕무는 초서에 대한 윤리 규범을 정립하기까지 했다.

> 무릇 책을 베낄 때에는 처음부터 끝까지 일정하게 해야 하지 해서(楷書)와 초서(草書)를 뒤섞으면 안 된다. 또한 처음에는 부지런하다가 나중에는 게을리 해서 심력(心力)이 거칢을 보이지 말고, 응당 책 전체를 다 베낀 뒤에야 그만두어야 한다.[36]

36 李德懋, 「士典」 一, 『士小節』 上, 『青莊館全書』 卷之二十七, 한국문집총간 257, 481면. "凡謄書首尾如一, 不可雜楷草, 亦勿始勤終怠, 以示心力之粗欒, 當成一部全書乃已."

아직 끝마치지 않은 다른 사람의 초서(抄書)를 빼 보느라 그 차서가 바뀌게 해서는 안 되고, 장정이 아직 안 된 서화(書畫)를 빌리기를 청해서는 안 된다.[37]

모두 『사소절』에 보이는 말이다. 이덕무는 초서행위를 단지 가난한 형편에 장서를 갖추기 위한 방편으로 간주한 것이 아니라 행동규범을 요하는 소중하고 의미 있는 작업으로 대한 것이다.[38]

그 소중한 의미는 다음 두 가지 측면을 갖는다. 첫 번째는 초서행위를 하는 당사자의 마음이 초서에 담겨 있다는 것이다. 두 번째는 자신의 지적 호기심을 자제하고, 초서작업 중인 사람을 배려하는 것이다. 이 두 가지 측면에서 의미 부여를 함으로써 이덕무는 초서행위를 윤리화했다. 그리고 타자와의 관계성이 그 윤리화 과정에서 중시된다. 이 점에서 이덕무는 초서행위를 '공유행위'로 진지하게 사고했다고 할 수 있다.

이서구는 이덕무가 죽은 뒤에 그 사람됨을 회고하면서 이렇게 말한 바 있다.

무관(懋官 : 이덕무)은 사람됨이 겉은 간담(簡澹)한 듯하지만 속은 실로 화평했다. 박학다식하고 옛글을 좋아했으며 문장에 대한 담론을 잘 했다. 그래서 유독 나와 마음이 정말 잘 맞았다. 며칠 상간으로 반드시 한 번 내 원정(園亭)에 들러 경사(經史)를 늘어놓고 동이(同異)를 상고

37 李德懋, 「士典」 一, 『士小節』 上, 『青莊館全書』 卷之二十七, 한국문집총간 257, 486면. "人之未完之抄書, 不可搜發, 易其次第. 未裝之書畫, 不可請借."

38 이규경이 언급했다시피 이덕무는 육서(六書)의 법도를 지켜서 세해(細楷)로 초서했으므로, 그 자신이 '초서의 윤리'를 실천했다고 할 수 있다. 그렇다면 이덕무는 자신의 '책 사랑'을 스스로 보편화한 것이 된다.

하고 득실(得失)을 논란하여 쉼 없이 이어 갔다. 술을 마시다 조금 취기가 오르면 번번이 옛사람의 득의작을 가져다 상에 기대어 돌아가며 읽어 하루가 다 되어야 비로소 갔다. 기이한 책을 얻으면 곧 서둘러 알려서 일정을 나누어 함께 초서했다. 이렇게 한 게 십 년이다.[39]

이서구는 이덕무와의 '지식 공유'를 술회한다. 특히 '기이한 책을 얻으면 서둘러 알려서 함께 초서했다'는 진술이 주목된다. 실제로 이덕무가 이서구에게 보낸 서신에는 지식 공유의 면면이 기록으로 남아 있다. 이덕무는 이서구에게 『설부(說郛)』를 빌렸고, 『산해경(山海經)』을 빌려 달라고 했고, 『근사록(近思錄)』을 이서구에게 빌려주면서 그 대신 『원문류(元文類)』와 『송시초(宋詩鈔)』 중 하나를 빌려 달라고 했고, 또 『전당시(全唐詩)』를 빌려달라고 했다. 그리고 이덕무는 『일지록(日知錄)』을 어렵게 구한 끝에 기뻐하며 이서구에게 빌려주었고, 한백겸(韓百謙, 1552~1615)의 「동국지리지(東國地理志)」를 구하게 되자 이서구에게 가져다 보여주려 했다.[40]

이 중에서 『일지록』을 언급한 서신을 들면 다음과 같다.

『일지록(日知錄)』을 고심하며 구하느라 3년을 노력한 끝에 이제 비로소 어떤 사람이 비장(祕藏)한 것을 얻어 읽어 보았더니, 육예(六藝)의 글과 백왕(百王)의 전장(典章)과 당세의 시무(時務)에 대한 고증이 근거가 있고 분석이 명쾌했습니다. 아! 고영인(顧寧人 : 고염무顧炎武)은 진

39 李書九, 「李懋官墓誌銘」, 『惕齋集』 卷之九, 한국문집총간 270, 199면. "懋官爲人, 外若簡澹, 中實和易. 博學嗜古, 善談文章, 故獨與余相得甚懽. 間數日, 必一過余園亭, 羅列經史, 考究同異, 辨難得失, 纚纚不能休. 飮酒微酣, 輒取古人得意之文, 據案迭讀, 竟日乃去. 得一異書, 卽相走報, 分程共鈔, 如是者十年."

40 李德懋, 「與李洛瑞書九書」, (刊本)『雅亭遺稿』 卷之六, 『雅亭遺稿』 제3책, 장24앞~뒤 ; 장26앞.

정 옛날의 기풍을 떨칠 큰 선비입니다. 돌아보건대 지금 세상에 족하가 아니면 누가 이 책을 읽겠으며 내가 아니면 누가 다시 초(鈔)하겠습니까. 4책을 우선 가져다 보내니 소중하게 여기며 읽는 것이 어떻겠습니까. 예전에 주신 작은 공책은 아미 다 썼으니 족하는 계속 보내 주어 내가 이 책을 초하는 일을 마치게 해주십시오.[41]

이 편지를 통해, 이덕무가 3년의 노력 끝에 『일지록』을 입수했다는 것, 이서구에게 먼저 그 사실을 알리면서 『일지록』을 빌려주었다는 것, 공책지를 이서구로부터 제공받았다는 것 등이 확인된다.

이어서 이덕무가 족질(族姪) 이광석(李光錫)에게 보낸 편지를 살펴본다.

『설부(說郛)』 8책은 비록 용(龍)의 전신(全身)은 아니지만, 그래도 비늘 한 조각이나 발톱 하나쯤은 되네. 내가 일찍이 비장하여 아끼던 것인데, 우리 심계(心溪 : 이광석)가 구한다면야 어찌 아끼겠는가? 『동국총목(東國總目)』과 『역대비고(歷代備考)』도 빌려주겠네. 『명신록(名臣錄)』은 훗날 얼마든지 기회가 있는데 하필 오늘 인편에 보내 주었는가? 『헌길집(獻吉集)』은 내가 평소에 아끼고 사모하던 것인데, 이런 내 마음을 잘 알고 머물러 두게 하니 매우 감사하네. 『창명집(滄溟集)』과 『동파집(東坡集)』도 나에게 빌려주어 볼 수 있게 하는 게 어떻겠는가? 일본지(日本紙) 5폭은 비록 변변치 않지만 받아주시게. 침구와 빗을 담은 상자도 함께 딸려 보내니, 오늘밤부터 더욱 쓸쓸해질 것 같네.[42]

---

41 李德懋, 「與李洛瑞書九書」, (刊本)『雅亭遺稿』 卷之六, 『雅亭遺稿』 제3책, 장24뒤~25앞. "『日知錄』苦心求之, 經營三年, 今始紬人之秘藏讀之, 六藝之文, 百王之典, 當世之務, 訂據明析, 嗟乎顧寧人, 眞振古之宏儒也! 顧今世匪足下, 誰可讀此; 匪不佞, 誰復鈔此? 四冊先爲持贈, 寶玩如何? 前惠小冊, 寫已塡滿, 願足下續惠之, 成我此鈔."

42 李德懋, 「族姪復初(光錫)」, 『雅亭遺稿』 七, 『青莊館全書』 卷之十五, 한국문집총간 257, 217면. "『說郛』八冊, 雖非龍之全身, 猶片鱗一爪也. 不佞嘗秘惜焉. 惟吾家心溪之

> 오늘 서여오(徐汝五 : 서상수徐常修)가 나에게 『도서편(圖書篇)』을 주었는데, 자네가 곁에 없는 것이 한스럽네.[43]

이 편지들은 이덕무와 이광석의 '지식 공유'가 어떤 것인지를 잘 보여준다. 이들 사이에 책이 어떤 식으로 오갔는지 살펴보면, 이덕무가 비장하여 아낀 『설부』를 이광석이 청하자 이덕무는 흔쾌히 빌려주었고, 뿐만 아니라 추가로 『동국총목』과 『역대비고』를 함께 빌려주었다. 이런 면면에서 이덕무의 호의가 느껴진다. 그런데 이것으로 끝이 아니다. 이광석은 이덕무가 『헌길집』을 애호하는 사실을 익히 알고 돌려달라 재촉하지 않고 이덕무 집에 그대로 두게 한다. 그러자 이덕무는 『헌길집』 뿐 아니라 『창명집』과 『동파집』도 보고 싶으니 빌려달라고 청하면서 일본지(日本紙) 다섯 폭을 부쳐준다.

이렇게 보면 이덕무와 이광석의 '지식 공유'는 상호호혜적 관계에 입각한 것이라고 할 수 있다. 이덕무와 이광석 양자의 호의가 서로 조응하므로 그 교환 관계는 기본적으로 인격적 유대감을 토대로 하는 듯하다. 하지만 그것이 전부가 아니다. 흔히 '인격적 유대감'은 이해(利害) 관계를 초월하여 형성되는 것처럼 생각하기 쉽다. 그러나 이덕무와 이광석의 '지식 공유'에서는 꼭 그렇지만은 않다.

이덕무와 이광석의 인격적 관계는 어느 한쪽의 과도한 희생과 시혜에 의해 유지되는 것이 아니다. 각자 서로 원하는 바를 솔직하게 밝히고 각자 서로 원하는 바를 충족시켜줌으로써 유지되는 면도 있다. 이

求也, 豈吝也? 『東國總目』、『歷代備考』亦借寄焉. 『名臣錄』, 後日不少, 何必今便哉? 『獻吉集』, 素愛慕者, 能知余而教留, 多感. 『滄溟』、『東坡』亦借我繙閱如何? 日本紙五幅雖不腆, 領之也. 衾梳篋亦隨去, 自今夜尤悵也."

43 李德懋, 「族姪復初(光錫)」, 『雅亭遺稿』 七, 『青莊館全書』 卷之十五, 한국문집총간 257, 226면. "今日徐汝五餽我『圖書篇』, 恨無伊人在旁."

덕무의 호의로 이광석은 그 귀한 『설부』를 빌려볼 수 있고, 이광석의 호의로 이덕무는 또 각종 서적을 빌릴 수 있으며, 그 호의를 알고 책에 대한 욕심을 자제하는 대신 오히려 『창명집』과 『동파집』도 추가로 빌려달라고 청하기까지 한다.

애초에 세상의 모든 책을 한 개인이 구비하는 것은 불가능할뿐더러 이덕무와 이광석 같은 서얼 지식인이 그러기는 더더욱 어려운 노릇이다. 그러니 귀한 책을 많이 접하려면 '공유' 외에는 달리 방법이 없다. 그것은 인격적 유대감을 형성하는 것인 동시에 서로에게 이로운 것이다. 이덕무와 이광석 모두 공동의 관계를 형성해야 각자 원하는 바를 더 잘 이룰 수 있다. 따라서 '지식 공유'를 통해 인격적 유대와 이해관계는 서로 모순되지 않고 '인격적 관계=이해관계'로 실현된다고 할 수 있다.

더 나아가 이덕무는 이러한 '지식 공유'를 사대부의 윤리로 정립하고자 했다.

> 글을 읽어서 좋은 뜻을 알게 되었거든 반드시 동인(同人)에게 즐거이 알려 주되 행여 알려줄 기회를 놓칠까 하는 마음으로 해야 한다. 효효재(嘐嘐齋) 김공(金公 : 김용겸金用謙)은 머리가 하얀 노경에도 배우기를 좋아하고 남에게 가르쳐 주기를 게을리 하지 않으셨다. 매번 총명하고 명민한 젊은이를 만나면 반드시 쌓아둔 서책을 흔연히 펼치고 옛사람의 아름다운 일과 좋은 말을 찾아내어 읊조리고 강론하며 자상하게 일러 주셨다. 나는 매번 찾아뵐 때마다 새롭게 알게 된 것이 많았으니, 농암(農巖) · 삼연(三淵)의 유풍(遺風)을 볼 수 있었다.[44]

44 李德懋, 「士典」 二, 『士小節』 中, 『靑莊館全書』 卷之二十八, 한국문집총간 257, 490면. "讀書識得好義, 必樂告同人, 猶恐不及. 嘐嘐齋 金公老白首, 好學不倦, 每逢聰敏年少, 必欣然手撿積書, 窮尋古人美事旨言, 諷咏講論, 娓娓不厭, 申申不已. 予每一

> 어른이나 친한 벗이 요즘 어떤 학업을 하느냐고 묻거든, 글을 읽으면 글을 읽는다, 글을 지으면 글을 짓는다, 책을 베끼면 책을 베낀다고 반드시 솔직하게 대답해야 하고, '요즘 그저 놉니다'라고 한결같이 대답해서 자신의 학업을 일부러 숨겨서는 안 된다. 그렇다고 해서 학업으로 하는 것이 없는데 과업(課業)을 부지런히 하고 있다고 억지로 대답하여 일부러 그 나태함을 숨겨서도 안 된다. 대저 날마다 과정(課程)이 있으면 마음이 밖으로 치달리지 않는다.[45]

모두 『사소절』에 보이는 말이다. 좋은 글을 알게 되었으면 기꺼이 벗에게 알려주라는 것, 자신이 현재 하고 있는 공부를 숨김없이 말하라는 것이 그 대체적인 내용이다. 방금 살펴본 바와 같이 이덕무 자신이 그러한 공유를 몸소 실천했다. 그렇다면 이덕무는 자신의 지식 공유행위를 스스로 보편화하여 윤리화하는 데 도달한 것이 된다. 그런데 이덕무가 '지식 공유'를 추구할 수밖에 없었던 중요한 이유의 하나는 그가 서얼로 열악한 처지였다는 데 있다. 그렇다면 이덕무는 서얼 지식인의 불가피한 서적 입수 전략을 '공유'의 가치로 보편화했다고 할 수 있다. 그런 윤리적 보편화를 통해 이덕무는 서얼이면서 동시에 서얼의 한계를 초월했다고도 할 수 있다.

'지식 공유'는 추상적인 가치가 아니다. 구체적인 생활 현장에서 책 빌리기와 책 빌려주기로 실천된다. 이덕무는 '지식 공유'의 일반 원칙뿐 아니라 책 빌리기의 윤리학 또한 정립했다. 이는 앞서 살펴본바 책

謁, 虛往實歸, 農巖、三淵遺風可挹,"

45 李德懋, 「士典」 一, 『士小節』 上, 『青莊館全書』 卷之二十七, 한국문집총간 257, 477면. "長者及親友, 問近日何業, 必直答讀曰讀, 著曰著, 鈔曰鈔, 不可一例答以近日自然閒遊, 姑諱其所業也. 亦不可無所業而强對以勤於課, 姑掩其懶散也. 夫日有課程, 心不外馳."

을 구체적인 '물건'으로 대하면서 책을 소중히 대하는 태도를 윤리화한 것에 대응된다.

> 무릇 남에게 책을 빌렸을 경우, 주인이 만약 옛것을 좋아하면 그 잘못된 곳을 마땅히 교정해주되, 종이쪽에 별도로 써서 그 곁에 붙여야지 함부로 도말(塗抹)하여 책을 어지럽혀서는 안 된다. 만약 주인이 인색하여 옛것을 좋아하지 않는다면 장차 어쩌겠는가?[46]

> 내가 만약 어떤 기물이나 서책을 가지고 있는데 다른 사람이 와서 빌리거든 인색하게 굴지 말고 속히 빌려준다. 내가 다른 사람에게 빌리려 하는데 그 사람이 혹시 빌려주지 않더라도 성내서는 안 되고, 후일에 그 사람이 또 와서 빌리거든 또한 빌려주지 않음으로써 앙갚음해서도 안 된다. 만약 부형이 빌려 주지 않으려 한다면 처음에는 반드시 부형께 여쭙고, 그래도 끝내 들어주지 않거든 억지로 빌려주어서는 안 되고 부형이 빌려 주지 않으려 한다고 말할 필요도 없다.[47]

> 남의 서적(書籍)·시문(詩文)·도화(圖畫)는 다 본 뒤에 빌려달라고 청할 것이며, 주인이 허락하지 않거든 억지로 빼앗아 소매 속에 넣고 일어나서는 안 된다.[48]

---

46 李德懋, 「士典」 一, 『士小節』 上, 『青莊館全書』 卷之二十七, 한국문집총간 257, 474면. "凡借人書籍, 主人若好古, 其譌謬處當校正, 別書小紙, 標其旁, 不可妄爲塗抹亂書. 若主人吝而不好古, 其將奈何?"

47 李德懋, 「士典」 一, 『士小節』 上, 『青莊館全書』 卷之二十七, 한국문집총간 257, 479~480면. "我若有器用書冊, 人來借之, 勿慳而亟借之. 我借於人, 人或不借, 不可惱怒. 後日人又來借, 亦不可以不借相報也. 若父兄不欲借, 則始必陳達, 而終若不聽則不可强借人, 而不必曰父兄不借云耳."

48 李德懋, 「士典」 一, 『士小節』 上, 『青莊館全書』 卷之二十七, 한국문집총간 257, 481면. "人之書籍詩文圖畫看訖, 請借, 主人不許, 不可强攫內袖而起."

> 남의 장서를 빌렸거든 정(精)하게 읽으면서 초록하고 기한 내에 돌려주어야 하고, 지체하여 기한을 넘기거나 주인이 독촉하는데도 돌려주지 않거나 해서는 안 된다. 또 다른 사람에게 빌려주었다가 훼손하고 더럽히고 잃어버리면 나의 행실에 오점을 남기게 된다.[49]

> 남의 책을 빌렸을 경우, 다 읽고 나면 마땅히 먼지를 털어내고 순서대로 정돈하여 보자기에 싸서 돌려보낸다. 법서(法書)를 빌려 임모(臨摹)할 경우에는 다른 책에 비해 더럽히기 쉬우니 더욱 신경 써서 보호해야 한다.[50]

이 또한 모두 『사소절』에 보인다. 다른 사람에게 책을 빌려줄 때, 빌릴 때, 빌렸을 때 어떻게 해야 하는지가 매우 구체적으로 언급된다.

이덕무의 지식 공유 범위는 대체로 그와 동인적 유대를 형성한 지식인 그룹 내부로 한정된 듯하다. 역사적으로 보면 이는 당연한 면이 있다. 불특정 다수 간의 서적 공유를 제도화한 도서관 같은 기구는 근대로 접어들고 나서야 설립되었기 때문이다.[51] 따라서 이덕무의 지식 공유 범위가 다소 한정적이었다는 것을 꼭 한계로만 볼 필

---

49 李德懋, 「士典」 一, 『士小節』 上, 『青莊館全書』 卷之二十七, 한국문집총간 257, 487면. "借人藏書, 精讀抄, 趁期還之, 不可淹滯過時, 勤索不還. 又轉它人, 壞汚失落, 以玷吾行."

50 李德懋, 「士典」 一, 『士小節』 上, 『青莊館全書』 卷之二十七, 한국문집총간 257, 488면. "借人書帙, 旣讀, 當更拂塵, 整其次第, 襆裹還之. 借法書臨摹, 較他書易爲涴汚, 加意護惜可也."

51 물론 근대 이전에도 도서관과 유사한 기능을 수행한 것이 없지 않았다. 중국 청나라의 경우, 강남 지역에 설립 운영되었던 장서루(藏書樓)가 도서관과 유사한 공적 기능을 한 것으로 알려져 있다. 조선후기에도 장서 문화가 확산되면서 몇몇 장서가들이 등장했지만, 그들의 장서가 '장서루'의 설립 운영의 차원으로 확장된 것 같지는 않다. 청대(淸代) 강남 지역의 장서루에 대해서는 Elman(1984, 양휘웅 옮김 : 2004), 307~348면 참조.

요는 없을 듯하다.

이덕무의 지식 공유는 '사랑'이다. 자신과 마찬가지로 지식을 사랑하는 타인과의 공동 관계 속에서 지식 사랑이 실현된다. 따라서 지식 공유에서 자기애와 타자애는 서로 모순되지 않고 '자기애=타자애'로 실현된다. 지식 공유는 뜻을 함께하는 벗 사이의 인격적 유대를 충만하고 온전하게 실현하는 길이기도 하다. 그렇다면 우정론이 지식 공유의 기저부를 형성한다고 할 수 있다. 과연 이덕무에게 우정은 어떤 것이었을까?

> 아! 지금 세상에서는 아첨 아니면 비방이어서 따끔하게 바로잡아주는 규간(規諫)이 드무니, 우리 심계(心溪)가 아니면 그 누가 나를 바로잡아주겠는가?[52]

> 지금 이른바 금란(金蘭)이니 교칠(膠漆)이니 하는 것은, 한갓 해학(諧謔)과 압닐(狎昵)을 절차탁마하는 것으로 삼아, 저 사람이 만어(謾語)로 대하면 이 사람은 반드시 기뻐하며 말하기를 '마음을 아는 사이로구나' 라고 하면서 또한 반드시 만어로 보답합니다. 서로 수응(酬應)하는 것이 여색(女色)과 박혁(博奕) 따위의 일로 물들었는데, 스스로는 맑은 운치가 있다고 하면서 1년 내내 그런 식으로 지낼 뿐, 한 번도 도의로써 서로 보도(輔導)하지 않고 과실로써 서로 규잠(規箴)하지 않습니다.
>
> 만일 집사 같은 분이 옛사람의 도리를 가지고 그들을 경계하면 그들은 반드시 깔깔 웃으면서 마치 바람이 귀에 스치는 것처럼 들을 것이며, 심한 경우에는 마음에 불평을 품고 또 굳이 만어(謾語)로 조롱하여 끝내 심복하지 않을 것입니다. 그리고 경계하는 것이 두 차례 이르고

52 李德懋, 「族姪復初」, 『雅亭遺稿』 八, 『青莊館全書』 卷之十六, 한국문집총간 257, 233면. "嗟今之世, 非謟則謗, 其切切正規槩稀也. 非吾心溪, 其誰砭我?"

> 세 차례 이르면 은근히 마음속으로 화내고 이내 소원하게 대할 것입니다. 아! 그렇다면 사귐의 도(道)가 남아있는 것입니까, 사귐의 도가 남아있지 않는 것입니까?
>
> 집사께서는 평소에 저를 벗할 만한 사람이라고 여기시어, 사귄 지 오래될수록 조금도 만어를 저에게 하지 않고 오직 학문을 강마하고 문장을 담론하며 지금처럼 또 문자로 경계하고 규잠하기를 게을리 하지 않으시니, 저에게는 이익이라 할 수 있으나 집사에게는 손해가 아닌 줄을 보지 못하겠습니다.
>
> 저는 비록 못난 사람이지만 또한 능히 옛사람과 지금 사람의 사귀는 도리가 같지 않다는 것을 알며, 또 집사의 규잠을 받고 은근히 마음속으로 화내지 않으니, 비록 집사와 사귐의 도를 논한다 하더라도 또한 유익하지 않다고 할 수 없습니다.[53]

모두 이덕무의 편지로, 그 수신자는 각각 이광석과 윤가기(尹可基, 1747~1801)이다. 이덕무가 생각하는 우정의 핵심은 벗의 잘못을 따끔하게 지적하여 바로잡아주는 것, '규잠(規箴)'이다.

기실 벗은 동질적 존재로 간주되는 경우가 많다. 그 동질성은 인격적 유대감을 형성하는 토대가 될 수 있지만, 역으로 폐쇄성을 초래할 수도 있다. 그러나 그렇다고 해서 동질성 자체를 무화시킨다면 우정이

---

53 李德懋, 「尹曾若(可基)」, 『雅亭遺稿』 八, 『青莊館全書』 卷之十六, 한국문집총간 257, 241면. "今之所謂而金蘭而膠漆者, 徒以諧謔狎昵爲切磋琢磨. 彼以謾語對之, 此必欣欣曰知心知心, 亦必以謾語報之, 所與酬應者, 女色博奕等事薰染之, 自以爲淸致, 優游度日, 以至歲暮, 一不以道義相輔導, 過失相規箴. 萬一如執事者以古人之道箴之, 必展然而笑, 若風之過于耳, 甚者於心不平, 又强以謾語嘲之, 終不服也. 箴之者至于再至于三, 則隱然心怒, 仍與之踈. 噫噫! 交之道存乎? 交之道不存乎? 執事平日以我爲可友交, 益久而少不以謾語相加, 惟能講學問談文章. 如今又以文字, 警戒之規箴之, 不怠焉, 於僕則可謂益矣, 於執事則未見其不損也. 僕雖謭劣, 亦能知古今人交道之不同. 且受執事之規箴, 而不隱然心怒, 縱與執事論交道, 亦不可謂不益也."

라는 것이 아예 불가능해질 것이다. 그렇다면 우정의 근간을 이루는 인격적 유대를 훼손하지 않으면서 폐쇄성의 문제를 방지하는 방법은 무엇인가? 인격적 유대를 토대로 한 타자성을 도입하면 된다. 벗의 '규잠'이 바로 그렇다. 그것은 '규잠'이기에 동질적 집단 내의 폐쇄적인 것과도 다르고, '벗'이 해주는 것이기에 전적으로 외부자적인 시각에 의한 타자화와도 구분된다.

이 지점에서 박지원의 우정론을 떠올릴 필요가 있다. 박지원은 이희영(李喜英, 1757~1801)에게 보낸 편지에서,[54] 이덕무의 죽음으로 인해 박제가(朴齊家, 1750~1805)가 훌륭한 벗을 잃게 되었다고 언급하면서 '지기(知己) 잃은 슬픔이 아내 잃은 슬픔보다 심하다'는 취지의 우정론을 개진한 바 있다. 그 우정론에서 박지원이 강조한 것은 '벗의 대체불가능성'이다.[55] 그런데 그 대체불가능한 벗의 역할 중에 '규잠'이 빠져 있다. 그렇기 때문에 박지원의 우정론에서는 삼엄한 긴장감과 정신성이 약해진 반면 우정의 미학화 내지 낭만화가 좀 더 강해지지 않았나 한다.

그렇다면 박지원과 이덕무 사이에는 미묘하지만 큰 차이가 있다고 할 수 있다. 박지원과 이덕무는 이른바 '연암일파'로 묶이긴 하지만, 박지원이 이덕무를 대한 태도는 홍대용(洪大容, 1731~1783) 같은 사대부 출신을 대할 때와 달리 그리 수평적이지는 않았던 것으로 생각된다.[56] 박지원이 박제가와 이덕무를 염두에 두면서 우정론을 개진할 때 '규잠'

54 이제까지 이 편지는 「어떤 사람에게 보냄」(與人)으로 알려졌는데, 그 수신인이 이희영이었다는 사실이 최근에 밝혀졌다. 김명호(2013), 115면 참조.

55 박지원의 우정론에 대해서는 박희병(2006), 279~301면 ; 김명호(2013), 126~128면 ; 김수진(2013) 참조.

56 박희병(2016), 430~431면 참조.

을 제외한 데에는 혹시 서얼 지식인을 낮추어본 박지원의 심리가 은연중에 개입한 것이 아닌가 한다. 그런데 이광석과 윤가기는 모두 서얼로, '연암일파'에는 속하지 않는다. 결국 이덕무는 박지원과의 관계는 그것대로 유지하면서도, 또 그와 별개로 그 스스로 '규장'을 핵심으로 하는 교유 관계를 형성하면서 지식 공유를 한 것이다.

2) 서얼 지식인의 학문운동

이제까지 살펴본 바와 같이 이덕무는 책이라는 매체를 적극 활용하여 인적 관계망을 형성하고 폭넓은 지식 공유를 했으며, 더 나아가 지식 공유를 윤리화하는 데 도달했다. 이 점에서 이덕무의 '지식 공유'는 모종의 학문운동적 성격을 띤다고 할 수 있다. 그 학문운동은 스스로 형성한 '공동의 관계'를 통해 서얼 지식인의 제약을 뛰어넘고 스스로를 보편화하려는 지향성을 갖는다. 그러나 조선이라는 신분제 사회에서 서얼이라는 신분적 제약은 그러한 보편화 지향과 다른 차원에서 여전히 강고한 힘을 갖는다. 따라서 지식 공유의 운동성은 이덕무의 개인성, 서얼이라는 중간계급의 계급성, 그러한 계급성을 넘어서는 보편성을 교차하는 복합성을 갖는다.

일단 이덕무 한 개인 차원의 인정욕구부터 살펴본다.

> 내 생각은 이렇습니다. 중원은 원기(元氣)가 모인 곳이라 일월(日月)이 바로 비추고 수토(水土)가 그 화기(和氣)를 모아, 성현이 계속 나왔고 문헌이 많습니다. 안남(安南)은 옛 교지(交趾) 지역으로 연경(燕京)과의 거리가 1만여 리 되는데, 역대 문물이 성대하여 볼만합니다. 유구(琉球)는 바다 가운데의 작은 섬이나, 그 자제들을 중국의 태학에 입학

> 시켜 명나라 때부터 지금까지 근실하므로 정성스럽게 노력하여 오랑캐 풍속을 크게 변화시켰습니다. 이 모두 내가 전적(典籍)에서 상고한 것으로, 나 홀로 흠모할 뿐 남들은 알지 못하는 것입니다.[57]

이서구에게 보낸 편지의 일부이다. 이덕무는 중국, 베트남, 유구(琉球) 등에 대해 언급한 뒤에 해당 내용을 남들은 잘 모르고 자신이 전적(典籍)에서 상고한 것이라고 강조한다. 여기서 이덕무의 인정욕구가 확인된다. 노론 명문가 자제인 이서구에게 동아시아 세계에 대한 폭넓은 지식을 드러냄으로써 자신의 능력을 인정받고 지지와 공감을 얻고자 한 것이다.

여기서 이덕무가 우월감을 느끼게 하는 것은 다음 두 가지이다. 첫 번째는 방금 지적했다시피 중국, 베트남, 유구에 대한 지식이다. 두 번째는 중화문명에 대한 흠모이다. 흥미롭게도 이덕무는 자기만의 독자성을 내세우지만 그 독자성은 사유의 독자성도 아니고 지식 생산의 독자성도 아니다. 중국 중심의 화이관(華夷觀)에 부합하는 내용을 기존의 전적에서 찾아낸 것을 이덕무는 자랑스럽게 내세운다. 주류적 가치관에 부합하는 방향으로 자신을 수렴한 것이다.

서얼 지식인 같은 소수적 존재는 정치사회적으로 양면성을 갖기 쉽다. 소수적 존재는 사회적 차별을 받기 때문에 주류 질서로부터 배제되는데, 그 배제도 다양한 층위를 갖거니와, 그 배제로 인해 주류 질서에 대한 저항심이 높아질 수도 있지만 역으로 거기에 편입하고자 하는

57 李德懋, 「與李洛瑞書九書」, (刊本)『雅亭遺稿』 卷之六, 『雅亭遺稿』 제3책, 장26앞. “僕竊以爲中原元氣之所萃, 故日月不旁照, 水土鍾其和, 聖賢之淵藪而文獻之亭毒也. 安南, 故交趾之域也. 距燕京萬有餘里, 歷世文物鬱然可觀. 琉球, 海中之一彈丸也. 然遣子入學, 自明至于今, 勤勤懇懇, 丕變夷風. 此皆僕考撿典籍, 獨自歆羨, 而人所不知者也.”

선망이 더 커질 수도 있다. 대체로는 그 두 가지 사이에서 혼란을 겪으면서 복합적인 정체성을 형성해 가는 경우가 많다.

인용문에서 이덕무는 주류적 사고에 반항하거나 저항하지 않고 오히려 자신의 생각을 주류적 사고와 합치시키고자 했다. 하지만 그게 전부가 아니다. 윤가기에게 보낸 다음 편지는 이서구에게 보낸 편지에서 드러나는 것과는 다른 면모를 보여준다.

> 유자(儒者)의 일은 원래 광박한데 더욱이 우리나라의 유자는 본국의 일도 능통해야 하니, 제 생각에는 중국의 유자에 비해 힘쓰기를 응당 백 배 더 해야 할 것입니다. 그런데 세유(世儒)들이 우리나라의 일에 대해 몽매한 경우가 많으니, 저는 개탄합니다. 『벌열통고(閥閱通攷)』는 과연 저를 위해 한 달간 빌릴 것을 청할 수 있는지요? 저는 밝은 창문가에서 작은 글씨로 베끼고 교정보고 싶습니다.[58]

조선의 유자는 조선의 일에 대해 잘 알아야 한다고 이덕무는 지적한다. '자국사에의 자각'이라고 이를 만하다. 물론 그렇다고 해서 이덕무가 중국 중심적 화이관을 완전히 탈피했다고 보기는 어렵다.[59] 그러나 그러면서도 이덕무는 그 당시 일반화된 풍조를 비판하면서 자국사 정리에 적극적인 의미를 부여한다.

아울러 이덕무가 '자국사에의 자각'을 드러낸 배경에도 주목할 필요가 있다. 그 첫 번째 배경이 되는 것은 조선의 변방성이다. 동아시아의

58 李德懋, 「尹曾若(可基)」, 『雅亭遺稿』 八, 『靑莊館全書』 卷之十六, 한국문집총간 257, 244면. "儒者事素廣博, 尤東國儒, 可通本朝事, 僕以爲比諸中州儒者, 用力當百之矣. 然世儒於東方事, 則昧茫者多, 僕慨然也. 『閥閱通攷』, 其果爲僕請得一月否? 僕欲以蠅細字抄校於晴窓矣."

59 이덕무의 중국 인식에 대해서는 김대중(2013) 참조.

중심부 지식인인 중국의 유자와 달리 조선의 유자는 중국 역사에 대한 지식은 기본이고, 한 걸음 더 나아가 자국의 역사까지 알아야 한다는 것이다. 두 번째 배경이 되는 것은 윤가기에게 『벌열통고』를 빌려 초서작업을 하는 것이다. 윤가기와의 '지식 공유'를 계기로 이덕무는 자국사에의 자각을 드러낸 것이다. 이 점에서 '지식 공유'의 학문운동적 면모를 확인할 수 있다.

그렇다면 이덕무같은 서얼 지식인에게 '자국사 정리'는 단지 학술적 당위성을 가질 뿐 아니라 그 당시 주류 질서에 편입한 양반 사대부가 도외시했지만 오히려 중요한, 일종의 학문적 틈새시장 같은 것이 될 수 있다. 실제로 이덕무는 자국사 정리 작업에 적극 나섬으로써 그 당시 양반 사대부들에게 인정받을 수 있었다. 이만운(李萬運, 1723~1797)의 『기년아람(紀年兒覽)』을 교정 · 증보한 것이 그 대표적인 사례다.[60] 다음은 『기년아람』에 부친 이덕무의 서문이다.

> 내가 일찍이 고정림(顧亭林 : 고염무)과 주죽타(朱竹坨 : 주이준朱彝尊)의 저서를 읽어보았더니, 조정과 국가의 전장(典章)에 대해 변증한 것이 정미(精微)했고 고금(古今)의 일을 폭넓게 다루되 근본에 입각하여 실용(實用)으로 귀결되도록 힘썼다. 나는 탄복하며 "지금 세상에도 이런 사람이 있는가? 있다면 나는 장차 찾아가서 질정을 구하겠다"라고 하고는 몇 년 동안 찾았다.
>
> 하루는 김효효재(金嘐嘐齋 : 김용겸) 선생을 뵈었더니 선생이 이렇게 말씀하셨다. "이자(李子) 만운(萬運)이 노유(老儒)로 국조문헌(國朝文獻)에 밝아, 고사(古事)를 인용할 적에 분명하게 증거가 있어 그 날짜를

60 『기년아람』의 사학사적(史學史的) 의의에 대해서는 고석규(1987) 참조. 『기년아람』의 이본(異本), 체제, 인용문헌 등에 대해서는 박찬홍(2015) 참조.

거의 틀리지 않는다.”

나는 마음속으로 기뻐하며 ‘이분이야말로 어찌 지금 세상의 고정림과 주죽타가 아니겠는가?’ 하고는 즉시 일어나 동리(東里)로 가서 이공(李公)을 찾아뵈었다.

쓸쓸한 초가집에 얼굴은 해맑고 머리털이 듬성듬성했는데, 서적이 나란히 쌓여 있는 사이에 단정하게 앉아 한창 눈에는 안경을 쓰고 손에는 산가지를 잡고 지나간 세대의 연혁(沿革)을 징험해 보고 전인(前人)의 생몰년을 미루어 계산하고 계셨다. ……

이 책은 역사가의 총령(總領)이 되니, 먼저 어린아이들로 하여금 익숙해지도록 학습하여 환하게 알게 한다면, 더 나아가 이십삼사(二十三史)와 우리나라의 여러 역사책과 본조열성(本朝列聖)의 지장보감(誌狀寶鑑)까지 넓혀도 마치 층계를 따라 올라가고 한 칸 한 칸 채우는 것과 같이 매우 쉬울 것이다.

그 정밀하고 간요한 것으로 말하면 소학(小學) 명물도수의 부류이지만 굉박(宏博)한 데 미치면 공경대인의 나라 다스리는 학문이 될 것이니 도리어 중대하지 않겠는가. 책이 완성되자 등사(謄寫)를 원하는 선비가 끊이지 않으니, 이 책이 반드시 세상에 전할 것을 또한 알 수 있다.[61]

---

61 李德懋, 「紀年兒覽序」, 『青莊館全書』 卷之二十五, 한국문집총간 257, 383면. “不佞嘗讀顧亭林、朱竹坨之書, 朝章國典, 辨覈精微, 博極今古, 元元本本, 務歸実用, 喟然而歎曰 : ‘今世亦嘗有斯人乎哉? 有則吾將就而質之.’ 盖嘗求之有年, 一日謁金嘐嘐齋先生. 先生曰 : ‘李子萬運, 老儒也. 嫺於國朝文獻, 援引古事, 犂然有據, 幾不錯其日月.’ 不佞心自喜曰 : ‘斯豈非所謂今世之顧、朱耶?’ 卽起往拜李公于東里, 茅齋蕭然, 顔髮淸踈, 端坐于書帙鱗次之間, 方眼帶靉靆, 手握籌, 考驗往事沿革之世, 推計前人生卒之年. …… 夫此書爲史家之揚領, 先使童孺, 貫串習熟, 瞭然在目, 則至若二十三史、東國諸史、本朝列聖誌狀寶鑑, 擧而措之, 如緣涉階級, 充牣間架, 甚易與耳. 語其精約, 則爲小學名數之流 ; 及乎宏博, 則爲大人經國之學顧不重歟? 書垂成而儒士之願謄者踵相接也, 亦可知其必傳世也云.” 중략한 부분에서는 이덕무와 이만운의 학술토론이 서술된다. 이덕무가 단군(檀君) · 기자(箕子) 이래의 역사에 대하여 30~50가지를 질문하자 이만운이 희색을 띠며 그 질문에 응했다는 것이다. 그 토론 끝에 이만운은 자신의 저작 『기년아

인용문은 그저 『기년아람』의 성립경위에 대한 기록으로서뿐 아니라 이덕무의 박물학자적 활동 방식에 대한 기록으로서도 주목된다. 특히 주목되는 것은 이덕무의 '협업 정신'이다. 기본적으로 '협업'이 성립하기 위해서는 공동의 '일'이 있어야 하고, 그 일을 함께 할 두 명 이상의 '사람'이 있어야 하고, 같은 일을 함께 추구하려는 '마음'이 있어야 한다. 이 중에서 '사람'의 결합에 대해 좀 더 살펴보기로 한다.

평소에 이덕무는 고염무(顧炎武, 1613~1682)와 주이준(朱彝尊, 1629~1709) 같은 학자를 동시대 조선 사람 중에서 찾고 있었다. 고증적 연구 방법을 도입하여 자국사를 정리하고자 하는 의욕을 갖고 학문적 동지를 찾았던 것이다. 그러다 김용겸(金用謙, 1702~1789)의 소개로 이만운의 존재를 알게 되자 이덕무는 즉시 그를 찾아간다.[62] 이덕무가 주도적으로 인적 관계를 형성하여 평소의 학문적 포부를 실현하게 된 것이다. 이것이 협업을 위한 인적 결합의 첫 번째 단계이다. 이만운을 찾아간 이덕무는 자국사와 관련된 평소의 의문점에 대해 이만운에게 질문하고 이만운은 그에 대해 답변한다. 이것이 두 번째 단계이다. 이로써 이만운과 이덕무는 서로 학문적으로 뜻을 함께 할 수 있다는 판단에 도달한다. 그 결과 이만운은 자신의 『기년아람』 고본(稿本)을 이덕무에게 주어 교정·증보 작업을 부탁하고, 이덕무는 두 달 뒤에 작업을 마친다.

이렇게 인적 결합의 과정을 추적하는 과정에서 이덕무의 '협업적 심성'이 어떤 것이었는지도 어느 정도 드러난 듯하다. 일단 김용겸의 말

람』을 꺼내어 이덕무에게 건네주며 감수와 증보를 부탁했다고 한다.

62 여기서 김용겸의 역할이 대단히 주목된다. 대체로 김용겸은 음악에 조예가 깊은 인물로 알려져 있지만, 이덕무에게 이만운을 소개해준 것에서 알 수 있듯이 '자국사 정리'라는 학문운동의 전개에서 중요한 역할을 했다. 오수경(1990), 79~80면 참조.

을 듣고 즉시 이만운을 찾아간 것에서부터 이덕무의 '협업적 심성'이 드러난다. 그만큼 학문적 동지에 대한 희구가 강했던 것이다. 만일 이덕무가 이만운을 찾아가지 않았더라면 그 두 사람의 협업은 애초에 불가능했을 것이다. 물론 이덕무가 찾아간 것만으로는 부족하다. 이만운이 자신의 저술을 초면인 이덕무에게 선뜻 건넬 수 있었던 것은, 설령 그 나름의 인정욕구 같은 것이 전혀 없었다고 단언하기는 어려울지 몰라도, 결국 이덕무의 학문적 순수성과 진정성이 전달되어 이만운의 마음을 움직였기 때문일 터이다. 지식과 인간에 대한 이덕무의 '사랑'이 크게 작용한 것이다.

아울러 이덕무가 실제 『기년아람』을 최종적으로 정리하는 과정에서 어떻게 처신했는지도 눈여겨 볼 필요가 있다. 그는 주도적으로 이만운과 인적 결합을 형성했음에도 어디까지나 이만운의 부탁으로 교정·증보 작업을 한 것 이상으로는 자신을 내세우지 않았다. 여기서 이덕무의 '협업적 심성'이 여실히 드러난다. 이덕무는 비록 자국사 정리에 대한 학문적 의욕을 평소부터 갖고 있었지만, 굳이 자기 저작을 남기는 데 집착하지 않고 다른 사람의 좋은 저작을 발굴하여 널리 알리는 데 치력한 것이다. 그리고 그 자신은 저자 뒤로 물러나 교정과 보완을 맡음으로써 저자를 돕는 위치에서 벗어나지 않았다. 결국 이덕무는 자기 저술을 남기려는 욕심보다 '스스로 즐기는 것'이 더 중요하다고 한 자신의 말을 그대로 실천한 셈이다. 그렇다면 『기년아람』의 교정·보완 작업을 추동한 것은 이덕무 특유의 '사랑'이라고 할 수 있다.[63]

---

63 참고로 이덕무는 「동국사(東國史)」라는 글에서 자국의 역사 문헌을 나열 소개하면서 『기년아람』을 '이만운 찬(撰)'이라 한 뒤에 『기년아람』의 특징을 서술하고 맨 끝에 가서야 '나 또한 교정과 보완을 했는데, 모두 7편이다'(德懋亦爲訂補凡七編)라고 하여 자신의 역할을 간단하게 부기했다. 『盎葉記』 一, 『靑莊館全書』 卷之五十四, 한국문집

이덕무가 이만운을 찾아가서 『기년아람』을 교정 보완한 것은 여러모로 학술운동적 성격을 갖는다. 같은 문제의식을 공유한 학자 사이의 인적 관계를 주도적으로 형성한 것, 자국사 정리작업을 구체화한 것, 교육적 효과를 고려한 것, 사대부 사이의 확산성을 예상한 것 등이 모두 그러한 성격을 보여준다.[64]

그렇다면 자국사 정리를 통해 이덕무는 서얼 지식인의 인정욕구를 어느 정도 실현할 수 있었을까? 방금 살펴본 「『기년아람』 서문」에는 서얼의식이 문면에 드러나는 것 같지 않다. 하지만 이덕무와 이만운이라는 비주류 지식인의 만남과 상호 공명에는 서얼의식과 통하는 불우의식 같은 것이 잠재해 있을 가능성이 있다.

이렇듯 서얼이라는 신분적 조건이 이덕무의 학문적 선택에 어떤 방식으로든 개입했을 터이지만, 이덕무는 자국사 정리작업을 통해 일정하게 서얼적 제약에서 벗어나 '지식인'으로 스스로를 보편화했다고 할 수 있다. 경우에 따라 자신의 '보편화'는 자신의 소유 · 점유 · 지배 영역의 확장으로 귀결될 위험이 있다. 이와 달리 이덕무의 경우 지식과 인간에 대한 사랑 및 협업적 심성에 기초한다.

총간 258, 492면.

64 실제로 이덕무의 기대대로 『기년아람』에 대한 수요가 적지 않았던 듯하다. 이덕무는 김종후(金鍾厚, 1721~1780)의 요청으로 『기년아람』을 보내준 바 있다. 서영보(徐榮輔, 1759~1816)도 이덕무에게 『기년아람』을 빌려갔으며, 이서구도 이덕무에게 『기년아람』을 빌리려 했다. 그리고 정약용(丁若鏞, 1762~1836)은 박제가에게 『기년아람』을 빌려보았다. 다만 『기년아람』에 대한 정약용의 평가는 그리 긍정적이지만은 않다. 반면 서유구(徐有榘, 1764~1845)는 『기년아람』을 두고 그 정핵(精核)함에 탄복하지 않은 적이 없다고 밝힌 바 있다. 李德懋, 「金直齋鍾厚」, 『雅亭遺稿』 十一, 『青莊館全書』 卷之十九 ; 李德懋, 「與李洛瑞書九書」, (刊本)『雅亭遺稿』 卷之六 ; 丁若鏞, 「與朴次修」, 詩文集 第十八卷, 『定本與猶堂全書』 4, 다산학술문화재단, 2012, 86면 ; 徐有榘, 「錦石史料序」, 『金華知非集』 卷第三, 『楓石全集』, 한국문집총간 288, 349면 참조.

기실 학술활동과 서얼적 인정욕구의 관계는 단일하지 않다. 서얼 지식인은 양반 사대부의 주류 학문에 진입하기도 했고, 역으로 양반 사대부로부터 외면 받는 비주류 학문을 자신의 전문 영역으로 전유하기도 했고, 주류와 비주류 사이에 걸쳐 있는 학문 영역에 뛰어들어 두각을 나타내기도 했다. 자국사 정리는 그 당시의 주류 학문이라고 하기도 어렵지만 전적으로 비주류 학문이라고 하기도 어렵다. 이덕무 이전부터 동시대까지 자국사의 연구 성과가 꾸준히 이어져 왔기 때문이다. 임상덕(林象德, 1683~1719)의 『동사회강(東史會綱)』, 신경준(申景濬, 1712~1781)의 『강계고(疆界考)』, 안정복(安鼎福, 1712~1791)의 『동사강목(東史綱目)』, 유득공(柳得恭, 1748~1807)의 『발해고(渤海考)』 등이 그 대표적인 예다.[65] 그렇다면 일부 양반 사대부들이 개척해 온 학술 영역에 이덕무와 유득공 같은 서얼 지식인이 가세했다고 할 수 있다.

이 점과 관련하여 이덕무의 「동국사(東國史)」라는 글이 주목된다. 이 글에서 이덕무는 『기년아람』을 포함하여 각종 자국사 문헌의 목록을 나열한다. 이덕무는 자각적으로 『기년아람』을 전대로부터 이어져 온 학술사적 흐름 속에 위치시킨 것이다. 더 나아가 이덕무에게 자국사 정리작업은 서얼 외 소수적 존재의 학문활동을 긍정하는 방향으로 시야를 확장하는 계기가 된다. 다음은 임상덕의 『동사회강』에 대한 이덕무의 서술이다.

> 임상덕(林象德) 찬(撰). 약관(弱冠)의 나이에 찬집하여 완성하지 못한 채 겨우 나이 서른에 죽었다. 부인 박씨(朴氏)는 판서(判書) 사수(師洙)의 매씨(妹氏)로 경사(經史)에 박통(博通)했는데, 뒤를 이어 완성

65 조선후기 지식인들의 자국사 연구에 대해서는 한영우(1989) ; 이강한 · 하우봉 · 정재훈 · 정만조 · 김태영(2015) 참조.

하여 세상에 간행했다.[66]

66 李德懋, 「東國史」, 『盎葉記』 一, 『靑莊館全書』 卷之五十四, 한국문집총간 258, 492면. "林象德撰. 弱冠纂輯, 未成, 年才三十而卒. 夫人朴氏, 判書師洙之妹也. 博通經史, 續成之, 刊行於世." 다만 인용문의 진술이 어느 정도 신빙성을 갖는지 현재로서는 명확한 근거를 갖고 판단하기 어렵다. 일단 현재 전하는 『동사회강』 중 어디까지가 임상덕이 지은 부분이고 어디까지가 부인 박씨가 지은 부분인지 가려내는 것이 거의 불가능하다. 그리고 이덕무는 임상덕이 『동사회강』을 미완으로 남겨놓은 채 서른 살의 나이로 죽었다고 했지만 이는 사실이 아니다. 임상덕은 요절하긴 했지만 37살까지 살았다. 임상덕의 「『동사회강』 서문(東史會綱序)」은 1711년, 임상덕 나이 29세 때 작성된 것이다. 그런데 그 뒤로도 임상덕이 임상정(林象鼎, 1681~1755), 최창대(崔昌大, 1669~1720) 등에게 『동사회강』 초본(草本)을 보내 자문을 구한 사실이 몇몇 편지들을 통해 확인되는데, 그 편지의 작성 연대는 1712~1715년이다. 그렇다면 임상덕은 최소한 죽기 4년 전까지 『동사회강』의 수정 · 보완 작업을 한 것이 된다. 따라서 이덕무의 진술은 일부 부정확해 보이는 면이 없지 않다. 한편, 부인 박씨가 『동사회강』의 간행을 위해 노력했다는 진술은 이종성(李宗城, 1692~1759)의 「홍문관 교리 임공 묘갈명(弘文館校理林公墓碣銘)」 및 조귀명(趙龜命, 1693~1737)의 「홍문관 교리 임공 행장(弘文館校理林公行狀)」에서 공히 확인된다. 따라서 임상덕의 부인 박씨가 『동사회강』을 간행했다는 이덕무의 진술은 신빙성이 높은 것으로 판단된다. 다만 부인이 미완의 『동사회강』을 완성했는지 여부는 여전히 확정하기 어렵다. 이규경의 「고사(古史), 통사(通史), 통감강목(通鑑綱目), 제가사류(諸家史類), 사론(史論), 중원의 동사(東事) 기록, 동국제가(東國諸家)의 사류(史類) 변증설」(古史､通史､通鑑綱目､諸家史類､史論､中原記東事､東國諸家史類辨證說) 외에는 이덕무의 해당 기록을 채택한 문헌을 아직까지는 찾아내지 못했다. 비록 그렇기는 하나, 반증이 없는 상황에서 이덕무 정도 되는 지식인의 진술을 무시하는 것도 무리라 판단된다. 따라서 현재로서는 다른 문헌에서 찾아보기 힘든 소중한 증언을 이덕무가 남긴 것으로 잠정적으로 받아들일 수밖에 없지 않은가 한다. 그리고 이덕무 진술의 신빙성 유무 문제와는 별개로, 이덕무가 여성의 역사서 편찬 및 간행 활동에 남달리 주목하여 해당 사실을 기록으로 남기고자 노력한 점만큼은 충분히 인정할 수 있다고 판단된다. 임상덕이 임상정 등에게 보낸 서신은 「答崔副學昌大 癸巳」(『老村集』 卷之七, 한국문집총간 206, 142면), 「答崔副學 乙未」(『老村集』 卷之七, 한국문집총간 206, 143면), 「與堂兄德重象鼎 壬辰」(『老村集』 卷之七, 한국문집총간 206, 150~151면), 「答堂兄德重 癸巳」(『老村集』 卷之七, 한국문집총간 206, 151면) 참조. 이종성의 묘갈명과 조귀명의 행장은 각각 『梧川先生集』 卷之十一, 한국문집총간 214, 253~254면 및 『東谿集』 卷之四, 한국문집총간 215, 90~92면 참조.

조선후기 여성의 학문활동으로 김호연재(金浩然齋, 1681~1722)의 수양론 연구, 임윤지당(任允摯堂, 1721~1793)의 이기심성론 연구, 이사주당(李師朱堂, 1737~1821)의 『태교신기(胎敎新記)』 저술, 이빙허각(李憑虛閣)의 『규합총서(閨閤叢書)』 편찬 등이 학계에 알려져 있다.[67] 조선후기 여성학자들이 한편으로는 정통 성리학이라는 남성 사대부의 주류 학문 영역에 진입하기도 하고, 다른 한편으로는 그 당시 여성에게 부과된 육아 및 각종 가정경제활동을 학문 영역으로 등극시키기도 한 것이다. 이제 이덕무의 이 글을 통해 임상덕의 처(妻) 박씨 부인의 자국사 편찬 및 간행을 추가할 수 있다.[68]

여성의 학술활동에 대한 이덕무의 관심은 그의 비평적 사고와 맞물린다. 그는 "시(詩)를 고를 뿐 관직은 고르지 않고/시를 논할 뿐 사람은 논하지 않는다네"(選詩非選官, 論詩非論人)라는 시구를 인용한 뒤에 이렇게 말한 바 있다.

> 나는 일찍이 이 시의 공평(公平)에 감동하여 기녀(妓女)·방류(旁流)·승려·어린아이의 시와 외국 사람이 읊은 것을 매번 드러내어 밝히려 하지만, 얻는 것이 쉽지 않아 유감일 따름이다. 망령되고 바르지 못한 사람으로 말하면, 그 문채가 사람을 감동시킬 경우에 그 저술을 기록해 둔다.[69]

---

67 이들 여성학자의 학문활동에 대해서는 이혜순(2007) 참조.

68 물론 이덕무와 임상덕의 처 박씨 부인의 소수성은 엄연한 차이를 갖는다. 신분 차이가 있기 때문이다. 여성적 소수성과 서얼적 소수성은 서로 겹치면서도 구분된다. 게다가 신분 차이까지 고려하면 문제는 더욱 더 복잡해진다. 따라서 여성적 소수성과 서얼적 소수성을 구분하면서 그 복합적인 관계양상을 다층적으로 보는 것이 중요하다. 하지만 여기서는 조선후기 소수적 존재의 학술활동을 포괄적으로 다루는 것이 더 필요하다고 판단하여 일단 그 두 사람의 공통성에 좀 더 주목하기로 한다. '조선후기 소수집단'의 개념 규정 및 그와 관련된 정교한 이론화 작업은 추후의 연구과제로 삼는다.

기녀(妓女), 방류(旁流), 승려, 아동 등 다양한 소수적 존재의 문예활동을 비평적으로 옹호한 것이다. 이렇게 창작자의 사회적 지위에 따라 차별을 두지 않는 태도를 두고 이덕무는 '공평'이라는 말로 개념화한다. 앞에서 살펴보았듯이 이덕무에게 읽기와 쓰기는 자기애를 '자기애=타자애'로 실현하는 계기가 된다. 이제 그 타자애는 동인적 유대의 범위를 넘어서 소수적 존재의 학술과 문예 활동을 긍정하고 옹호하는 방향으로 확장되기에 이른 것이다.[70]

이제까지 자국사 정리가 이덕무에게 어떤 의미를 갖는지 살펴보았다. 그럼 그보다 좀 더 비주류적인 학문 영역은 이덕무에게 어떤 기회가 되었는가? 이덕무가 두각을 나타낸 비주류 학문 영역으로 음운학(音韻學)을 들 수 있다.

> 신(臣)은 엎드려 생각건대, 박성원(朴性源)은 여항의 필부(匹夫)로 그 사람이 죽고 나서 저술이 인몰되자, 이에 『정음통석(正音通釋)』을 구하여 어제(御製) 서문을 지어 주시고 이어서 판각하여 반포할 것을 명하셨으니, 신은 진실로 감격하여 성정(聖政)이 백왕(百王)보다 뛰어남을 흠앙(欽仰)합니다.[71]

69 李德懋, 「劉平國」, 『淸脾錄』 二, 『青莊館全書』 卷之三十三, 한국문집총간 258, 22면. "余嘗感此詩之公平, 每闡發妓女、旁流、浮屠、童儒之詩及異國之人所咏, 而但苦未易得耳. 至若亂流匪人, 文彩動人則錄其所著."

70 물론 큰 틀에서 보면 인용문은 작품과 작가를 분리해서 보자는 취지의 발언을 담고 있다. 어떤 작가가 인격적으로 흠이 있어도 훌륭한 작품을 남길 수 있는데 그 경우에는 작가의 인간적 단점과 분리하여 작품적 성취를 우당하게 평기하는 것이 필요하다는 것이다. 그렇디면 이덕무는 기녀, 방류, 승려, 어린아이도 그런 문제 있는 작가와 동렬에 놓은 것 아닌가? 꼭 그렇게 보기는 어렵지 않은가 한다. 오히려 기녀 등은 인용문에서 '망령되고 바르지 못한 사람'과는 다른 층위에 있는 것으로 생각된다.

71 李德懋, 「六書策」, 『雅亭遺稿』 十二, 『青莊館全書』 卷之二十, 한국문집총간 257, 291면. "臣竊伏念, 朴性源閭巷匹夫也, 其人已歿, 著述湮晦. 於是求『正音通釋』, 御序弁

인용문은 1792년 음력 7월 9일에 국왕 정조의 명으로 지은 「육서책(六書策)」의 일부이다. 『규장전운(奎章全韻)』의 편찬이 그 배경이 된다. 인용문에서 이덕무는 음운학 저술을 남긴 인물로 중인 출신 박성원(朴性源, 1697~1767)을 거론한다. 이덕무는 비주류 학술활동의 계보 속에서 자신의 위치를 가늠한 것이다. 이 점과 관련하여 성대중(成大中, 1732~1809)의 다음 글이 참고 된다.

> 세상에 쓰일 만한 우리나라의 서적은 대부분 신분이 미천한 사람의 손에서 나왔다. 『상례비요(喪禮備要)』는 신의경(申義慶)이 시작했고 『무예제보(武藝諸譜)』는 한교(韓嶠)가 완성했으며 『동의보감(東醫寶鑑)』은 허준(許浚)이 완성했다. 어숙권(魚叔權)이 『고사촬요(攷事撮要)』를 편찬하자 전례(典例)를 담당한 자들이 참고했고, 임기(林芑)가 『전등신화(剪燈新話)』에 주석을 달자 아전들이 모두 학습했다. 이 다섯 사람은 모두 서얼이다. 『화동정음(華東正音)』은 박성원이 완성했고 『삼운성휘(三韻聲彙)』는 정충언(鄭忠彦)이 완성했는데 홍계희(洪啓禧)가 빼앗아 자기 저술로 삼았다. 박성원과 정충언은 모두 위항인이다.[72]

인용문은 서얼 지식인의 학문적 자기 선언이다. 고답적인 성리설을 제외한 각종 실용학문을 양반 사대부들이 외면하는 동안 서얼과 중인층이 냉대와 무관심 속에서 그 명맥을 이어왔다는 것이다. 성대중이

卷, 仍命刻頒, 臣固感激欽仰聖政之度越百王."

72 成大中, 「醒言」, 『青城雜記』, 민족문화추진회 복사본. "我國需世之書, 多出於卑微. 『喪禮備要』始於申義慶, 『武藝諸譜』成於韓嶠, 『東醫寶鑑』成於許浚, 魚叔權輯『攷事撮要』, 而掌故者取之, 林芑註『剪燈新話』, 而吏胥皆學之. 五人者皆庶孽也. 『華東正音』成於朴性源, 『三韻聲彙』成於鄭忠彦, 而洪啓禧攘爲其物, 二者並委巷也." 인용문의 번역은 김종태 외 옮김, 『국역 청성잡기』, 민족문화추진회, 2006, 338면을 참조하여 필자가 일부 수정한 것이다.

활동한 조선후기에는 실제로 자학(字學), 음운학, 병학(兵學), 역학(譯學), 의학(醫學), 수학 등에 대한 전문 지식을 토대로 관련 저술을 남긴 여항 지식인이 다수 등장했다. 이 학문 분야는 그 당시에는 비주류적인 것으로 취급되었다. 그런데 경아전과 기술직 중인은 자신의 직임에 상응하는 전문성을 갖추었기 때문에 이런 비주류 학문에 능통했다. 이런 토대 위에 여항 지식인들은 자기 나름의 학술활동을 전개해 나가면서 자기 나름의 학문 영역을 개척한 것이다.[73]

그렇다면 성대중은 결국 서얼과 여항인의 학문활동을 중서층(中庶層) 공동의 모색으로 파악한 것이 아닌가 한다. 이 점 또한 주목된다. 앞에서 이미 언급했다시피 서얼과 여항인은 동질성을 갖는 면도 있고 그렇지 않은 면도 있다. 그러나 소수적 존재방식을 가진 중간계급이라는 점에서 그 둘은 큰 공통점을 갖는다. 이규경은 이덕무와 김숙을 조선의 대표적인 초서가(抄書家)로 꼽은 바 있다. 서얼 지식인과 여항 지식인은 자신의 사회경제적 조건으로 인해 '초서'라는 매체를 공유한 것이다. '초서'를 학술활동의 매체적 기반으로 활용한 것 또한 이덕무와 김숙의 공통점이다. 그렇다면 이덕무의 박물학은 여러모로 여항 지식인의 학술활동과 공명하는 점이 있다고 봐도 무방할 듯하다. 성대중은 그러한 학술적 공명을 좀 더 자각적으로 표명한 셈이다. 이렇게 해서 소수적 존재 간의 모종의 학문적 연대가 형성된다.[74]

아울러 인용문의 증언적 성격도 주목된다. 『삼운성휘(三韻聲彙)』를 완성한 정충언(鄭忠彦)의 공로를 홍계희(洪啓禧, 1703~1771)가 가로챘

73 조선후기 여항인의 지식수준과 학문활동에 대해서는 강명관(1997), 95~99면 참조.
74 한 가지 예를 들면, 성대중은 예학에 밝은 형조(刑曹) 서리(書吏) 지수연(池受衍)과 가까운 관계였다. 강명관(1997), 97~98면 참조.

다는 것이다.[75] 양반 사대부의 부당한 노동 착취에 대한 비판의식이 서얼 지식인의 학문 선언과 맞물려 있는 셈이다.[76]

이렇게 보면 서얼 지식인이 성리학 외에 각종 비주류 학문에서 두각을 나타낸 것은 모종의 인정투쟁에 해당한다고 할 수 있다. 서얼 지식인은 신분제적 모순으로 인해 비주류적 위치가 강제되었지만, 역으로 비주류 학문 영역에서 자신들의 역량을 발휘할 기회를 찾은 것이기도 하다.

그러나 이덕무는 박물학자로 각종 비주류 학문에 관심을 갖되 그렇다고 해서 꼭 거기에만 머문 것도 아니다. 더 나아가 이덕무는 서얼 지식인의 인정투쟁을 윤리학의 차원으로 보편화하려 했다.

> 서족(庶族)을 업신여기는 것은 바로 오랑캐 풍습이다. 아무리 서출(庶出)이라 해도 선조 입장에서 보면 다 같은 자손인데 어찌 업신여길

---

75 참고로 홍계희는 중인 정충언의 지식 노동만 착취한 것이 아니다. 그는 이봉환(李鳳煥, ?~1770) 같은 서얼 지식인의 글 또한 자기 글로 둔갑시킨 바 있다. 「『삼운성휘』 발문(三韻聲彙跋)」과 「반계 유선생 묘지(磻溪柳先生墓誌)」는 홍계희가 지은 것으로 알려져 있지만 실은 모두 이봉환이 지은 것이다. 이 두 글은 각각 『雨念齋詩文鈔』 권8, 서울대학교 규장각한국학연구원 소장, 도서번호: 古 3028-509, 장10앞~11뒤 및 권9 장16뒤~20뒤에 실려 있다. 그 밖에 『경세지장(經世指掌)』의 발문 및 무신자본(戊申字本) 『문장정종(文章正宗)』의 목록 끝에 붙은 「새로 인쇄하는 『문장정종』 뒤에 쓰다」(書新印文章正宗後)도 홍계희가 지은 것으로 되어 있지만 실은 이봉환이 지은 것이다. 해당 글은 각각 「經世指掌序」 및 「新印文章正宗跋」이라는 제목으로 『雨念齋詩文鈔』 권7 및 권8에 실려 있다.

76 기실 성대중 당시에 이미 홍계희 가문이 역적으로 처단되었기 때문에 성대중의 폭로도 가능했을 것이다. 그렇다면 성대중이 차마 혹은 감히 밝히지 못한 유사사례도 있지 않았을까? 이 점과 관련하여 이덕무와 박지원의 관계도 여러 모로 의심스러운 점이 없지 않다. 하지만 필자는 본고를 마무리 지어야 하는 시점에 이르기까지 이 문제에 대한 확정적인 판단에 도달하지 못했다. 언젠가 필자의 생각이 좀 더 진전되고 나면 이 문제를 본격적으로 해부할 생각이다.

> 수 있는가? 심지어 어린애들이 머리가 하얀 조숙(祖叔) 항렬을 희롱하여 때리기까지 하니, 어찌 조금도 돌이켜 생각하지 않는단 말인가?[77]

『사소절』의 한 대목이다. 이덕무는 서얼 차별을 '오랑캐 풍습'으로 규정하여 극력 비판하면서 서얼에 대한 존중을 사대부 윤리로 정립하려 했다.

그러나 서얼 차별은 엄연히 사회정치적 현상이다. 따라서 박물학을 통해 박학다식한 지식인으로 인정받는다 한들, 자신을 서얼이 아니라 지식인으로 보편화하려 한들, 서얼에 대한 존중을 윤리학으로 정립한다 한들, 현실 사회에서 작동하는 사회정치적 기제가 바뀌지 않는 한 결국 한계에 봉착할 수밖에 없다. 이덕무의 과로사는 그 한계를 지극히 파국적인 방식으로 확인시켜준다.[78]

> 『규장전운(奎章全韻)』은 교정하는 대로 교정거리가 생겨서 사람으로 하여금 머리와 수염이 희어지게 하니 어쩌겠습니까? 예원(藝苑)의 어려운 일로 교정만한 게 없으니, 지체되기 쉽고 잘 빠뜨리기 때문입니다.[79]

> 지금 등본(謄本) 『팔가문초(八家文抄)』를 교정하는 일이 너무도 호번하니 한 사람이 일시에 마칠 수 있는 바가 아닙니다. 다만 수일(數

77 李德懋, 「士典」 一, 『士小節』 上, 『青莊館全書』 卷之二十七, 한국문집총간 257, 487면. "嘲侮庶族, 大是夷貊之風. 雖曰庶出, 自祖先視之, 則均是子孫, 其可侮之乎? 甚至幼少者戲打白首祖叔之行者, 盍少反思之?"

78 이덕무 죽음의 성격을 '과로사'로 규정한 예로 김영진(2014), 118~119면을 들 수 있다.

79 李德懋, 「成士執(大中)」, 『雅亭遺稿』 八, 『青莊館全書』 卷之十六, 한국문집총간 257, 250면. "『奎章全韻』, 隨校隨生, 令人頭須欲皓, 奈何. 藝苑難事莫如校讐, 以其易淹滯而善遺漏也."

> 日) 이래로 비록 집중적으로 일을 하고 싶지만 비유컨대 마치 정위(精衛)가 돌을 물어와 동해를 메우는 격이니, 어느 때에나 바다를 메울 수 있겠습니까.[80]

> 나는 또 운서(韻書)를 편찬하는 일을 담당하여 글자를 훑고 자획을 조사하느라 털끝처럼 미세한 데까지 이르는데, 날씨가 점점 따뜻해져 심력(心力)이 쉽게 풀어지니 번뇌를 이기지 못하겠습니다. 내 잔약한 몸뚱이를 돌아보니 사지만 겨우 갖추어져서, 믿을 것이라곤 나이 50에 눈이 밝은 것뿐이었으니 향조(香祖 : 반정균潘庭筠)가 이인(異人)의 눈동자라 했지요. 그런데 운자(韻字)를 편집한 뒤부터는 공중을 쳐다보면 어른거리니, 실로 작은 일이 아닙니다.[81]

인용문은 각각 성대중, 유득공, 이서구에게 보낸 편지이다. 이들 편지에서 이덕무는 국가 주도의 편찬사업으로 인해 각종 격무에 시달리면서 무기력증, 어지럼증, 정신적 스트레스를 호소한다.

기실 이덕무는 학문적 역량을 인정받아 국왕 정조에 의해 규장각 검서관으로 특채되었으니 서얼 지식인으로 영광을 누린 셈이다. 그러나 신분제 질서가 강고하게 남아 있는 한, '검서관'이라는 직책을 통한 '인정'은 결국 과도한 노동 착취의 또 다른 형태일 수 있다. 이 점에서 박물학을 기반으로 한 이덕무 식의 인정투쟁은 신분제 질서에 의해 포획되고 왜곡됨으로써 그늘을 드리운 면이 있다.

---

80 李德懋, 「柳惠甫(得恭)」, 『雅亭遺稿』 十一, 『青莊舘全書』 卷之十九, 한국문집총간 257, 253면. "顧今校讐謄本『八家文抄』, 事沒浩穰, 匪一人一時之所可竣工, 第自數日以來, 雖欲專意下工, 譬如精衛銜石, 何時塡海?"

81 李德懋, 「與李洛瑞書九書」, (刊本)『雅亭遺稿』 卷之六, 『雅亭遺稿』 제3책, 장29앞. "不佞又當編韻之役, 櫛字査畫, 細入毫芒. 天氣向暖, 心力易解, 不勝煩惱. 自顧孱軀, 百體僅具, 而所恃者行年五十, 巖電曄曄. 香祖所謂異人眼睛, 自編韻字, 空裏眩花, 諒非細故."

5. 이덕무의 죽음이 남긴 것

이덕무의 박물학은 '사랑'이다. 그것은 꼭 '자기애'로부터 출발하지는 않는다. 청년 시절 이덕무는 서얼 출신으로 불안, 우울, 슬픔에 사로잡혔다. 그런 이덕무는 책을 사랑함으로써 진정 자신을 사랑할 수 있었다.

그런데 지식 추구는 경쟁적인 것이 될 수 있다. 다른 사람이 모르는 것을 내가 더 많이 알수록 그만큼 더 우월해 보일 수 있기 때문이다. 그런데 이덕무의 박물학은 그런 배타적 소유욕과 경쟁심에 의해 추동되지 않는다. 반대로 타인과의 '서적 공유' 내지 '지식 공유' 속에서 이덕무는 박물학을 추구했다.

젊은 시절부터 이덕무는 가난해서 장서를 갖추지 못한 것과 훌륭한 사우(師友)의 교도(教導)가 없는 것에 절망했다. '지식 공유'를 통해 이덕무는 이 문제를 해결하면서 박학다식한 서얼 지식인으로 성장할 수 있었다. 이덕무에게 '지식 공유'는 자신이 사랑하는 책을 폭넓게 구해보기 위해 필수불가결한 것이므로, '지식 공유'를 통해 자기애와 타자애는 상호 대립을 해소하고 '자기애=타자애'로 실현될 수 있었다. 그 사랑은 그저 낭만적인 것이 아니라 엄정한 정신성을 갖는다. '지식 공유'의 근저에는 동지 간의 '규잠'을 중시하는 우도론이 놓여 있다. 그 토대 위에 이덕무는 '지식 공유'를 '지식인 윤리'로 보편화하고자 했다.

이덕무 박물학의 '사랑'이 '자기애=타자애'라는 것은 그만큼 이덕무가 '협업적 심성'에 입각하여 지식을 추구했음을 의미한다. 이덕무는 저서를 통해 자신의 존재를 세상에 부각시키는 것보다는 훌륭한 책을 찾아내어 세상에 알리는 데 치력했다. 이덕무는 지식을 '자기 것'으로 내세우기보다는 그 스스로가 새로운 지식을 얻고 그것을 세상 사람들과 공유하는 데 더 관심이 있었다. 그러니 시스템 구축은 뒷전일 수밖에 없었다. 이덕무의 박학이 결국 박물학으로 흐르게 된 것도 근본적으로 이런 이유에서라 판단된다.

그러나 오히려 그렇기 때문에 이덕무 박물학의 '사랑'은, 『기년아람』의 사례에서 확인되다시피, 자국사 정리 같은 학문운동을 추동하기에 이른다. 서얼 지식인이 그 학문운동을 주도적으로 해 나감으로써, 양반 사대부와 일부 겹치면서도 차별화되는 자신의 활동 영역을 개척하면서 사회적으로 두각을 나타낼 수 있었다. 이 점에서 이덕무의 박물학은 서얼 지식인의 인정투쟁의 일환이라고 할 수 있다.

이렇게 이덕무의 박물학이 확장성을 가질 수 있었던 궁극적인 원동력은 바로 '사랑'이다. 이덕무가 온갖 외재적인 고려를 괄호 속에 넣고 지식 그 자체를 즐기고 사랑했기 때문에 '협업적 심성'을 가질 수 있었다. 만일 폭넓은 지식에 '협업적 심성'이 뒷받침되지 않았다면 이덕무의 박물학은 운동성을 획득하기 어려웠을 것이다. 지식에 대한 독점적 소유욕과 지배욕으로 인해 서얼 지식인의 인정욕구는 상당히 왜곡되었을 것이다. '사랑'의 힘으로 이덕무는 서얼이면서 서얼의 범위를 넘어서 온전히 '이덕무'일 수 있었다.

그러나 소수적 존재의 인정투쟁은 단지 학문운동과 같은 '문화적인 것'만으로는 한계에 봉착할 수밖에 없다. 차별은 사회정치적 차원의 문제이기 때문이다. 이덕무는 박학다식한 서얼 지식인으로 두각을 나타내어 결국 국왕 정조에게까지 인정을 받기에 이르렀다. 하지만 그 결과 이덕무는 '이덕무'가 아니라 결국 '서얼'일 수밖에 없었다. 이덕무의 인정욕구를 실현시킨 바로 그 '박물학자적 면모'로 인해 이덕무는 오히려 과도한 격무에 시달리면서 결국 과로사하기에 이르렀다.

직접적인 정치운동이 차단되거나 결여된 상태에서 소수 집단의 인정투쟁은 아이러니하게 역으로 그 소수 집단을 소외시킨 지배 질서에 의해 포획될 수 있다는 것을 이덕무의 죽음은 생생하게 증언한다. 그렇다면 이덕무의 뒤를 이은 후배 서얼 지식인들은 이덕무의 과로사에서 어떤 교훈을 얻고 어떤 모색을 해나갔는가? 이 문제에 대한 탐구를 후속 연구 과제로 삼는다.

參考文獻

李德懋, 『青莊館全書』, 한국문집총간 257~258.

______, (刊本)『雅亭遺稿』, 서울대학교 규장각한국학연구원 소장본, 도서번호 : 奎4149.

______, 민족문화추진회, 『국역 청장관전서』 1~13, 1978~1981.

______·박지원, 박희병 외 역주, 『종북소선(鐘北小選)』, 돌베개, 2010.

朴趾源, 『燕巖集』, 한국문집총간 252.

______, 신호열·김명호 옮김, 『국역 연암집』 상·중·하, 돌베개, 2007.

徐有榘, 『楓石全集』, 한국문집총간 288.

成大中, 『青城雜記』, 민족문화추진회 복사본.

______, 김종태 외 옮김, 『국역 청성잡기』, 민족문화추진회, 2006.

劉在建, 실시학사 고전문학연구회 옮김, 『이향견문록』, 글항아리, 2008.

李慶民, 『熙朝軼事』, 임형택 편, 『이조후기 여항문학총서』 9, 다른생각 영인, 1991.

李圭景, 『五洲衍文長箋散稿』 上下, 명문당 영인, 1982.

李鳳煥, 『雨念齋詩文鈔』, 서울대학교 규장각한국학연구원 소장, 도서번호 : 古3028-509.

李書九, 『惕齋集』, 한국문집총간 270.

李　植, 『澤堂先生集』, 한국문집총간 88.

李宗城, 『梧川先生集』, 한국문집총간 214.

林象德, 『老村集』, 한국문집총간 206.

張之琬, 『枕雨堂集』, 한국문집총간 속 128.

張　混, 『而已广集』, 문집총간 270.

丁若鏞, 『與猶堂全書』 詩文集, 『定本與猶堂全書』 4, 다산학술문화재단, 2012.

趙龜命, 『東谿集』, 한국문집총간 215.

趙秀三, 『秋齋集』, 한국문집총간 271.

강명관(1997), 『조선후기 여항문학 연구』, 창작과비평사.

고석규(1987), 「『기년아람』에 나타난 이만운의 역사인식」, 『한국문화』 8, 서울대학교 한국문화연구소.

권정원(2007), 「이덕무(李德懋)의 가계(家系)와 교유관계(交遊關係)」, 『한문학보』 17, 우리한문학회.

______(2015), 「이덕무의 청대 고증학 수용」, 『한국한문학연구』 58, 한국한문학회.

김대중(2013), 「'내부⇄외부'에 대한 두 개의 시선-이덕무와 박제가」, 『한국사연구』 162, 한국사연구회.

김명호(2013), 「연암의 실학사상에 미친 서학의 영향」, 『연암문학의 심층탐구』, 돌베개.

김수진(2013), 「18세기 노론계 지식인의 우정론」, 『한국한문학연구』 52, 한국한문학회.

김영진(2014), 「『청장관전서』 및 기타 이덕무 저작에 대한 문헌학적 재검토」, 『고전과해석』 17, 고전문학한문학연구학회.

김윤조(2013), 「『소완정유문(素玩亭遺文)』에 보이는 이서구(李書九)와 조연귀(趙衍龜)의 관계에 대한 검토」, 『한국실학연구』 25, 한국실학학회.

김채식(2008), 「이규경의 『오주연문장전산고(五洲衍文長箋散稿)』 연구」, 성균관대학교 박사논문.

박찬홍(2015), 「『기년아람』의 편찬 체제와 한국고대사 서술」, 『동양고전연구』 60, 동양고전학회.

박희병(2006), 『연암을 읽는다』, 돌베개.

______(2010), 『연암과 선귤당의 대화』, 돌베개.

______(2016), 「능호관 이인상 : 그 인간과 문학」, 『능호집』 하, 돌베개, 2016.

심경호(2003), 「박지원과 이덕무의 희문(戱文) 교환에 대하여 : 박지원의 『산해경』 동황경(東荒經) 보경(補經)과 이덕무의 주(注)에 나타난 지식론의 문제와 훈고학의 해학적 전용 방식, 그리고 척독 교환의 인간학적 의의」, 『한국한문학연구』 31, 한국한문하회.

오수경(1990), 「18세기 서울 문인지식층의 성향」, 성균관대 박사논문.

이강한 · 하우봉 · 정재훈 · 정만조 · 김태영(2015), 『실학시대의 역사학 연구』, 사람의무늬.

이혜순(2007), 『조선후기 여성 지성사』, 이화여자대학교출판부.

정 민(2015), 『책벌레와 메모광』, 문학동네.

정우봉(2016), 「이덕무의 독서일기 『관독일기』-자아상의 확립」, 『조선 후기의 일기문학』, 소명출판.

한영우(1989), 『조선후기 사학사 연구』, 일지사.

井上進(2002, 이동철 · 장원철 · 이정희 옮김 : 2013), 『中國出版文化史 : 書物世界と知の風景』, 名古屋 : 名古屋大學出版會, 『중국 출판문화사』, 민음사.

Eagleton(1990, 방대원 역 : 1995), *The Ideology of the Aesthetics*, Oxford, UK ; Cambridge, Mass., USA : Blackwell, 『미학사상』, 한신문화사.

_______(2003, 이재원 옮김 : 2010), *After Theory*, New York : Basic Books, 『이론 이후』, 도서출판 길.

Elman(1984, 양휘웅 옮김 : 2004), *From Philosophy to Philology : intellectual and social aspects of change in late Imperial China*, Cambridge : Harvard Univ. Press, 『성리학에서 고증학으로』, 예문서원.

청장관 이덕무의 대외인식

김문식 | 단국대학교 사학과 교수

1. 머리말

청장관(靑莊館) 이덕무(李德懋, 1741~1793)는 정종의 아들인 무림군(茂林君)의 후손으로 18세기의 서울 사람이었다. 이덕무가 태어난 집은 한성부 중부의 대사동(大寺洞)에 있었다. 이덕무는 동시대에 문명(文名)을 날렸던 박지원(朴趾源) 그룹의 학자들과 어울리며 서울학계의 중심부에 있었다. 그가 관리가 되기 전에 교유한 인물들을 거명하면 원중거(元重擧), 성대중(成大中), 박제가(朴齊家), 서상수(徐常修), 박지원, 백동수(白東修), 유득공(柳得恭), 이만운(李萬運) 등이 있었다. 이공무(李敬懋)는 그의 종형(從兄)이었다.

이덕무는 1778년(정조 2) 3월부터 윤6월까지 박제가와 함께 북경을 다녀왔다.[1] 이덕무는 연행사(燕行使) 서장관(書狀官)으로 차출된 심념조(沈念祖, 蕉硏齋)와 친분이 있었고, 박제가는 정사(正使) 채제공(蔡濟恭)과 친분이 있었다. 두 사람은 오랫동안 꿈꾸어왔던 북경 여행을 함께 떠났다.[2] 이때 이덕무의 나이는 38세였다.

이덕무는 1779년(정조 3) 6월에 규장각(奎章閣) 검서관(檢書官)에 발탁되었다. 정조는 국왕이 된 직후에 창덕궁 후원에 규장각을 건설하였고, 문학에 능한 사람을 검서관으로 발탁하여 서적 편찬이나 교열, 필사의 업무를 맡겼다. 최초의 검서관으로 이덕무, 유득공, 박제가, 서리수(徐理修)가 선발되었으며, 이들은 이전부터 교분을 나누던 동료였다. 이

---

1 이덕무와 박제가는 1778년 3월 17일에 서울을 출발하였고, 윤6월 14일에 의주로 돌아왔다.

2 『靑莊館全書』 권66, 入燕記上, 「上之二年戊戌三月十七日丁丑」.
"余與朴在先齊家, 願欲一見中原, 齎志未果. 至是, 沈蕉齋念祖, 充謝恩陳奏使書狀官, 與余有雅, 要余偕行. 在先, 亦隨上使蔡公濟恭而入焉."

덕무는 규장각 검서관으로 근무하면서 『어정규장전운(御定奎章韻書)』, 『동방인물고(東方人物考)』,[3] 『어정팔자백선(御定八子百選)』, 『국조보감(國朝寶鑑)』, 『어정송사전(御定宋史筌)』, 『대전통편(大典通編)』, 『문원보불(文苑黼黻)』, 『무예도보통지(武藝圖譜通志)』, 『해동읍지(海東邑誌)』, 『장릉배식록(莊陵配食錄)』, 『현륭원지(顯隆園志)』, 『눌재집(訥齋集)』 같은 서적을 편찬하거나 교정하는 작업에 참여하였다.[4]

이덕무는 규장각에서 주관하는 국가적 출판 사업에 참여하면서 청과 일본에 대한 정보를 많이 접할 수 있었다. 왕실 도서관인 규장각에는 청과 일본에서 수입한 다량의 서적들이 있었기 때문이다. 게다가 이덕무는 북경을 다녀온 경험이 있고, 1763년(영조 39)부터 1764년까지 통신사로 일본을 다녀온 원중거와 성대중으로부터 생생한 체험을 들을 수도 있었다. 이런 과정을 통해 이덕무는 청과 일본의 학문 및 문물에 대한 정보를 많이 확보할 수 있었다.

본고는 이덕무의 대외인식을 전반적으로 파악하기 위해 작성되었다. 본문에서는 장을 구분하여 청에 대한 인식과 일본에 대한 인식을 정리하였으며, 청에 대해서는 국제 정세, 학문, 문물 수용론을, 일본에 대해서는 천황과 관백, 학문, 문물 수용론을 살펴보았다. 본고는 이덕무의 생각을 충실히 따라가는 방식으로 정리하였고, 부분적으로 동시대 다른 학자의 대외인식과 비교하였다.

---

3 정조 대에 편찬된 『國朝人物考』를 말함.

4 『靑莊館全書』 권70~71의 「先考積城縣監府君年譜」를 참조.

2. 청에 대한 인식

1) 청의 정세에 대한 이해

이덕무는 1778년(정조 2)에 북경을 다녀오면서 청나라 정세를 직접 살필 기회가 있었다. 그는 북경을 방문하면서 청나라의 정치가 어떠한지에 대해 깊은 관심을 가졌다. 그는 북경을 향하던 길에 연산관(連山關) 숙소의 주인이던 풍씨(馮氏)에게 명나라 정치와 청나라 정치가 어떠한지를 물었다. 풍씨는 명나라 정치는 등급이 엄격하여 수고로운 자와 편안한 자가 나뉘었지만, 청나라 정치는 등급이 완만하여 모든 사람들이 수고롭다고 하였다. 청나라 정치가 명나라 정치보다 반드시 나은 것이 아니라는 답변이었다.

> 밤에 주인 풍씨(馮氏)를 불러 '명(明) 조정의 정령(政令)이 지금 조정의 정령에 비해 어떠합니까?' 물었다. (풍씨가) 대답하였다. '명 조정의 정치는 등급이 엄격하였기 때문에 수고로운 자는 비록 수고로웠지만 편안한 자는 그래도 편안하였습니다. 지금 조정의 정치는 등급이 완만하기 때문에 사람마다 수고롭지 않는 이가 없어 어떤 사람은 명 조정만 못하다고 합니다.'[5]

이덕무가 청을 방문했을 때 조선 사신단이 지나가는 길에는 도로 공사가 한창이었다. 그해 7월에 건륭제(乾隆帝)가 심양(瀋陽)에 있는 청나라 초기 황제들의 황릉(皇陵)에 행차할 예정이었기 때문이다. 청 황

5 『青莊館全書』 권66, 入燕記上, 「四月十七日丁未」.
"夜召主人馮姓, 問'明朝政令, 何如今朝'. 對曰, '明朝爲政等級嚴截, 故勞者雖勞, 逸者亦逸. 今朝爲政, 緩於等威, 故無人不勞, 或不如明朝.'"

제가 북경에서 심양에 이르는 길은 조선의 사신단이 지나가는 경로와 일치하였다. 이덕무는 공사 현장을 지나가면서 도로 공사의 규모가 있고 사람들의 질서가 정연한 것을 보고, 청나라 풍속이 정비된 것이 조선보다 낫다고 판단하였다.

> 7월에 황제가 성경(盛京)에 행차할 예정이라 연로(沿路)의 군민(軍民)을 징발하여 길을 닦았다. 언덕을 뭉개고 구렁을 메워 만든 길이 곧은 것은 먹줄을 퉁긴 것 같았고 농지도 피하지 않았다. 길에는 반드시 흙을 쌓아 약간의 경계를 만들었는데 모두 다섯줄이었다. 가운데 줄은 매우 넓어 황제가 가는 길이었다. 좌우의 두 줄은 조금 좁아 비빈(妃嬪)과 왕자(王子)가 가는 길이었다. 또 가장자리의 두 줄은 좁았으며 이것은 백관과 군마(軍馬)가 가는 길이었다. 만일 연고가 있어 부역하지 못하는 사람은 한 사람당 하루에 돈 5백을 낸다. 1백이 16전(錢)이므로 5백이면 80전이 된다. 각각 가래와 삽을 들고 일을 하는데 잡음이 없으니, 풍속이 정제된 것이 우리나라 사람이 미칠 수 없는 것임을 볼 수 있었다.[6]

그러나 북경에서 조선으로 돌아오는 길에서는 이러한 판단이 달라졌다. 공사 현장을 보면서 청 황제의 정치가 매우 각박한 것임을 발견하였기 때문이다. 우선 이덕무는 황제가 지나는 길을 직선으로 만드느라 백성들의 토지가 큰 피해를 받고 있음을 알았다.

---

6 『靑莊館全書』 권66, 入燕記上, 「五月初一日庚申」.
"七月, 皇帝將幸盛京, 沿路發軍民修治. 斬岸塡塹, 路直如繩, 不避田疇. 路必堆土略爲界, 凡五條. 中條甚廣, 皇帝所行. 左右兩條稍狹, 妃嬪王子所行. 又側畔兩條狹如之, 此百官軍馬之所行也. 人若有故不赴役, 則一人一日出錢五百, 一百爲十六錢, 五百爲八十錢也. 各執鍬鍤爲役, 而無喧譁, 可見風俗之齊整, 東方之人所不可及也."

중후소(中後所)를 조금 지나자 큰 시내가 있었다. 7월에 황제가 심양에 거둥할 예정이라 큰 나무를 실어다가 다리를 놓는데 거의 70~80칸이나 되었다. 직로(直路)를 닦느라 백성들의 전지를 침해한 것이 매우 많으니 피해가 적지 않았다.[7]

이보다 더 큰 문제는 모기와 파리가 낀다고 도로변에 정(靘)이라 불리는 풀을 심지 못하게 하는 조치였다. 이덕무는 청나라 사람들이 정을 심는 것은 옷을 청흑색으로 물들이기 위해서이므로 큰 이익이 되는 것인데, 황제의 행차 때문에 정을 심지 못하게 하는 것은 패정(稗政)이라고 탄식하였다.

지금 중국의 옷은 청흑색(青黑色)을 숭상하여 정(靘)을 심는 것은 민생에 큰 이익이 된다. 가령 백성들이 어련(御輦)에 모기와 파리가 몰릴까 염려하여 연로 1천여 리의 백성들이 서로 경계하여 정을 심지 않는다 하더라도, 윗자리에 있는 사람은 돈유(敦諭)하여 정을 심게 하여 그 생업을 안정시켜야 할 것이다. 지금은 억지로 명령을 내려 심지 못하게 하니 이는 패정(稗政)이다.[8]

이덕무의 비판은 여기서 그치지 않았다. 돌아오는 길에 그는 도로변에서 건륭제의 조유(詔諭)를 보았다. 황제가 동생과 조카를 죽인 백성을 처형하면서 그 재산을 상속받게 될 자식까지 연좌시켜 처벌하였다

7 『青莊館全書』 권67, 入燕記下, 「六月二十七日乙卯」.
"纔過中後所, 有大川. 七月皇帝將幸瀋陽, 駕大木爲橋, 幾七八十間. 修直路, 割民田甚多, 爲害不少."

8 『青莊館全書』 권67, 入燕記下, 「六月二十三日辛亥」.
"今中原衣尙青黑色, 種靘爲民生之大利. 假使衆民或恐蚊蠅之集御輦, 沿路千餘里, 相戒不種靘, 在上者敦諭, 使之種之, 以安其業. 如今勒令不種, 是稗政也."

는 내용이었다. 이덕무는 이것은 역적의 자녀를 연좌시키는 것과는 달라야 한다며, 죄 없는 자녀까지 죽이는 것은 가혹한 정치이고 앞으로 무궁한 폐단이 생길 것이라 비판하였다.

> 황제의 조유(詔諭)가 있는데 그 내용은 대략 다음과 같다. '산서(山西) 태원(太原)의 백성인 백명장(白明璋)이 그 동생 명현(明顯)과 조카 두 사람을 죽이고 그 부조(父祖)가 남겨준 토지와 재물을 모두 빼앗았다. 이는 강상(綱常)의 대변(大變)이므로 즉시 참살(斬殺)하였다. 그러나 그만 죽인다면 빼앗은 토지와 재물은 장차 그 자식의 소유가 될 것이므로, 그 자식마저 죽여서 남은 종자를 없애는 것으로 완민(頑民)에게 고유(告諭)한다.'
>
> 이 역시 옛날의 양법(良法)이 아니다. 경(經)에 이르기를 '벌은 자식에 미치지 않는다.[罰不及嗣]' 하였으니, 이는 역적(逆賊)의 자녀를 연좌(連坐)하는 법과는 다르다. 하물며 이 적(賊)은 비록 그 동생을 죽였으나 죄는 그 몸에서 그치는 것이 적절하고 죄 없는 자녀에게까지 미치는 것은 가혹하다. 후세의 무궁한 폐단이 반드시 여기에서 연유하지 않는다고 할 수 없을 것이다.[9]

이덕무가 가장 비판한 것은 청 황제의 문화정책이었다. 이덕무는 강희제(康熙帝)가 실시한 박학홍사과(博學鴻詞科)를 소개하면서 이는 청에 복종하지 않는 명나라 유민(遺民)들이 인심(人心)을 선동하는 말을 하거나 조정을 조롱하는 글을 쓰는 것을 막으려는 조치로 보았다. 그

9 『青莊館全書』 권67, 入燕記下, 「六月二十三日辛亥」.
"又有皇帝詔諭, 大略以爲, '山西太原民白明璋, 殺其胞弟明顯及姪二人, 盡奪其父祖所傳之田財. 此係綱常之大變, 故卽時斬決. 然只誅其身, 則其所奪之田財, 將爲其子之所有, 幷其子誅之, 殄滅遺種, 告諭頑民.' 此亦非古之良法也. 經曰'罰不及嗣', 此與逆賊連坐子女之法有異. 況此賊雖戕害其弟, 罪止其身可也, 至幷及其無罪之子女, 則酷也. 啓後來無窮之弊者, 未必不由於此也."

는 강희제가 박학홍사과를 통해 명나라 말기의 숙유(宿儒) 50인을 선발하여 한림원(翰林院)에 소속되게 함으로써 청나라 조정에 대한 비방을 막았다고 하였다.

> 청(淸)이 외국이면서 중국에 들어갔으니 명 유민(遺民) 중에 마음으로 복종하지 않는 사람이 있었다. 강희제는 그들이 어지러운 의논으로 인심을 선동하거나 저서로 조롱할까 염려하여 박학홍사과를 설치하였다. 억지로 천하의 숙유(宿儒)를 모아 50인을 선발하여 모두 한림원검토(翰林院檢討)에 임명하여 비방을 막았으니, 천하를 다스릴 방법을 얻을 수 있었다.[10]

이덕무는 건륭제가 『사고전서(四庫全書)』를 편찬하게 한 것도 명나라 영락제(永樂帝)가 『영락대전(永樂大典)』을 편찬하게 한 것이나 강희제의 박학홍사과처럼 청 조정에 대한 불만을 막으려는 조치로 보았다. 『사고전서』를 편찬한다는 명분으로 천하의 서적들을 모아들인 후 청 조정에 불만을 표출한 책을 가려내어 불태우거나 지워버린다는 비판이었다.

> 건륭 갑오년(1774)에 처음으로 천하의 책을 수집하여 '사고전서(四庫全書)'라 명명하였다. 대개 명나라 성조(成祖)가 천하의 문인(文人)들을 불러 『영락대전(永樂大典)』을 편집하여 정난(靖難) 후의 불평한 기운을 막고, 강희(康熙)가 박학홍사과(博學鴻詞科)를 설치하여 명 말기의 유로(遺老)들을 모아 과명(科名)을 주면서 은연중에 횡의(橫議)를 막은 것과 그 뜻이 동일하였다. 근년 이래로 승국(勝國, 명)의 완고한 백성들이 비록 늙어 죽었다 하지만 그들의 책은 아직도 많았다. 따라서 그들

---

10 『青莊館全書』 권56, 盎葉記3, 「博學鴻詞科」.
"清旣以外國入中國, 而明之遺民, 或有不心服者. 康熙慮其橫議煽動人心, 又或著書譏嘲, 設博學鴻詞科. 勒聚天下之宿儒, 取五十人, 而皆拜翰林院檢討以放之, 能得駕馭之術."

이 저술한 문자에 기롱하는 뜻을 두었을까 염려하여, 겉으로는 책을 구입하는 성대한 뜻을 보이며 책을 널리 찾아서 남김없이 모아들이라는 조서를 내렸다. 그리고 불사를 것과 도말(塗抹)할 것을 영갑(令甲)에 명시하였으니 그 계획이 또한 교묘하다고 하겠다.[11]

이덕무의 이러한 우려는 그가 실제로 경험한 일이기도 하였다. 이덕무는 풍윤(豐潤)의 숙소에서 머물 때 곡응태(谷應泰, 1620~1690)의 5대손을 만났다. 곡응태는 청 순치제(順治帝) 때 과거에 급제하여 절강제학(浙江提學)이 되었지만 1658년경에 마무리한 『명사기사본말(明史紀事本末)』(80권)이란 역사책에서 청나라와 관련된 일을 직필(直筆)로 썼다가 탄핵을 받아 죽은 인물이었다. 이덕무는 곡응태의 후손으로부터 선조가 이 책 때문에 화를 당하였고 책의 판본까지 없애버렸다는 증언을 들었다.[12]

이덕무는 북경에 있을 때 심덕잠(沈德潛, 1673~1769)이 편찬한 『국조시별재집(國朝詩別裁集)』에서 전겸익(錢謙益)을 비롯한 명말 유민들의 시가 많이 누락된 것을 발견하였다. 건륭제가 책의 어제서문을 통해 시의 선별이 잘못되었다고 비판한 후 책에서 명 유민들의 시를 빼버렸기 때문이었다. 이덕무는 새로 나온 『국조시별재집』의 판본은 명

---

11 『青莊館全書』 권56, 盎葉記3, 「四庫全書」.
"乾隆甲午, 始蒐輯天下之書, 名曰'四庫全書'. 蓋亦成祖召天下文人, 編輯『永樂大典』, 以鎖靖難後不平之氣, 康熙設博學鴻詞科, 勒集明末遺老, 蒙之以科名, 陰杜橫議之口, 同其意也. 近年以來, 勝國之頑民, 雖曰老死, 其書尚多. 則或慮其寓譏于文字之間, 外示購書之盛意, 優詔博訪, 畢集無遺. 於是燒者抹者, 懸爲令甲, 蓋其爲計, 亦云巧矣."

12 『青莊館全書』 권66, 入燕記上, 「五月初十日己巳」.
"書狀又召主人筆談, 此谷霖蒼應泰之五代孫也. 問『明史紀事本末』, 則嚬蹙良久, 乃曰, '先祖坐此書被禍, 故毁板, 不行於世.' 蓋直書淸事, 爲家僮所告, 康熙二十九年, 年七十坐死. 登順治科, 官至浙江提學. 書狀屢請詳言其事, 其人竟秘諱不言, 擲筆而起."

유민들의 시가 빠져서 볼만하지 않으며, 심덕잠이 살아있을 때 청 황제에게 화를 당하지 않은 것이 그나마 다행이라고 하였다.

> 덕잠(德潛)의 자(字)는 확사(碻士)이고 다른 자는 귀우(歸愚)이다. 장주(長州) 사람으로 벼슬이 예부상서(禮部尙書)에 이르렀고 103세에 죽었다. 처음에 지은 『국조시별재집』에는 명말(明末) 유민(遺民)들의 시를 많이 수록하였으나 두 전씨(錢氏)의 시를 실은 것 때문에 다른 사람의 시까지 빼버리게 되었다. 지금의 판본은 볼 만하지 않고 (황제의) 서문에서는 덕잠을 너무 꾸짖었으니 덕잠의 마음이 어찌 편하였겠는가? 생전에 화가 미치지 않은 것이 다행이다.[13]

이덕무는 북경에 머물면서 여러 사람들의 유집(遺集) 간행을 금지하고 목판을 불태우라는 황제의 조서(詔書)를 보았다. 그는 황지(黃紙)에 쓴 건륭제의 조서에서 전겸익, 굴대균(屈大均), 김보(金堡)의 유집은 책판을 부수고 태워서 한마디도 남기지 말고 그 책을 소장하고 있는 사람을 처벌하라는 명령을 보았다. 전겸익은 청나라에 항복하여 관리가 되었지만 그의 시문에 청나라를 배척한 내용이 있었고, 굴대균과 김보는 명나라가 망한 뒤 승려가 되어 청나라를 배척하였기 때문이었다. 이덕무는 황도주(黃道周)나 유종주(劉宗周)처럼 명에 대한 절의를 지키다 사망한 사람의 글에서 청나라를 비난하는 문구가 나오면 이를 모두 지워버린 후 『사고전서』에 수록한 것도 알게 되었다.[14]

13 『青莊館全書』 권67, 入燕記下, 「五月二十二日辛巳」.
"德潛, 字碻士, 一字歸愚. 長洲人, 官禮部尙書, 卒年百三. 初著『別裁集』, 多載明末遺民, 坐載兩錢, 幷及於他人. 今本不足觀, 序文太苛, 德潛之心, 其能安乎. 不及幸矣."
沈德潛의 生年은 1673년이고 沒年은 1769년이므로 '103세'라는 기록은 오류로 보인다.

14 『青莊館全書』 권56, 盎葉記3, 「四庫全書」.
"[戊戌遊燕時, 見坊曲揭黃紙詔書, 嚴禁錢謙益 · 屈大均 · 金堡三人遺集, 毁板焚燒, 勿遺

이덕무는 명말 유민들의 훌륭한 서적은 탄압을 받고 쓸모가 없는 문집들은 대량으로 출판되는 현실이 불만이었다. 그는 보잘 것 없는 장사치의 문집이 본인이 살아있을 때 활발하게 출판되어 구역질이 난다며, 책판으로 사용되는 배나무와 대추나무의 재난이 가장 심하다고 비난하였다.

> 그러나 중원의 근래 풍속은 성명만 대략 기록할 줄 알면 보잘것없는 장사꾼도 문집을 조판(雕版)하지 않음이 없다. 사람에게 구역질이 나게 하니 배나무와 대추나무가 화를 입은 것이 이때에 와서 극심하였다.[15]

이덕무가 북경을 방문한 시기는 청이 중원을 완전히 장악하고 전성기를 구가하던 18세기 후반이었다. 이덕무는 청의 정치 현실이 일반 백성들에게 가혹하고, 지식인들은 청 조정의 조치를 비판하는 발언을 한마디도 못하는 상황인 것으로 보았다. 그는 청의 정세가 안정되기는 하였지만 지식인과 백성들의 불만은 날로 쌓여간다고 판단하였다.

2) 청 학문의 수용과 비판

이덕무가 북경을 방문할 무렵에 국왕 정조(正祖)는 청에서 새롭게 출판되는 서적을 수입하는데 열중이었다. 정조는 1777년(정조 1)에 북

片言, 藏者抵罪. 蓋謙益則以明朝宰相, 投降淸朝, 而其逑詩文, 侵斥不已. 大均 · 堡, 革世後, 托跡編流, 亦斥淸朝故也. 至若已死於明朝者, 如黃道周 · 劉宗周輩, 其於疏章間, 或有凌侮淸人之語, 此係爲其本朝, 只可林去侵斥之句語, 亦爲謄寫四庫全書中, 其大畧如此.]"

15 『靑莊館全書』 권57, 盎葉記4, 「生時刊行文集」.
"然中原近俗, 粗記姓名, 則稗販之徒, 莫不有集雕版. 令人歐哇, 災梨禍棗, 於斯極矣."

경을 방문했던 서호수(徐浩修)를 통해 『고금도서집성(古今圖書集成)』 5,020책을 은자(銀子) 2,150냥을 주고 구입하여 규장각에 소장해 두었다.[16] 1778년에 이덕무는 북경에 도착한 직후 서장관 심념조(沈念祖)의 부탁으로 유리창(琉璃廠)을 방문하여 수십 종의 서적을 구입하였고, 그중에는 주이존(朱彛尊)의 『경해(經解)』와 마숙(馬驌)의 『역사(繹史)』 같은 희귀본이 포함되었다.[17] 『규장총목(奎章總目)』을 보면 이덕무가 이때 구매한 『경해』 552책과 『역사』 32책은 규장각의 개유와(皆有窩)에 보관된 것으로 나타난다.[18] 조선 정부가 『고금도서집성』을 구입한 이후에도 계속해서 조직적으로 서적을 구입한 정황이 드러나는 대목이다.

이덕무는 개인적으로도 청에서 간행된 서적을 파악하고 구입하는데 열심이었다. 이덕무는 북경에 입성하고 이틀 후에 유리창을 방문하여 서적과 선물을 구입하였다.[19] 이때 동료인 박제가와 건량관(乾糧官)인 김석우(金錫禹)가 동행하였다. 유리창의 서점에는 좋은 책이 너무 많았고, 이덕무는 서적을 구입할 비용이 부족하였다. 이덕무는 서점에서 조선에 없는 책과 희귀본을 골라 목록을 기록하였다.

다음의 〈표〉는 이덕무가 정리한 희귀본 서적 136종의 목록이다.

---

16 『正祖實錄』 권3, 正祖 1년 2월 庚申(24일).

17 『青莊館全書』 권67, 入燕記下, 「五月二十八日丁亥」.
"與在先, 往琉璃廠五柳居, 閱南船奇書. 書狀囑余沽數十種, 其中朱彛尊『經解』馬驌『繹史』稀有之書, 而皆善本也."

18 『奎章總目』 권1, 總經類, 「經解五百五十二本」; 권2, 別史類, 「繹史三十二本」.

19 琉璃廠은 강희제 말년부터 조성되어 건륭제 때 성시를 이루었으며, 유명한 학자인 顧炎武, 王士禎, 孫承澤, 朱彛尊, 紀昀, 戴震 등이 단골손님이었다(이홍식, 「연행록 소재 북경 유리창 기록의 변화 추이와 의미 탐색」 『漢文學論集』 41, 근역한문학회, 2015, 344~355면).

〈표〉 이덕무가 유리창에서 열람한 서적 목록[20]

서점	서명	종
嵩秀堂	『通鑑本末』, 『文獻續纂』, 『協紀辨方』, 『精華錄』, 『賦彙』, 『欽定三神』, 『中原文憲』, 『講學錄』, 『皇華紀聞』, 『自得園文鈔』, 『史貫』, 『傅平叔集』, 『陸樹聲集』, 『太岳集』, 『陶石簣集』, 『升菴外集』, 『徐節孝集』, 『困勉錄』, 『池北偶談』, 『博古圖』, 『重訂別裁』, 『古文奇賞』, 『西堂合集』, 『帶經堂集』, 『居易錄』, 『知新錄』, 『鐵綱珊瑚』, 『玉茗堂集』, 『傳道錄』, 『高士奇集』, 『溫公集』, 『唐宋文醇』, 『經義考』, 『古事苑』, 『笠翁一家言』, 『獪園』, 『子史英華』	37
文粹堂	『程篁墩集』, 『史料』, 『范忠宣公集』, 『欒城後集』, 『圖繪寶鑑』, 『方輿紀要』, 『儀禮節略』, 『冊府元龜』, 『獨制詩』, 『文體明辨』, 『名媛詩鈔』, 『鈐山堂集』, 『義門讀書記』, 『王氏農書』, 『山左詩鈔』, 『墨池編』	16
聖經堂	『弇州別集』, 『感舊集』, 『路史』, 『潛確類書』, 『施愚山集』, 『紀纂淵海』, 『書影』, 『青箱堂集』, 『昭代典則』, 『格致錄』, 『顧端公襍記』, 『沈碻士集』, 『通考紀要』, 『由拳集』, 『本草經疏』, 『閒暑日鈔』, 『倪元璐集』, 『史懷』, 『本草匯』, 『曹月川集』	20
名盛堂	『寄園寄所寄』, 『范石湖集』, 『名臣奏議』, 『月令輯要』, 『遵生八牋』, 『漁洋三十六種』, 『知不足齋叢書』, 『隷辨』, 『益智錄』, 『幸魯盛典』, 『內閣上諭』, 『帝鑑圖說』, 『臣鑑錄』, 『左傳經世鈔』, 『理學備考』	15
文盛堂	『王梅溪集』, 『黃氏日鈔』, 『食物本草』, 『八旗通志』, 『盛明百家詩』, 『皇淸百家詩』, 『兵法全書』, 『虞道園集』, 『漁洋詩話』, 『荊川武編』, 『呂氏家塾讀詩記』, 『本草類方』	12
經腴堂	『音學五書』, 『大說鈴』, 『今詩篋衍集』	3
聚星堂	『安雅堂集』, 『韓魏公集』, 『吳草廬集』, 『宛雅』, 『詩持全集』, 『榕村語錄』	6
帶草堂	『堯峯文鈔』, 『精華箋註』, 『精華訓纂』, 『漁隱叢話』, 『觀象玩占』, 『篆書正』, 『明文授讀』, 『香樹齋全集』, 『七修類稿』	9
郁文堂	『賴古堂集』, 『李二曲集』	2
文茂堂	『埤雅』, 『許魯齋集』, 『范文正公集』, 『邵子湘集』, 『闕里文獻考』, 『班馬異同』	6
英華堂	『帝京景物略』, 『羣書集事淵海』, 『三魚堂集』, 『廣羣芳譜』, 『林子三敎』, 『楊龜山集』	6
文煥齋	『榕村集』, 『名媛詩歸』, 『觚賸』, 『穆堂集』	4
계		136

20 李德懋는 朴齊家, 金錫禹와 함께 琉璃廠으로 가서 조선에 없는 책과 희귀본만 기록하

이덕무가 북경에서 가장 많이 방문한 서점은 오류거(五柳居)였고 서점의 주인은 도씨(陶氏)였다. 이덕무는 이곳에서 자신이 북경에서 구했던 『절강서목(浙江書目)』[21]에 나오지 않는 책을 발견하였고, 시간이 날 때마다 서점에 나가 강남 지역에서 올라오는 기서(奇書)들을 열람하였다. 이덕무는 북경에 머문 한 달 동안 오류거 서점을 네 차례 방문하였고,[22] 북경을 떠난 후 통주(通州)에서 서장관의 부탁으로 서점에 주문해 두었던 책을 받을 수 있었다.[23]

이덕무는 북경을 다녀온 이듬해인 1779년(정조 3)에 규장각 검서관이 되었고, 이후 규장각에 소장된 서적들을 열람하면서 다양한 편찬 사업에 참여하였다. 따라서 그는 청에서 출판된 신간 서적에 대해 많은 정보를 가지고 있었다.

이덕무는 청 황제가 조선에 배포해 준 서적들의 내역을 자세히 파악하고 있었다. 강희제가 1713년(숙종 39)에 준 『전당시(全唐詩)』, 『고문연감(古文淵鑑)』, 『패문운부(佩文韻府)』 등 300여 책이나 옹정제가 1723년(경종 3)에 준 『주역절중(周易折中)』과 『주자전서(朱子全書)』, 1729년(영조 5)에 준 『강희자전(康熙字典)』, 『성리정의(性理精義)』, 『시경전설휘찬(詩經傳說彙纂)』, 『음운천미(音韻闡微)』 등이 그런 서적이었다. 이덕무는 강희제가 하사한 책은 김창집(金昌集)이 가져왔고, 옹정제가 하

였다(『青莊館全書』 권67, 入燕記下, 「五月十七日丙子」. "於是, 余與在先及乾粮官, 往琉璃廠, 只抄我國之稀有及絶無者, 今盡錄之.").

21 규장각에 소장된 『浙江採集遺書總錄』 10권을 말한다. 1774년에 浙江布政使 王亶望이 편집 간행한 책이다.

22 이덕무는 1778년 5월 15일에 북경에 입성하였고, 6월 16일에 북경을 출발하였다. 그는 5월 25일, 28일, 6월 2일, 5일에 五柳居 서점을 방문하였다.

23 『青莊館全書』 권67, 入燕記下, 「六月十六日甲辰」.
"五柳居陶生, 使其戚人袁姓, 載書狀所購書于車, 追及通州. 益歎陶生之信實."

사한 책은 밀창군(密昌君) 이직(李樴)이 가져왔다고 소개하였다.[24]

이덕무는 중국에서 출판된 총서(叢書)나 유서(類書)에 대해서도 잘 알고 있었다. 송의 『문원영화(文苑英華)』와 『책부원구(冊府元龜)』, 명의 『영락대전(永樂大典)』, 청의 『고금도서집성』과 『사고전서(四庫全書)』가 그에 해당하는 서적이었다.[25] 이덕무는 규장각에 근무하면서 서호수가 구입해 온 『고금도서집성』 전체를 열람할 기회를 가졌다. 정조의 명령으로 유득공, 박제가, 서이수(徐理修)와 함께 5,022책의 부목(部目)을 일일이 작성하였기 때문이다. 이덕무는 자신이 북경에 갔을 때 『고금도서집성』의 산질(散帙)을 보았는데, 이제 국왕의 명으로 규장각에 있는 책 전체를 열람하게 됨을 감격해 하였다.

> 금상(今上, 정조) 병신년(1776)에 사신(使臣)[부사 서호수(徐浩修)]에게 명하여 비싼 값으로 구입하여 장황(裝潢)을 바꾸고 개유와(皆有窩)에 쌓아 두었다. 경자년(1780, 정조 4) 봄에 검서관인 신(臣) 이덕무(李德懋), 유득공(柳得恭), 박제가(朴齊家), 서이수(徐理修)에게 명하여 부목(部目)을 베껴 각 책에 매어 놓게 하였다. 글씨 잘 쓰는 사람에게 쓰게 하니 40일 만에 베끼는 일이 끝났다. 뒤에 상의주부(尙衣主簿) 신 조윤형(曺允亨)에게 명령하여 책명(冊名)을 쓰게 하고, 사자관(寫字官)에게 부목(部目)을 쓰게 하였다.

---

24 『靑莊館全書』 권55, 盎葉記2, 「中國書來東國」.
"淸康熙五十二年癸巳[我肅宗三十九年], 附『全唐詩』·『古文淵鑑』·『佩文韻府』共三百餘本. 雍正元年癸卯[我景宗三年], 附『周易折中』·『朱子全書』. 七年[我英宗五年], 附『康熙字典』·『性理精義』·『詩經傳說彙纂』·『音韻闡微』.[『全唐詩』等書, 金昌集持來, 『周易折中』等書, 密昌君樴持來.]"

25 『靑莊館全書』 권56, 盎葉記3, 「永樂大典」.
"設局編纂之書, 卷帙浩大, 肇於宋朝『文苑英華』『冊府元龜』等書. 而較明『永樂大典』, 則眇然矣. 至淸『圖書集成』, 則『大典』始瞠乎. 後矣至若『四庫全書』, 雖非類纂之書, 洋洋大觀, 前者數種, 風斯下矣."

> 덕무(德懋)가 무술년(1778, 정조 2)에 북경에 유람할 때 서점에서 『도서집성』의 산질(散帙)을 보고, 진귀한 문장이나 서화를 얻은 것처럼 으스대며 기관(奇觀)이라 생각하였다. 이제 성상(聖上)의 뜻을 받들어 손수 5천여 책을 열람하니 참으로 평생의 안목을 저버리지 않게 되었다.[26]

이덕무는 청에서 편찬하고 있던 『사고전서』에 대해서도 비교적 소상하게 파악하였다. 그는 『사고전서』에 수록되는 책이 1만 종을 넘으므로 권수로는 10만 권이 넘을 것이고, 총찬관(總纂官)인 육석웅(陸錫熊)과 기윤(紀昀)이 책마다 소지(小識)를 작성하여 책의 득실을 평가한다고 하였다. 또한 그는 『사고전서』가 아직 완성되지 않았지만 이를 간추린 『사고전서회요(四庫全書薈要)』는 완성되었다며, 이로 인해 중국은 서적이 갖춰지고 문아(文雅)의 다스림이 성대해졌다고 판단하였다.[27]

이덕무는 청 학자의 저술을 평가할 때 명 조정에 대한 의리(義理)를 기준으로 하였다. 그는 강희제 때 과거에 급제한 사람은 명나라 때 태어나 자랐기 때문에 과거에 응시하지 않는 것이 옳으며, 옹정제와 건

26 『青莊館全書』 권57, 盎葉記4, 「圖書集成」.
"今上丙申, 命使臣[副使徐浩修], 以重價購之, 改裝潢, 貯于皆有窩. 庚子春, 命檢書臣李德懋·柳得恭·朴齊家·徐理修, 謄抄部目, 各係于冊. 將使工書者題之, 凡四十日訖抄. 後又命尙衣主簿臣曹允亨, 題冊名, 寫字官題部目. 德懋戊戌遊燕市, 於書坊, 得見『圖書集成』散帙者, 如獲吉光片羽, 詑以爲奇觀. 今奉聖旨, 手自繙閱五千餘冊, 眞不負平生之眼."

27 『青莊館全書』 권32, 淸脾錄1, 「武英殿聚珍版」.
"(四庫全書)以種計萬餘, 則其爲卷當踰十萬. 每一種, 總纂官陸錫熊·紀昀, 必撰小識, 論難其得失. 又命詞臣校訂, 冊葉之旁, 必署其姓名. 更有『四庫薈要』, 抄畧於『全書』, 而亦數萬餘卷, 今才訖役, 而『全書』則尙無紇期. 中國書籍之備, 文雅之治, 於斯爲盛."
摛藻堂의 『四庫全書薈要』 필사본이 乾隆 49년(1784)에 나왔으므로, 이 기록은 1784년(정조 8) 이후의 것으로 보인다.

륭제 때 태어난 사람은 명이 멸망한 지 100년이 지났으므로 과거에 응시해도 책망할 수 없다고 하였다.

> 나는 생각하건대, 강희(康熙) 때에 과거에 급제한 사람은 모두 명나라 때 태어나고 자랐으므로 모두 신복(臣僕)하지 않는 것이다. 박학홍사과(博學鴻詞科) 뿐 아니라 비록 다른 과거에도 응시하지 않는 것이 옳다. 그러나 옹정(雍正)과 건륭(乾隆) 때 사람은 모두 명나라가 망한 이후 100년 동안에 태어났으므로 가혹하게 책망해서는 안 된다.[28]

청 학자에게 이 기준을 적용하면 고염무(顧炎武, 1613~1682), 위희(魏禧, 1624~1681), 모기령(毛奇齡, 1629~1713)은 의리상 청나라 과거에 응시하면 안 되는 사람이었다. 이덕무는 이들이 강희제가 실시한 박학홍사과(博學鴻詞科)에 대응한 방식에 큰 차이가 있음을 주목하였다. 고염무는 박학홍사과에 응하지 않아 홀로 완인(完人)이 되었고, 위희는 지방관의 독촉 때문에 부득이 길을 나섰지만 병 때문에 집으로 돌아와 사망하였으니 그 다음이었다. 그러나 모기령은 박학홍사과에 응시하지 못할까 걱정할 정도였으니 비난을 받아 마땅한 사람이었다.

> 오직 고염무(顧炎武)는 스스로 죽기로 기약하고 끝내 천거에 참여하지 않아 홀로 완인(完人)이 되었다. 위희(魏禧)는 병으로 천거를 사양하였는데 군현의 독촉으로 길을 나섰다가 병이 위중해져 집으로 돌아와 죽었으니 고염무의 다음이다. 그 나머지는 모두 오염되어 절개를 상실하였으며, 모기령(毛奇齡) 같은 무리는 전혀 수치스러움이 없고 혹

---

28 『青莊館全書』 권56, 盎葉記3, 「博學鴻詞科」.
"余以爲, 康熙時制科人, 皆生長於明時, 故俱是不臣. 不惟鴻博, 雖他科不試, 可也. 至若雍正·乾隆時人, 皆生於明亡以後百年之中, 不可苛責也.

시 미치지 못할까 걱정하였으니, 그 더러운 행실은 꾸짖을 가치조차 없다.[29]

이덕무는 고염무의 학문과 절의를 높게 평가하였다. 1778년에 서장관 심념조는 북경의 오류거 서점에서 고염무의 『정림집(亭林集)』을 구입하였다가 돌아오는 길에 수레 속에서 모두 읽었다. 당시 청에서는 이 책이 금서였으므로 서점 주인도 각별히 조심할 것을 당부했던 책이었다. 이덕무와 심념조는 토론을 벌인 끝에 고염무의 절의가 매우 뛰어나고 시문과 학식도 뛰어나다는데 의견의 일치를 보았다.

서장관 : "좌우에서 정림(亭林) 고염무(顧炎武)의 지조를 칭찬하여 명말(明末)의 제일가는 인물이라 해서 오류거(五柳居) 도씨(陶生)에게 그 문집을 구입하였소. 도생은 오늘날 금서(禁書)가 3백여 종인데 『정림집(亭林集)』도 그 중 하나이니 책을 비장(祕藏)하여 돌아가라고 신신 당부하였소. 내가 돌아오는 길에 수레 속에서 읽으니 과연 명말의 유민(遺民) 중 제일가는 사람이었소. 절의(節義)가 뛰어나 고금에 드러날 뿐 아니라 그의 시문도 아정(雅正)하여 무심(無心)한 말을 하지 않았소."

이덕무 : "정림은 비록 포의(布衣)였으나 본조(本朝, 명)를 잊지 않고 강희 기미년(1679)의 박학굉사과(博學宏詞科)에 나가지 않았으니 참으로 대신(大臣)입니다. 그가 지은 『일지록(日知錄)』은 경(經)과 사(史)를 도울 만하니 그의 학식이 넓음을 알 수 있지요."

서장관 : "정림이 큰 열혈(熱血)을 가졌지만 그 말의 전아(典雅)함이 이러하고 함부로 말하지 않았으니 이 사람의 가슴 속에 학문이 있었기 때문이오."

29 『青莊館全書』 권56, 盎葉記3, 「博學鴻詞科」.
"惟顧炎武, 以死自期, 終不與薦, 獨爲完人. 魏禧, 以病辭薦, 爲郡縣督迫就道, 病篤而歸卒, 抑亦炎武之次也. 餘皆汚染失身, 而如毛奇齡之類, 全沒羞耻, 如恐不及, 陋不足誅."

> 이덕무 : “이 한마디면 정림을 알기에 충분합니다.”[30]

이덕무는 고염무의 『일지록(日知錄)』과 『금석문자기(金石文字記)』를 칭찬하였다.[31] 이덕무는 3년 동안 고생한 끝에 『일지록』을 구하여 읽을 수 있었고, 자신이 필사한 『일지록』을 이서구(李書九)에게 보내면서 고염무는 기풍이 있는 큰 학자로 경서와 역사서를 고증한 것에 근거가 있다고 평가하였다.[32] 실제로 이덕무는 자신의 저서에서 『일지록』과 『금석문자기』를 많이 활용하였다.[33]

이덕무는 모기령에 대해 이중적으로 평가하였다. 앞서 보았듯이 모기령은 명의 유민이므로 의리상 청나라 과거에 응시하면 안 되는 사람이었다. 그러나 모기령은 강희제의 박학홍사과에 응시하여 관리가 되었을 뿐만 아니라 명에 충절을 바친 신하들을 비판하고 논박하기까지 하였다. 이덕무는 이러한 모기령을 강하게 비판하였다.

> 모기령(毛奇齡)은 명나라 유생으로 구차하게 살았다. 청나라 군사가 남쪽으로 내려와 머리를 깎지 않은 사람을 모두 죽이자, 모기령은 무

---

30 『靑莊館全書』 권67, 入燕記下, 「六月二十一日己酉」.
“書狀謂余曰, ‘左右嘗盛言顧亭林炎武之耿介, 爲明末之第一人物, 購其集於五柳居陶生. 陶生以爲當今之禁書, 三百餘種, 『亭林集』, 居其一, 申申托其秘藏歸來. 余於轎中, 盡讀之, 果然明末遺民之第一流人也. 不惟節義卓然, 足以橫絶古今, 其詩文, 典則雅正, 不作無心語.’ 余曰, ‘亭林跡雖布衣, 不忘本朝, 不赴康熙己未博學宏詞科, 此眞大臣也. 其所著『日知錄』, 可以羽經翼史, 可見其淹博也.’ 書狀曰, ‘以亭林之輪困熱血, 其言之雅典如此, 不作橫走語, 此老胸中有學問故也.’ 余曰. ‘此一言足以知亭林也.’”

31 이덕무가 顧炎武의 『日知錄』을 열심히 읽었던 양상에 대해서는 권정원, 「顧炎武의 『日知錄』과 조선후기 고증학」 『韓國實學硏究』 15, 2008, 18~21면.

32 『刊本 雅亭遺稿』 권6, 文, 書, 「與李洛瑞[書九]書」.

33 『日知錄』은 『靑莊館全書』 권54, 盎葉記1, 「姓名連意」; 권56, 盎葉記3, 「孟子異文逸句」; 권58, 盎葉記5, 「牝牡」 등에서 인용하였고, 『金石文字記』는 『靑莊館全書』 권55, 盎葉記2, 「御諱缺筆」; 「羣經字數」; 권56, 盎葉記3, 「牖墉」 등에서 인용하였다.

서워서 토실(土室) 속에 숨었고 머리를 깎고 승려가 되어 죽음을 면하였다. 그 후 강희제의 과거에 등용되어 행적이 결백하지 못하였기 때문에 충절(忠節)의 신하들을 낮추고 논박하여 자신의 평생을 미봉하였다. 그의 저서에서 정자(程子)와 주자(朱子)를 욕한 것은 오히려 미세한 일이니, 그때 고영인(顧寧人, 顧炎武), 위빙숙(魏氷叔, 魏禧) 같은 사람이 이 사람을 보았으면 마땅히 침을 뱉었을 것이다.[34]

그러나 이덕무는 모기령에 대해 비난만 하지는 않았다. 모기령의 학문에 적확한 근거가 있고 문장도 좋았기 때문이다. 다음을 보면 이덕무는 모기령의 학문을 이중적으로 평가하였다.

모기령(毛奇齡)[자(字)는 대가(大可)요, 소산(蕭山) 사람이다. 강희 기미년(1679)에 박학홍사과에 응시하였고 벼슬이 검토(檢討)였다. 『서하집(西河集)』을 저술하였다. 경학(經學)에 조예가 깊었으나 주자(朱子)를 공격하였기 때문에 순유(醇儒)가 되지 못하였다.][35]

모씨(毛氏)가 인증한 것은 모두 적실(的實)하여 믿을 수 있다. 비록 경서(經書)를 해석한 여러 선현(先賢)들이 살아나서 보더라도 고개를 끄덕이며 긍정하고, 위로하며 사과하기에 바빴을 것이다. 다만 스스로 지식의 해박함을 믿어 깔보고 업신여김을 드러내니 어찌 그리 천박스러운가.[36]

---

34 『青莊館全書』 권56, 盎葉記3, 「毛奇齡駁忠臣」.
"奇齡以明之儒生, 苟且偸生. 淸兵南下, 不剃髮者皆殺之, 奇齡惶怖, 匿於土室中, 髡頭爲僧而免死. 後登康熙制科, 行跡不潔白, 故貶駁忠節之臣, 以彌縫其平生. 若其著書, 詬罵程朱, 猶屬細故, 當時顧寧人 · 魏氷叔之倫, 視此人, 當唾之矣."

35 『青莊館全書』 권57, 盎葉記4, 「經解目」.
"毛奇齡[字大可, 蕭山人. 康熙己未, 試博學鴻詞, 官檢討. 著『西河集』. 湛深經學, 攻擊朱子, 所以不得爲醇儒.]"

36 『青莊館全書』 권59, 盎葉記6, 「經書人物辨證」.

서하(西河) 모기령이 저술한 『속시전조명(續詩傳鳥名)』에서 『시집전』을 변증하고 논박한 것에는 취할 만한 것이 많다. 가끔 고거(考據)가 해박하지만 천착하여 억지로 끌어댄 병통이 많아 식자들은 한스럽게 생각한다. …… [서하는 입만 열면 송유(宋儒)인 정자와 주자 이하를 욕하였다. 심지어는 '죄가 크고 악이 극에 이르렀다'고까지 하였으니, 이는 자신이 도리어 커다란 죄악에 빠진 줄을 알지 못한 것이다.][37]

이를 보면 이덕무는 모기령이 경학 연구에서 뛰어난 성과가 있음을 인정하였다. 실제로 이덕무의 저술을 보면, 모기령의 『사서색해(四書索解)』 『사서잉언(四書賸言)』 『사서잉언보(四書賸言補)』 『춘추전(春秋傳)』 『동사습유(彤史拾遺)』 같은 책을 여러 곳에서 인용하였다.[38] 그러나 그는 모기령이 자신의 업적을 너무 드러내고 다른 사람을 업신여기며, 특히 정주(程朱)를 비롯한 송나라 학자들을 강하게 비난한다고 비판하였다. 이덕무는 주자를 공격하는 모기령은 순유(醇儒)가 되지는 못한다고 판단하였다.[39]

이덕무는 청나라 서적에 조선에 관한 사실을 기록한 것이 오류가 많음을 비판하였다. 그는 중국 역사서에서 동국열전(東國列傳)을 기록한 것을 보면 오류가 너무 많아서 이서구와 함께 이를 일일이 변증하여

"毛氏所引, 皆的實可信. 雖起釋經諸賢而見之, 頷可而慰謝之不暇. 但自恃該洽, 顯示淩侮, 何其淺也."

37 『靑莊館全書』 권54, 盎葉記1, 「續詩傳鳥名卷」.
"毛西河奇齡, 著『續詩傳鳥名卷』, 其所辨駁『集傳』, 多有可取. 往往考據該洽, 而亦多穿鑿傅會之病, 識者恨之. …… [西河開口, 罵宋儒程朱以下. 甚至曰罪大惡極, 不知反陷於罪大惡極之科也.]"

38 『靑莊館全書』 권60, 盎葉記7, 「碩妃」.

39 이덕무는 『宋史筌』을 편찬하면서 송의 성리학과 성리학자를 적극적으로 평가하였다(김문식, 「『宋史筌』에 나타난 이덕무의 역사인식」 『韓國學論集』 33, 1999, 44~46면).

바로잡을 것을 의논하였다고 토로하였다. 그러나 이덕무와 이서구는 이 일을 완수하지 못하였다.[40] 이덕무는 역관 이언용(李彦容)이 빌려온 『어제전운시(御製全韻詩)』를 보고 강홍립(姜弘立)의 이름이 강공열(姜功烈)로 쓰인 것을 발견하기도 하였다.[41]

이덕무는 『도서편(圖書編)』, 『삼재도회(三才圖會)』, 『조선기사(朝鮮記事)』, 『명사기사본말(明史記事本末)』, 『청일통지(淸一統志)』와 같이 명과 청에서 간행한 서적들을 두루 열람하면서 조선 관련 기록에 나타나는 오류를 거론하였다.

> 대저 중국에서 외국의 일을 기록한 것은 왕왕 그릇되거나 틀린 것이 있다. 『도서편(圖書編)』[장한(章漢)이 지었다]과 『삼재도회(三才圖會)』[왕기(王沂)가 지었다] 등의 책에서는 조선 강역의 나눔과 군현의 이름이 절반 이상이나 문란하여 보고 싶지가 않다. 『명사기사본말(明史記事本末)』[곡응태(谷應泰)가 지었다]은 정제된 책이지만 임진왜란을 기술하면서 이순신(李舜臣)을 이순(李舜)이라 하였다. 『청일통지(淸一統志)』[장정석(蔣廷錫) 등이 편수하였다]는 『명일통지(明一統志)』에 비하면 매우 상세하게 조사하였으나 고구려 세계(世系)를 서술하면서 연(璉)[장수왕(長壽王) 거련(巨璉)]의 아들이 운(雲)[문자왕(文咨王) 나운(羅雲)]이고, 손자는 안(安)[안장왕(安藏王) 흥안(興安)]이라 하였다. 이들은 모두 두 글자 이름인데 한 글자씩만 적었다. 궁예(弓裔)의 일을 기록하면서 '애꾸 승려인 궁예(弓乂)가 개주(開州)에 웅거하여 왕이라 칭하

40 『靑莊館全書』 권54, 盎葉記1, 「朝鮮事三條」.
"歷攷全史所載東國列傳, 誣謬特甚. 嘗與李薑山[書九]議, 一一辨析駁正, 作爲不刊之典, 以示天下, 而浩汗未果成. 今此三條, 尤係無謂, 故表出之如右云."

41 『靑莊館全書』 권67, 入燕記下, 「六月十二日庚子」.
"首譯李彦容, 借得『御製全韻詩』四冊, 今皇帝述其祖先創業之艱. …… 錄姜弘立投降之事, 而訛書爲姜功烈."

> 고 태봉국(太封國)[태봉(太封)은 태봉(泰封)의 잘못이다]이라 불렀다.'고 하였고, 이인임(李仁任)을 이인인(李仁人)이라 하였다. 현읍(縣邑)의 이름이 틀리거나 잘못된 것도 많다. 심지어 『조선기사(朝鮮記事)』[예겸(倪謙)이 지었다] 중의 사람 이름은 대부분이 잘못되었다.[42]

이덕무는 청의 학문에 대해 풍부한 정보를 가졌고, 자신의 저술에 그 성과를 적극적으로 수용하였다.[43] 그러나 그는 청 학자를 평가할 때 학문적 성취와 함께 송학(宋學)에 대한 태도와 명나라에 대한 의리를 근거로 판단하였고, 조선에 관한 기록에 오류가 있으면 이를 일일이 지적하였다.

3) 청 문물의 소극적 수용

이덕무가 북경에 도착하였을 때 거리의 풍경은 화려하고 분주하였다. 통주에서 북경에 이르는 40리 길에는 네모난 돌이 깔려 있었고, 그 위를 달리는 수레바퀴와 말발굽 소리가 소란하여 마치 우레가 치는 것 같았다. 길거리는 왕래하는 사람들이 붐벼 서로 어깨를 부딪칠 정도였고, 유리창 같은 시장에는 온갖 진귀한 상품들이 쌓여있었다. 북

---

42 『靑莊館全書』 권58, 盎葉記5, 「明史紕繆」.
"大抵中國記外國事, 往往譌舛. 如『圖書編』[章潢著], 『三才圖會』[王沂著]等書, 於朝鮮疆域之分, 郡縣之名, 太半紊亂, 不欲觀也. 『明史記事本末』[谷應泰著], 整齊之書也, 然記壬辰倭難, 以李舜臣, 爲李舜. 『淸一統志』[蔣廷錫等修], 較『明一統志』[李賢等修], 頗詳覈, 而敍高勾麗世系, 璉[長壽王巨璉]子雲[文咨王羅雲], 孫安[安藏王興安], 此皆二字名, 而只書一字. 書弓裔事, 有曰, '眇僧躬乂, 據開州稱王, 號太封國[太封, 泰封之譌'.], 亦稱李仁任爲仁人. 其稱縣邑, 不勝舛謬. 至如『朝鮮記事』[倪謙撰]中人名, 擧皆紕繆."

43 청 학문에 대한 이덕무의 정보력은 그의 손자인 李圭景이 『五洲衍文長箋散稿』를 작성하는 바탕이 되었다.

경은 사람과 상품이 넘쳐나는 천하의 중심 도시였다.

> 통주(通州) 대로에서부터 네모난 흰 돌을 깔아 여기까지 40리가 되었는데, 수레바퀴 소리와 말발굽 소리가 날마다 우레 소리와 같았다. 연경(燕京)의 대로는 모두 검은 흙이고, 인가(人家)의 번성함과 시사(市肆)의 사치스러움은 참으로 천부(天府)이다. 수륙에서 생산되는 물건은 말로는 그 대략을 설명할 수가 없고, 붓으로는 그 한 모퉁이도 기록할 수가 없다.[44]

> (숙소로) 돌아오는 길에 유리창을 두루 구경하고 서적(書籍), 화정(畫幀), 정이(鼎彝), 고옥(古玉), 금단(錦緞) 등을 샀다. 이것저것 구경하느라 여가가 없어 고개가 아팠다. 사통오달한 거리에는 사람이 너무 많아 서로 어깨를 비비고 다녔다. …… 성문 밖에는 옹성(甕城)이 있고, 성의 좌우에는 모두 문이 있었으며, 길에는 석판(石板)을 깔았다. 태평거(太平車)는 노새에 멍에를 매고 사녀(士女)가 그 안에 앉았는데 종횡으로 끊임없이 왕래하였다. 화려한 비단옷은 눈을 혼란시키고, 화장 냄새는 코를 찔렀으며, 굴러가는 수레 소리는 우레 소리와 같았다.[45]

이덕무는 조선이 비상시를 대비하여 무비(武備)를 갖추어야 하며, 나라를 지키려면 조정이나 신민이 실용적인 일을 해야 한다고 주장하였다. 그는 성인(聖人)은 포악함과 어지러움을 금지시키려고 부득이

---

44 『青莊館全書』 권67, 入燕記下, 「五月十五日甲戌」.
"盖自通州大道, 鋪白方石, 訖于此凡四十里, 車輪馬蹄, 日如轟雷. 燕京大道, 皆黑壤, 閭閻之繁盛, 市肆之華侈, 眞天府. 而陸海, 舌旣不能說其大略, 筆亦不能記其一隅."

45 『青莊館全書』 권67, 入燕記下, 「五月十七日丙子」.
"歸路, 歷觀琉璃廠, 市書籍 · 畫幀 · 鼎彝 · 古玉 · 錦緞之屬. 應接不暇, 頸爲之披. 四通五達, 人肩觸磨. …… 城門外有甕城, 城左右, 俱有門而路鋪石板. 太平車駕馬騾, 士女坐其中, 縱橫絡繹, 來來去去. 錦綺奪眸, 香澤漲鼻, 車音砰訇, 象天之雷."

병(兵)을 쓰지만 이는 이용후생(利用厚生)과 표리를 이루는 것이며, 조정은 실용적인 정책을 펴고, 백성들은 실용적인 직업을 지키며, 학자들은 실용적인 책을 편찬하고, 병사들은 실용적인 기예를 익히며, 장사꾼은 실용적인 화물을 유통시키고, 공장(工匠)은 실용적인 기구를 만들면 나라를 지키고 백성을 보호할 수 있다고 하였다.

> 대저 병(兵)이란 마지못해 쓰는 것입니다. 그러나 성인(聖人)이 그것을 포악함과 어지러움을 금지하는 뜻으로 사용하였으니, 애당초 이용후생과 서로 표리(表裡)가 되지 않을 수 없습니다. 봄 사냥과 가을 사냥은 그 말을 사열하는 것이요, 향음주례(鄕飮酒禮)는 활쏘기를 연습하는 것이며, 심지어는 투호(投壺)와 축국(蹴踘) 놀이에도 은미한 뜻이 그 사이에 존재하지 않은 것이 없습니다. 따라서 이 책을 지은 것이 어찌 특별히 병가(兵家) 한 가지 일뿐이겠습니까? …… 조정에서는 실용적인 정책을 강론하고, 백성들은 실용적인 직업을 지키며, 학자들은 실용적인 책을 편찬하고, 병사들은 실용적인 기예를 익히며, 상고(商賈)는 실용적인 상품을 유통시키고, 공장(工匠)은 실용적인 도구를 만든다면, 어찌 나라를 지킬 것을 염려하며 어찌 백성을 보호하는 것을 걱정하겠습니까?[46]

그러나 이덕무는 이용후생에 유용한 청 문물을 도입하는 데에는 적극적이지 않았다. 청에서 새로 출판되는 서적에 깊은 관심을 가지고

---

46 『青莊館全書』 권24, 編書雜稿4, 「武藝圖譜通志附進說」.
"夫兵, 不得已也. 然聖人用之以禁暴止亂之義, 則未始不與利用厚生, 相爲表裡. 故春蒐秋獮, 所以簡其馬也. 鄕飮之禮, 所以習其射也. 以至投壺蹴踘之戲, 莫不有微意存於其間. 則是書之作, 又豈特兵家之一事而已哉. …… 朝廷講實用之政, 黎庶守實用之業, 文苑撰實用之書, 卒伍肄實用之技, 商賈通實用之貨, 工匠作實用之器, 則何慮乎衛國, 何患乎保民也哉."

그들의 학문적 성과를 적극적으로 수용하던 것과는 대조적인 모습이었다.[47] 이덕무는 병자호란의 쓰라린 패배를 가슴 깊이 간직하였고, 그동안 제대로 주목받지 못한 명나라 유민(遺民)들의 행적을 드러내는 데 관심을 두었다.

1763년에 이덕무는 남한산성을 지나면서 삼전동에 세워진 대청황제공덕비(大淸皇帝功德碑)를 보고 비감한 심정을 느끼는 시를 지었다. 그는 병자호란 때 조선이 항복하고 얼마 후 명나라까지 무너진 사실이 슬펐으며, 이경석이 지은 비문에서는 청 황제의 공덕이 찬란하지만 끝까지 지조를 굽히지 않았던 척화파 인사들이 그립다고 노래하였다. 조선 국왕이 오랑캐 황제에 항복했던 쓰라린 기억은 100년 이상의 시간이 지났지만 여전하였다.

송파 나루에 남겨진 원한 목이 메인지 오래인데	流恨松津鳴咽長
음산한 구름은 언제나 변방 하늘에서 일어나네.	陰雲恒作塞天荒
갑신년(1644)에 다시 왕정월(王正月)에 울었고	甲申又泣王正月
남한산성에서 여전히 옛 전장을 노래하네.	南漢仍吟古戰場
이노(李老, 李景奭)의 비문에는 슬픔이 담겨 있고	李老碑文中惻怛
오랑캐 황제의 공덕은 겉으로만 찬란하구나.	胡皇功德假輝觥
수항단(受降檀)에서 척화한 이 꿇어앉힐 수 없었으니	壇應不跪斥和者
뜨거운 눈물 흐르고 바람은 옷을 찢네.	熱淚淫淫風裂裳[48]

47 임명걸은 박제가는 청의 선진적 문물에 관심을 두었지만 이덕무는 청의 서책에 각별히 관심을 두었다고 하였다(「李德懋와 朴齊家의 燕行錄에 나타난 중국인식 비교연구」『새국어교육』112, 2017, 344~348면).

48 『靑莊館全書』 권2, 嬰處詩稿2, 「癸未十二月十九日 經南漢戰場 讀淸碑」.

병자호란의 아픈 기억은 1778년 북경을 방문하는 길에도 계속되었다. 이덕무와 심념조는 북경을 방문하는 길에 황해도에 있는 청석동 입구를 지나갔다. 이때 이덕무는 청석동 입구에 일자로 성을 쌓았더라면 완벽한 관방(關防) 시설이 되어 임진관(臨津關)보다 나았을 것인데, 고려 때부터 지금까지 이곳에 성을 쌓지 않은 것이 한이라 하였다. 이에 심념조는 '이곳에 성을 쌓고 지켰더라면, 어떻게 오랑캐들이 우리 서울로 쳐들어올 수 있었으랴.'라고 화답하였다.[49]

요양(遼陽)에서 산해관(山海關)에 이르는 요동대로는 관방 시설이 집중된 천하의 요새지였다. 이덕무는 이곳을 지나면서 청이 외곽에서 북경으로 들어오는 요지의 관방 시설을 제대로 관리하지 않는다는 사실을 주목하였다. 그는 청이 명나라 때 맹장(猛將)을 배치하여 적군을 막았던 곳의 성지(城池)를 수리하지 않는 것은 최근 백 년 동안에 전쟁이 없었고, 중원을 이미 자신의 손 안에 있는 물건으로 여기기 때문이라 생각하였다. 이는 앞으로 상당한 기간 동안 청이 조선을 다시 침입할 가능성이 없음을 의미하였다.

> 요동대로(遼東大路)의 요양(遼陽), 심양(瀋陽), 광녕(廣寧), 영원(寧遠), 산해관(山海關)은 요충지가 되는 곳이다. 명나라 때에는 성을 수리하고 군사를 조련하며 이 다섯 곳에 맹장(猛將)을 두어 오랑캐를 막도록 하였으니 2천여 리가 모두 전쟁터였다. 지금 성지(城池)를 수리하지 않고 백 년 동안 일이 없었으니, 이는 자기 수중의 물건이라 여겨 염려할 것 없다고 생각하기 때문이다.[50]

49 『青莊館全書』 권66, 入燕記上, 「三月二十日庚辰」.
"青石洞口, 築一字城, 則眞銀山鐵壁, 不可攻之大防, 絶勝臨津關之齟齬. 自麗朝至今, 尙不築城, 可恨. 書狀詩, '若使一夫當劒外, 奚由萬馬入函中.'"

50 『青莊館全書』 권67, 入燕記下, 「閏六月初七日乙丑」.

이덕무는 북경에서 악라사(顎羅斯)라 불리는 러시아의 존재를 확인하였다. 그전까지 조선 사신이 묵었던 옥하관(玉河館)에 이들이 머물고 있었기 때문이다. 이덕무는 악라사는 흑룡강의 북쪽 지역에 사는 몽고의 별종이며, 지금은 청의 인질이 되어 천막을 치고 사는 것으로 파악하였다. 이렇게 보면 러시아도 조선을 침략할 가능성은 없었다.

> 옹정(雍正) 연간에 이 관을 설립하였다고 한다. 관의 북쪽은 바로 피장(皮匠)의 집인데, 피장의 집 문이 큰 길로 나 있으며, 길 북쪽이 바로 옥하관(玉河館)이다. 예전에는 조선 사신이 이곳에 머물렀으나 지금은 악라사(顎羅斯)가 사는 곳이 되었다. 악라사는 흑룡강(黑龍江) 북쪽 몽고(蒙古)의 종족으로 가장 영걸(英傑)하며, 지금은 인질(人質)이 되어 천막을 치고 살고 있다. 석경(石鏡)은 바로 그곳의 토산품이다.[51]

이덕무가 파악한 청은 사람이 많고 재화가 넘쳐나는 곳이었다. 그리고 청이 다른 나라와 전쟁을 준비한다거나 청의 운명을 위협하는 외부 세력의 존재는 보이지 않았다. 한 세기 전에 중원을 완전히 장악하였던 청이 이제는 전성기를 구가하고 있었다. 이런 시기에 이덕무는 명나라 말기 유민들의 행적을 정리한 『뇌뢰낙락서(磊磊落落書)』를 편찬하였다. 중국이 오랑캐의 땅이 되어버린 것이 슬펐고, 명에 대한 의리를 지켰던 인물들의 행적으로 드러내기 위해서였다.

"遼東大路, 遼陽·瀋陽·廣寧·寧遠·山海關, 爲咽喉之地. 明時繕城練兵, 置猛將於五處以拒虜, 二千餘里, 俱戰場也. 今則不修城池, 百年無事, 以其爲自家囊中物, 不足致慮故也.

51 『靑莊館全書』 권67, 入燕記下, 「六月初三日辛卯」.
"雍正年, 設此館云. 館之北, 卽皮匠家, 皮匠家門臨大道, 道北, 卽玉河館. 古者, 朝鮮使臣居此, 今爲鄂羅斯之所居. 鄂羅斯, 黑龍江北蒙古之種, 最爲傑黠, 今則留質, 設穹廬而處. 石鏡迺其土産也."

> 일찍이 다른 사람에게 보낸 편지에 '나는 명나라 백성이다. 융경(隆慶), 만력(萬曆), 천계(天啓), 숭정(崇禎) 연간의 명신(名臣) 처사(處士)들과 교유를 맺었으니, 눈앞에서 아첨하다가 뒤돌아서서 눈을 흘기는 것에 비하면 어찌 훌륭하지 않겠는가?'라고 하였다. 이 때문에 갑신년(1644) 이후 유민(遺民)들의 일과 행동을 채록하였으니 바로 『뇌뢰낙락서(磊磊落落書)』이다.[52]

> 일찍이 연경에 들어가 중주(中州)가 오랑캐 땅이 된 것을 보고 술을 마시고 슬픈 노래를 불렀다. 일사(逸史)와 비승(祕乘)을 수집하여 돌아와 명말(明末)의 유민전(遺民傳)을 짓고 『뇌뢰낙락서(磊磊落落書)』라 명명하였다.[53]

이덕무는 이용후생을 중시하면서도 이용후생에 유용한 청 문물을 도입하는 데는 소극적이었다. 박제가는 1778년에 북경을 함께 여행한 절친한 동료였다. 박제가는 북경에서 돌아온 후 『북학의(北學議)』를 저술하여 청의 우수한 문물을 적극적으로 도입할 것을 주장하였다. 훗날 문체반정이 발생하자, 이덕무는 그런 박제가에게 당벽(唐癖), 당학(唐學), 당한(唐漢), 당괴(唐魁)라는 명목이 집중되어 있음을 지적하였다.

> 세속에서 말하는 소설(小說)이란 곧 『삼국지연의(三國志演義)』와 같은 부류입니다. 이는 음탕함과 도둑질을 가르치고 인륜과 교화를 해치는 도구로, 왕정(王政)에서 엄격하게 금지해야 할 것입니다. 이 때문에

52 『刊本 雅亭遺稿』 권8, 附錄, 「行狀」(縣監朴趾源撰).
"嘗與人書曰, '我明民也. 結交隆·曆·啓·禎間名臣處士, 視世之眼前拚婀背後睢盱, 豈不賢哉?' 故採甲申後遺民事行, 曰『磊磊落落書』."

53 『刊本 雅亭遺稿』 권8, 附錄, 「墓碣銘」(原任直閣尹行恁撰).
"嘗入燕, 見中州爲戎, 飮酒悲歌, 蒐購逸史秘乘, 歸著明季遺民傳, 命曰『磊磊落落書』."

> 우리들은 일찍이 이를 통절하게 배척하였고, 이것은 반드시 형(박제가)에게 누가 되는 것이 아닙니다. 그런데 우리 형은 성격이 남달리 괴벽하여 동방의 예의(禮義) 고장에 태어나 자랐으면서 도리어 천리나 먼 중원의 다른 풍속을 사모하는 것이 늘 한스러웠습니다. 마음을 쓰는 것이 어쩌면 그리 한결같이 크고 넓으십니까? 심지어 만주(滿洲)의 철보(鐵保) 옥보(玉保) 무리를 형제처럼 보고, 서장(西藏)의 황교(黃教) 홍교(紅教)의 무리를 사우(士友)처럼 보니, 세속에서 말하는 이른바 당벽(唐癖), 당학(唐學), 당한(唐漢), 당괴(唐魁)라는 명목이 모두 형의 몸에 집중되었습니다. 이는 널리 알려진 사실이라 형 자신도 알고 있을 것입니다.[54]

이상의 발언을 보면 이덕무는 청의 문물이 우수함을 인정하였지만 이를 적극적으로 수용하자는 입장은 아니었다.

3. 일본에 대한 인식

1) 천황과 관백의 관계

조선과 일본의 외교 관계에 있어 천황(天皇)과 관백(關白)은 미묘한 존재였다. 조선 국왕은 정치적 권력을 장악한 관백을 일본의 국왕으로

54 『刊本 雅亭遺稿』 권7, 文, 「與朴在先[齊家]書」.
"夫俗所謂小說者, 卽演義之流也. 以其誨淫誨盜壞倫敗化之具, 王政之所可厲禁. 故吾輩嘗與痛惡而深斥之, 此不必爲累於吾兄. 而每恨吾兄爲人性癖突兀, 生長東方禮義之鄉, 而反慕中原千里不同之俗. 其所設心, 一何宏濶? 甚至滿洲鐵保玉保之輩, 看作兄弟, 西藏黃敎紅敎之流, 視如士友, 世俗所云唐癖 · 唐學 · 唐漢 · 唐魁之目, 擧集於兄身. 此是公案, 兄亦自知矣."

인정하여 대등한 외교 관계를 맺었지만, 일본 내에서 천황과 관백은 엄연히 군신(君臣) 관계에 있었기 때문이다. 이덕무도 천황과 관백이 군신 관계에 있음을 분명히 알고 있었다.

이덕무는 천황은 천신(天神) 7대와 지신(地神) 5대를 거친 후 인황(人皇)의 시대가 되었고, 인황은 신무(神武) 천황에서 시작하여 114세(世)가 되는 원록(元祿) 천황(1688~1703)까지 이른 것으로 보았다. 이는 패원독신(貝原篤信, 카이바라 아쓰노부, 益軒)의 『화한명수(和漢名數)』를 인용한 것이었다.[55] 이덕무는 원록 이후에도 천황들은 관영(寶永), 정덕(正德), 향보(享保), 원문(元文), 관보(寬保), 연향(延享), 보력(寶曆) 같은 위연호(僞年號)를 사용하였지만 그들의 위황호와 계승한 순서는 잘 알지 못한다고 고백하였다.[56] 이덕무가 천황의 연호를 '위(僞)'라 표시한 것은 천황의 존재를 인정하지 않는다는 의미였다. 이덕무는 연향 18년이 지난 후 보력 17년이 되는 해가 무술년(1778)이라 보았다. 그러나 실제로는 연향 4년, 관연(寬延) 3년, 보력(寶曆) 13년, 명화(明和) 8년을 지낸 후 안영(安永) 7년이 무술년이었다. 이를 보면 이덕무는 1690년(숙종 16)부터 1778년(정조 2)까지 천황의 세계(世系)에 대한 정보를 충분히 확보하지 못하였다.[57]

---

55 李德懋의 발언을 보면 貝原篤信은 元祿 3년(1690)까지의 天皇 世系를 정리하였다. 현재 국립중앙도서관에는 貝原篤信이 편찬한 『和漢名數』(上 · 下) 1책이 소장되어 있다. 이 책의 서문은 元祿 2년(1689)에 貝原篤信이 작성하고 刊記는 元祿 5년(1692)에 洛陽書室 長尾氏가 梓行한 것이므로, 이덕무는 이 책을 참고한 것으로 보인다.

56 『青莊館全書』 권64, 蜻蛉國志, 「世系」.
"案此世系, 從貝原篤信所編, 而當其時君僞秊號元祿之三秊也, 卽康熙二十九秊庚午. 元祿, 治世凡十六秊, 而厥後僞秊號, 有寶永七年, 正德五年, 享保二十年, 元文五年, 寬保三秊, 延享十八年, 寶曆十七秊. 今戊戌, 自元祿至今, 其僞皇號及昭穆之次, 不可考."

57 『青莊館全書』 권64, 蜻蛉國志, 「世系」.
"延享十八, 寶曆今戊戌十七秊, 而其君位號及昭穆, 姑闕焉."

이덕무는 일본의 천황은 신(神)에게 봉사하는 종교적 역할만 담당하는 존재로 이해하였다. 그는 일본 천황은 신무 천황이 개국한 이후 지금까지 한 가지 성(姓)으로 내려왔으며, 아들이 많으면 무복(巫卜)으로 후계자를 정하고, 아들이 없으면 종척(宗戚)의 자제에서 고르며, 아들이 어리면 결혼하지 않은 누이나 고모가 천황이 되었다가 그가 성장한 후에 자리를 돌려주는 것으로 보았다.

> 신무(神武)가 개국한 이후 하나의 성(姓)이 서로 전하여 지금에 이르렀다. 아버지는 아들에게 전하고, 아들이 많으면 신(神)에게 봉사할 사람을 세우는데 대개 무복(巫卜)으로 결정한다. 아들이 없으면 가까운 종척(宗戚)의 자제에서 가려 신에게 봉사할 사람을 세운다. 아들이 어리면 그 누이나 고모(姑母) 중에서 아직 계례(笄禮)를 치르지 않은 사람을 세우고, 그 아들이 크면 그 자리를 돌려주고 비구니(比丘尼)가 된다. 그 아들들은 모두 머리를 깎고 중이 되어 법친왕(法親王)이라 하며, 딸들은 모두 비구니가 된다.[58]

이덕무는 천황은 신이 내린 존재이므로 일본은 신국(神國)이며, 일본인에게 가장 강력한 종교는 신도(神道)로 보았다. 그는 천황이 신의 주인이므로 모든 일은 신의 도움이나 재난이 되며, 부처를 믿는 것은 불법을 좋아해서가 아니라 부처를 신명(明神)으로 보고 신도(神道)로 받드는 것이라 보았다. 일본에서 천황이 위호(僞號)를 유지하는 것은 바로 이 신도를 끼고 있기 때문이었다.

---

58 『青莊館全書』 권64, 蜻蛉國志, 「世系」.
"自神武開國以後, 一姓相傳, 以至于今. 父傳子, 子多子, 則立神所主者, 蓋決於巫卜也. 無子, 則擇近宗子弟立神所主者. 子幼, 則姊姑中立未笄者, 至其子季長, 則歸其位, 爲比丘尼. 而其子, 皆剃頭髮爲僧, 號法親王, 諸女皆爲比丘尼."

왜황(倭皇)의 출생은 이미 신(神)이 나라 안에 내림에 기인한 것이므로 스스로를 신국(神國)이라 한다. 왜황은 신(神)의 주인이 되므로 한 가지 일만 있으면 문득 신우(神祐) 신화(神禍)라 하면서 사람들이 이미 독실하게 믿으니, 귀신이 그 재앙을 마음대로 부릴 수가 있었다. 이세 신궁(伊勢神宮)이 생기고는 국속(國俗)이 여기에 화(化)하였다. …… 그러므로 세 집뿐인 마을에도 한 집은 반드시 신궁(神宮)이고, 한 집은 반드시 승사(僧舍)이다. 부처를 섬기는 사람은 불법(佛法)을 좋아하는 것이 아니라 명신(明神)이라 하여 신도(神道)로 받드는 것이다. …… 왜황이 수천 년 오랫동안 위호(僞號)를 보전한 까닭도 신도(神道)를 끼고 있었기 때문에 불과하다.[59]

이덕무는 왜황(倭皇)의 역할은 보름마다 바뀌는 것으로 보았다. 그는 천황은 초하루에서 보름까지는 신에게 예(禮)를 드리고 염불을 하는 등 종교적 활동만 하고, 보름부터 그믐까지는 보통 사람처럼 활동한다고 하였다. 천황이 신에게 예를 드릴 때에는 고기를 먹지 않고 시녀(侍女)를 가까이 하지 않으며, 천황의 궁실이나 의복, 음식은 매우 소박하고 검소한 것으로 보았다. 이덕무는 일본 천황은 늘 조용히 거처하면서 신불(神佛)로 자처하였고, 백성들은 천황을 신의 주인으로 대우한다고 하였다.

왜황(倭皇)은 매월 초하루부터 십오일까지는 신에게 예를 드리고, 염불(念佛)하며, 소식(素食)하고, 시녀(侍女)를 가까이하지 않으며, 홀로

---

59 『青莊館全書』 권64, 蜻蛉國志, 「神佛」.
"倭皇之生, 旣因神降國中, 自稱神國. 以倭皇爲神主, 凡有一事, 輒謂之神祐神禍, 人旣篤信, 而鬼得以肆其妖孽, 伊勢神宮出, 而國俗化之. …… 故雖三家之村, 其一必神宮, 其一必僧舍也. 其事佛者, 非悅其法也, 以爲明神, 而以神道奉之. …… 倭皇之保僞號於數千年之久者, 不過挾神道而已."

않아 재계(齋戒)한다. 십오일부터 그믐까지는 거처와 음식이 보통 사람과 다르지 않으며, 시가를 다니면 백성이 길을 양보한다. 궁실, 의복, 음식, 기용(器用)은 소박하고 검약(儉約)하며, 궁중은 늘 조용하여 시끄럽지 않다. 신불(神佛)로 자처하며, 국민들은 모두 그를 신(神)의 주인으로 대우한다.[60]

이덕무는 관백이 천황을 물리치고 권력을 장악하는 과정과 관백들의 세계(世系)를 정리하였다. 그는 관백의 시작은 한 선제(宣帝) 때 곽광(霍光)을 관백(關白)이라 한 것에서 나왔고, 일본의 첫 관백은 880년(元慶 4)에 소선공(昭宣公, 源基經)이 자신을 관백이라 부른 데서 시작된 것으로 보았다. 이덕무는 876년에 양성(陽成) 천황이 아들 정순(貞純)에게 국정을 맡아보게 하였고, 얼마 후 정순의 아들인 기경(基經)이 권력을 장악하고 스스로 관백이라 불렀다고 하였다.

관백(關白)은 한 선제(宣帝) 때에 곽광(霍光)을 관백이라 한 뜻을 취한 것이다. 양성(陽成) 천황 원경(元慶) 4년(880)에 충인공(忠仁公)의 아들 소선공(昭宣公)이 섭정을 폐지하고 관백이 되었다. 박륙후(博陸侯)라고도 불렀다.[61]

관백(關白)이라는 이름은 양성(陽成) 때 시작되었다. 양성에게 정순(貞純)이란 아들이 있었으며, 어질고 무략(武略)이 많아 왜황(倭皇)이

60 『青莊館全書』 권64, 蜻蛉國志, 「世系」.
"倭皇, 每月自初一日, 至十五日, 禮神念佛, 素食, 不近女侍, 獨坐齊居. 自十五日, 至晦日, 居處飮食, 無異平人, 遊衍街市, 民庶讓路. 宮室 · 衣服 · 飮食 · 器用, 樸素儉約, 宮中常寂然無譁. 自處以神佛, 國人俱以神主待之."

61 『青莊館全書』 권64, 蜻蛉國志, 「職官」.
"關白者, 取漢宣帝時霍光關白之義. 陽成元慶四年, 忠仁公之子昭宣公, 罷攝政, 爲關白. 亦稱博陸侯."

모든 국정(國政)을 맡아보게 하였다. 이때는 당 희종(僖宗) 건부(乾符) 3년(876)이다. 정순이 그 아들 기경(基經)에게 전하니, 기경이 권병(權柄)을 완전히 장악하고 관백이라 자칭하였다. 죽은 후 소선(昭宣)이란 시호를 받았다.[62]

이상에서 이덕무는 등원양방(藤原陽房, 후지와라노 요시후사)·등원기경(藤原基經, 후지와라노 모토쓰네) 부자(父子)를 원정순(源貞純)·원기경(源基經) 부자로 착각하였다. 최초의 관백은 원기경이 아니라 등원기경이며, 소선공은 등원기경의 시호이다.

이덕무는 관백이 천황의 권력을 능가한 것은 원뢰조(源賴朝, 1147~1199) 때부터이고, 이후 500년 동안 관백이 집권한 것으로 보았다. 이덕무는 기경의 후손인 원뢰조가 안덕(安德) 천황(1178~1185)의 정치를 어지럽힌 평청성(平淸盛, 1118~81)을 죽이고 무장주(武藏州)의 겸창(鎌倉, 가마쿠라)으로 물러나지만 그의 위세가 온 나라를 흔들었다고 하였다. 이는 겸창 막부(鎌倉幕府)의 집권을 말한다. 또한 이덕무는 족리존씨(足利尊氏, 1305~1358) 장군(將軍)이 강호(江戶, 에도)에 터전을 잡고 정토(征討)를 전담하였다고 하였다. 이는 족리 막부(足利幕府)의 집권을 말한다. 이덕무는 겸창 막부의 10장군을 일일이 소개하며 그 역사가 149년(1185~1333)이고, 족리 막부의 13세(世)를 일일이 소개하며 그 역사는 231년(1335~1565)이라 하였다.[63]

이덕무는 두 막부의 집권이 이어지는 동안 왜황(倭皇)은 미약하여

---

62 『靑莊館全書』 권64, 蜻蛉國志, 「人物」.
"關白之名, 始於陽成時. 陽成有子曰貞純, 賢而多武略, 倭皇擧國政以聽, 時唐僖宗乾符三季也. 傳其子基經, 專擅權柄, 自稱關白. 死謚昭宣."

63 『靑莊館全書』 권64, 蜻蛉國志, 「人物」.

이들을 억제하지 못하였고, 각 주(州)에서는 병력이 가장 강한 자를 추대하여 관백으로 삼았다고 하였다. 천황이 정치권력을 제대로 행사하지 못하는 관백의 정치가 계속된 것이다.

> 뇌조(賴朝) 이후 각 주(州)는 군사를 정비하여 서로 공격하였으나 왜황(倭皇)은 미약하여 억제할 수 없었다. 따라서 각 주에서는 대대로 국내에서 병력이 완전한 자를 추대하여 관백으로 삼고 백주(伯主)로 섬겼다. 모두 용력(勇力)을 서로 숭상하고 열국(列國)이라 자처하며 5백여 년을 내려왔다.[64]

이덕무는 풍신수길(豐臣秀吉, 1537~1598)이 교만하고 방자하여 멸망하였고, 덕천가강(德川家康, 源家康, 1543~1616)은 너그럽고 공검(恭儉)한 정치로 유순한 풍속을 이루었다고 하였다. 조선을 침략했던 풍신수길과 조선과 정상적인 외교 관계를 맺었던 덕천 막부에 대한 평가를 달리한 것이다.[65] 이덕무는 특히 덕천 막부를 일으킨 가강(家康)의 정치를 매우 긍정적으로 평가하였다. 그가 보기에 덕천가강은 왜황을 관리하면서도 예우하였고, 태수와 장수들을 잘 통제하였으며, 아랫사람들을 너그럽게 다스렸다. 또한 많은 식읍과 금광을 독점하여 풍부한 재용을 가졌고, 이 재원을 활용하여 국내의 상업 활동과 외국과의 무역을 활발하게 전개하였다. 이덕무가 보기에 덕천가강은 매우 모범적인 지도자였다.

---

64 『青莊館全書』 권64, 蜻蛉國志, 「人物」.
"自賴朝以後, 各州治兵相攻, 而倭皇微弱, 不能制. 故各州世世推兵力完於國內者, 爲關白, 事之以伯主. 皆以勇力相尙, 自處以列國, 迄五百餘季."

65 『青莊館全書』 권64, 蜻蛉國志, 「人物」.
"而秀吉起於其時, 遂行秦始之事, 恃兵驕横, 至於滅亡. 而家康代暴, 以寬恭儉出治, 遂成柔順之俗."

> 가강(家康)이 계책을 써서 여러 장수들을 어리석게 만들고, 자신은 검약하고 아랫사람을 너그럽게 거느리니 오래도록 편안하였지만 감히 조금도 게을리 하지 않았다. 왜황(倭皇)을 구관(拘管)하지만 신하로서의 예(禮)를 버리지 않았고, 태수들을 겁을 주어 단속하지만 은혜로운 뜻을 줄이지 않아 종일 한가롭게 있어도 상하가 무사하였다. 관동(關東)의 식읍(食邑)이 많은데다 또 좌도(佐渡)의 금혈(金穴)을 차지하였다. 금혈은 나라 안에 한 군데가 있을 뿐이고 관백 만이 그것을 관리하였으므로 나라 안에 부세(賦稅)가 없어도 비용이 충만하였다. 금에는 구품(九品)이 있으며, 모두 관백(關白)이란 글자를 새겨 나라 안에서 두루 쓰고, 정제한 금은 소주(蘇州), 항주(杭州)와 해외의 나라로 널리 나갔다. 통상(通商)하는 외국은 모두 서른 남짓이었다.[66]

이덕무는 원가강(源家康, 德川家康)의 후예로 원수충(源秀忠, 1579~1532)부터 원가치(源家治, 1737~1786)까지 소개하였고, 원가치는 신사년(1761)에 아들을 낳았다고 하였다.[67]

이를 보면 이덕무는 천황과 관백의 관계 및 그들의 세계(世系)를 비교적 정확하게 파악하고 자신이 확보한 정보를 『청령국지(蜻蛉國志)』에서 정리하였다.

---

66 『青莊館全書』 권64, 蜻蛉國志, 「人物」.
"家康旣設計, 以愚諸將, 而躬行儉約, 御衆以簡, 久而安之, 不敢少懈. 雖拘管倭皇, 而臣禮不廢, 雖刦束諸守, 而恩意不衰, 終日閒居, 上下無事. 關東之食邑旣多, 而又占佐渡之金穴. 金穴國中只有一處, 而獨關白主之, 故國中無賦稅而國用充溢. 金有九品, 皆刻關白字標, 周行國中, 其精金, 則泉流于蘓杭及海中諸國, 諸國之通商者, 凡三十有餘."

67 『青莊館全書』 권64, 蜻蛉國志, 「人物」.
"子家治, 戊辰受傳位, 而只稱攝行. 己卯家重死, 始卽眞, 性安靜厭紛更, 辛巳生子云."

2) 일본 학문의 수용

이덕무는 일본의 학문과 학자들의 동향에 깊은 관심을 보였다.[68] 그는 청의 강남 지역에서 출판된 서적들이 일본으로 대거 수입되어 일본의 풍속이 변화하는 상황을 주시하였다. 청의 서적이 수입되는 항구는 장기(長崎, 나가사키)였고, 그곳에는 중국과 남만(南蠻)의 무역선들이 몰려들고 있었다. 일본이 청에서 수입한 서적 가운데 가장 눈에 뜨이는 것은 『고금도서집성』이었다. 이덕무는 일본에 3질의 『고금도서집성』이 들어와 1질은 장기에 남고, 2질은 강호(江戶, 동경)로 들어갔다고 하였다. 당시 조선에는 정조 초년에 구입한 『고금도서집성』 1질이 있을 뿐이었다.

> 비전(肥前)의 장기도(長崎島)는 서해의 큰 도회지이고 중국과 남만(南蠻)의 상선(商船)이 모여드는 곳이다. 긴 갑(岬)이 바다로 들어가는 것이 인두 같지만 실은 뭍으로 이어져 섬이 아니다.[69]

> 시문(詩文)과 유학(儒學)이 나라 안에 행해진 것은 왕인(王仁)과 지장(智藏) 홍법(弘法) 두 대사(大師)에서 시작되었다. 근자에 강남 서적이 장기(長崎)에 모여들어 집집마다 글을 읽고 사람마다 문장을 지으니 오랑캐의 풍속이 점점 변하여 간다.[70]

---

68 이덕무가 참고한 일본 서적에 대해서는 河宇鳳, 「李德懋의 日本觀에 대한 연구」 『인문논총』 17, 전북대학교 인문학연구소, 1987, 161~165면.

69 『青莊館全書』 권65, 蜻蛉國志, 「輿地」.
"肥前之長碕島, 爲西海之大都會, 中華南蠻商船湊集. 長碕入海, 如熨斗, 其實連陸而不爲島."

70 『青莊館全書』 권64, 蜻蛉國志, 「藝文」.
"詩文儒學之行於國中, 蓋自王仁及智藏·弘法兩師而始焉. 近者江南之籍, 輻湊于長碕, 家家讀書, 人人操觚, 夷風漸變."

중국의 부상(富商)들이 『도서집성(圖書集成)』 3부를 사서 일본의 장기도(長崎島)로 실어 보냈다. 1부는 장기(長崎)의 관고(官庫)에 있고 2부는 강호(江戶)로 들어갔다 하니, 또한 기이한 이야기다.[71]

일본에서 시문을 짓는 사람은 의관, 승려, 상공업에 종사하는 사람들이었다. 이덕무는 유득공의 발언을 인용하여 일본인은 시문이 훌륭하여 당나라에 비길 정도이고, 수준이 못한 사람도 왕사진(王士禛)이나 이반룡(李攀龍) 정도의 실력은 된다고 하였다. 또한 어린 아이의 수준이 뛰어나 열 살이 되면 시를 지었고, 여자 중에도 시를 잘 짓고 글씨를 잘 쓰는 이가 많았다. 이덕무가 보기에 일본은 바야흐로 문명국가로 진입하고 있었다.

그들 중에 글에 능한 선비는 거의 의관(醫官)이나 승려였으며, 합리(合離), 정잠(井潛), 나파사증(那波師曾), 부야의윤(富野義胤), 강전씨(岡田氏) 형제가 더욱 뛰어났다. …… 그 시가 훌륭한 것은 삼당(三唐)에 비길 만하였고, 훌륭하지 못한 것도 왕사진(王士禛)이나 이반룡(李攀龍)과 맞먹을 만하였다. 오랑캐들의 조잡한 소리를 일신시켰으니 칭찬할 점이 많았다.[72]

문사(文士)라 불리는 자들은 옆으로 공업이나 상업을 하며 살아간다. 이 때문에 하류(下流)에 있는 사람 중에 실로 문인(文人)이나

71 『青莊館全書』 권57, 盎葉記4, 「圖書集成」.
"中國富商, 購『圖書集成』三部, 輸于日本長碕島. 一部在長碕官庫, 二部入江戶, 亦異聞也."

72 『青莊館全書』 권35, 淸脾錄4, 「蜻蛉國詩選」.
"其能文之士, 擧多醫官釋流, 而合離 · 井潛 · 那波師曾 · 富野義胤 · 岡田氏兄弟, 尤爲傑然. …… 其詩高者, 摸擬三唐, 下者翺翔王 · 李, 一洗侏㒧之音, 有足多者."
이는 柳得恭이 작성한 「蜻蛉國詩選」의 서문이다.

시인이 많다.[73]

> 대저 일본인은 총명하고 숙성하여 4~5세에 붓을 잡을 줄 알고, 10여 세에 모두 시를 지을 줄 안다. 여자 중에 시를 잘 짓고 글씨를 잘 쓰는 사람이 매우 많다.[74]

이덕무는 일본의 학문이 발전하여 상당한 수준에 이르렀음에도 조선인은 이들을 이적시하여 나무라고 헐뜯는다고 하였다. 당시 조선 지식인들이 일본과 일본인들의 학문적 수준을 제대로 평가하지 못한다는 비판이었다. 이덕무는 일본을 직접 방문했던 원중거의 경험을 중시하였다.[75]

> 아, 조선의 풍속은 좁아서 기휘(忌諱)하는 것이 많다. 문명의 교화는 오래되었다 할 수 있으나 풍류와 문아(文雅)는 도리어 일본 사람보다 못하다. 그런데도 스스로 잘난 체하여 다른 나라를 업신여기니 나는 이를 매우 슬퍼한다. 원현천(元玄川, 元重擧)이 '일본에는 총명하고 영수(英秀)한 사람이 많아 진정을 토로(吐露)하고 심금(心襟)을 명백히 하며 시문과 필어(筆語)도 모두 귀하게 여겨 버릴 수 없는 것이다. 우리나라 사람들은 이적시하여 무시하고, 언뜻 보고는 나무라고 헐뜯기를 좋아한다.'고 한 말은 참으로 옳다. 나는 이 말에 느낀 바가 있어 다른

73 『靑莊館全書』 권65, 蜻蛉國志, 「風俗」.
"其稱文士者, 傍治工商, 以資生. 故在下流者, 實多文人韻士."

74 『靑莊館全書』 권64, 蜻蛉國志, 「藝文」.
"大抵日本之人, 聰明夙慧. 四五歲能操毫, 十餘歲, 咸能作詩. 女子之能詩工書者, 甚衆."

75 元重擧는 이덕무와 깊은 친분이 있는 인물로 이덕무의 유고인 『雅亭遺文』의 跋文을 써주었다. 이덕무의 누이동생은 원중거의 맏아들인 元有鎭의 부인이 되었다(鄭章植, 「英祖代 通信使와 李德懋의 日本 硏究」 『日本文化學報』 23, 2004, 220면 ; 권정원, 「李德懋 家系와 交遊關係」 『漢文學報』 17, 우리한문학회, 2007, 431~433면).

> 나라의 문자를 보게 되면 정성스러운 마음으로 사랑하기를 마치 마음이 맞는 벗의 글을 보는 것처럼 하지 않은 적이 없었다.[76]

이덕무는 일본의 학자 가운데 뚜렷한 업적을 남긴 인물들을 소개하였다. 먼저 정유재란 때 일본에 포로로 끌려갔던 강항(姜沆, 1567~1618)이 인연을 맺은 인물로 등원숙(藤原肅, 후지와라 슈쿠, 1561~1619)과 적송광통(赤松廣通, 아카마쓰 히로미치, 1568~1600)을 거론하였다. 등원성와(藤原惺窩, 후지와라 세이카)라고도 불리는 등원숙은 한때 승려였다가 유학자가 된 사람으로 중국과 조선을 사모하여 방문하려 하였지만 뜻을 이루지는 못하였다. 그는 덕천가강에게 『정관정요(貞觀政要)』와 『십칠사(十七史)』를 가르쳤고, 특히 경서(經書)를 읽을 때 한당(漢唐)의 주소(注疏)만 보던 일본 학자들과 달리 정주(程朱)의 훈고(訓詁)를 바탕으로 하였다는 점에서 공로가 컸다.[77] 적송광통(赤松廣通)은 등원숙의 제자이자 번주(藩主)로 혼자 유교식 삼년상을 실천하였다. 적송광통은 자신이 다스리는 지역에 공자묘(孔子廟)를 세우고, 조선식 제복(祭服)을 만들어 입고 제사를 지냈으며, 강항에게 몰래 은전(銀錢)을 주어 조선으로 돌아갈 수 있게 도와주었다.[78]

---

76 『青莊館全書』 권32, 清脾錄1, 「蒹葭堂」.
"嗟呼! 朝鮮之俗, 狹陋而多忌諱. 文明之化, 可謂久矣, 而風流文雅, 反遜於日本. 無挾自驕, 凌侮異國, 余甚悲之. 善乎! 元玄川之言曰, '日本之人, 故多聰明英秀, 傾倒心肝, 烱照襟懷, 詩文筆語, 皆可貴而不可棄也. 我國之人, 夷而忽之, 每驟看而好訛毁.' 余嘗有感於斯言, 而得異國之文字, 未嘗不拳拳愛之, 不啻如朋友之會心者焉."

77 『青莊館全書』 권64, 蜻蛉國志, 「人物」.
"日本儒者, 惟讀漢唐注疏, 而斂夫自據程朱訓詁, 其功最大."

78 『青莊館全書』 권64, 蜻蛉國志, 「人物」.
"通, 桓武之九世孫. 篤好六經, 雖風雨馬上, 未嘗釋卷. 日本素無喪禮, 而通獨行三年喪. 篤好中原之制, 朝鮮之禮, 雖衣服飮食末節, 必欲效焉. 又得朝鮮『五禮儀』及郡學釋菜儀, 督其但馬私邑, 立孔子廟, 製朝鮮祭服, 率其下習祭儀. 托寫六經於姜員外, 潛以銀錢

이덕무는 태학두(太學頭)인 임도춘(林道春, 하야시 도슌, 1583~1657)과 그 후손들을 소개하였다. 임도춘은 등원숙의 제자로 1636년에 통신부사로 일본을 방문한 김세렴(金世濂)과 사단(四端) 칠정(七情)의 문제를 놓고 논란을 벌였다. 임도춘은 75세로 사망한 후 문민(文敏)이라는 시호를 받았고, 복전(神田)에 있는 공자성당(孔子聖堂)에 종향(從享)되었다.[79] 그리고 그의 아들인 임서(林恕, 鵝峯, 1618~1680)와 손자인 임신독(林信篤, 整宇, 1645~1732)이 차례로 태학두를 세습하였다. 이덕무는 임신독의 아들인 임신충(林信忠)과 손자인 임신애(林信愛)까지 거명하였다.

이덕무는 물부쌍백(物部雙柏, 모노노베 소하쿠, 荻生徂徠, 1666~1728)을 해외의 걸사(傑士)라고 평가하였다. 그는 물부쌍백이 이반룡(李攀龍)과 왕세정(王世貞)의 시문을 본받아 문장이 훌륭하였지만 정주(程朱)의 학문을 헐뜯은 것에 대해서는 비판하였다. 이덕무는 물부쌍백이 사망한 후 일본인들은 그를 '해동부자(海東夫子)'라 불렀으며, 그의 제자인 태재순(太宰純, 다자이 준, 太宰春臺, 1680~1747)의 문장은 스승에 버금가는 것으로 보았다.

> 시문(詩文)은 이창명(李滄溟, 攀龍)과 왕감주(王弇州, 世貞)를 따라 체격(體格)이 기건(奇健)하고, 학풍은 자기 본성으로 돌아가는 방법을 얻어 정자(程子)와 주자(朱子)를 매우 헐뜯었다. 『논어징(論語徵)』을 지었고, 시문집 백여 권이 있다. 쌍백(雙柏)은 특이하게 빼어난 재주로 여러 대에 걸쳐 동무(東武, 막부)의 특별한 예우를 받아 엄연히 전국 문장가(文章家)의 종사(宗師)가 되었으니, 역시 해외의 걸사(傑士)이다.

助之."

79 東京 文京區에 있는 湯島聖堂(유시마성당)을 말하는 것으로 보인다.

> 일찍이 그 제자들에게 먼저 중국 음으로 운서(韻書)를 가르친 후에 다른 글을 가르쳤다. …… 쌍백이 죽은 것은 지금부터 수십 년 전이며, 온 나라 사람들이 그를 쫓아 해동부자(海東夫子)라 칭한다. 그의 제자 중에 태재순(太宰純)이라는 사람이 있는데, 호는 춘대(春臺)이고 문장은 쌍백에 버금갔다.[80]

이덕무는 일본의 학문과 문장이 나날이 발전하여 문명국가가 된 것으로 보고, 일본 학자들의 성과를 주목하였다. 그는 자신의 저술에서 일본 학자들의 연구 성과를 대폭 수용하였다.

3) 일본의 문물 수용과 재침략 경계

이덕무는 임진왜란을 일으킨 일본을 조선에 큰 피해를 입힌 원수의 나라라 생각하였다. 다만 당시 일본을 지배하던 덕천 막부는 조선의 원수인 풍신수길 일족을 무너뜨리고 세운 정부였기에 직접적으로 적대적인 감정은 없었다. 이덕무는 1763년(영조 39)에 통신사 서기(書記)로 일본을 방문한 원중거(1719~1790)에게 임진왜란을 잊지 말자는 송별시를 써 주었다.[81]

---

80 『青莊館全書』 권64, 蜻蛉國志, 「人物」.
"詩文, 從李滄溟 · 王弇州, 入體格奇健, 其爲學, 則得反己之方, 而頗詆程朱. 著『論語徵』, 有詩文集百餘卷. 蓋雙栢, 以奇偉特拔之才, 受東武累世之殊禮, 儼然爲八州操觚者之宗師, 亦海外之傑士也. 嘗以華音, 先授韻書於其徒, 然後授以他書. …… 雙栢之死, 據今數十年, 一國之人, 波奔湍赴, 稱爲海東夫子. 其徒, 有太宰純者, 號春臺, 文章, 亞於雙柏."

81 『青莊館全書』 권2, 嬰處詩稿2, 「奉贈書記遜菴元丈[重擧]隨副使之日本[幷序]」.
"龍年蛇月, 八路之生民無遺, 玄僧淸酋, 九世之深讎難忘. 何幸猴精之宗族顚覆, 所以鰈域之使价頻繁."

용년(龍年, 壬辰倭亂) 사월(蛇月)에 팔도의 백성들이 남음이 없었으니 승려 현소(玄蘇)와 가등청정(加藤淸正)은 구세(九世)의 깊은 원수라 잊기가 어렵다. 다행히도 후정(猴精, 豐臣秀吉)의 종족(宗族)들이 전복되었으니 이 때문에 접역(鰈域, 조선)의 사신이 빈번하였다.

섬나라 풍속은 속임과 거짓이 많아	島俗多狙詐
외면으로만 조선을 대접합니다.	外面待朝鮮
읍양(揖讓)하고 오르내릴 때에	揖讓陞降際
부디 충신(忠信)으로 대하시오.	忠信當勉旃
나의 눈물이 펑펑 쏟아지려 하니	我淚欲汪汪
임진년의 일을 말하지 마시오.	莫說壬辰年

이덕무는 일본의 학문이 점차 발전하여 문명국가로 변신한다고 생각하였다. 일본을 다녀온 통신사로부터 일본의 유학자들이 점차 고례(古禮)를 숭상하여 관혼상제(冠婚喪祭)에서 유교식 제도를 따르고, 조선 사신을 만나면 그 관복(官服)을 좋아하여 제도를 본받으려 한다고 들었기 때문이다.

이상의 사례(四禮, 冠婚喪祭)는 대략 이러하다. 근세의 유사(儒士)들은 점점 고례(古禮)를 숭상하여, 장사할 때는 관곽(棺槨)을 쓰고, 제사할 때는 신주(神主)를 쓰며, 혼인에서 예폐(禮幣)를 쓰고, 초배(醮拜)를 하는 사람도 가끔 있다. 조선의 사신(使臣)이 오면 반드시 그 관복(冠服)을 좋아하여 그 제도를 본떠서 둔다고 한다.[82]

---

82 『青莊館全書』 권65, 蜻蛉國志, 「風俗」.
"右四禮, 大畧如此. 近世儒士輩, 漸尙古禮, 葬用棺槨, 祭用神主, 婚用禮幣, 醮拜者間有之. 朝鮮使者來, 則必悅其冠服, 摸其制以置云."

이덕무는 조선과 일본의 문물을 비교하며 일본 문물의 우수성을 인정하였다. 그는 일본이 도수(度數)에 밝아 도량형이 통일되어 있는 것은 주관(周官)의 정신이 남아 있는 것이라 칭찬하였다. 반면에 조선의 도수는 엉망이라 도량형이 일치하지 않으며, 이에 따라 상품 가격이나 의식의 제도가 일치하지 않고, 약제의 적정량을 모르며, 마필의 힘까지 고갈시키는 현실을 비판하였다.

> 지금 우리나라 풍속은 도수(度數)가 모두 엉망이어서 척도(尺度)와 양형(量衡)이 집집마다 다르고 저자마다 다르다. 재화(財貨)는 귀한 것과 천한 것이 정당한 값을 잃고, 의식(衣食)은 화려하고 검소한 것이 제도를 어기며, 심지어는 약제(藥劑)가 고르지 못하여 사람의 기운이 쇠약해지고, 짐이 고르지 못하여 말의 힘이 고갈되게 된다. 아, 이것이 어찌 작은 일이라고 검찰(檢察)하지 않을 수 있겠는가? 일본은 도수(度數)에 밝으니 오히려 주관(周官)의 정신이 남아 있는 것이다.[83]

이덕무는 일본인이 만든 작품에 반드시 관지(款識)를 두어 작자 이름을 밝히는 것을 긍정적으로 보았다. 이는 일본인이 지은 시문에 반드시 작자의 이름이 있고, 서화에 반드시 예술가의 이름이 있는 것과 같았다. 이에 비해 조선에서는 저서가 있지만 동시대 사람조차 누구의 저작인지 모르는 폐단이 있다고 하였다. 이덕무는 이런 조선인은 고루하고 옛 것을 좋아할 줄 모른다고 하였으니, 반드시 작자를 밝히는 일본인은 참신하고 옛 것을 좋아하는 사람이 되었다.

---

83 『靑莊館全書』 권7, 禮記臆1, 「月令」.
"今我國俗, 度數皆譌, 尺度量衡, 家殊而市異. 貨財之貴賤失價, 衣食之奢儉違制, 以至藥劑不調而人氣以之耗馱, 任難平而馬力以之竭. 嗚呼! 此豈小事而不之檢察也哉. 日本明於度數, 猶有周官遺意."

일본 풍속에서도 관지(款識, 그릇 등에 새기는 글자)를 새기니, 시문(詩文)에 반드시 아무개가 지었다고 밝히고, 서화(書畫)에 반드시 아무개가 그렸다고 밝히는 것과 같다. 우리나라 풍속은 관지를 숭상하지 않는다. 심지어 저서(著書)나 간각(刊刻)에도 아무개 저작인지 기록하지 않으니, 당세의 사람이 읽어도 그것이 누구의 저작인지 까마득히 모른다. 이것은 없어지지 않게 하려하면서 도리어 빨리 없어지게 하는 것이다. 이 역시 완고하고 옛것을 좋아할 줄 모르는 소치이다.[84]

이덕무는 조선이 일본에 비해 이용후생(利用厚生)의 정치가 크게 뒤떨어지는 것으로 보았다. 그는 일본에 면화가 전해진 것이 조선보다 600년이나 앞서고, 유리로 물건을 만들고 자기(磁器)에 채색을 하며 고구마를 심어 많은 이득을 본다고 하였다. 이에 비해 조선에서는 이런 유용한 물건을 제대로 활용하지 않고, 재물을 허비하고 건강을 해치는 담배만 유행하니 크게 개탄스런 일이라 하였다. 이덕무가 보기에 일본은 이용후생의 정치가 매우 발달한 나라였다.

우리나라 문익점(文益漸)이 처음 목화씨를 얻은 것은 일본보다 6백여 년 뒤진다. 우리나라는 이용후생(利用厚生)의 정치가 반드시 다른 나라보다 뒤지니, 나라를 위한 계책에 마음을 쓰지 않은 것이 옛날부터 그러하였다. 유리를 녹여 물건을 만들고 도자기에 채색화를 그리는 것은 지극히 사소한 일이지만 끝내 배우려 하지 않는다. 담배를 심어 연기를 빠는 것은 재물을 허비하고 건강을 해치는 것이 매우 심한데도, 담배가 중국에 들어온 지 얼마 되지 않아 전해져서 지금까지 습관

84 『靑莊館全書』 권7, 禮記臆1, 「月令」.
"日本之俗, 亦勤於款識, 猶詩文必著某製, 書畫必著某寫也. 東俗專不尙款識. 甚至著書刊刻, 不書某人著, 當世之人讀之者, 茫然不省其爲誰氏之作. 是圖不朽而反乃速朽者也, 其亦寡陋不好古之致也."

> 이 되었으니 이는 알 수가 없다. 고구마는 담배에 비해 이득이 매우 많다. 그러나 그 종자가 전해진지 이미 30년에 가깝지만 아직까지 전국에 두루 심지 않으니 어찌 개탄하지 않겠는가?[85]

이덕무는 일본이 부국강병(富國强兵)을 이루어 해상에서 세력을 떨치는 것은 다른 나라들과 통상을 활발하게 하는 때문이라고 보았다. 그는 일본은 옛날부터 인도나 남만(南蠻)과 교역하였고, 이후에는 영국, 스페인, 광동, 루손(필리핀)과 교역하였다고 언급하였다. 그러나 남만 사람이 예수교를 퍼뜨리자 일본은 남만과의 무역을 일체 중지시켰다. 1638년(寬永 15) 이후 일본은 아란타(네덜란드), 섬라(暹羅, 태국), 인도차이나 반도의 교지(交趾)와 동경(東京), 대원(大寃, 대만), 중국과 교역하였다. 그중에서 아란타는 세계 36개 나라와 교역하면서 일본과도 활발하게 교역하는 나라였다.

> 예부터 천축(天竺, 인도)과 남만(南蠻)의 여러 나라 장삿배가 일본에 왔고 일본 사람도 가지 않은 곳이 없었다. 전에 암액리아(諳厄利亞, 영국), 이서파이아(以西巴爾亞, 스페인), 아마항(阿媽港, 중국 광동), 여송(呂宋, 루손) 등의 남만인이 야소법(耶蘇法, 예수교)을 일본에 전파하였다. 일본의 서국(西國) 사람들이 사술(邪術)에 친근하였기 때문에 이를 엄하게 금지하였고, 그 괴수를 능지(凌遲)하고 당여(黨與)를 참수하였다. 만약 과거의 잘못을 뉘우치고 불법(佛法)으로 돌아가는 사람은 용서하였다.
>
> 관영(寬永) 15년(1638) 이후 남만의 배가 와서 정박하는 것을 허가하

85 『青莊館全書』 권59, 盎葉記6, 「日本綿花之始」.
"我國文益漸始得綿種, 後於日本六百餘年. 我國厚生利用之政, 必後於他國, 蓋其無意於謀國, 自古而然也. 鎔造琉璃, 彩畵磁器, 至細瑣也, 終不能學. 至若種烟吸烟, 耗財害身, 可謂孔酷, 而自烟之入中國, 不多年而傳習至今, 此則不可曉也. 朱藷比烟, 利益甚多. 而僅傳其種, 已近三紀, 未見遍植一國, 寧不慨然."

지 않고 일본인이 외국을 왕래하는 것도 금지하였다. 다만 아난타(阿難陀, 네덜란드), 섬라(暹羅, 타이), 교지(交趾, 베트남 북부), 동경(東京, 인도차이나 동북부), 대원(大寃, 臺灣), 중국에서는 해마다 (일본으로) 와서 정박하였다. 그런데 점성(占城, 인도차이나 동남부), 간보채(柬埔寨, 캄보디아), 태니(太泥, 말레이반도 중북부), 육갑(六甲, 말레이반도 중남부), 교류파(咬𠺕吧, 자카르타), 조와(爪哇, 자바), 번차(番且), 모라가(母羅伽, 말라카), 발니(渤泥, 보르네오), 막와이(莫臥爾, 옛 인도), 방갈랄(傍葛剌, 수마트라), 파사(波斯, 페르시아), 파우(琶牛, 버마 남부), 소문답랄(蘇門答剌, 수마트라) 등 35개국에는 아란타 사람이 그 땅에 들어가 교역하며 그곳의 토산 화물(貨物)을 가지고 와서 일본에 팔았다. 그러므로 일본이 부국강병(富國强兵)으로 바다에서 세력을 떨치는 것은 외국과 교통할 수 있었기 때문이다.[86]

아란타(阿蘭陀)는 서북의 끝에 있는 가장 추운 나라이며 홍모국(紅毛國)이라고도 한다. 모두 7대주(大州)가 있고, 아란타는 그 중의 한 주인데 지금은 총명(總名)이 되었다. …… 먼 나라와 무역하기를 좋아하여, 교류파(咬𠺕吧, 자타르타)에 관(官, 商館)을 두고, 일본과 여러 나라에 상선을 보낸다. 10년마다 한 번 회계(會計)를 한다. 그 차관(次官)은 매년 6~7월에 장기(長崎, 나가사키)에 오며, 이듬해 봄에 강호(江戶, 에도)에 가서 연시(年始)와 교대(交代)의 예(禮)를 올리고, 다시 6~7월에 오는 사람과 교대하여 간다. 그 사람을 가비단(加比丹, 캡틴)이라 한다.

---

86 『靑莊館全書』 권65, 蜻蛉國志, 「異國」.
"自古, 天竺及南蠻諸國市舶, 來于日本, 日本人, 亦無處不到. 往者, 諳厄利亞 · 以西巴尒亞 · 及阿媽港 · 呂宋等南蠻人, 用耶蘇法, 流傳日本. 日本西國人, 泥其邪術, 故嚴禁之, 磔其魁首, 斬殺黨與. 若悔先非復佛法者, 赦之. 寬永十五年以來, 不許南蠻船來泊, 又禁日本人往來異國. 但阿難陀 · 暹羅 · 交趾 · 東京 · 大寃與中華, 每年來泊. 而占城 · 柬埔寨 · 太泥 · 六甲 · 咬𠺕吧 · 呱哇 · 番且 · 母羅伽 · 浡泥 · 莫臥爾 · 傍葛剌 · 波斯 · 琶牛 · 蘇門答剌等, 凡三十五箇國, 阿蘭陀人, 入其地交易, 將來土産貨物, 來賣於日本. 則日本之國富兵强, 雄長海中者, 能通異國故也."

> …… 성정(性情)이 정교하여 천문, 지리, 산수(算數)와 외치 의약(醫藥)이 매우 좋다. 상선이 35~36개국에 왕래하므로 진기한 물품은 이루 헤아릴 수 없이 많다. 소문답랄(蘇門答剌, 수마트라), 파우(琶牛, 버마 남부), 방갈랄(傍葛剌, 수마트라), 파사(波斯, 페르시아), 발니(渤泥, 보르네오) 등의 나라에는 아란타만 왕래할 수 있다. 그 배들은 모두 8개의 돛이 있어 순풍과 역풍을 가리지 않기 때문이다. 그들의 토산물은 성성피(猩猩皮), 산호주(珊瑚珠), 마노(瑪瑙), 호박(琥珀), 목내이(木乃伊), 안경(眼鏡), 나경(羅經 나침판), 토규(土圭 시계), 성척(星尺, 별의 도수를 측정하는 기계)이다.[87]

이덕무는 직접 일본을 방문한 적은 없지만 일본에서 전해진 정보를 통해 아란타의 실체를 파악하고 있었다. 이덕무가 아란타에 대한 정보를 획득한 것은 주로 사도양안(寺島良安, 테라시마 료안)이 작성한 『화한삼재도회(和漢三才圖會)』의 기록에 근거한 것이었다. 이 책은 1712년(正德 2)에 편찬된 105권의 백과사전으로, 18세기에 조선으로 전래된 이후 조선 학계에 큰 영향을 주었다.[88]

이덕무는 동료인 이희경(李喜經)의 집에서 동해안에서 표류하여 일

---

87 『靑莊館全書』 권65, 蜻蛉國志, 「異國」.
"阿蘭陀, 西北之極界, 最寒國也, 亦曰紅毛. 凡有七大州, 阿蘭陀, 其一州, 而今爲總名. …… 好交易于遠國, 置官於咬𠺕吧, 通市船於日本及諸國. 每十歲一度, 爲總計勘定. 其次官, 每年六七月來長崎, 翌年春, 參于江戶勤年始及交代禮, 復與六七月來者交代去. 其人稱加比丹. …… 性情巧, 天文 · 地理 · 算數, 及外治醫藥甚良. 商船往來三十五六箇國, 故珍品異物, 不可勝計. 蘓門答剌 · 琶牛 · 榜葛剌 · 波斯 · 浡泥等國, 惟阿蘭陀能往來. 蓋其船, 皆八帆, 不擇逆順風故也. 其土産, 曰猩猩皮 · 珊瑚珠 · 瑪瑙 · 琥珀 · 木乃伊 · 眼鏡 · 羅經 · 土圭 · 星尺."

88 이덕무는 『和漢三才圖會』를 소장하면서 광범위하게 인용하였으며, 黃胤錫도 이덕무의 집에 가서 이 책을 열람하였다. 이덕무가 『화한삼재도회』를 활용한 양상에 대해서는 安大會, 「18 · 19세기 조선의 百科全書派와 『和漢三才圖會』」 『大東文化硏究』 69, 2010, 427~434면.

본까지 갔다가 장기(長崎)를 거쳐 조선으로 돌아온 사람을 만날 수 있었다. 두 사람의 아란타에 대한 대화를 나누었고, 이덕무는 아란타인의 용모와 의복을 잘 알고 있었다.

> 내가 일찍이 이윤암(李綸庵)[희경(喜經)]의 집에서 한 일꾼을 보았으니, 강원도의 동해 바닷가 사람이다. 바다에 표류하여 일본까지 갔다가 장기도(長崎島)를 거쳐 돌아왔으므로 딴 나라 사람들을 많이 보았다고 하였다. 내가 아란타 사람도 보았느냐고 물었더니 보았다고 하였다. 내가 시험 삼아 그들의 용모와 의복 꾸밈새를 자세히 말하였더니, 그 사람이 '과연 그렇습니다. 어른께서도 일찍이 장기도를 유람하셨습니까?' 하였다. 내가 웃으면서 '비록 직접 가지는 않았지만 자연이 알았다.'고 하였다. 내가 또 '아란타 사람들의 모발(毛髮)이 소목(蘇木)같이 붉더냐?'고 물었더니, 그 사람이 '그렇지는 않고 다만 약간 자색(紫色)으로 말의 갈기 빛깔 같습니다. 배 안에 흑인(黑人)이 있어 바다에 들어갔다 나왔다 하는 것이 마치 날아다니는 것 같았으며 흑방(黑坊)이라고 불렀습니다.' 하였다.[89]

이덕무는 일본과 교역하는 나라 가운데 특별히 하이(蝦夷, 아이누)와 아란타를 경계해야 할 국가로 꼽았다.[90] 이들이 장차 일본과 합세하여 조선을 침략할 가능성이 있었기 때문이다. 이덕무는 먼저 조선에서 가까운 곳에 있는 하이의 존재를 주목하였다. 이덕무는 하이 사람들이

89 『青莊館全書』 권58, 盎葉記5, 「黑坊」.
"余嘗於李綸菴[喜經]家, 見一役夫, 卽江原道東海邊人也. 漂海至日本, 路經長碕島, 多見異國人. 余問見阿蘭陀否. 曰'見之.' 余試詳說容貌服飾. 其人曰, '果然果然. 公亦嘗遊長崎乎?' 余笑曰, '雖未身到, 自然知之.' 余又問, '阿蘭陀毛髮, 赤如蘓木乎?' 曰, '不然. 但微紫如馬鬣耳. 船中有黑人, 入海出海, 倐然如飛, 號曰黑坊.'"

90 이덕무는 「備倭論」에서 蝦夷(아이누)와 아란타(네덜란드)를 경계하였는데, 丁若鏞은 이 글을 다시 論辨하였다(『與猶堂全書』 詩文集 권25, 文集 · 雜評, 「李雅亭備倭論評」).

용맹하고 사나우며, 몸속에는 늘 화살과 칼을 지니고, 화살촉에 독약을 발라 사람을 맞추면 살이 썩어 문드러진다고 하였다. 그는 하이가 일본을 침략하였다가 평정되어 지금은 일본의 지배를 받고 있다고 하였다. 이덕무는 동래 사람이 표류하였다가 하이를 방문한 경험을 언급하며, 하이가 조선의 북관(北關)에서 가까운 곳에 있으므로 국경을 지키는 관리들은 주의를 기울여야 한다고 경고하였다.

> 하이(蝦夷)는 짐승의 털로 옷을 만들어 입고, 생선 기름을 마시며, 수염이 새우 같이 길고, 다니는데 발자국 소리가 나지 않는다. 높은 곳에 올라가고 험한 길을 다니는데 금수(禽獸)보다 빠르고, 물밑으로도 다닐 수 있어, 용맹스럽고 사납기가 비교할 데가 없다. 화살을 상투에 감추고, 칼을 옷 속에 찬다. 초오두(草烏頭) 약(藥)을 활촉에 발라 사람에게 쏘면 살이 썩어 문드러지므로, 빨리 상처를 긁어내고 생마늘을 찧어 붙여야 비로소 살아날 수 있다. 일찍이 일본을 침략하였지만 일본의 왕자(王子) 무존(武尊)이 토벌하여 평정하고 노국(奴國)으로 삼았다. …… 근세에 동래(東萊)에 사는 사람이 표류하여 하이(蝦夷)에 도착하였다가 돌아온 적이 있다. 하이의 경계는 우리나라 북관(北關)과 서로 가까우니, 변방을 맡은 신하는 알아두지 않으면 안 된다.[91]

이덕무는 아란타가 조선에서 멀리 떨어져 있지만 반드시 경계해야 할 나라로 보았다.[92] 아란타의 큰 배와 홍이포라는 대포가 문제였기

---

91 『青莊館全書』 권24, 編書雜稿4, 「兵志備倭論」.
"蝦夷, 衣獸毛, 飲魚脂, 鬚長如蝦, 行無足音. 登高行險, 捷於禽獸, 能行水底, 勇悍無比. 箭藏頭髻, 刀佩衣中. 草烏頭藥, 塗鏃射人, 肥膚腐爛, 急剝瘡皮, 研傅生蒜, 始得不死. 嘗侵掠日本, 王子武尊討平之, 仍爲奴國. …… 近世東萊人, 亦嘗漂到蝦夷而還. 則蝦夷之境, 與我北關相近, 籌邊之臣, 不可以不知."

92 이덕무의 阿蘭陀 이해에 대해서는 김문식, 「18세기 조선 지식인의 네덜란드 이해」 『史學志』 39, 단국대학교 사학과, 2007, 38~41면.

때문이다. 이덕무는 아란타의 무역선은 규모가 크고 운항 속도가 빠르며, 배에 설치한 홍이포는 석성(石城)을 무너뜨릴 정도의 위력을 가진 것으로 보았다. 이덕무는 아란타가 명나라 말기에 대만을 점거하였다가 정성공(鄭成功)에게 패한 사실을 전하며, 아란타가 조선을 공격할 가능성이 있다고 보았다.

> 아란타(阿蘭陀)에 대해서는 비록 우리의 인근 나라는 아니지만 뜻밖의 사변을 생각하지 않으면 안 된다. 일명 하란(荷蘭)이라 하고, 일명 홍이(紅夷)라고도 하며, 홍모(紅毛)라고 말하기도 한다. 서남해의 가운데에 있어 일본과의 거리가 12,900리(理)이며, 그 지역은 불랑기(佛郎機, 포르투갈)에서 가깝다. …… 그들이 믿는 것은 큰 배와 대포(大礮)이다. 배는 길이가 30장(丈)이요, 폭은 6장(丈)이며, 두께는 2척(尺)이다. 돛을 5개 혹은 8개를 달았고, 2장(丈)이나 되는 거포(巨礮)를 설치하였다. 포를 쏘면 석성(石城)을 무너뜨릴 수 있는 위력을 가진 것으로, 세상에서 말하는 홍이포(紅夷礮)라는 것이 바로 그 제도이다. 바다 속 여러 나라들의 걱정거리가 되니, 명나라 말기에는 대만(臺灣)에 웅거하였다가 후에 정성공(鄭成功)에게 패하였다.[93]

그러나 무엇보다 경계해야 할 나라는 일본이었다. 이덕무는 일본은 교활하고 사나운 이웃인데, 지금은 하이를 제어하고 아란타를 가두었으니 호랑이에 날개를 단 격이라 하였다. 그는 환란이란 소홀히 하는데서 생기는 것이므로 항상 경계해야 하며, 일본은 물론이고 사방에 있는

93 『青莊館全書』 권24, 編書雜稿4, 「兵志備倭論」.
"至若阿蘭陀, 雖非我之隣近, 亦不可以不虞. 一名荷蘭, 一名紅夷, 亦曰紅毛. 在西南海中, 距日本一萬二千九百里, 其地近佛郎機. …… 其所恃, 惟巨舟大礮. 舟長三十丈, 廣六丈, 厚二尺. 樹五桅或八桅, 置二丈巨礮. 發之可洞裂石城, 世所稱紅夷礮, 卽其制也. 爲海中諸國之患, 明末據臺灣, 後爲鄭成功所敗."

만이(蠻夷) 국가들의 정황을 자세히 파악하여야 한다고 주장하였다.

> 일본은 교활하고 사나우며 우리의 강한 이웃이다. 하이(蝦夷)를 멋대로 부리고 홍모(紅毛, 아란타)를 바구니에 가두어 오직 그들이 시키는 대로 하게 하니 호랑이에 날개를 붙인 셈이다. 천하의 사변은 무궁하고, 환란은 소홀히 하는 데서 생기니, 평상시 무사할 때 헤아리지 않을 수가 없다. 사방 오랑캐의 정상(情狀)도 멀리 떨어져 있다고 하여 소홀히 하고 쉽게 여길 수는 없다.[94]

이덕무의 절친한 동료였던 박지원은 이덕무가 작성한 『청령국지(蜻蛉國志)』를 일본의 형세를 자세히 살피는 심세서(審勢書)로 보았다. 박지원은 일본은 백대의 원수이지만 조선인은 그들의 형편을 제대로 알지 못하는 상황에서, 이덕무는 자신이 통신사로 일본에 가면 그들의 기밀을 자세히 살필 것이라 장담하였다고 하였다. 이렇게 보면 이덕무가 정리한 『청령국지』는 그가 평생을 두고 수집한 일본 정보를 종합한 책이었다.

> 교활한 섬 오랑캐는 백대의 원수로 그 소굴이 깊숙하여 도적(圖籍)으로 증거할 수 없었다. 내가 적을 살피려고 하나 끝내 방법이 어두웠다. 그대는 일찍이 스스로 말하기를, '내 실로 일이 있을 때를 만나 섬나라에 사신으로 간다면 그들의 기밀을 살피는 것이 남보다 못하지 않을 것이다. 일찍이 표류되었다 돌아온 사람에게 그 지역의 사실을 묻되 역력히 그 땅을 밟아 본 것처럼 하니 그 사람이 깜짝 놀라며 공(公)이 언제 바다를 건너갔었느냐.'고 하였다. 이 때문에 일본의 세계(世

94 『青莊館全書』 권24, 編書雜稿4, 「兵志備倭論」.
"日本狡悍, 爲我强隣. 而駕馭蝦夷, 牢籠紅毛, 惟其指使, 如虎傅翼. 天下之事變無窮, 而患生於所忽, 平常無事之時, 不可不商確. 四方蠻夷之情狀, 亦不可以窮遠荒絶, 忽而易之也."

系), 지도(地圖), 풍요(風謠), 토산(土産)을 기록하여 『청정국지(蜻蜓國志)』가 되었다.[95]

이덕무가 보기에 일본은 우수한 학문과 문물을 가진 문명국가였다. 그러나 그는 일본이 임진왜란 때 보여준 침략적 속성을 무시할 수가 없었고, 일본이 용맹하고 사나운 하이와 엄청난 위력의 대포를 가진 아란타를 제어하는 것도 걱정이었다. 이덕무는 일본의 우수한 문물을 수용하지만 일본이 조선을 다시 침략할 가능성에 대해서는 경계의 시선을 늦추지 않았다. 이덕무가 『청령국지』를 편찬한 것은 조선의 불확실한 미래에 대비하기 위해서였다.[96]

4. 맺음말

지금까지 이덕무의 대외인식을 청에 대한 인식과 일본에 대한 인식으로 구분하여 살펴보았다. 이덕무의 대외인식을 정리하면 다음과 같다.

이덕무는 청과 일본에 대해 기본적으로 비판적인 입장을 견지하였다. 두 나라가 조선을 침략했던 임진왜란과 병자호란의 참혹함을 생생

95 『刊本 雅亭遺稿』 권8, 附錄, 「行狀」(縣監朴趾源撰).
"狡彼島夷, 百世之讐, 巢窟幽晦, 圖籍無徵. 我欲審敵, 終古昧方. 君嘗自言, '我苟當有事時, 使絶國, 覘機謨, 庶幾不下於人. 嘗遇人漂海還, 問彼中事, 歷歷如躬履其土, 其人驚曰, 公何時過海.' 故紀日本世系 · 地圖 · 風謠 · 土産, 爲『蜻蜓國志』."

96 박희병은 成大中의 『和國志』와 李德懋의 『蜻蛉國志』를 통해 '조선의 일본학'이 성립된 것으로 보며, 『청령국지』는 『화국지』를 바탕으로 하면서 사실과 지식을 더 중시한 것으로 평가하였다(「조선의 일본학 성립: 원중거와 이덕무」 『한국문화』 61, 2013, 216~217면).

히 기억하고 있었기 때문이다. 두 나라를 비교하면 일본보다 청에 대해 더 비판적이었다. 이덕무는 청 황제가 명나라에 대한 의리를 지키는 유민(遺民)들을 탄압하고 백성을 위하는 정책도 가혹하다고 보았다. 그가 『뇌뢰낙락서』를 편찬한 것은 사라져 버릴지도 모를 명 유민들의 행적을 기록으로 남겨두기 위해서였다. 이덕무는 일본 관백(關白)의 정치를 너그럽고 검소한 것으로 보았다. 덕천 막부는 조선을 침략한 풍신수길을 무너뜨리고 성립한 정권이고, 조선과의 외교 관계도 원만하게 유지하였기 때문이다. 이러한 이덕무의 입장은 청과 일본이 모두 이적(夷狄)이지만 청은 중화(中華)의 문화를 가진 문명국가로 보았던 동시대 지식인과 구분되었다.

이덕무는 청과 일본의 학문을 긍정적으로 평가하였다. 청 학문은 우수한 것이 많고, 일본은 점차 문명국가로 발전하고 있다고 보았기 때문이다. 이덕무가 학자들을 평가하는 기준은 의리론과 주자학이었다. 그는 강희제 때 학자들은 명나라 유민이므로 청나라 과거에 응시할 수 없으며, 정주(程朱)의 학문을 공격하는 학자는 잘못이라고 비판하였다. 따라서 명에 대한 의리를 지키고 주자학을 긍정했던 고염무(顧炎武)와 위희(魏禧)는 훌륭한 학자였고, 일본에서 정주(程朱)의 학문을 중시하고 유교식 예제를 실천했던 등원숙(藤原肅), 적송광통(赤松廣通), 임도춘(林道春)도 긍정적인 평가를 받았다. 그러나 청의 모기령(毛奇齡)과 일본의 물부쌍백(物部雙柏)은 이중적인 평가를 받았다. 모기령은 의리론과 주자학이란 기준에 어긋나지만 학문적 성과가 뛰어났고, 물부쌍백도 정주의 학문을 비판했지만 학문적 성과가 있었기 때문이다. 이덕무는 청과 일본의 학문을 수용하면서도 의리론과 송학이라는 기준을 유지하였으며, 정조의 명령으로 『송사전』을 편찬할 때에도 이와 같은 태도를 유지하였다.

이덕무는 청과 일본의 문물이 우수함을 인정하지만 적극적으로 수용하자는 입장은 아니었다. 그와 함께 북경을 여행한 박제가가 청의 우수한 문물을 도입하자고 주장하고 박지원이 이를 지지했던 것과는 구분되는 입장이었다.[97] 이덕무는 청보다 일본의 문물을 더 긍정적으로 평가하였다. 그는 일본이 이용후생의 정치에서 조선보다 앞서 있고 외국과의 활발한 교역을 통해 부국강병을 이룬 것으로 보았다.

이덕무는 조선을 침략할 가능성은 청보다 일본이 높다고 보았다. 그는 북경으로 가는 요동대로의 방어시설이 제대로 관리되지 않는 것을 보고 청이 조선을 침입할 가능성이 낮다고 보았고, 흑룡강 일대에 몽고 별종으로 보이는 러시아가 등장했지만 청에게 제압된 상황이라 판단하였다. 그러나 일본 쪽의 사정은 달랐다. 조선의 북관(北關)에서 가까운 하이(蝦夷)는 용맹하고 사나우며, 아란타는 조선에서 멀리 떨어져 있지만 엄청난 위력의 대포를 가진 나라였다. 이덕무는 일본이 하이와 아란타까지 조절하는 상황에서 언제든 조선을 침략할 가능성이 있다고 보았다. 이덕무가 일본 정보를 종합한 『청정국지』를 편찬한 것은 위협적인 일본의 내부 사정을 꼼꼼히 살피기 위해서였다.

이덕무는 의리론과 주자학이라는 전통적 기준을 견지하면서도 새로운 학문 정보를 적극적으로 수용하였고, 청과 일본의 정세 변화를 주시하면서 일본의 재침 가능성을 우려하였다. 이를 보면 이덕무는 청과 일본의 학문과 문물에 대해 보수적이면서도 개방적인 태도를 보인 18세기 중앙학계의 지식인이었다.

97 임명걸은 '이덕무는 북학파의 기준에 미달하는 보수적인 반면에 박제가는 唐癖으로 평가될 만큼 중국에 경도되어 있었다.'고 평가하였다(「李德懋와 朴齊家의 燕行錄에 나타난 중국인식 비교연구」, 351면).

參考文獻

『靑莊館全書』

『刊本 雅亭遺稿』

『與猶堂全書』

『正祖實錄』

『奎章總目』

『和漢名數』

권정원(2007), 「李德懋 家系와 交遊關係」『漢文學報』 17, 우리한문학회.

______(2008), 「顧炎武의 『日知錄』과 조선후기 고증학」『韓國實學硏究』 15.

김문식(1999), 「『宋史筌』에 나타난 이덕무의 역사인식」『韓國學論集』 33.

______(2007), 「18세기 조선 지식인의 네덜란드 이해」『史學志』 39, 단국대학교 사학과.

박희병(2013), 「조선의 일본학 성립: 원중거와 이덕무」『한국문화』 61.

安大會(2010), 「18 · 19세기 조선의 百科全書派와 『和漢三才圖會』」『大東文化硏究』 69.

이홍식(2015), 「연행록 소재 북경 유리창 기록의 변화 추이와 의미 탐색」『漢文學論集』 41, 근역한문학회.

임명걸(2017), 「李德懋와 朴齊家의 燕行錄에 나타난 중국인식 비교연구」『새국어교육』 112.

鄭章植(2004), 「英祖代 通信使와 李德懋의 日本 硏究」『日本文化學報』 23.

河宇鳳(1985), 「李德懋의 『蜻蛉國志』에 대하여」『全北史學』 9.

______(1987), 「李德懋의 日本觀에 대한 연구」『인문논총』 17, 전북대학교 인문학연구소.

『사소절』의 문제 의식과 도덕 세계

정호훈 | 서울대학교 규장각한국학연구원 교수

1. 머리말

『사소절(士小節)』은 이덕무(1741~1793)가 35세 되던 해 편찬했다. 관직 생활을 하기 전의 비교적 젊은 시절 작품이다.[1] 이 책은 그가 살아 있을 때에는 공간되지 못한 채 주변 사람들을 통해 필사본 형태로 알려지다가 19세기 중엽 최성환(崔瑆煥)에 의해 간행되어 널리 유통되었다. 최성환은 이덕무 편집본의 체재를 재구성, 많은 사람들이 보다 쉽게 찾을 수 있도록 하였다. 『사소절』은 그리하여 저자 본인과 가족, 자손들이 들여 다 보는 규범서 성격을 벗어나 공적인 공간에서 공공의 도서로서 널리 읽혔다.

『사소절』은 '사(士)' 계층이 일상 생활에서 지키고 수행해야 할 규범을 담은 책이다. 일종의 규범서, 수신서라 하겠다. 유학의 핵심이 수신에 있고, 조선에서도 규범서, 수신서가 많이 만들어져 학습되고 유통되고 있었지만, '사' 계층의 독립된 수신서를 표방한 것은 이 책이 본격적이다. 『사소절』의 역사적 개성은 이점에서 찾을 수 있을 것이다.

『사소절』에서는 성행, 언어, 복식, 대인 관계 등의 영역에서 경험하고 판단하고 의식할 수 있는 웬만한 사안은 규범화했던 것으로 보인다. 규범화에 걸리지 않는 사안이 없다 할 정도로 다루는 대상이 풍부하고 내용이 세세하다. 규범이 세워지는 상황은 그렇지 않을 때와 비교하면 큰 차이를 보인다. 규범이 존재하지 않으면 그렇게 문제되지 않던 일들이 규범이 세워지는 순간 객관적 틀 속에서 규정 당한다. 규

1 이덕무는 『사소절(士小節)』 이전에 이미 『영처고(嬰處稿)』, 『이목구심서(耳目口心書)』 등과 같은 작품을 편찬하였다. 35세라 하더라도 그의 식견, 학식은 상당한 경지에 올라 있었다고 할 수 있다.

율이 생김으로서 주체의 의식과 행동은 큰 제한을 받는다. 규범은 나의 한계를 확장하는 근거가 되지만 한편으로는 특정의 틀 속으로 나를 구속하기도 한다. 세워진 규범과 규범 밖의 세계는 그러므로 늘 길항관계에 놓이게 된다.

『사소절』의 규범은 지나치게 복잡하고 세밀하다. 그 세계는 전방위적이다. 전방위의 규범 세계는 한 개인을, 그리고 그 개인이 속한 공동체를 어떤 방향으로 변화시키게 될까? 『사소절』 이전과 비교해서 『사소절』의 도덕 세계는 어떻게 변화했을까? 『사소절』을 성립시킨 힘은 무엇일까?

우리 학계에서는 그간 『사소절』을 다양한 각도로 조명해왔다. 교육사상의 측면[2]에서 살피기도 하고, 서지학적인 측면[3]에서 검토하기도 하였으며, 주희 『소학(小學)』과 『사소절』의 상관성[4]을 해명하기도 했다. 『사소절』 속 사족(士族) 가(家)의 규범의식[5], 『사소절』의 예학적 성격[6], 『사소절』과 사의 주체성에 관한 연구[7]도 진행되었다. 그리하여 『사소절』이 담고 있는 중요한 사실들이 적지 않게 밝혀졌다.

기존의 여러 『사소절』 연구는 이덕무 개인의 학문, 나아가 그가 성장했던 '백탑시파(白塔詩派)', '연암학파(燕巖學派)', '북학파(北學派)'에

2 오선균, 「『소학』과 『사소절』에 나타난 유가의 전통교육사상」, 『논문집』 19, 1987 ; 권정원, 「『사소절』의 초학교재로의 변화과정 연구」, 『동양한문학연구』 34, 2012

3 한미경, 「이덕무의 『士小節』에 관한 연구」, 『書誌學硏究』 58, 2014

4 이승연, 「『소학』 이념의 연속성과 불연속성 - 이덕무의 『사소절』을 중심으로」, 『동양철학연구』 55, 2008

5 한예원, 「사소절을 통해본 조선후기 사족가의 규범의식에 대한 일고」, 『大東文化硏究』 31, 1996

6 장동우, 「李德懋의 예 인식과 그 이념적 지향」, 『韓國實學硏究』 10, 2005

7 황봉덕, 『李德懋 《士小節》 硏究』, 성균관대학교 한문학과 박사학위논문, 2015

대한 탐구와 연결되면서 우리 사회가 18세기 후반 조선의 사상계를 풍부하게 이해할 수 있게 도왔다.[8] 『사소절』은 외형상 도덕 규범을 다루는 자그마한 규모의 책자에 지나지 않는 듯 해도, 이 시기 조선 학계가 산출한 특별한 산물로서 자기 위상을 가질 수 있었다.

『사소절』에 대해서 살펴볼 여지는 여전히 남아 있는 것으로 판단된다. 무엇보다 『사소절』을 성립시킨 시대적 힘, 그리고 이 책이 지향하는 규범 체계에 대한 전면적인 이해가 필요해 보인다. 이를 바탕으로 이 책이 거둔 성취는 어느 정도인지를 검토할 필요가 있다. 『사소절』의 도덕 규범이 당대의 지배적 혹은 기준적 규범과는 어떤 상관성을 갖는지, 그리고 얼마만큼 달라지는지가 분명히 드러날 때 이 책이 가지는 역사성이 보다 뚜렷하게 부각될 것이다. 애초의 편집본 『사소절』을 6~70년의 시간이 흐른 이후 최성환이 활자로 공간했던 데에는 이 책이 그 시 · 공간에 쓰일 수 있는 규범을 담고 있었기 때문일 것이다. 그런 점에서 이 책이 담고 있는 규범의 시점은 18세기적 기준에서 앞으로 더 나아갔을 수가 있었다. 이 글에서는 이덕무가 『사소절』을 설계하게 된 근본 목적, 『사소절』을 관통하는 '사(士) 의식'과 규범의 시공간성, 『사소절』을 밑받침하는 지적 연원, 『사소절』이 만들어내는 규범의 성격 등을 중심으로 『사소절』의 도덕 세계를 검토해보고자 한다.

8 이덕무에 대해 박지원을 중심에 두고 그 그룹의 일원으로 파악하는가, 아니면 박지원과는 별도로 독자적 영역 속에서 활동 했다고 이해하는가에 따라 이덕무의 활동 방식에 대한 학계의 판단은 다르다. '연암학파'는 전자, '백탑시파'는 후자에 해당한다. 여기에 대해서는 유봉학, 『연암일파 북학사상연구』(일지사, 1995) 및 안대회, 「白塔詩派의 硏究-李德懋 · 柳得恭 · 박제가 · 를 중심으로-」(『열상고전연구』 1988) 참조.

2. 『사소절(士小節)』의 형성과 유통

『사소절』은 사전(士典), 부의(婦儀), 동규(童規) 세 편으로 구성되어 있다. 사전에는 가정을 꾸린 성인 남성 '사(士)'의 규범이, 부의에는 사의 부인되는 여성의 규범이, 동규에는 그들 자식들이 지켜야 할 규범이 담겼다. 가장(家長)으로서의 사, 그리고 그의 부인과 어린 자식의 생활과 규범이 한 책에 온전히 실린 구성이다.[9] 제목과 다루는 내용으로 본다면 이 책은 '사' 계층의 생활과 문화 위에서 만들어졌다고 할 수 있다. '소절'은 『예기(禮記)』「곡례」, 『논어』「향당」, 『소학』 등의 책에서 볼 수 있는 바와 같이, 교육(教育)·오륜(五倫)으로부터 심술(心術)·위의(威儀)·의복(衣服)·음식(飮食) 등등에 이르기까지의 소소한 예절에 해당한다. 말하자면 『사소절』은 사 계층에 속하는 어린 아이부터 성인 남녀가 익히고 실천해 갈 일상의 예절·규범을 아주 상세하게 정리한 책이다. 그런 점에서 『사소절』은 규범서 혹은 수신서로 부를 수 있는 내용을 담고 있다고 하겠다.

『사소절』이 편찬된 시기는 1776년이다.[10] 이때가 그의 나이 35살 되던 해였으니, 『사소절』은 이덕무가 규장각 검서관 생활을 하기 전의 비교적 젊은 시절 작품이다. 이 책에서 이덕무가 인용하는 자료, 등장하는 인물, 이덕무의 경험 사실과 느낌은 무척 다양하고 풍부하다. 어린 시절부터 주변에 일어나는 일들을 세심하게 관찰하고 많은

9 『사소절(士小節)』 권1, 사소절서(士小節序), "士典迺所自砭, 以期乎寡過, 婦儀以之警戒室婦, 童規所以訓夫子弟"

10 『청장관전서(靑莊館全書)』 권70, 부록(附錄) 상(上), 「선고적성현감부군연보(先考積城縣監府君年譜)」 상(上), "乙未, 公三十五歲. 十一月初一日, 士小節成, 凡三篇. 曰士典, 曰婦儀, 曰童規, 總九百二十四章.〈不肖光葵, 嘗註釋其名物度數難解處, 共三冊. 全書, 只以無註, 三篇編作二冊〉"

책을 읽으며 쌓아둔 기록 또는 생각들이 그 바탕이 되었을 것이다. 실제 『사소절』 이전에 편찬했던 『영처고(嬰處稿)』, 『이목구심서(耳目口心書)』 등에는 『사소절』에 나오는 내용과 비슷한 글들이 많이 실려 있다.[11] 『사소절』의 정리에 이덕무는 이 자료들을 많이 활용했을 것으로 유추된다.

『사소절』은 이덕무 친필본을 비롯, 여러 형태의 편집본이 있다. 초기의 모습은 현존하는 이덕무 편집본을 통하여 확인할 수 있다. 국립민속박물관에 소장된 8권 3편의 필사본(이하 박물관본)이 그 실물이다.[12] 각 권별로 권수제 다음에 '완산(完山) 이덕무(李德懋) 무관보(懋官甫) 근찬(謹撰)'[13]이라고 표기해 두었다. '근찬'이라는 표현, 그리고 서체의 특성으로 보아 이덕무의 친필본일 가능성이 높다.[14]

이 편집본은 깔끔하게 정서하고 가필하지 않아 최종 탈고본이라고 해도 무방하다. 필사 과정에서 잘못 쓴 글자나 구절을 수정하여 보사(補寫)했던 흔적이 곳곳에 남아 있고, 또 종이를 찢어내고 그곳은 비워

11 이들 책에 실린 소설 읽기를 경계하는 이야기, 동춘당(同春堂) 송준길(宋浚吉)의 책을 빌려주는 원칙 등에 대한 이야기 등은 『사소절』에 정리된 문장으로 실려 있다.

12 국립민속박물관. 청구기호 민속024303

13 '근찬(謹撰)'이란 용어는 이 자료의 찬자가 이덕무임을 입증한다. 찬자가 자신이 직접 편찬했음을 낮추어 드러낼 때 '근(謹)'자를 쓰는 점을 생각한다면 박물관본이 이덕무의 친필고이거나 아니면 친필고를 직접 등사(謄寫)한 자료임을 유추할 수 있다.

14 국립민속박물관에는 『사소절』과 함께 『앙엽기(盎葉記)』, 『형암과시(炯菴科詩)』 등이 소장되어 있는데, 『앙엽기(盎葉記)』 등과는 달리 『사소절』이 이덕무 친필본으로 확정되지 않았다. 하지만 『사소절』 서체는 『앙엽기(盎葉記)』 등과 매우 비슷하고 또 이광규가 거론한 이덕무의 서체와 유사한 점이 있어 이덕무 친필본으로 보아도 좋을 것이다. 이광규는 「선고부군유사(先考府君遺事)」에서 이덕무의 서체에 대해 "대자(大字)는 전주(篆籒)와 같아서 안노공(顔魯公)의 가묘비(家廟碑)와 비슷하고, 세자(細字)는 승두(蠅頭)와 같았으나 사방이 방정(方正)하였다."고 했다.(『간본 아정유고(雅亭遺稿)』 권8)

둔 채 글을 이어간 흔적으로 보아, 대단히 신중하게 필사했음을 알 수 있다. 간혹 난상에 두주(頭註) 형식으로 글자의 오자를 지적하거나 개서(改書)해야 할 내용을 적어두기도 했는데,[15] 이는 본문의 필체와 달라, 이덕무 필사 후 누군가 손을 댄 것으로 보인다.

박물관본은 사전(士典)을 다섯 권(士典 一~士典 五), 부의(婦儀)를 두 권(婦儀 一, 婦儀 二)으로 나누고, 동규(冬規)를 한 권으로 삼아 구성했다. 사전과 부의를 여러 권으로 나누어 정리한 점이 특징이다. 편목 내에서의 분권(分卷)은 내용과는 특별히 관계가 없다. 적정 분량에 따랐을 뿐이다.

이덕무의 편집본은 이후 전사(轉寫)되거나 활자로 공간되며 널리 유통되었다. 그 과정에서 구성이 달라지고 내용 일부가 재편집되는 변화가 생기기도 했다. 이들 편집본은, 그 출현 시기를 근대 이전으로 한정하더라도, 현재 여러 종류를 확인할 수 있다. 정고본(定稿本) 『청장관전서(靑莊館全書)』의 권26~권31에 포함된 5권 3편의 필사본[16](이하 전서본), 국립중앙도서관에 소장된 권수제(卷首題)가 '청장관사소절(靑莊館士小節)'인 5권 3편의 필사본[17](이하 '청장관사소절'), 그리고 19세기 중엽 최성환이 편집하여 공간한 8권 3편의 출판본(이하 최성환본)을 대표적으로 거론할 수 있다.(각 편집본에 대해서는 〈표2〉 참조)

최성환본을 제외한 여러 편집본은, 권 책을 나누는 방식에서는 차

15 이를테면, 『사소절(士小節)』 권3의 「사전(士典)3」에 실린 "學古而泥, 非眞古也. 酌古斟今, 今眞古也"라는 문장에 대해, 난상에서는 "下今字, 似是字"라고 교정을 해두었다.

16 미국 버클리 대학 아사미문고 소장본. 청구기호 39.102

17 국립중앙도서관(古貴1570-12). 규장각한국학연구원(想白古 170-Y53c, 2권 1책, 零本)과 한국학중앙연구원(A5E 23, 5권 2책, 1책 결)에도 같은 형태의 필사본이 소장되어 있는데, 모두 결본이다.

이가 나지만, 전체 924장을 편목별로 권 책과는 상관없이 동일한 순서로 배열하고 있다.[18] 반면 최성환본은 다른 세 편집본과는 달리 사전·부의·동규의 편목 내에서 주제에 따라 장별 구성을 새롭게 하였다. 최성환본은 이덕무의 본래 구성과 체재에서 가장 많이 벗어나 있다 하겠다.

전서본은 19세기 초 『청장관전서』를 정고본으로 정리하면서 그 문집의 중간에 수록한 책이다. 이광규(李光葵, ?~?)가 편집하고, 이원수(李畹秀, 1759~?)가 교정(校訂)을 보았다. 이광규는 이덕무의 아들이다. 편집과 교정을 마무리한 시점은, 1809년 겨울에 여러 사람이 나누어 등사했다는 기록으로 보아,[19] 1809년으로 추정할 수 있다.[20] 이덕무가

18 924장은 수록된 문장의 수를 가리키는데, 이 수치는 이덕무가 작성한 『사소절』 서문에 나온다. 박물관본에는 924장을 「士典之二」, 「士典之四」에서 각각 1장씩 줄여 922장으로 수정한 흔적이 있다. 그런데 박물관본이나 전서본에 실제 실린 문장의 수를 세어보면 922장보다 적다. 왜 이러한 차이가 나는지는 확인되지 않는다.

19

청장관전서본(淺見文庫)		등사년도 등사자		
표제	권편차	년도	작업 장절	등사자
青莊館全書 권27	士小節 上 士典1	己巳 冬	1-54張	石隅 沈小年 灝正夫
			55張-끝	宣傳三從侄 書彬洛瑞
青莊館全書 권28	士小節 中 士典2	己巳 冬	1-54張	石隅 沈小年 灝正夫
			55-끝	宣傳三從侄 書彬洛瑞
青莊館全書 권29	士小節 中 士典3	己巳 冬	1-45張	芳村 李少年 養天若汝
			46-끝	松谷 洪友 學洙聖習
青莊館全書 권30	士小節 下 婦儀1	己巳 冬	1-45張	芳村 李少年 養天若汝
			46-끝	松谷 洪友 學洙聖習
青莊館全書 권31	士小節 下 童規1	己巳 冬	1-45張	芳村 李少年 養天若汝
			46-끝	松谷 洪友 學洙聖習

20 『청장관전서』 전체의 등사가 끝나는 시점은 1810년이다. 정고본 『청장관전서』의 편찬 과정에 대해서는 오용섭, 「청장관전서 정고본의 서지적 연구」, 『書誌學硏究』 39,

세상을 떠난 1793년으로부터 계산한다면, 이덕무 사후 비교적 이른 시기에 전서본을 만들었음을 알 수 있다.[21] 책의 저술과 관련해서는 이덕무 '저(著)'라고 표기했다. 박물관본에서 '찬(撰)'이라고 한 표기와는 차이가 난다.

전서본은 사전 1~3, 부의 1, 동규 1의 구성으로 편집한 뒤, 전 체계를 상(上)·중(中)·하(下)로 나누고, 『사소절』(상)은 사전 1, 『사소절』(중)은 사전 2~3, 『사소절』(하)는 부의 1과 동규 1을 배치했다. 박물관본과 비교하면 사전과 부의를 단순하게 통합한 점에서 차이가 있다. 전서본에는 본문에 나오는 인명, 지명, 어려운 내용 등에 대해 간략하게 설명을 달아 난상(欄上)에 기록해 두었다. 본문과 주석의 필체가 달라 각기 필사된 시기가 일치하지 않음을 알 수 있다.

전서본이 수록된 곳은 『청장관전서』의 13책과 14책이다. 13책[권27~28]에 실린 내용은 『사소절』의 상권과 중권 일부, 14책[권29~권31]은 『사소절』의 중권 일부와 하권이다. 이 내용은 이광규의 설명과 일치한다. 이광규에 따르면, 본래 『사소절』을 3책으로 편제하고 명물도수(名物度數)의 난해처에는 주석을 달아 두었는데, 이를 전서에 포함시키면서는 두 책으로 묶고 주석을 달지 않았다고 한다.[22] 전서본의 주석은

서지학회, 2008 참고.

21 전서본 『사소절』이 실린 『청장관전서(青莊館全書)』 필사본은 두 형태가 있다. 아사미문고 소장본과 규장각소장본이 그것이다. 아사미문고본은 '蕙隣氏', '李畹秀印', '絅庵' 등의 인장이 찍혀 있어, 교정에 참여했던 이원수가 소장했던 것으로 추정된다. 규장각소장본은 일제 강점기에 아사미문고본을 저본으로 등사한 것으로 알려져 있다.(이병도, 「해제」, 『청장관전서(青莊館全書)』, 1978)

22 『청장관전서(青莊館全書)』 권70, 부록(附錄) 상(上), 「선고적성현감부군연보(先考積城縣監府君年譜)」 상(上), "乙未, 公三十五歲. 十一月初一日, 士小節成, 凡三篇. 曰士典, 曰婦儀, 曰童規, 總九百二十四章.〈不肖光葵, 嘗註釋其名物度數難解處, 共三冊. 全書, 只以無註, 三篇編作二冊〉"

아마도 이광규가 처음 작성했던 그 내용일 가능성이 높다.

'청장관사소절'은 책의 편제가 전서본과 동일하게 5권 3편이다. 사전과 부의, 동규를 각기 독립된 체제로 구성하되, 사전은 3권, 부의는 1권, 동규는 1권으로 편제했다. 저자에 대해서는 '완산(完山) 이덕무(李德懋) 찬(撰)'으로 표기했다. 전서본을 따르지 않고 박물관본과 마찬가지로 '찬'이라 지칭했음을 알 수 있다. 필사 시기는 명확하지 않다. 현재 몇몇 곳에 이 책이 소장되어 있음을 확인할 수 있는데,[23] 이덕무가(家) 밖에서 『사소절』이 필사 유통된 한 형태로 볼 수 있다. 박물관본이나 전서본은 성격상 그 자체로는 유통되지 않았을 것으로 여겨진다. '청장관사소절'의 편집본 중에는 간혹 난상에 본문의 오자를 지적하거나 본문의 표기 방식에 대한 감상을 적어 두기도 했다. 전사자(轉寫者)나 독자가 별도로 썼을 것이다.

최성환 간행본은 앞의 편집본들과는 크게 비교된다. 출간 연대는 분명하지 않지만, 이규경(李圭景)의 『오주연문장전산고(五洲衍文長箋散稿)』를 통해 본다면 늦어도 1853년에는 간행된 상태였던 것으로 판단된다. 1853년, 충청도 충주에 살던 이규경을 찾아온 최한기(崔漢綺)가 최성환이 이 책을 간행했다는 사실을 알려주고 또 이듬해에 실물을 구해주었다고 한다.[24] 이때 간행된 책은 박종보(朴宗輔)의 집에서 소장

23 국립중앙도서관(古貴1570-12) 소장본은 완질본이고, 규장각한국학연구원(想白古 170-Y53c, 2권 1책, 零本)과 한국학중앙연구원(A5E 23, 5권 2책, 1책 결) 소장본은 모두 결본이다.

24 이규경, 『오주연문장전산고(五洲衍文長箋散稿)』, 「사소절분편각본변증설(士小節分編刻本辨證說)」, "我王考炯庵先生著『士小節』三卷, 曰「士典」, 曰「婦儀」, 曰「童規」, 未及刊行, 鈔寫相傳. 都下崔都事瑆煥, 分編作二卷, 以鑄字印行矣, 余寓忠州絶峽德山森田里, 未能知. 癸丑秋, 京中崔上舍漢綺來訪, 傳其擺印, 甲寅春, 委送一秩, 可見舊誼之深, 感不容言. 而此書先考恩暉公, 謹爲注釋, 欲鋟印流布, 而以家力不逮, 未果, 嘗以爲恨. 且注釋者, 只有一本, 收藏有年, 未得廣布世間, 故人無知者. 後人若得見注本, 則必有踵

하고 있던 활자 곧 전사자(全史字)로 인쇄[25]한 점이 특징이다. 목판본이 아니기에 간행비가 그렇게 많이 들지 않고 제작에 소요된 기간 또한 짧았을 것으로 보인다. 필사본으로만 그 존재가 알려지고 유통되던 『사소절』이 이제 최성환의 노력으로 활자로 간행되어 널리 읽힐 수 있게 되는 큰 변화가 일었던 셈인데, 중요한 점은 이 책의 간행에 이덕무의 후손들은 전혀 알지도 못했고 또 간여하지도 않았다는 사실이다.[26]

최성한 간행본은 모두 8권 3편으로 구성되어 있다. 사전은 5권, 부의는 2권, 동규는 1권이다. 이 체재는 박물관본과 동일하다. 이 편집본의 체재를 참고했을 가능성이 크다. 하지만 최성한 간행본은 각 편별로 주제를 별도로 설정하고 이에 따라 내용을 재구성, 앞서의 편집본들과는 편제를 달리했다. 사전의 주제는 10항목, 부의는 8항목, 동규는 4항목이다.[아래 〈표1〉 참조] 앞에서 거론한 세 편집본에서는 각 권별 제목이 달려 있지 않았으니, 이 방식은 원본에서 많은 변화를 가한 것이라 하겠다.

최성환은 박물관본이나 전서본에 실려 있는 글의 순서를 재배치하

刻. 然余年垂七帙, 未克獲睹矣, 可不悲哉"

25 이규경, 『오주연문장전산고(五洲衍文長箋散稿)』, 「사소절분편각본변증설(士小節分編刻本辨證說)」, "崔瑆煥, 字星玉, 蕊城人. 武人, 官都事. 借朴公判書宗輔第收藏印『錦石集』銅鑄字擺印"

26 최성환이 『사소절』을 간행한 사정은 김선희, 「분화의 시대, 경계의 지식인」, 『어시재 최성환 연구』, 학자원, 2017에서 소개한 바 있다. 김선희는 최성환이 체제를 안정시키기 위해 개인의 도덕적 자각과 이를 위한 윤리적 계몽에 초점을 맞춘 방안을 마련했으며, 그 일환으로 권선서(勸善書)를 출판했다고 했다. 『사소절』 간행 또한 그 맥락에서 살필 수 있다고 이해했다. 한편 김선희는 최성환이 박종보의 집에 소장되어 있던 활자를 빌려서 간행하게 되는 사정에 대해, 장혼(張混)의 인맥을 매개로 박종보의 손자인 박제인(朴齊寅)에게서 빌렸을 것으로 추정했다.(위의 논문, 123쪽)

는 가운데, 하나의 문장을 둘로 나누기도 하고,[27] 일부 내용을 삭제하기도 했다.[28] 한 사례에 불과하지만, 없는 자구를 넣어 문장의 의미를 선명히 드러내려고도 했다.[29] 그런 까닭에 실려 있는 문장의 전체 수도 원 편집본에 비해 조금 줄었다. 책의 저자와 편자가 분명히 구별될 수 밖에 없는 상황이었는데, 최성환은 '완산(完山) 이덕무(李德懋) 무관보(懋官甫) 저(著)', '예성(蘂城) 최성환(崔瑆煥) 성옥보(星玉甫) 편(編)'이라고 하여 저자와 편자를 구분하여 표기했다. 최성환 간행본의 체재는 다음과 같다.

---

27 다음과 같은 사례이다.

A : "①어리석은 사람, 빈곤한 사람, 병든 사람, 어수룩한 사람, 상복(喪服) 입은 사람을 보면 사람들은 반드시 조소(嘲笑)하는데 그것은 인자한 마음씨가 아니다. 불우한 사람은 더욱 지성스러운 마음과 부드러운 말씨로 대해야 한다. 어린애들은 더욱 웃기 쉬우니 호되게 나무라야 한다. ②교활한 아이, 술취한 사람, 사나운 말, 미친 개는 삼가 피해야 한다.〉(『사소절(士小節)』 권2, 士典2)"에서 ①과 ②를 분리하여 달리 배치하고, ②는 "교활한 아이, 술취한 사람, 사나운 말, 미친 개는 피해라"[『사소절(士小節)』 권2, 사전(士典)1-2, 근신(謹愼)]로 수정했다.

B : "①자제와 노비들에게 손님이 오거든 즉시 통지하고 주인이 집에 없다고 속이지 말도록 항시 경계시켜야 한다. ②대저 집에 편안히 붙어 있지 못하고 분분하게 밖에 나가는 자는 이미 마음이 방일한 사람이다."[『사소절(士小節)』 권4, 교접(交接)]에서 ①과 ②를 분리하고, ②는 "선비는 안정한 것을 귀중히 여긴다. 만일 집에 편안히 있지 못하고 분분하게 밖에 나가는 것은 그 마음이 방종해진 지 이미 오래다."(『사소절(士小節)』 권4, 교접(交接))로 수정했다.

28 박물관본의 권1, 사전(士典)1에 실려 있는 문장 "羣居終日, 其爲言談, 不出於嘲諧博奕女色酒食科宦升沈家閥高下, 其亦可悶也. 對人必講論經史, 余不及見矣. 對小學書, 其不欠伸者鮮矣, 哀哉!"에 대해 최성환본에서는 "對小學書, 其不欠伸者鮮矣, 哀哉"를 삭제하였다.[『사소절(士小節)』 권1, 「사전」 1-1, 성행(性行)]

29 최성환본의 권4, 교접(交接)에는 "사는 조용함을 귀중히 여긴다. 만일 집에 편안히 있지 못하고 분분하게 밖에 나가는 것은 그 마음이 방종해진 지 이미 오래다.(士貴恬靜. 若不能安於家, 紛紛出門, 其心放已久)"라는 문장이 나온다. 전서본과 박물관본에는 이 구절이 없다. 대신 "常戒子弟奴婢. 若有客至, 必卽通焉, 不可謾之曰'主人不在'. 家夫不能安於家, 紛紛出門, 其心放已久"이란 문장이 나오는데, 최성환본에서는 여기서 뒷 구절을 떼어내고 '士貴恬靜若'을 첨가하여 독립된 문장으로 만들었다.

〈표1〉 최성환본 『사소절』의 편목과 구성

편목	권별 구성 및 주제			文章	
				章數	비고 (3편 합계 : 915)
士典	卷1	士典 第一之一	性行 言語 服食	139	
	卷2	士典 第一之二	動止 勤愼	121	
	卷3	士典 第一之三	敎習 人倫	86	
	卷4	士典 第一之四	交接 商量	120	사전(士典) 합 : 580
	卷5	士典 第一之五	御下 事物	114	
婦儀	卷6	婦儀 第二之一	性行 言語 服食 動止	111	부의(婦儀) 합 : 205
	卷7	婦儀 第二之二	敎育 人倫 祭祀 事物	94	
童規	卷8	童規 第三	動止 敎習 敬長 事物	130	동규 합 : 130

이상 살핀 대로 근대 이전에 편집된 『사소절』 이본은, 현존본을 기준으로 한다면, 네 유형으로 나누어 살펴볼 수 있다. 이 가운데 "이덕무(李德懋) 무관보(懋官甫) 근찬(謹撰)"이라 표기한 박물관본은 이덕무 친필본으로 추정되며, 『사소절』의 초기 형태를 잘 간직하고 있다. 『사소절』을 연구하자면 이 책을 저본으로 삼아야 할 것이다.[30] 전서본은 박물관본에서 체재를 변형하여 편집했고, '청장관사소절'은 전사(轉寫)되어 유통된 결과물의 하나라 할 수 있다. 최성환 간행본은 각 편별로 주제를 설정, 재구성하는 방식을 취했다. 그 결과로 앞의 세 편집본과는 체재와 구성이 많이 달라졌다. 이러한 변화는 무엇보다 출판 시장을 통해 만날 독자들을 염두에 둔데서 왔다 하겠다. 독자들은 주제별

30 이 글에서 이용한 자료는 박물관본 『사소절』이다. 본문에서 인용하는 『사소절』의 권수는 모두 이를 따랐다. 전서본과 최성환본은 필요한 경우에 참고했다.

로 일목요연하게 정리한 편집에서 이 책의 방대한 내용을 쉽고 편하게 익힐 수 있었을 것이다.

이들 네 형태의 편집본이 담고 있는 문장은 각 책 상호간에 일치하지 않는 곳이 적지 아니 존재한다. 원본에 가까운 편집본에도 몇 군데 자구의 오류가 발견되는데, 전사(轉寫)하거나 편집하는 과정에서 그러한 오류는 더 확대된 것으로 보인다. 각 편집본의 편별 구성을 정리하면 다음 〈표2〉와 같다.

〈표2〉『사소절』의 편집본별 구성 및 체재

국립민속박물관본			청장관전서본[淺見文庫]			'청장관사소절'본			최성환 출판본		
標題	卷首題	卷篇次	標題	卷首題	卷篇次	標題	卷首題	卷篇次	標題	卷首題	卷篇次
士小節	士小節	士典之一	靑莊館全書	靑莊館全書	士小節 上 士典1	士小節	靑莊館 士小節	卷之一 士典	士小節	士小節	士典 第一之一
	士小節	士典之二								士小節	士典 第一之二
士小節	士小節	士典之三	靑莊館全書	靑莊館全書	士小節 中 士典2		靑莊館 士小節	卷之二 士典		士小節	士典 第一之三
	士小節	士典之四								士小節	士典 第一之四
士小節	士小節	士典之五	靑莊館全書	靑莊館全書	士小節 中 士典3	士小節	靑莊館 士小節	卷之三 士典	士小節	士小節	士典 第一之五
	士小節	婦儀之一	靑莊館全書	靑莊館全書	士小節 下 婦儀1		靑莊館 士小節	卷之四 婦儀		士小節	婦儀 第二之一
士小節	士小節	婦儀之二								士小節	婦儀 第二之二
	士小節	童規之一	靑莊館全書	靑莊館全書	士小節 下 童規1		靑莊館 士小節	卷之五 童規		士小節	童規 第三

31 표지에서『사소절』上, 士典, 上中,『사소절』下, 士典, 下 · 婦儀 · 童規로 표기되어 있는 것으로 보아, 사전을 상 · 중 · 하로 구분하고 있었던 것으로 보인다.

3. 서족의 가훈서 『사소절』의 기획 : 『소학』을 넘어서는 규범서

1) 조선의 가훈서 전통과 서족 가훈서 『사소절』

『사소절』은 '사' 계층의 수신서, 규범서이다. 이덕무는 사전을 중심에 두고 부의·동규편을 배치, 『사소절』을 완성했다. 이러한 체계는 시간의 흐름 속에서 살핀다면, 기초적인 규범을 토대로 하여 어린 시절 덕성을 기르고 학습하며, 이를 바탕으로 성인이 되어 사와 그 부인의 처지에서 수신을 수행하는 구조를 담고 있다. 전 생애에 걸쳐 규범의 변화, 수신의 성장을 이루어 나가도록 하는 구도이다.

양반 사대부가 최고의 특권을 가지는 조선의 신분제 사회에서 '사' 계층의 독립된 수신서, 규범서가 만들어진 것은 어떤 의미를 지닐까. 조선에서는 이미 다양한 형태로 규범서, 수신서가 보급되고 활용되고 있었으므로, 『사소절』 출현이 갖는 의의는 그다지 크지 않을 수 있다. 하지만 『사소절』은 조선 규범서의 전통을 계승하는 한편으로 변화된 환경에 맞추어 설정된 새로운 규범을 담고 있는 규범서였다. 이 책이 가지는 역사적 위상은 이점과 연관하여 가늠할 수 있다. 조선 규범서의 역사적 맥락 위에서, 그리고 『사소절』의 편찬 목적을 통하여 이를 살피도록 한다.

『사소절』의 성격은 가훈서(家訓書)의 측면에서 확인할 수 있다. 이덕무는 이 책을 자신과 자신의 가족들이 익히고 지켜 가야 할 규범서로서 만들었다고 했다.[32] 내용으로 본다면 사 계층 일반을 대상으로

32 『사소절(士小節)』 권1, 「사소절서(士小節序)」, "풍속을 바로잡고 남을 깨우치기 위한

하고 있으므로 이러한 언명은 겸사일 수 있지만, 이덕무 스스로 『사소절』을 널리 보급하려 하기 보다는 집안의 규범서로 쓰려고 했던 것으로 보인다. 그런 점에서 이 책은 조선의 가훈서 전통과 맞닿아 있다.

조선에서 가훈서(家訓書)를 만들어 가내의 규범으로 활용한 역사는 오래 되었다. 신숙주의 『가훈(家訓)』,[33] 김굉필의 『가범(家範)』,[34] 유희춘의 『정훈(庭訓)』[35] 등은 그 초기 사례이다. 거론하는 내용은 개별 가훈서 마다 조금씩 달랐지만, 이들 가훈서는 공통적으로 유교적 문화 기반 위에서 수신(修身)과 제가(齊家)의 방법을 모색하려고 했다. 17세기 이후로도 많은 가훈서가 등장했으며 담고 있는 내용 역시 앞 시기의 그것들과 비슷했다.[36] 가훈서는 대체로 학식과 세력을 갖춘 양반 사대부가에서 만들어져 활용되었음을 볼 수 있는데, 그 까닭은 유교적 사유와 규범을 바탕으로 운영되는 조선에서 사회적 위상을 적극 확보할 수 있는 방법으로 가내의 유교화(儒教化)가 무엇보다 유효했기 때문이었을 것이다.

이이의 『격몽요결(擊蒙要訣)』 편찬은 가내에 유통되는 가훈서의 여

것이 아니라, 자신과 가정의 법칙으로 삼기 위함일 뿐이다.(匪敢曰範俗而規人, 只自爲身家之法則而已)"

33 신숙주, 『보한재집(保閑齋集)』 권13, 「가훈(家訓)」. 이 자료는 조심(操心), 근신(謹身), 근학(勤學), 거가(居家), 거관(居官), 교녀(敎女) 등 여섯 편목을 갖추고 있다.

34 권별(權鼈), 『해동잡록(海東雜錄)』 2, 본조(本朝), 김굉필(金宏弼). 김굉필의 『가범(家範)』은 실물이 전하지 않아 구체적인 내용 파악은 쉽지 않다.

35 유희춘(柳希春), 『미암집(眉巖集)』 권4, 「정훈(庭訓)」. 이 자료는 존비장유(尊卑長幼), 대인예인(待人禮人), 양생치생(養生治生), 독서해문(讀書解文) 등 네 편목에 70여 항목을 갖추었다.

36 17~18세기에 작성된 가훈 사례는 적지 않다. 몇 사례를 적시하면 다음과 같다. 이준(李埈), 『창석집(蒼石集)』 권12, 「가계(家戒)」; 유계(兪棨), 『시남별집(市南別集)』 권7, 「가훈(家訓)」(18조); 윤형로(尹衡老), 『계구암집(戒懼菴集)』 권14, 「가훈(家訓)」; 박윤원(朴胤源), 『근재집(近齋集)』 권23, 「가훈(家訓)」

러 내용을 보다 일반화하고자 한 노력이라고 평가할 수 있다. 이이는 이 책에서 초학자들이 주자학의 이념과 지식을 일상에서 익히고 실천할 수 있는 방법을 제시, 주자학적 규범의 확산을 도모하였다.[37] 책의 첫 머리에 「입지(立志)」 장을 두어 학문의 목적이 성인(聖人)이 됨에 있음을 강조한 점은 이 책의 입각점이 어디에 있었는지를 잘 보여준다. 주자학에서 궁극적 목표로 제시하는 성인이 되기 위해 일상의 생활과 학습을 어떻게 해야 할 것인지, 초학자의 견지에서 그 방법을 제시한 책이 『격몽요결』이었다. 17세기 이후 이 책은 서인(西人) 학통 내에서는 거의 절대적인 영향력을 행사하며 보급되었다. 『사소절』에서도 아동기의 학습서로 『격몽요결』을 거론하기도 했다.[38]

사대부가에서 실현할 수 있는 규범을 가훈서로 마련하려는 노력은 조선 양반 사대부의 성장, 그리고 그들이 중시하는 주자학의 사회화를 위한 움직임과 맞물려 있었다. 조선이 국가적으로 이루고자 하는 목표를 구현하는 기본 단위가 이들 양반 사대부가였고, 이들은 그 소임 위에서 가훈서를 만들고 실천해왔던 셈이다. 가훈서는 사대부 문화의 한 특징이자 사대부의 주요 징표였다.

이와 같이 『사소절』의 개성은 앞선 시기 사대부 계층에서 만들어 활용하던 가훈서의 전통과 맥락을 같이하고 있었음을 주목할 수 있겠는데, 하지만 그 면모는 앞서의 규범서와는 약간 달랐다. 대부분의 가

37 정호훈, 「16세기 말 栗谷 李珥의 教育論 -『擊蒙要訣』·『學校模範』을 중심으로-」, 『韓國思想史學』 25, 2005

38 『사소절(士小節)』 권8, 「동규(童規)」, "栗谷李先生所著擊蒙要訣, 小學之階梯也. 兪左尹直基所輯海東嘉言善行, 小學之羽翼也. 其言皆近而易知. 童子讀小學時, 常常參看, 其效甚大" ; 『사소절(士小節)』 권8, 「동규(童規)」, "擊蒙要訣有革舊習章, 聖學輯要有矯氣質章, 小學書有立敎篇, 近思錄, 有教人篇. 此於童子, 尤爲切當, 皆可以加意勉行也"

훈서들은 이를 수용할 대상자의 경계를 명확하게 구분하지 않았다. 사(士) 본인과 가족들이 지켜야 할 사항을 두루뭉술하게 서술하기도 하고 혹은 자식들이 지켜야 할 내용으로만 채웠지, 『사소절』과 같이 사와 그의 부인, 사의 자식과 같이 주체의 영역을 구분하여 그 규범을 정리하지는 않았다. 그런 면에서 『사소절』은 형식상 크게 전진했다고 할 수 있다.

『사소절』과 이전 가훈서와의 결정적인 차이는 이 책이 서족(庶族)이 만든, 서족의 규범서라는 성격을 지니고 있었다는 점이다. 이덕무는 양반이면서도 서족이었다. 이점은 그의 존재를 근본에서 규정했다. 그의 학식, 그의 재능, 사회적 위상은 서족의 굴레에 묶여 있었다. 박지원(朴趾源), 홍대용(洪大容), 김용겸(金用謙) 등 당대 명문가의 인물들과 교유하며 많은 영향을 받고 있었지만,[39] 그가 마음을 주고 받고 시문을 교환하며 친밀하게 지냈던 이들은 서족들이었다. 이광석(李光錫), 유득공(柳得恭), 박제가(朴齊家), 원중거(元重擧), 원유진(元有眞), 성대중(成大中), 백동수(白東修), 유정모(柳鼎模), 서상수(徐常修) 등이 그들이다. 격심한 적서 차별의 문화 속에서 이들은 서로 뜻이 통하는 지기였다. 이덕무는 그가 모범으로 삼거나 혹은 교류했던 서족들의 삶과 행동, 지향을 규범화하여 『사소절』 곳곳에서 소개하기도 했다.

> 관청(官廳)에 들어가지 말고, 이궁(離宮)에서 놀지 말고, 야금(夜禁)을 범하지 말라. 현천(玄川) 원중거와 능호(凌壺) 이인상(李麟祥)은 서로 문을 마주 보고 살았는데 해진 뒤에는 오가지 말자고 서로 약속하고는 야금을 범하지 않았으니, 선배들의 근신은 이와 같았다.[40]

39 이들과의 교류를 통하여 얻은 교훈을 이덕무는 『사소절』에서 소개하기도 했다.[『사소절(士小節)』 권2, 사전(士典) 2 ; 『사소절(士小節)』 권3, 사전(士典) 3]

글을 읽을 때는 명물(名物)이나 또는 문의(文義)가 어려운 대문은 그때그때 적어서 아는 사람을 만나면 반드시 물으라. 선배인 장학성(張學聖)과 나의 일가인 복초(復初-이광석, 필자 주)는 남을 만나기만 하면 물었다.[41]

남의 집에 갔을 때나 자기 집에 있어 다른 손님과 같이 있을 때 심한 병이 있거나 극히 늙지 않았으면 요강에 오줌을 누지 말고, 아무리 추운 날이라도 반드시 밖에 나가 으슥한 곳을 향해 누라. 원현천(元玄川-重擧, 필자 주)이 일찍이 나의 집에 왔을 때 요강에 오줌을 누지 않으면서 말하기를, "추잡한 일인 듯하다." 하였다.[42]

위에 등장하는 원중거, 이인상, 이광석, 장학성 등은 모두 서족이다. 원중거는 이덕무 누이의 시아버지였다. 이덕무를 규정했던 삶의 여건은 철저하게 서족의 신분성이었다. 그 아무리 학식이 풍부하고 영민했다 하더라도 이덕무는 엄격한 적서 차별의 질서를 피해갈 수 없었다. 『사소절』의 규범 세계는 서족의 문화 위에서 출발했다고 할 수 있다.

요컨대, 18세기 후반 서족인 이덕무가 편찬한 사 계층의 규범서는 정통 양반 사대부들의 가훈서에 대비되는 서족의 가훈서였다. 서족이되 사 계층인 자기 정체성을 의식한 위에서의 산물이라 할 수 있을 것이다. 이같은 작업은 무엇보다 이덕무의 영민함, 강렬한 자의식에서 비롯되었겠지만, 정통 양반이 아니면서 사의 문화와 규범을 정위하고자 한 노력은 그에게서 처음 나타난 일은 아니었다. 『사소절』 이전에도 이와 비슷한 성과가 나타나고 있었다. 유중림(柳重臨)의 『증보산림

40 『사소절(士小節)』 권2, 사전(士典) 2
41 『사소절(士小節)』 권2, 사전(士典) 2
42 『사소절(士小節)』 권1, 사전(士典) 1

경제(增補山林經濟)』가 그것이다.

『산림경제』에 없던 내용을 증보하며 편찬된 이 책은 1766년(영조 42)에 편찬되는데, 복거(卜居)·치농(治農)·종수(種樹)·양화(養花)·양잠(養蠶)·목양(牧養)·치포(治圃)·섭생(攝生)·치선(治膳)·구황(救荒)·가정(家政)·구사(救嗣)·구급(救急) 등 여러 편목을 통해 사(士)의 가정 경영 전반의 문제를 다루고자 했다.[43] 이 가운데 가훈 관련 내용을 집중적으로 거론한 편목은 '가정(家政)'이다.

이 책은 저자의 신분이나 내용과 관련하여 흥미로운 요소를 많이 가지고 있었다. 유중림은 의관(醫官)을 지낸 중인으로, 영조의 인정을 받을 정도의 의술을 지니고 있었다. 그런 그가 종합 농서(農書)이자 사의 생활 지침서에 해당하는 『산림경제』를 증보한 사실은 특별한 일이었다. 유중림은 사의 자의식 속에서 사로서 살아감에 합당한 경제 규모, 의식과 문화, 생활 규범을 정리하고자 했다. 그 자신 계층적으로는 중인에 속했지만, 이 책을 통하여 구현하고자 하는 바는 사의 생활이었다. 유중림은 그와 가문의 성장의 방향 혹은 목표를 양반 사대부층에 두고 그 모범을 이 책으로 형상했다고 할 수 있을 것이다.

유중림의 작업은 중인층의 성장과 연관 지워 생각해 볼 수 있다.[44] 이 시기 중인들은 위항문학운동, 통청(通淸) 운동 등을 통해서 자신들의 사회적 위상을 끌어올리려는 활동을 활발히 전개하고 있었다. 유중림의 저술 또한 이러한 움직임의 일환이었다.

이덕무가 『사소절』을 구상하며 유중림의 저술을 보았는지, 그리고

---

43 김용섭, 『신정 증보판 朝鮮後期農學史硏究』, 지식산업사, 2009 ; 廉定燮, 18세기 초중반 『山林經濟』와 『增補山林經濟』의 편찬 의의, 규장각 25, 2002

44 염정섭, 위의 글, 193쪽

그의 책으로 드러나는 중인들의 움직임을 어떻게 판단했는지 확인하기는 쉽지 않다. 그러나 이덕무와 유중림의 지향은 서로 비슷한 점을 지니고 있었다.

구체적인 내용에서는 많은 차이를 보이지만, 『사소절』과 『증보산림경제』 두 책은 전통적 양반 사대부와는 성격이 다른 서족 혹은 중인이 자신들의 지향을 '사'로 설정하고 그와 연관된 규범을 만들려고 노력한 한 산물이다. 혈연적으로 정통 '사'로서의 지위를 인정받지 못하는 처지에 있으면서도 '사'로서의 삶을 살아가려고 했던 의식 혹은 지향을 두 책은 공유하고 있었던 것이다.[45] 그러한 요소는 전통적 사의 영역을 확장하면서, 동시에 규범의 범주, 규범의 내용 또한 새롭게 모색하는 요인으로 작용했을 것이다.

2) 『소학』을 넘어서는 규범서

『사소절』의 개성은 그러나 여기에만 머무르지 않았다. 이 책의 문제의식, 목표는 어떤 책에서도 찾을 수 없는 방향성을 지니고 있었다. 이덕무는 이 책을 만든 이유로 『소학』이 포괄하지 못하는 규범을 담아내기 위해서임을 거론했다. 조선의 정신 세계, 규범 세계에 강렬한 영향을 미치고 있던 『소학』만으로는 당대 사회에 적절한 규범을 제시하지 못하므로 새로운 책을 만들어야 한다는 점이었다. 그가 보기에 6~700년 전에 만든 주희의 『소학』은 현실적으로 그렇게 절실한 도움이

45 『사소절』에서는 『증보산림경제』를 직접 인용하지는 않는다. 하지만 『증보산림경제』에 나오는 내용이 『사소절』에서 확장되어 있는 경우도 있어, 이덕무가 『증보산림경제』의 내용을 알고 활용했을 가능성 또한 배제할 수 없다.

되지 못하였다. 『소학』을 대체할 수 있는 새로운 규범서, 수신서가 필요한 상황이었다.

> 한·당의 선비들은 도수(度數)와 명물(名物)에 익숙하고 송·원의 선비들은 이기(理氣)와 심성에 밝았다. 그러나 그들이 글을 지어 후세에 교훈을 남긴 것이 매우 적었고 특히 작은 예절에 대해 전적으로 말한 것 역시 적었다. …… 그래서 주자는 이를 걱정하여 『소학』을 저술하였는데, 입교(立教)·명륜(明倫)에서 심술(心術)·위의(威儀)·의복·음식의 예절에 이르기까지가 모두 소절(小節)을 갖추었다. 나도 일찍이 『소학』을 읽어 그를 준행했지만, 주자보다 6, 7백 년 후에 태어나 궁벽한 고을에서 살고 있을 뿐더러, 고금(古今)이 변천하고 풍속이 일정하지 않으며 습기(習氣)가 더욱 변했는지라, 자신을 반성하고 마음에 징험하건대, 작은 예절에 있어서 제대로 실천하지 못할 것이 10에 7, 8이요, 자득해서 제대로 행할 것이 거우 10에 2, 3 정도이다. 제대로 행할 것이 적으면 선한 일을 하기가 매우 어렵고 제대로 실천하지 못할 것이 많으면 악한 일을 하기가 퍽 쉽지 않겠는가.[46]

『소학』에 실려 있는 내용에서 의미 있는 규범, 실천할 수 있는 규범은 2~30%에 불과하다는 이야기이다. 『소학』이 편집된 이래 6~700여 년의 시간이 흘렀고 또 이 책이 소통되는 지역이 중국이 아니라 조선이기에 나타나는 현상이라는 진단이었다. 주희가 소절이 부족한 상황을 타개하기 위하여 『소학』을 만들었듯이, 이제 18세기 조선의 현실에 부합하는 새로운 규범서가 편찬되어야 했다. 『사소절』이 그리는 장대한 포부였다.

46 『사소절(士小節)』 권1, 「사소절서(士小節序)」. 이하 인용하는 『사소절』은 특별한 표기가 없는 한 박물관본이다.

사가 익힐 규범을 『소학』이 충분히 제공하지 못하므로 그를 보완하는 규범서를 만들어야 한다는 이러한 발상은 당시 조선에서 『소학』이 차지하던 위상에 비추어 본다면 일대 도발이었다. 조선에서 『소학』은 유학-주자학의 규범이 확산되는 과정에서 기본적이고 중심적인 역할을 해왔다. 『소학』은 주자학을 제대로 익히기 위해서 읽어야 할 입문서였지만, 한편으로는 오륜(五倫)의 도덕 규범을 담고 있었기에,[47] 본질에서는 사회 규범서로서의 성격이 강했다. 이 책은 본래 학습기 어린 아이들을 대상으로 편찬되었지만, 조선에서는 사대부가의 아이들은 물론이고 성인들도 많이 읽었다. 국가에서 건국 초기부터 이 책의 보급에 많은 공력을 기울였던 것은 이 책이 가지는 사회적 효용성이 적지 않았기 때문이다.

『소학』의 수요, 『소학』의 학습은 시기적으로 적지 않은 변화를 보였다. 이미 15세기부터 국가 차원에서 주도했던 『소학』의 보급은 16세기 이래 비약적으로 변화하였다. 이를 견인한 것은 『소학』의 학습을 보다 편하게 도우는 다양한 형태의 『소학』 학습서를 마련하고 유통시키고자 한 여러 노력이었다. 중앙 정부, 지방관, 개별 학자들은 각각의 층위에 걸맞는 힘을 발휘, 『소학』을 쉽게 읽고 이해할 수 있도록 구결(口訣)을 붙인 주석서를 마련하고, 조선의 현실을 고려한 새로운 주석서를 편찬하였으며, 또 『소학』을 한글로 번역하여 편찬하였다.[48]

47 『소학』은 5륜 곧 부자(父子), 군신(君臣), 부부(夫婦), 장유(長幼), 붕우(朋友)의 다섯 가지 인간관계에 맞추어 각각의 관계에서 익히고 실행해야 할 내용을 경전에서, 사서에서 혹은 성리학자들의 글에서 발췌하여 정리해두었다. 내용으로 본다면 그렇게 많지 않고 또 복잡하지도 않았는데, 이는 성장기 아동들이 쉽게 배우고 실천하여 덕성을 함양하고 체인하도록 돕기 위해서였다. 『소학』과 오륜의 연관성에 관해서는 김준석, 「朝鮮前期의 社會思想—『小學』의 社會的 機能 分析을 중심으로」, 『동방학지』 29, 1981 ; 윤인숙, 「조선전기의 사림과 소학」, 역사비평사, 2016 참고.

이 작업은 17세기를 지나 18세기에 이르면 보다 극적인 상황으로 변화하였다. 영조의 적극적인 노력에 힘입어 『소학』은 『소학훈의(小學訓義)』란 이름으로 재편집되어 전국 각 군현에서 인쇄되어 보급되었고, 향교에서는 『소학』을 널리 교육했다. 군현의 학동들에게 『소학』을 교육하는 소학강(小學講)은 한때 크게 성행하여, 시골의 큰 학자들이 향교에서의 『소학』 강습에 참가하기도 하고, 또 수령의 주요한 업무로 강조되어 어떤 목민서에는 소학강(小學講)의 절목이 실리기도 했다.[49] 18세기는 어느 때보다 『소학』이 많이 읽히고 거론된 시기였다.

『소학』 보급과 더불어 18세기 사회에서는 유직기(劉直基)의 『해동가언선행(海東嘉言善行)』, 황덕길(黃悳吉)의 동현학칙(東賢學則)과 같이 『소학』을 보완하는 규범서도 나타났다.[50] 이들 저자들은 조선의 역사로부터 교훈이 될 만한 사례들을 수집, 『소학』의 체재에 맞추어 이 같은 책자를 편찬하였다. 『소학』의 세세는 조선의 상황과 좀 더 긴밀하게 맞물리면서 확산되어 나갔다. 18세기 중·후반은 가히 『소학』의 시대라 불러 무방한 양상을 보였다.

『소학』이 담고 있는 내용과 현실에서의 실천 가능성·실용성 사이에 생기는 괴리를 느끼는 이덕무의 감각은, 『소학』의 열풍이 몰아치고 있던 조선의 현실과는 극명히 대비되었다. 그러한 불일치는 아마도 이 시기 많은 사람들이 느끼고 있었을 것으로 여겨지는데, 그 감각

---

48 여기에 대해서는 정호훈, 『조선의 『소학』-주석과 번역』, 소명출판, 2014 참조.

49 필자 미상, 『목민고(牧民攷)』(규장각 고5120-172), 「소학강절목(小學講節目)」; 백승철 역, 『신편 목민고』, 「소학강절목」, 혜안, 2014

50 이들 책에 대해서는 김순희, 「下廬 黃德吉의 小學類 三書 考察 -『東賢學則』을 중심으로-」, 『書誌學硏究』 60, 2014; 이정민, 「18세기 『소학』류 서적의 새로운 양상 -『大東小學』과 『東賢學則』에 대한 검토」, 『韓國文化』 71, 2016 참조.

위에서 새로운 규범서 편찬까지 나아간 것은 이덕무의 개성 넘치는 힘이었다.

그렇다면 이덕무는 『소학』을 부정했던가? 그러지는 않았다. 그는 『소학』을 사서(四書)를 이어 학습해야 할 책 곧 후사서(後四書)의 하나로 여길 정도로[51] 중요하게 여겼고, 아동기 학습에서 이 책은 반드시 익혀야 한다고 보았다.[52] 『사소절』 본문에서도 이덕무는 이 책을 적절히 활용해야 한다고 자주 언급하였다.[53]

『소학』이 포괄하지 못하는 범위를 규범으로 포착한다는 것은 무슨 의미일까. 먼저 살펴야 할 점은 『소학』 규범의 성격이다. 『소학』은 입교(立教) · 명륜(明倫) · 경신(敬身)의 세 내용으로 내편(內篇)을 구성하고, 이 세 가지를 계고(稽古) · 가언(嘉言) · 선행(善行)의 세 편목에서 반복해서 살폈다. 입교 편에서는 교육의 방법과 내용, 명륜 편에서는 5륜의 의미와 실천 방법, 경신 편에서는 몸과 마음을 다스리고 유지하는 법도에 대해 심술, 위의, 의복, 식사 등을 주제로 다루었다. 『소학』의 구성에 이들 여러 편목은 어느 내용 할 것 없이 중요하지만, 핵심은 명륜 편에 있었다. 명륜 편은 다루는 분량도 가장 많았거니와, 『소학』의 궁극적 이상을 오륜으로 제시하기 때문이었다. 그렇다면 『소학』의 범위를 벗어나는 『사소절』의 규범도 오륜적 도덕과는 무관하게 설정

51 『사소절(士小節)』 권4, 사전(士典) 4

52 『사소절(士小節)』 권8, 동규(童規), "栗谷李先生所著擊蒙要訣, 小學之階梯也. 兪左尹直基所輯海東嘉言善行, 小學之羽翼也. 其言皆近而易知, 童子讀小學時, 常常參看, 其效甚大"; 『士小節』 권8, 동규(童規), "擊蒙要訣有革舊習章, 聖學輯要有矯氣質章, 小學書有立教篇, 近思錄有教人篇, 此於童子, 尤爲切當, 皆可以加意勉行也"

53 『사소절(士小節)』 권1, 사전(士典) 1, "不教子弟以小學, 責其實效, 只憂輕率險詐, 是孟子所謂罔民"; 『士小節』 권2, 사전(士典) 2, "古與今, 事行皆同, 善讀古書, 則一一符合於吾今日之事行. 它書姑無論, 至於小學一書, 善爲運用, 則大小輕重, 無事不有, 信手取用, 霈然有餘"

될 가능성이 컸다.[54]

요컨대 이덕무는 『소학』을 긍정하되, 『소학』이 포괄하지 못하는 현실을 『사소절』의 규범으로 끌어 들이고자 했다.[55] 이는 과거를 참작하되 다시 현실을 고려하는 방식이었다. 이덕무의 표현을 빌린다면 '작고짐금(酌古斟今)'[56]의 태도라 하겠다. 이점에서 이덕무의 포부(抱負)는 원대했다. 그는 『사소절』이 『소학』의 시 · 공간과는 다른 18세기 조선의 현실에 적합한 사(士) 계층의 '소절', 규범서이길 희망했다. 말하자면 주희가 『소학』을 편찬한 의도가 그러했듯이, 『사소절』은 새로운 규범을 필요로 하는 상황에 맞는 격변기의 규범서로서 설계되었다. 『사소절』이 지니는 보다 깊은 의미의 역사성은 여기에서 출발하고 있었다고 보아 좋을 것이다.

표준적 도덕서 『소학』이 표착하지 못하는 현실의 규범을 마련하자는 복적으로 만들어진 『사소절』의 특성은 앞서 본바 서족의 가훈서라는 개성과 결합하여 그 자체 독특하게 움직일 수 있는 동력을 확보하고 있었다. 이 두 요소가 가진 상충적 성격 때문이었다. 서족의 교훈서라는 면모는 이덕무의 가내 규범으로서 이야기될 수 있다면 『소학』을 넘어선다는 목표는 가(家) 차원에서의 규범과는 성격을 달리하는 요소를 지니고 있었다. 그러나 실제 내용과 관련해서 본다면, 『사소절』의

54 이 점은 5장에서 서술한다.

55 조선시기 『소학』의 사회적 활용 양상에 대해서는, 李娫玟, 『조선시대의 『小學』 이해 연구』, 서울대학교 박사학위 논문, 2013 ; 정호훈, 『조선의 《소학》-주석과 번역』, 소명출판, 2014 ; 이정민, 「18세기 『소학』류 서적의 새로운 양상 : 『大東小學』과 『東賢學則』에 대한 검토」, 『한국문화』 71, 2015 ; 陳媛, 『주자의 소학론과 한 · 중에서의 변용』, 민속원, 2017 참고.

56 『사소절(士小節)』 권3, 사전(士典) 3, "學古而泥, 非眞古也. 酌古斟今, 今眞古也". '今'에 대해 박물관본에서는 난상에 '下今字 似是字'라고 적어 두었다.

무게 중심은 후자를 향하고 있었다. 이덕무 스스로 이 책은 "풍속을 바로잡고 남을 깨우치기 위한 것이 아니라 자신과 가정의 준칙으로 삼기 위함일 뿐"[57]이라고 하여 이 책의 유통 범위를 가정 밖의 사회로까지 설정하지는 않았지만,[58] 실제 담고 있는 내용은 그 반대 지점과 분리할 수 없는 성격을 지니고 있었다.

4. 『사소절』의 시선과 생활 세계 : 사(士)의 본분과 규범의 현재성

1) 사의 본분 찾기 : 학문과 근로의 병행

서족의 가훈서로서 그리고 『소학』이 포괄하지 못하는 규범을 담아내겠다는 『사소절』의 기획은 18세기 조선에서 살고 있는 사 계층이 실천할 수 있는 예의 범절을 전제로 했다. 하지만 『사소절』이 상정하는 주체와 공간, 시간의 성격은 '18세기 조선에 사는 사'라는 구절로만 포착할 수 없는 특별한 요소를 지니고 있었다. 『사소절』의 성격은 우선 이를 살피는 데서 풀어가야 할 것이다.

『사소절』은 사(士)가 생활하며 실천해야 할 규범을 다룬 책이다. 주체는 '사'이다. 그러므로 이 책의 시선 또한 철저하게 사 계층의 관점을 견지한다. 이덕무는 신분제적 질서를 긍정하고 그 질서를 이끌어가

57 『사소절(士小節)』 권1, 「사소절서(士小節序)」

58 최성환의 『사소절』 간행은 이 측면에서 주목해야 할 것이다. 『사소절』은 한 집안의 울타리를 넘어 사회적 공감을 받으며 널리 통용될 수 있는 내용을 담고 있었고, 최성환은 그 사회적 수요를 확신하며 이를 활자로 공간했던 것이다.

는 여러 규범에 깊은 주의를 기울이되, 사의 처지에서 이 책을 만들었다. 사 계층은 신분으로 보면 양반 특권층이되, 독서를 업으로 하는 존재였다. 후자와 연관하여 본다면 농(農)·공(工)·상(商)과 대비되는 계층의 하나라 할 수 있을 것이다.

『사소절』에서 등장하는 사는 관직에 나아가지 않은 존재였다. 이들은 과거를 준비하여 합격을 도모하기도 하고 관료가 될 가능성을 늘 가지고 있었지만, 관직이 반드시 이들의 삶을 규정하지는 않았다. 이덕무의 시선 속에서 과거가 중요한 기준이 되지는 않았으며, 조정의 일 또한 그의 분수 내의 일은 아니었다. 『사소절』에서는 처녀가 부부의 일을 논하면 사람들에게 미움을 받는 것처럼, 사 또한 조정의 일을 거론하면 미움을 받으므로 그렇게 하지 말 것을 주문하기도 했다.[59]

이들은 조상으로부터 많은 전토를 물려받았다면 모르겠지만 가산이 그렇게 넉넉한 편이 아니었다. 그러했기에 늘 절박하게 생계를 꾸리며 가정을 유지해야 할 상황으로 내몰릴 수 있는 처지에 놓여 있었다. 이들 사는 적통과 서류(庶流)를 구분하고 차별하는 문화 위에서 생활했다. 이덕무는 이런 문화를 철폐하자는 주장을 『사소절』에 수록하지 않았지만, 이 문화를 오랑캐의 풍속으로 혹평했다.[60] 『사소절』에서 사는 문명과 야만 그 경계 위의 존재였다.

『사소절』에서 가장 절박한 문제로 다룬 점은 사의 생계 유지였다. 부모가 굶주리고 처자식이 삶을 제대로 영위하지도 못하는데, 그 어떤

59 『사소절(士小節)』 권3, 사전(士典) 3, "處子論夫婦事, 人必惡之, 故士不可以談朝廷"

60 『사소절(士小節)』 권2, 사전(士典) 2, "서족(庶族)을 업신여기는 것은 바로 오랑캐의 풍습이다. 아무리 서출(庶出)일지라도 선조 입장에서 보면 다 같은 자손인데 업신여겨서야 되겠는가? 심지어 어린애들이 머리가 하얀 조숙(祖叔) 항렬을 희롱하여 때리기까지 하는데, 어찌 조금도 반성하지 않는가?(嘲侮庶族, 大是夷貊之風. 雖曰庶出, 自祖先視之, 則均是子孫, 其可侮之乎. 甚至幼少者, 戲打白首祖叔之行者, 盍少反思之)"

일이 가치 있을까. 이덕무는 생계를 위해서라면 장사도 좋고 품팔이도 좋다고 했다. 여기에는 남자 일, 여자 일의 구별이 없었다.

> 어버이가 굶주리고 계시면 어찌하겠는가? 간사하고 참람스런 일이 아니라면 지혜와 힘을 헤아려서 할 뿐이다. 장사하는 것도 좋고 품팔이하는 것도 좋다. 그러나 능히 습속을 초월해서 이런 일을 할 자가 그 누구이겠는가![61]

> 군자는 생활을 오활하게 해서는 안 된다. 부모는 굶주린 지 오랠 것이니 논할 것도 없거니와, 처자를 능히 보전하지 못한다면 또한 어찌 인자한 사람의 일이겠는가?[62]

> 선비의 아내가, 생활이 곤궁하면 생업을 약간 경영하는 것도 불가한 일이 아니다. 길쌈하고 누에치는 일이 원래 부인의 본업이거니와, 닭과 오리를 치는 일이며 장·초·술·기름 등을 판매하는 일이며, 대추·밤·감·귤·석류 등을 잘 저장했다가 적기에 내다 파는 일이며, 홍화(紅花)·자초(紫草)·단목(丹木)·황벽(黃蘗)·검금(黔金)·남정(藍靛) 등을 사서 쌓아 두는 일은 부업으로 무방하다.[63]

엄혹한 생활 세계에서 사의 생활, 사의 본분은 책만 읽어도 안되고, 한적한 곳에서 남들의 간섭을 받지 않고 살아서도 아니 되는 것이었다. 사는 늘 과거를 준비하고 과거를 보지만, 그 일이 뜻대로 되는 것은 아니었다. 이 지점에 이르면, 사의 처지는 생활이 넉넉하고 위세를 가진 양반 사대부와는 거리가 멀었다. 그의 본분을 새로이 설정할 필

61 『사소절(士小節)』 권4, 사전(士典) 4
62 『사소절(士小節)』 권4, 사전(士典) 4
63 『사소절(士小節)』 권7, 부의(婦儀) 2

요성이 제기된다. 『사소절』에서는 빈곤에 대처하면서도 학문에 정진하는 일, 이 두 가지를 사의 정체성을 지키는 과제로 삼았다. 그 핵심은 근로였다. 도덕 생활과 독서 생활도 이 위에서 영위될 터였다.

> 농사짓고 나무하고 고기 잡고 짐승 치는 일은 원래 본분(本分)이다. 목수의 일, 미장이의 일, 대장장이의 일, 옹기장이의 일에서부터 새끼 꼬는 일, 신 삼는 일, 그물 뜨는 일, 발 엮는 일, 먹 만들고 붓 만드는 일, 재단하는 일, 책 매는 일, 술 빚는 일, 밥 짓는 일에 이르기까지와 인생이 일상 생활에 필요로 하는 일은 효제(孝悌) · 윤상(倫常)과 아울러 행하여 폐지할 수 없는 것이니, 재주와 능력에 따라서 글을 읽고 행실을 닦는 여가에 때때로 배워 익혀야 하며, 조그만 기예라 해서 멸시해서는 안 된다. 그러나 만약 전념함으로써 거기에 빠져서 헤어나지 못한다면 또한 큰 잘못이다.[64]

> 선비는 먼저 조용히 사는 재미를 찾으나, 또한 근로(勤勞)의 일을 아는 것이 곧 본분이다.[65]

> 어떤 이가, "선비가 지켜야 할 직분은 대체로 몇 가지인가?" 하고 묻기에 나는, "대략 들면, 집에 들어와서는 부모에게 효도하고, 밖에 나가서는 어른에게 공손하고, 낮에는 농사짓고, 밤에는 글 읽는 것, 이 네 가지 일일 뿐이다." 하였다.[66]

---

64 『사소절(士小節)』 권 3, 사전(士典) 3, "耕樵漁牧, 固本分也. 梓匠杇墁, 鎔冶陶埴, 至於索綯捆屨, 結網織簾, 製墨造筆, 剪裁裝潢, 釀酒炊飯, 凡人生日用之事, 與孝弟倫常, 幷行不廢者, 可隨才力, 讀書修行之暇, 時時學習, 不可以小技蔑之. 若專心於此, 溺而不返, 則亦大誤耳"

65 『사소절(士小節)』 권4, 사전(士典) 4

66 『사소절(士小節)』 권1, 사전(士典) 1, "或問士之本分, 凡幾何矣. 余曰, 其大略曰入孝出恭, 晝耕夜讀, 只四事而已"

『사소절』에서의 사의 삶은 말하자면 치산(治産)[67]에 방점을 둔 것이라 하겠는데, 이덕무는 이러한 사의 삶은 아동 교육기부터 준비해야 한다고 강조했다. "비록 빈천하여 문지기[抱關] · 고용살이[庸保], 또는 농사 · 의원 · 장사 · 공인 등을 직업으로 삼더라도 행동을 삼가는 사의 정신은 잃지 않아야 한다."[68]라 함이 그것이다.

이와 같이 본다면, 가난한 삶 속에서 생업을 영위하며 사로서의 삶을 이어가야 함을 고민하는 『사소절』의 시각은 일관되어 있다. 『사소절』에서는 이러한 사의 표상으로 이덕무의 이웃에 살던 선배 유정모를 소개했다.

> 유정모는 글을 읽고 가정을 다스릴 적에 화려함을 버리고 진실함을 취하는 것으로 근본을 삼았다. 인품이 어리석은 사람처럼 생겼지만, 이웃 사람들은 모두 그에게 감복하였다. 발[簾]을 짜고 새끼를 꼬며, 가지를 심고 포도를 심어서 그것을 팔아 생활하였다. 식구 열 사람 중에 어른이나 어린이를 막론하고 모두 맡은 일이 있어서 각기 생활을 도왔고, 가정이 법도가 정연하였다. 비록 가난했지만 죽을 때까지 굶주리지 않았다.[69]

유정모의 정체는 그다지 알려져 있지 않은데, 정조대에 능마아낭청(能麽兒郎廳), 사근 찰방(沙斤察訪)을 지내기도 한 것을 보면,[70] 무관으

67 『사소절(士小節)』 권5, 사전(士典) 5, "치산(治産)을 잘 하여 집을 보전하는 것이 녹봉을 구하는 것보다 낫고, 섭생을 잘 하여 몸을 보전하는 것이 부처에게 아첨하는 것보다 낫다.(治生保家, 優於干祿. 攝生保身, 勝於佞佛)"

68 『사소절(士小節)』 권8, 동규(童規) 1

69 『사소절(士小節)』 권5, 사전(士典) 5

70 1788년(정조 12)에는 능마아낭청(能麽兒郎廳)[『일성록』, 정조 12년 10월 12일(庚子)], 1790년에는 한성부 남부도사(南部都事)[『일성록』, 정조 14년 1월 12일(癸巳), 1791년

로 하급 관료 생활을 하던 인물로 여겨진다. 그의 교류 범위로 보면 서족일 가능성이 크다. 성대중(成大中)은 『청성잡기(青城雜記)』에서 그를 두고, 행실이 돈독한 사(士)이지만 행정 업무[吏事]에는 능하지 못했다[71]고 소개하기도 했다.

『사소절』에서 나타나는 사 계층은 가난했고 기본적으로 관직 생활과는 거리가 멀었다. 그러기에 그들은 독서하며 학문을 하는 한편으로 근로하며 생계를 유지해야 했다. 이덕무는 이들의 삶을 긍정하고 또 그 경계를 확장하여 독서와 근로, 유교적 규범의 실천을 사의 본분으로 규정했다. 이들은 사(士)로서의 뜻이 높고 단단했다.[72] 이들은 속류의 사도, 호강(豪强)의 사[73]도 아니었다.

『사소절』에서 구현되는 사의 존재 형태는 18세기 현실에서 일반적인 사대부의 모습과는 많이 달랐다. 그것은 무엇보다 서족으로서의 시선과 관점에서 사의 정체성을 모색하고자 한 저자 이덕무의 지향을 반영하고 있다고 할 것이다. 앞서 본대로 이덕무는 격심한 적서 차별의 문화 속에서 서족들과 활발히 교류하며 살았다. 그들의 감성과 지성, 그들의 지향은 당대 그 어떤 사대부에게도 뒤지지 않았지만, 서얼 차대(差待)의 벽을 늘 절감하며 살아야 했다. 독서와 근로를 축으로 하여 '사'의 본분을 모색하고자 한 것은 그러한 가운데서 무너지지 않고 자기를 유지하기 위한 분투였다. 이 점에서 『사소절』의 규범이 사의 신

에는 사근 찰방을 수행했다.[『정조실록』 권32, 정조 15년 3월 13일(丁亥)].

71 성대중, 『청성잡기(青城雜記)』 권3, 성언(醒言), "沙斤察訪柳鼎模, 篤行士也, 吏事則非所能也. 監司李祖源考績, 置之下考, 題曰不識不知. 上署其左曰, 可喜堯民, 改置上考"

72 『사소절』에서는 이들을 '고사(高士)'라고 표현하기도 했다.

73 『사소절(士小節)』 권3, 사전(士典) 3, "同里賤人, 不可因一小忿, 縛束毆打. 小則折傷, 大則殞斃, 隨其輕重, 罪罰立至. 因一斯須之忿, 以致終身之玷, 豈不寒心. 我國士夫, 最爲豪强, 藉以名分, 惡習難改, 自恃自尊, 自取辱禍, 切宜銘心"

분성 위에서 설정된 것이면서도 그 신분성을 넘어서는 요소를 갖게 될 것이라는 점을 예상해 볼 수 있다.

한편 『사소절』에서 다루는 규범은 서울의 도시 경험을 반영하는 경우가 많았다. 이 점은 이 책의 주인공이 거주했던 생활 공간이 주로 서울이었던 점과 연관이 있을 것이다. 물론 『사소절』에서 다루는 내용 대부분 어느 지역이든 보편적으로 적용할 수 있는 성격을 지녔지만, 이덕무는 도시와 시골을 나누고, 도시 생활의 부족함을 유의하고 반성하고자 했다. 『사소절』이 서울의 도시성을 반영하는 양상이라 하겠다. 자연, 조선의 양반 사대부들이 일반적으로 지니던, 향촌에 거주하며 갖던 의식은 『사소절』에서는 거의 나타나지 않는다. 이러한 요소는 18세기 서울이 지니고 있던 발달상과 연관하여, 『사소절』의 특징을 두드러지게 드러낸다.

> 갓에 죽영(竹纓)을 드리우는 것은 간결하다. 그러나 시골에 있을 때나 그렇게 하는 것이 마땅하지, 도시에 다닐 때는 불가하다. 복건에 갓을 겹쳐 쓰는 것도 또한 편리하다. 그러나 밖에 나갈 때는 세속을 따를 것이지만 집에 있을 때는 겹쳐 쓰지 않는 것이 좋다.[74]

> 이웃 간에는 도의상 그릇이나 책 따위를 반드시 서로 빌기도 빌려주기도 해야 한다. 굶주리는 집이 있으면 돈이나 곡식으로 돕고 아픈 집이 있으면 약을 주어야 한다. 그리고 경사(慶事)나 애사(哀事)를 당했으면 물질로도 돕고 인력으로도 도우며, 만일 물질이나 인력이 없을 경우에는 몸소 가서 보살펴 주고 혹은 서신으로 열심히 위로하거나 경하해야 하고 먼 데 사람 보듯이 무관하게 보고만 있으면 안 된다. 대저

74 『사소절(士小節)』 권4. 사전(士典) 4

경성(京城)은 풍속이 투박하여 오히려 순박한 옛 풍속이 있는 시골만 못하다.[75]

요즈음 풍속에는 서울의 부인들은 베 짜는 것을 알지 못하고, 사대부의 부인들은 밥 짓는 것을 알지 못하니, 모두 비루한 풍습이다. 베 짜고 밥 짓는 일을 수치로 생각하니, 이들을 부인이라 할 수 있겠는가?[76]

정리하자면, 『사소절』은 18세기 서울을 근거지로 하여 생활하던 서족 사 계층의 경험과 의식 위에서 만들어졌다고 할 수 있다. 『소학』의 부족한 점을 메우고자 출발했던 『사소절』이 담아내는 규범은 그렇다면 서족 사 계층의 시선과 지향을 그 내용에서 확보하고 있다고 할 것이다. 이덕무는 사의 본분을 도덕 실천과 학문, 근로 세 요소로 압축했다. 도덕 실천 · 학문이야 사 계층으로서는 배제할 수 없는 요소이거니와, 근로는 생계 유지에 절실했기에 필수의 일로 강조되었었다. 『사소절』이 가지는 새로운 요소는 이 점에 있었다.

2) 『사소절』의 규범과 생활 세계

『사소절』의 주체가 서족으로서의 사이고 주 공간이 서울이었다면, 이 책에서 다루는 시간은 조선의 18세기였다. 이덕무는 18세기 서울에 살았던 사람들의 풍속, 습관, 일상 생활, 관심사 등을 소재로 하여 『사소절』을 구성했다. 『사소절』의 최대 장점은 규범의 현재성에 있었다.

75 『사소절(士小節)』 권2, 사전(士典) 2

76 『사소절(士小節)』 권6, 부의(婦儀) 1

『사소절』에서 다루는 규범은 크게 보아 오륜적 내용과 그렇지 않은 경우로 구별된다. 『소학』의 소절들이 대체로 오륜 도덕을 중심으로 구성되어 있었던 점으로 본다면 『사소절』의 내용상 특징은 비오륜(非五倫)의 요소에서 찾을 수 있을 것이다. 그렇다 하더라도 『사소절』의 오륜 도덕 또한 18세기 조선의 현실과 분리되지 않았기에 『소학』에서의 언명과는 차이가 많이 났다.

오륜의 내용을 담고 있는 규범은 수적으로 그렇게 많지 않다. 거기다가 『사소절』에 실린 오륜 도덕은 3편목에 분산되어 있기에, 독자의 체감도는 그렇게 높지 않을 수 있다. 사전(士典)에서는 대체로 오륜 전반을 다루었지만, 부의(婦儀)에서는 부자 관계, 부부 관계를 중심으로 내용을 담았고, 동규(童規)에서는 장유(長幼)의 관계를 집중하여 제시하였다. 물론 『사소절』에서 다루는 오륜과 연관된 규범은 18세기 당대의 현실과 밀접히 연관되어 있었고, 또한 세세하고 구체적이다.

> 어느 집안이든 자제들이 머리가 좀 굵어지면 부형된 자가 차마 얼른 일을 시키지 못한다. 자제들도 또한 편안함에 버릇이 되어 부형을 위해 이불을 깔고 자리를 걷은 것을 자신을 괴롭히는 일로 보는데, 이것은 서로 구분하는 형상이 이미 나타난 것이니 매우 불가한 일이다.[77]

> 임금의 글이나 글씨와 남의 집 부인의 필적은 망령되이 비평해서는 안 된다.[78]

> 부부(夫婦) 사이에는 미세한 과실을 짓더라도 서로 쉽게 알게 된다. 그래서 꾸짖는 일이 쉽게 생긴다. 그러나 조용히 경계해야 하고 큰소

77 『사소절(士小節)』 권4, 사전(士典) 4

78 『사소절(士小節)』 권5, 사전(士典) 5

리와 사나운 얼굴로써 서로 나무라고 원망해서는 안 된다. 이럴 때에는 부모가 걱정하고 자녀가 상심하게 되니, 위로는 부모를 생각하고 아래로는 자녀를 가엾게 여겨 각자 뉘우치고 깨달아서 화평하기를 노력해야 한다.[79]

존장 앞에서는 망건을 고쳐 쓰지 말고 옷을 고쳐 입지 말라. 머리털이나 살을 드러내는 것이 좋지 않기 때문이다.[80]

오륜의 규범이되, 18세기 당대 현실에서 직접 보고 듣고 또 실천하게 되는 구체성을 담고 있는 점에서 이들 규범은 새롭다. 이 같은 새로움은 오륜의 도덕과는 직접적인 연관을 갖지 않는 『사소절』의 다른 규범에서도 일관된다. 『사소절』 규범의 성격은 현재성과 구체성 이 두 요소로 압축하여 표현해도 무관할 것이다.

『사소절』에서 정리하고 있는 대부분의 항목은 오륜의 도덕성과 거리가 멀다. 이덕무가 일상에서 보고 듣고 관찰하며 느낀 사안들이 규범으로 자리 잡았다. 이 규범들은 나의 문제, 나와 이웃의 관계, 나와 공동체의 관계를 고민함에 활용되지만, 반드시 오륜 도덕과 연결되지 않는다. 『사소절』에서 두드러지게 강조하는 내용을 몇 주제를 중심으로 정리해보자.

『사소절』에서는 대체로 당대의 유행 풍속을 비판적으로 거론했다. 속어(俗語)를 즐겨 쓰는 언어 풍속, 보약을 먹고 묘를 이장(移葬)하는 일, 『삼국지연의』와 같은 통속 소설을 즐겨 읽는 일, 담배를 즐겨 피우는 습속 등에 대해 『사소절』은 금기시하고 피해가도록 했다.

79 『사소절(士小節)』 권2, 사전(士典) 2

80 『사소절(士小節)』 권5, 사전(士典) 5

속된 말은 삼가 입 밖에 내지 말라. 이를테면 지금 세상의 경박한 사람이 곧 학자(學者)를 '궤(跪)'라고 불러 그들의 무릎 꿇고 앉은 자세를 조롱하는 것과 곧 무인(武人)을 '약(躍)'이라 불러 발을 뛰며 활을 쏘는 그들의 행동을 조롱하는 예와 같은 것이다.[81]

병 없이 약을 잘 먹는 사람은 생명을 보존하려는 생각에서겠지만 도리어 생명을 해치는 것이요, 까닭 없이 조상의 무덤을 잘 옮기는 사람은 어버이를 편안하게 하려는 생각에서겠지만, 도리어 어버이를 불편하게 하는 것이다. 이것이 요즘 세상의 고질된 폐단이니, 모든 군자는 어찌 조금이라도 반성하지 않으랴?[82]

연의(演義)나 소설(小說)은 음란한 말을 기록한 것이니 보아서는 안 된다. 자제들에게 보지 못하게 금해야 한다. 간혹 타인을 만나면 소설 내용을 끈덕지게 얘기하거나 남에게 그것을 읽기를 권하는 사람이 있으니, 애석하도다! 사람의 무식이 어찌 이 지경일까? 『삼국연의(三國演義)』는 진수(陳壽)의 정사(正史)와 혼동하기 쉬운 것이니, 엄격히 구분해야 한다.[83]

『사소절』에서 유독 많이 다룬 주제로는 독서 혹은 책을 읽는 법, 책을 다루는 법 등에 대한 규범을 들 수 있다. 사의 행동을 규정짓는 중요한 요소가 책 읽기 혹은 독서였기에 이덕무 또한 여기에 큰 관심을 기울였다. 책은 그 자체로 아주 귀하게 다루어야 할 대상으로 규정되기도 했다.

---

81 『사소절(士小節)』 권3, 사전(士典) 3
82 『사소절(士小節)』 권4, 사전(士典) 4
83 『사소절(士小節)』 권1, 사전(士典) 1

책을 볼 때에는 서문(序文)·범례(凡例)·저서인(著書人)·참교인(參校人) 그리고 권질(卷帙)이 얼마며 목록(目錄)이 몇 조목인지를 먼저 보아 그 책의 체재를 구별해야 하고, 대충대충 보아 넘기고서 박학(博學)했다고 해서는 안 된다.[84]

책을 볼 때에는 손가락에 침을 묻혀서 책장을 넘기지 말고, 손톱으로 글줄을 긁지도 말고, 책장을 접어서 읽던 곳을 표시하지도 말고, 책머리를 말지도 말고, 책 표면을 문지르지도 말고, 땀난 손으로 책을 들고 읽지도 말고, 책을 베지도 말고, 팔꿈치로 책을 괴지도 말고, 책으로 술항아리를 덮지도 말고, 먼지 쓰는 곳에서 책을 펴지도 말고, 책 보면서 졸다가 어깨 밑에나 다리 사이에 떨어트려 접히게 하지도 말고, 책을 던지지도 말고, 심지를 돋우거나 머리를 긁은 손가락으로 책장을 넘기지도 말고, 힘차게 책장을 넘기지도 말고, 책으로 창이나 벽에 휘둘러서 먼지를 떨지도 말라.[85]

손님 접대 항목 또한 큰 비중을 차지했다. 양반 사대부의 일상에서 '접빈객(接賓客)'을 핵심이 되는 일 가운데 하나로 거론할 정도로 손님맞이는 중요한 일이었거니와, 『사소절』 역시 여기에 많은 주의를 기울였다. 찾아온 손님이 불편한 마음을 갖지 않도록 조심해야 함을 강조하는 점이 눈에 띈다.

몹시 춥거나 더울 때에 어떤 손님이 먼 곳에서 왔거든 피곤하기 그지없을 터이니, 반드시 경우에 따라 따스한 곳이나 서늘한 곳을 택해서 잘 모시고 밤에는 그와 얘기를 많이 나누지 말며, 또한 그를 위해서

84 『사소절(士小節)』 권2, 사전(士典) 2
85 『사소절(士小節)』 권2, 사전(士典) 2

일찍 자야 할 것이요, 손님으로 하여금 마음속으로 주인이 일찍 취침했으면 하고 바라게 해서는 안 된다.[86]

내가 무슨 일을 하려고 할 때 손님이 오래 앉아 있어도 찌푸리는 기색을 해서는 안 된다. 무슨 일을 하려 한다면 이를 솔직하게 알리면 그 손님이 당연히 물러갈 것이다.[87]

손님을 위해서 식사를 마련해야 할 때 혹 노비(奴婢)가 어떤 사정으로 집에 없거든 반드시 몸소 밥을 지어 드려야 한다.[88]

손님으로 찾아갔을 때의 행동과 연관된 규범도 중요하게 거론되었다. 남의 집에 손님으로 가서 식사 대접을 받거나 잠을 자야하는 상황에 요구되는 행동 준칙들이다. 남의 집을 찾아가거나 잠을 자는 행동은 이때가 오늘날보다 더 빈번했을 것이다. 친구들과 즐겨 교류하며 생활하던 이덕무의 개인 경험 또한 이러한 준칙을 마련함에 훌륭한 근거가 되었다고 보아 좋다.

남의 집에서 자게 되면 반드시 주인 뒤에 눕고 주인 먼저 일어나며, 일어나거든 반드시 이불을 개어 예전 자리에 두고 나서 웃옷을 입고 단정히 앉아야 한다. 주인이 세수하기를 권하거든 곧 일어나 나가고 지체하지 말라. 주인이 종이 없어 물을 가져 오지 않거든 그냥 망건(網巾)을 쓰라.[89]

---

86 『사소절(士小節)』 권1, 사전(士典) 1
87 『사소절(士小節)』 권1, 사전(士典) 1
88 『사소절(士小節)』 권4, 사전(士典) 4
89 『사소절(士小節)』 권1, 사전(士典) 1

남의 집에서 잘 때에는 편리함을 구하지 말고 오직 주인의 뜻만을 따를 것이며, 반드시 적삼과 바지를 벗을 것은 아니다. 아침에 세수하고는 주인의 수건에 닦지 말라. 수건을 더럽혀서가 아니라, 사람마다 각기 성질이 다르니, 혹 주인이 깔끔한 성격이어서 남의 때를 싫어할까 싶어서이다. 주인이 만일 닦기를 권할 경우에는 약간 수건 끝으로 딲고 콧물이나 침을 묻히지 말라. 손님이 만일 내집에 와서 자게 되거든 잠자리를 손수 정해주고 옷을 벗고 눕기를 권하며 세수하거든 반드시 수건을 주되, 수건이 만일 더럽거든 '수건이 더럽소이다.'라고 미리 말한다.[90]

이웃으로부터 돈 혹은 곡식을 빌리거나 빌려 주는 일과 연관된 규범 또한 비중 있게 다루어졌다. 『사소절』에서는 이같은 내용이 생각보다 많이 나온다. 가난한 살림살이에 돈이나 곡식을 빌리고 또 빌려 주는 일은 다반사였을 것이다.

부귀(富貴)한 사람에게 대차를 요구하여 그가 혹시 대차해 주지 않더라도 그의 인색함을 굳이 비난하며 원망하거나 성내서는 안 된다. 이 세상에는 나와 같은 사람이 많을 것인데, 그가 아무리 부자라 해도 어떻게 일일이 도와줄 수 있겠는가 하고 서서히 생각하면 마음이 자연 화평해질 것이다.[91]

남에게 곡식을 빌려 줄 때에는 썩거나 피 같은 것이 많이 섞여서 먹을 수 없는 것만을 골라서 주어서는 안 된다. 이것은 성실을 해치는 일이니, 경계하고 경계하라.[92]

---

90 『사소절(士小節)』 권1, 사전(士典) 1
91 『사소절(士小節)』 권3, 사전(士典) 3
92 『사소절(士小節)』 권4, 사전(士典) 4

> 남에게 재물을 빌려 줄 때에는 조금도 인색하지 말라. 모름지기 내가 전일 남에게 빌릴 때 어떠했던가를 생각하고 또 내가 후일 남에게 빌릴 때 어떻겠는가를 생각하라.[93]

여기에 더하여 『사소절』은 서적(書籍), 시문(詩文), 도화(圖畫)를 빌려 보고 돌려 주는 문화에 대해서도 많은 내용을 할애했다. 책이나 그림을 서로 돌려보며 새로운 문물을 익히는 풍조가 확산되는 상황을 느낄 수 있는 규범들이다.[94] 빌린 자료들은 정한 시간을 지켜 돌려 주어야 한다거나, 훼손하지 말아야 하는 점을 강조하고 있다.

> 남의 서적(書籍) · 시문(詩文) · 도화(圖畫)는 한 번 보고 나서 대차(貸借)를 청할 것이며, 주인이 허락치 않거든 강제로 빼앗아 소매 속에 넣고 일어나서는 안 된다.[95]

> 남의 책을 빌렸거든 정하게 읽거나 초록(抄錄)하고 기한 내에 돌려주어야 하고, 지체하여 기한을 지내거나 주인이 독촉하는데도 돌려 주지 않거나 해서는 안 된다. 또 다른 사람에게 빌려 줌으로써 훼손되고 잃어버리게 하면 나의 행실을 더럽히는 것이다.[96]

---

93 『사소절(士小節)』 권3, 사전(士典) 3

94 책이나 서화를 빌려 보는 문화는 이 시기 서울에서 크게 발달했던 것으로 보인다. 새로운 지식과 문물을 담고 있는 자료가 유입되는 경로는 연행사행, 통신사행이었는데, 지적 호기심이 강했던 사람들은 새로운 자료가 들어오면 그 소장처를 수소문하여 빌려 보았다. 책을 빌린 사람들은 책의 내용을 등사하거나 차록(箚錄)하여 독서 자료로 활용하였다. 18세기 지식인들의 지식열과 독서열의 일단은 황윤석의 『이재난고(頤齋亂藁)』에서 확인할 수 있다. 인용한 『사소절』의 내용 또한 이러한 문화를 반영한다고 할 수 있다.

95 『사소절(士小節)』 권1, 사전(士典) 1

96 『사소절(士小節)』 권2, 사전(士典) 2

비교적 많이 등장하는 내용으로는 글을 짓고 글씨를 쓰는 일과 연관된 규범을 들 수 있다. 이덕무 스스로 독서하고 글을 짓는 문사였기에, 이들 규범이 『사소절』에 등장하는 것은 그렇게 어색하지 않다.

> 어떤 사람이 나에게 자기 시문(詩文)을 보이거든 재삼 자세히 읽고 나서 그 좋고 나쁜 점을 말해야 하고, 싫어하는 기색이나 비웃는 기색을 조금도 보여서는 안 된다. 스스로 부박(浮薄)함을 드러내는 것일 뿐 아니라, 만일 편협한 사람을 만나면 해(害)가 또한 이로 해서 일어난다.[97]

> 남의 시문(詩文)이 나의 뜻과 일치하지 않음을 보면 반드시 크게 의심을 내고, 공연히 세도(世道)를 패멸하고 심술(心術)을 파괴한 것이라고 단정하는데, 아! 이 같은 사람이 바로 세도를 패멸하고 심술을 파괴하는 자이다. 시문은 사람의 얼굴이 서로 같지 않음과 같은 법인데 어찌 반드시 억지로 같게 하겠는가?[98]

> 남의 좋은 시문을 훔쳐 자기 이름을 거기에 써서 남에게 주지 말라.[99]

과거(科擧)와 관련된 이야기도 적지 않은 내용을 차지한다. 사대부 생활에서 과거가 차지하는 비중이 컸고, 또 18세기에는 과거가 그 어느 때보다 자주 설행되었으므로,[100] 사대부의 관심사로 이보다 더 중

97 『사소절(士小節)』 권1, 사전(士典) 1

98 『사소절(士小節)』 권3, 사전(士典) 3

99 『사소절(士小節)』 권2, 사전(士典) 2

100 이 시기의 과거제, 과거를 둘러싼 백성들의 움직임에 대해서는 박현순, 『조선후기 과거 연구』, 소명출판사, 2014 참조.

요한 일은 없었을 것이다.

> 유생(儒生)을 보고 과거(科擧)에 대한 말로 충동시켜서도 안 되고, 과거는 불가능하다고 위협해도 안 된다. 아! 한 번의 과거로 어찌 사람의 무게를 달 것이겠는가?[101]

> 시위(試闈)에서 시권(試券)을 드릴 때 편안한 걸음으로 서서히 걷는 사람을 나는 아직 보지 못했다. 부박한 사람은 탓할 것도 못 되거니와 평소에 근신하던 사람도 시위에 들어가면 미친 듯이 망동하니, 이것은 무슨 까닭인가?[102]

> 무릇 시장(試場)에 들어갔을 때, 내가 비록 글을 다 지어 일찍 제출하였더라도 함께 시험보는 사람이 아직 제출하지 못했거든 비록 해가 저물 때에 이르더라도 먹을 갈아 주고 식사를 권해 주고 글자를 점검해 줄 것이요, 재촉해서 글이 잘못되게 해서는 안 되며, 또 일산[傘]을 접고 자리를 걷는 등 급박하게 소란을 피우며 그를 버리고 가지 말아야 한다.[103]

『사소절』에서 특별히 많이 다룬 내용은 식사 예절이다. 혼자서 밥을 먹을 때 혹은 여러 명이 한 밥상에 앉아 밥을 먹을 때 지켜야 할 예절들을 다양하게 제시했다.

> 음식을 먹을 적에는 싫어하는 것처럼 너무 느리게 씹지도 말고, 쫓기는 것처럼 너무 급하게 씹지도 말며, 젓가락으로 소반을 딱딱 치지

---

101 『사소절(士小節)』 권3, 사전(士典) 3
102 『사소절(士小節)』 권4, 사전(士典) 4
103 『사소절(士小節)』 권4, 사전(士典) 4

말고, 숟가락으로 그릇에 소리를 내지 말라.[104]

밥먹을 적에는 기침하지도 말고 웃지도 말며, 다 먹고 나서는 하품하지 말고, 식사 끝난 뒤 숭늉 마시고 나서는 다시 반찬을 먹지 말라.[105]

탁한 국에 밥을 말아서는 안 되니, 그 효잡(淆雜)함이 좋지 않기 때문이다.[106]

남과 한 식탁에서 식사할 때는 자기가 먹고 싶은 고기나 떡 같은 것이 비록 집어 먹기 거북스러운 곳에 있다 하더라도 자기 앞으로 당겨 놓지 말라. 각기 한상을 받았을 적에는 자기 몫을 다 먹고 나서 남이 먹던 것을 더 먹지 말라.[107]

남과 함께 식사할 때에는 종기·설사 등 더러운 얘기를 하지 말고, 남이 식사를 끝내기 전에는 아무리 급하더라도 변소에 가지 말라.[108]

이와 같이 『사소절』은 구체적인 일상의 생활에서 지켜야 할 규범을 발견하고 이를 아주 자세하게 제시했다. 이러한 규범은 『소학』에서는 볼 수 없는 현재성을 지니고 있었다. 이덕무가 『소학』을 긍정하되 『소학』이 포괄하지 못하는 현실을 『사소절』의 규범으로 정리해 들이고자 했던 그 내용이 바로 이들 규범이었다.[109] 이점에서 이덕무의 포부(抱

104 『사소절(士小節)』 권1, 사전(士典) 1
105 『사소절(士小節)』 권1, 사전(士典) 1
106 『사소절(士小節)』 권1, 사전(士典) 1
107 『사소절(士小節)』 권1, 사전(士典) 1
108 『사소절(士小節)』 권1, 사전(士典) 1

負)는 원대했다. 그는 『사소절』이 『소학』의 시 · 공간과는 다른 18세기 조선의 현실에 적합한 사(士) 계층의 '소절', 규범서이길 희망했다. 말하자면 주희가 『소학』을 편찬한 의도가 그러했듯이, 『사소절』은 새로운 규범을 필요로 하는 변동기의 규범서로서 설계되었다.

5. 『사소절』의 지식 원천: 독서와 경험

『사소절』의 세계는 섬세하고 복잡하고 치밀하다. 사전, 부의, 동규 3편에 수록된 900여 문장은 다루지 않는 사안이 없다고 할 수 있을 정도로 내용이 전방위적이고 세밀하며 풍부하다. 『사소절』은 무엇을 바탕으로, 어떤 경로로 만들어졌을까? 이러한 세계를 가능하게 했던 지식과 정보의 근원은 무엇일까?

이덕무는 평소 생활하며 느끼고 의식했던 사실들, 책에서 읽은 내용들, 보고 들은 이야기들을 활용하여 『사소절』의 규범으로 채웠다. 이 가운데 절대적인 비중을 차지하는 것은 본인의 경험과 판단이었지만, 동시기 조선인이나 명 · 청대의 인물들의 경험과 사유 또한 주요한 원천이었음을 볼 수 있다. 『사소절』은 이덕무 당대의 최신 정보와 지식을 흡수하면서 한편으로는 감각과 의식, 생활 습관을 받아들이면서 만들어졌다.

---

109 조선시기 『소학』의 사회적 활용에 대한 최근의 연구 성과는 다음과 같다. 李娫玫, 『조선시대의 『小學』 이해 연구』, 서울대학교 박사학위 논문, 2013 ; 정호훈, 『조선의 『소학』-주석과 번역』, 소명출판, 2014 ; 이정민, 「18세기 『소학』류 서적의 새로운 양상 : 『大東小學』과 『東賢學則』에 대한 검토」, 『한국문화』 71, 2015 ; 陳媛, 『주자의 소학론과 한 · 중에서의 변용』, 민속원, 2017

『사소절』의 지식 원천과 관련하여, 이덕무 글쓰기 개성의 일단을 주목하게 된다. 이덕무는 『사소절』에서 거론하는 개개 항목의 출처를 가능한 한 충실히 제시했다. 독자들은 이를 통해 이덕무가 보았던 책, 이야기를 전한 인물 등 지식의 객관적 원천을 확인할 수 있다. 이 같은 객관적 요소가 없는 경우에도, 이덕무 본인의 감정과 판단이 항목을 만듦에 큰 역할을 하였음을 쉽게 알아 챌 수 있다. 이러한 서술 방식은 말하고자 하는 주장이 근거 없고 허황되지 않음을, 또한 그 내용을 쉽게 거론하지 않았음을 강하게 표출하는 특장을 지니고 있었다.

1) 본인의 인식과 사유에 따른 지식

(1) 이덕무의 개인적 경험과 판단

이덕무는 섬세하고 예민한 감각, 관찰력, 성찰을 바탕으로 생활 속에서 일어나는 일들을 규범화하였다. 인간의 심리에 대한 탁월한 분석 또한 여기에 더해졌다. 지나치게 세세한 내용이어서 독자로서는 숨쉬기조차 힘들다고 느낄 정도이지만, 『사소절』 곳곳에서 이덕무는 그 특유의 섬세한, 어떤 면에서는 까탈스러운 감각으로 규범의 소재를 찾아내었다.

> 무·배·밤 등을 먹을 때에는 자꾸 씹어서 싹싹 소리가 나지 말게 하고, 국수·국·죽 같은 것을 먹을 때에는 한 번에 많이 마셔서 꿀꺽 소리가 나지 말게 하고, 물을 마실 때에는 목구멍에서 꿀꺽꿀꺽 소리가 나지 말게 하라.[110]

110 『사소절(士小節)』 권1, 사전(士典) 1

침을 뱉어 먹을 갈지 말고, 붓대를 씹지도 말고, 종이를 자를 때 틀어지게 자르지도 말라. 남의 집에 가서는 남의 지필(紙筆)을 손대지 말고 만일 쓸 일이 있거든 주인의 승낙을 받을 것이며, 쓰고 나서는 반드시 제자리에 조금도 틀리지 않게 잘 두라. 반면에 내 집에 온 손님이 지필을 쓰거든 나는 조금도 인색한 기색을 보여서는 안 된다.[111]

기름기 있는 고기국 등은 숟가락으로 떠서 먹어야지 김치나 간장, 그리고 밥을 만 물에 휘저어서 기름이 엉겨 뜨게 해서는 안 된다. 불결한 노린내 나는 것이 싫기 때문이다.[112]

사람의 심정은 누구나 남이 자기를 떠받드는 것을 좋아한다. 그러므로 맨 처음 사귈 때 친애(親愛)하지 않음이 없음은 서로가 떠받들기 때문이다. 그러나 사귄 지 오래되어 각기 상대방의 과실을 알고 혹시 규잠(規箴)하면 크게 비위를 거스려 사귐이 비로소 등지게 된다. 그런 까닭에 군자는 겸허함을 귀중히 여기고 시종을 삼간다.[113]

(2) 유교 경전으로부터 사색하기

유교의 경전과 문헌 또한 『사소절』의 중요한 지식 원천이었다. 이덕무는 유교를 벗어나 사의 생활을 이끄는 사상을 구하지 않았다. 그는 “사서(四書)·육경(六經) 및 염락관민(濂洛關閩)의 책에 대해 누구나 종신토록 공부하기를 마치 농부가 오곡을 가꾸듯이” 해야 한다고 생각하고, 구체적으로는 『대학』·『논어』·『맹자』·『중용』을 익힌

111 『사소절(士小節)』 권2, 사전(士典) 2
112 『사소절(士小節)』 권4, 사전(士典) 4
113 『사소절(士小節)』 권2, 사전(士典) 2

뒤 다시 『소학』·『근사록(近思錄)』·『격몽요결(擊蒙要訣)』·『성학집요(聖學輯要)』를 반복해서 읽어[114] 유교 사상을 익히도록 했다. 이덕무가 유교 경전을 중시하는 태도는 철저하여 아플 때 경서를 읽으면 효과를 볼 수 있다고 할 정도였다.[115]

이 같은 견지에서 유교 밖의 문화는 멀리했다. '이단은 막힌 곳이 많다'고 하여 배척하거나[116] 불교에 대해서 비판적인 태도를 갖는 것은 조선의 유학자들과 매 한가지의 태도였다. 그가 집중적으로 관심을 기울인 요소는 인간의 운명과 화복을 인간 밖에서 구하는 행위들이었다. 이덕무는 술수로 화복을 점치는 풍속[117]과 담명(談命)·석자(析字)·관상(觀相)·감여(堪輿)를 일삼는 풍속을 경원했다.[118] 이단과 술수의 영향력은 이전에도 강력했지만 이 시기 또한 그러했다. '올바른 유자(儒者) 생활의 실천'을 염두에 둔다면 이들 문화의 실체를 분명히 알고 이와 거리를 두어야 했다.

> 유속(流俗)은 말할 것도 없거니와, 약간 글을 배운 자도 잡술인(雜術人)에게 어느 날 과거에 오르고, 어느 날 벼슬을 얻고, 어느 날 재물

114 이덕무는 『소학』·『근사록(近思錄)』·『격몽요결(擊蒙要訣)』·『성학집요(聖學輯要)』의 네 책을 후사서(後四書)라고 하여 매우 중시했다.[『사소절(士小節)』 권4, 사전(士典) 4] 흥미로운 사실은 『격몽요결』과 『성학집요』를 여기에 포함한 점이다. 이덕무가 이이로부터 연원하는 학문을 크게 높이고 또 영향 받고 있었음을 이 사실로 알 수 있다.

115 『사소절(士小節)』 권5, 사전(士典) 5, "病中, 看一部經書, 最有得"

116 『사소절(士小節)』 권5, 사전(士典) 5, "異端多窒塞, 俗論多回互"

117 『사소절(士小節)』 권5, 사전(士典) 5, "陳第曰, 不求之心而求之相, 不卜之行而卜之命, 不要之德而要之葬, 是自疑也. 疑則惑, 惑則昏, 禍福之言始中矣. 言禍福者紛紛, 世之所以亂也. 噫, 世之溺於術數者, 何不書此一通, 置之座右"

118 『사소절(士小節)』 권3, 사전(士典) 3, "談命析字觀相堪輿之流, 素多傾仄不祥之人, 愚惑生民, 譸張妖言, 士君子斥而遠之, 可也. 豈可墮其術中, 又從而信之乎"

을 얼마나 얻을 수 있는가를 반드시 묻는다. 그래서 그가 아첨하는 뜻에서 길하고 좋다 하면 반드시 으시대고 그가 만일 겁을 주면 기가 꺾이니, 아! 그가 아무리 글을 배웠다 하더라도 실지 글을 모르는 사람이다.[119]

꿈자리를 말하면서 좋은 꿈이니 나쁜 꿈이니 부회하는 것은 진정 명(命)을 알지 못하는 자다.[120]

구기(拘忌) · 화복(禍福) · 사설(邪說)에 동요되어 자주 이름자를 고치지 말라.[121]

이덕무는 『사소절』 곳곳에서, 절대적인 수치로는 그렇게 많다고 할 수 없지만, 유교 경전으로부터 규범의 근거를 거론하고 지혜를 이끌어 내었다. 그런데 그 방식은 대체로 유교 경전의 주요한 내용으로부터 격언, 경구를 찾아서 그 의미를 음미하는 것보다는, 일상의 규범적 내용을 거론한 후 경전의 구절을 들어 그 내용을 증거 하고자 하는 형식을 취하였다.

어린애를 부추켜 손님을 함부로 희롱하게 하고, 따라서 상스러운 말을 하며 때림으로써 웃음거리를 삼거나 또는 서로 칭찬하기를 '이 아이는 퍽 영리하니 커서 반드시 훌륭하게 될 것이다.'는 따위의 일을 해서는 안 된다. 그 애가 거리낌 없이 방자하여 장차 흉패(凶悖)해지게 만드는 조짐임을 모르는 일이니, 그런 짓은 엄격히 금해야 한다. 어찌 차

119 『사소절(士小節)』 권2, 사전(士典) 2
120 『사소절(士小節)』 권3, 사전(士典) 3
121 『사소절(士小節)』 권5, 사전(士典) 5

마 그런 짓을 조장할 수 있겠는가? 『시경(詩經)』에 이렇게 말했다. "원숭이에게 나무 오르는 일을 가르치지 말라. 진흙에 진흙을 붙이는 격이다."[122]

다른 사람이 취해서 주정하는 것은 용서할지언정, 자기가 취해서 주정하는 것은 용서해서는 아니 된다. 『논어(論語)』에 "자신은 무겁게 책망하고 남은 가벼이 책망한다." 하였다.[123]

무릇 내가 우환이 있거나 곤궁할 때에 힘을 쓰고 재물을 내어 도와준 사람은 마땅히 기록해 잘 간직하고서 종신토록 그 은혜를 잊지 말고 갚기를 생각해야 한다. 『시경』에 "마음속에 깊이 간직하였으니, 어느 날인들 잊겠는가?" 하였다.[124]

2) 책과 견문 속의 지식과 정보

(1) 조선 선배 학자들의 경험과 문헌

이황, 조식, 이이, 조헌, 송시열, 유형원과 같은 인물들이 남긴 발언 혹은 그들에 대한 판단 또한 『사소절』의 중요한 자료로 활용되었다. 이황이나 유형원과 같은 인물들의 발언도 비중 있게 인용되었지만 서인계 학자들의 경험이 주를 이룬다. 조선 선배 학자들의 자료는 『사소절』 전체로 보면 그렇게 큰 비중을 차지하지는 않았다. 또한 활용하는 자료의 성격은 『소학』의 규범과 직접 관련을 가지는 것도 아

122 『사소절(士小節)』 권3, 사전(士典) 3
123 『사소절(士小節)』 권1, 사전(士典) 1
124 『사소절(士小節)』 권3, 사전(士典) 3

니었다. 이는 이 시기 유직기가 조선의 선배 학자들의 '가언(嘉言) 선행(善行)'을 모아 '조선식 소학' 『해동가언선행』을 편찬했던 상황과는 구별된다.[125]

처사(處士) 유형원(柳馨遠)은 이렇게 말했다. "도(道)에 뜻을 두고도 제대로 잘 확립하지 못하는 것은 뜻이 기질로 말미암아 게으르기 때문이다. 그렇게 되면 일찍 일어나고 늦게 자는 일을 잘하지 못하고, 의관을 바르게 쓰고 태도를 의젓하게 하는 일을 잘하지 못하고, 어버이를 섬길 때 얼굴빛을 온화하게 하는 일을 잘하지 못하고, 집에 있을 때 공경스럽게 서로 대하는 일을 잘하지 못한다."[126]

강학(講學)·성찰(省察)·함양(涵養)·천리(踐履) 이것은 지행(知行)에 있어서 매우 중요한 요목으로 포괄하는 점이 매우 넓다. 이것은 우암(尤庵—송시열의 호) 선생의 학문하는 방법이었다.[127]

율곡 선생은 이렇게 말하였다. "집을 다스리는 데는 마땅히 예법으로써 내외를 분별해야 한다. 비록 노비라 하더라도 남녀를 혼처(混處)시켜서는 안 된다. 사내종은 심부름시킬 일이 있지 않으면 안에 들어가게 해서는 안 된다."[128]

---

125 『사소절』에서는 유직기의 『해동가언선행』을 『소학』의 우익(羽翼)이라고 하여, 아동 학습기에 읽히면 좋다고 하였다.[『사소절(士小節)』 권8, 동규(敎習), "栗谷李先生所著擊蒙要訣, 小學之階梯也. 兪左尹直基所輯海東嘉言善行, 小學之羽翼也. 其言皆近而易知, 童子讀小學時, 常常參看, 其效甚大"]

126 『사소절(士小節)』 권3, 사전(士典) 3

127 『사소절(士小節)』 권4, 사전(士典) 4

128 『사소절(士小節)』 권6, 부의(婦儀) 1

(2) 동시대 조선인들의 생활과 의식

동시대 인물들의 경험 또한 자주 활용되었다. 이덕무는 일가인 이광석이나 친구 유정모, 이형상(李亨祥),[129] 선배 장학성, 변관해(卞觀海)[130]와 같은 인물들의 일상 경험, 혹은 그들이 남긴 발언으로부터 필요한 내용을 얻어 『사소절』 속으로 편제했다. 이들은 모두 서족들로, 이덕무와는 같은 처지에 있던 인물들이다. 『사소절』에는 홍대용, 김용겸 등 이덕무에게 큰 영향을 주었던 북학파의 선배들, 사돈인 원중거와 그의 아들도 등장한다. 이덕무는 평소 이들과 교유하며 새로운 학문, 조선 문명 밖의 세계에 대해서도 많이 익혔거니와, 『사소절』의 규범으로 삼을 만한 내용 또한 풍부하게 전해 들었다.

> 남의 집에 갔을 때나 자기 집에 있어 다른 손님과 같이 있을 때 심한 병이 있거나 극히 늙지 않았으면 요강에 오줌을 누지 말고, 아무리 추운 날이라도 반드시 밖에 나가 으슥한 곳을 향해 누라. 원현천(元玄川-重擧, 필자주) 일찍이 나의 집에 왔을 때 요강에 오줌을 누지 않으면서 말하기를, "추잡한 일인 듯하다." 하였다.[131]

> 문을 드나들 때는 반드시 몸을 구부려라. 선비인 장학성의 집은 문지방이 매우 낮았다. 손님이 문에 들 때 그는 반드시 손으로 문지방을 가리키며, "문지방이 매우 낮습니다." 하였다. 그것은 입자(笠子)가 문지방에 닿을까 염려해서였으니, 여기에서 또한 그의 성실 근면함[誠謹]을 볼 수 있다.[132]

---

129 『사소절(士小節)』 권1, 사전(士典) 1, "居喪讀經, 凡引詩處, 當闕而不作聲. 李全州謙鎭, 居喪讀尚書, 不讀賡載歌五子之歌. 聞諸李君亨祥"

130 『사소절(士小節)』 권3, 사전(士典) 3, "卞生觀海, 醫人也. 居母喪, 非甚病, 不脫經帶, 不妄言笑. 富貴家屢邀之, 而三年不出門, 予以爲難"

131 『사소절(士小節)』 권1, 사전(士典) 1

담헌(湛軒) 홍대용은, "대저 남의 집에 갔을 때 그 집 노복(奴僕)이 손님을 보고 공손히 맞이해 절하는 태도를 보면 그 주인이 집안을 잘 다스리고 있음을 알 수 있다." 했다. 근세 사대부(士大夫)들은 집안 사람을 잘 단속하지 못하므로 손님이 와도 노복은 걸터앉아서 담뱃대를 물고 있는가 하면 즉시 주인에게 알리지도 않고 또는 거만한 말을 하기도 한다. 그러므로 담헌이 일찍이 경계하는 뜻에서 이런 탄식을 한 것이다.[133]

글을 읽어서 좋은 구절을 발견하거든 반드시 동지에게 기꺼이 알려 주되 행여 다 알려 주지 못할 것처럼 하라. 효효재(嘐嘐齋) 김용겸 공은 머리가 하얀 노경에도 배우기를 좋아하고 남에게 가르쳐 주기를 게을리하지 않았다. 젊고 총민한 사람을 만나면 반드시 쌓인 서책을 흔연히 펼치고 옛사람의 아름다운 일과 좋은 말을 찾아내서 읊조리고 강론하는 등 끈덕지고 자상하게 일러 주었다. 나는 찾아가 뵐 때마다 소득이 많았으니, 농암(農巖)·삼연재(三淵齋)의 유풍(遺風)을 볼 수 있었다.[134]

(3) 중국 및 서방(西方) 학자들의 글과 생각

중국 학자들의 글 또한 『사소절』 규범의 주요한 원천이었다. 이덕무는 송대의 성리학자들을 비롯하여 원, 명, 청대의 학자들의 발언을 두루 인용하였다. 예수회 선교사 방적아(龐迪我)[135]의 말도 실었다.[136]

---

132 『사소절(士小節)』 권2, 사전(士典) 2

133 『사소절(士小節)』 권2, 사전(士典) 2

134 『사소절(士小節)』 권3, 사전(士典) 3

135 방적아(龐迪我) : Diego de Pantoja, 1571~1618. 스페인의 예수회 선교사. 1600년 남경(南京)에 와서 마테오 리치를 도와 선교활동을 하다가 그와 함께 상경하였다. 그의 여러 저작 중 수작으로 『칠극대전(七克大全)』(7권)을 꼽을 수 있다.

136 방적아(龐迪我)의 말은 최성환본, 「사전(士典)」 제일지일(第一之一), 동지(動止)에 나

이 가운데 명·청대 학자들의 비중이 압도적이다. 왕양명(王陽明), 고반룡(高攀龍), 이광지(李光地), 모치황(毛稚黃), 사조제(謝肇淛), 왕도(王燾), 전일본(錢一本), 유종주(劉宗周), 고염무(顧炎武) 등 수십 명의 이름이 확인된다. 이덕무의 풍부한 독서 경험이 『사소절』 편찬에 절대적인 힘으로 작용했음을 이들 외국 학자들의 인용 사례에서 확인할 수 있다. 18세기 조선 독서계의 상황 또한 간접적으로 읽을 수 있다.

인용하고 활용하는 방식은 다채롭다. 외국 학자의 발언·생각을 요약해서 소개하기도 하고,[137] 깊은 사색의 결과, 하나의 규범을 만들어 낸 뒤 이를 외국 학자의 글·말을 들어 보강하기도 했다.[138] 외국 학자

온다.(曹南冥曰, "靜菴先生姿貌如玉, 人必慕悅. 少時投店舍梳髮, 有一少艾, 自京來者, 稍近侵昵不去. 先生恐夜來投寢, 遽徹其席, 移寓它家." 西洋龐迪峨曰, "古有少年淫于色, 後悔之, 欲絶其端, 屛居精修數年而歸. 先所識女遇之途, 怪問曰 '我昔年某, 不顧我何也?' 答曰 '我非昔年某也. 不顧而去'". 此二事, 嚴截可法, 不如此, 制之甚難) 그런데 박물관본, 전서본에서 '西洋龐迪峨' 다섯 글자는 먹으로 지워져 있다. 한편 박물관본에서는 난상에 "曰字以下, 似是別人語, 非南冥言, 故削之"라고 하여 삭제해야 한다고 보고, 「古~難」까지 「 」 표시를 해 두었다.

137 『사소절(士小節)』 권1, 사전(士典) 1, "남보다 유능하다는 마음을 버리면 마음이 겸손해지고, 남보다 나으려는 마음을 버리면 마음이 평탄해지고, 사치스러운 마음을 버리면 마음이 편안해지고, 질투한 마음을 버리면 마음이 화평해진다는 것은 유사천(劉師川)이 마음을 다스리던 좋은 방법이다. 자신을 자랑하는 말, 남을 깎아 내리는 말, 케케묵은 말, 한만한 말, 희롱하는 말, 꾸미는 말, 근거 없는 말 등을 일체 하지 않고 종일 입을 열지 않는다는 것은 유즙산(劉蕺山)이 말을 삼가던 요지(要旨)다."(能心忘則心謙, 勝心忘則心平, 侈心忘則心澹, 躁心忘則心泰, 嫉心忘則心和, 此劉師川之治心之良方也. 去此矜己之言與短人之言, 戔戔之陳言, 悠悠之漫言, 譃言綺言流言, 終日無可啓口者, 此劉蕺山之愼言之要旨也) ; 『사소절(士小節)』 권4, 사전(士典) 4, "시윤장(施閏章)은 이렇게 말했다. "종일토록 자신의 허물을 발견하지 못하면 성현의 길을 끊는 것이고, 종일토록 남의 허물을 즐겨 말하면 천지의 화기를 상하게 하는 것이다."(施潤章曰, '終日不見己過, 便絶聖賢之路, 終日喜言人過, 便傷天地之和')

138 『사소절(士小節)』 권5, 사전(士典) 5, "스스로 남을 도와주기를 좋아한다 하면서 완급(緩急)·경중(輕重)·친소(親疏)·후박(厚薄)을 구별하지 않는다면 명예는 도리어 헛

의 말을 빌어 현재의 풍속을 판단하기도 하고,[139] 외국 학자의 말에 자신의 생각을 보태어, 그 의미를 확장하기도 했다.[140]

이덕무가 외래서로부터 읽어 들인 새로운 지식은 그의 생각, 행동을 확장하는 주요한 근거였다. 조선에서는 쉽게 접할 수 없는 경험을 반추하며 그는 새로운 행동 준칙을 생각하기도 했다.

> 당일암(唐一庵)이 여러 벗들과 밤에 이야기하다가 자려고 할 때 묻기를, "이때에 해야 할 일이 있는가 없는가?" 하니, 여러 벗들은 '없다'고 하였다. 일암이 말하기를, "밤은 차가운데, 우리들은 매우 즐겁게 술을 마셨지만, 수종인(隨從人)들은 아직도 잘 곳이 없는데, 어찌 할 일이 없단 말인가?" 하였다. 문각공(文恪公) 노탁(魯鐸)이 거인(擧人)이 되어 먼 길을 가다가 눈비를 만났다. 밤에 여관에서 쉬는데, 마부가 추위에 시달리는 것을 가엾게 여겨 곧 그를 이불 속에 들어와 자게 하고 따라서 이렇게 시를 지었다. …… 만일 남의 윗사람된 자

된 것이 되고 원망도 또한 깊이 쌓일 것이니, 패망을 자초할 뿐이다. 장괴(張瓌)는 이렇게 말했다. "두기공(杜祁公)이 남을 도와주던 것은 누구나 할 수 있지만, 그가 망령되이 도와주지 않은 것은 아무나 할 수 있는 일이 아니다."(自以爲好施與, 而不辨緩急輕重親疎厚薄, 則譽因浮虛, 而怨亦深積, 且復自致窘敗耳. 張瓌曰, '杜祁公之所施, 人所能也, 其不妄施人之所不能及也')

139 『사소절(士小節)』 권5, 사전(士典) 5, "사조제(謝肇淛)가, '혼사에 재물을 논하면 결국에는 부부의 도리를 상실하고, 장사(葬事)에 복을 구하면 결국에는 부자의 은혜가 끊어진다.'고 하였는데, 이 말은 실로 요즘 세상의 병폐를 적중한 것이다. 나는 이 말을 격절탄상한다."(謝肇淛曰, '婚而論財, 其究也夫婦之道喪. 葬而求福, 其究也父子之恩絶.' 此語切中時病, 予嘗擊節)

140 『사소절(士小節)』 권5, 사전(士典) 5, "고영인(顧寧人)은, '오늘날 인정에는 세 가지 상반되는 점이 있으니, 곧 너무 겸손하면 너무 거짓되어지고, 너무 친절하면 너무 범연해지고, 너무 사치하면 너무 인색해진다.' 하였는데, 나는 거기에 이어서 말한다. '너무 글을 읽으면 너무 노둔해지고, 너무 재물을 쓰면 너무 곤궁해지고 너무 약을 먹으면 너무 허약해진다.'"(顧寧人曰, '今日人情有三反. 曰彌謙彌僞, 彌親彌汎, 彌奢彌吝'. 予嘗續之曰, '彌讀書彌鹵莽, 彌貪財彌匱乏, 彌服藥彌虛弱')

가 이상 두 가지 일을 깊이 체득한다면 아랫사람을 포악하게 부리지 않을 것이다.[141]

동나석(董羅石)은 이렇게 말했다. "조금이라도 남을 싫어하는 마음을 갖는다면 그것이 바로 불경(不敬)이다. 조금만 이런 마음을 갖는다면 남이 먼저 나를 싫어한다." 추여해(鄒汝海)는 이렇게 말했다. "사람을 너무 속되게 보니 이는 학자의 병통이다." 이 두 사람의 말은 남을 대하고 세상을 살아감에 있어 크게 효과가 있을 것이다.[142]

물론 이덕무는 중국에서 논의되는 여러 의견들을 모두 긍정하고 이를 『사소절』에 활용하고자 하지는 않았다. 이탁오(李卓吾)·안산농(顏山農)·하심은(何心隱) 등 욕망을 성(性)으로 이해, 욕망 추구를 긍정하는 급진적인 왕양명 후학들의 견해에 대해서는 극단의 거부감, 경계심을 보였다.

부박한 천부(賤夫)가 의관을 정제하고 위의를 가다듬는 사람을 보고 미워해 조소하기를, "저것은 모두 가식이다. 속에는 욕심이 가득하면서 억지로 조심하니 이익될 것이 없다. 이것은 우리처럼 솔직하여 옷을 벗고 싶으면 벗고 신발을 벗고 싶으면 벗으며, 노래하고 웃고 성내고 꾸짖는 것을 마음 내키는 대로 하고, 식색(食色)과 화리(貨利)를 내가 좋아하는 대로 따르는 것만 못하다."한다. 그러나 나는 이렇게 생각한다. 어떤 두 사람이 밥을 마주하여 먹고 싶은 마음은 마찬가지인데, 한 사람은 공경한 태도로 사양하면서 먹고 한 사람은 방자한 태도로 마구 훔쳐 먹는다고 할 때, 먹는 것은 비록 같아도 착하고 착하지 못한 것은 판이하다. 그런 유풍이 중국의 이탁오·안산농·하심은이 욕(慾)으로

141 『사소절(士小節)』 권4, 사전(士典) 4
142 『사소절(士小節)』 권1, 사전(士典) 1

진성(眞性)을 삼게 되고, 우리나라의 허균(許筠)이 남녀가 마음대로 음란한 행위를 하는 것을 하늘이 명하는 바로 삼고서 '나는 마땅히 하늘을 따르리라.'고 하기에 이르렀으니, 그 폐단이 극심하였다.[143]

이 지점에서 본다면, 『사소절』 규범의 스펙트럼은 송대 학문과 명·청대의 학문적 감각을 두루 포괄하지만, 주자학의 틀 내에서 머무르고 있었다고 하겠다. 이덕무 스스로 여러 면에서 새로움을 추구하고 갱신을 지향하며 사회의 변화를 받아들이려 했으나 기존의 틀을 완전히 넘어서는 급진성은 지니지 않았다.

『사소절』 규범의 원천을 이루는 다양한 지식과 경험은 이 책이 근거하고 있는 세계의 지평이 매우 넓음을 보여준다. 이덕무는 전통적인 문화와 역사에 대한 경험을 바탕으로 하면서 외래의 최신 지식, 최신의 생각을 받아들이고, 그 위에서 실천 가능한 규범 체계를 세우고자 했다. 현재의 틀을 전면 부정하지 않되 또 그 세계에 사로잡히지 않는 힘은 이러한 지적 자산 위에서 가능했던 것으로 보인다. 고반룡(高攀龍)에게서 빌어 온 다음 언급은 이덕무의 학문이 형성되고 『사소절』이 만들어지는 원천이 어디에 있었던가를 유추하게 한다.

사람은 재주가 없는 것을 근심할 것이 아니니, 지식이 진전되면 재주도 진전된다. 도량이 없는 것을 근심할 것이 아니니, 견문이 넓으면 도량도 넓어진다. 모든 것이 배움에서 얻어진다.[144]

143 『사소절(士小節)』 권5, 사전(士典) 5

144 『사소절(士小節)』 권4, 사전(士典) 4, "高攀龍曰, 人不患無才, 識進則才進. 不患無量, 見大則量大. 皆得之學也"

6. 『사소절』의 도덕율: 나, 나와 타인, 나와 공동체의 규범

1) 『사소절』의 규범성1-나를 세우고 지키는 일

『사소절』이 그리는 규범 세계는 사회 내 주체의 의식과 행동에 대한 규범화로 귀결된다. 『사소절』에서는 나, 나와 타인, 나와 공동체를 주된 범주로 하여, 개개의 영역에서 주체의 도덕, 주체와 객체가 지켜 나가는 도덕을 설정하고자 했다. 『사소절』의 공동체는 주로 가정과 국가 혹은 일반 사회로 범주화할 수 있는데, 이 가운데 큰 비중을 갖는 것은 가정이었다.

『사소절』 규범의 출발, 그리고 중심을 이루는 대상은 나이다. 규범의 주체로서 나가 중심에 놓인다. 이때 나라는 존재는 사라는 계층성 · 신분성을 지니는데, 나의 문제와 관련하여 이덕무는 '나를 어떻게 지킬 것인가'하는 점을 가장 중시했던 것으로 보인다.

그 지킴의 내용은 자존심, 재산, 평판, 체면, 목숨 등 다양하게 나타난다. 『사소절』을 지배하는 주요한 시선, 원칙 중의 하나는 나를 지킴, 나를 중심에 두고 윤리를 생각하는 일이었다. 그것은 내가 이런 자세를 가지고 이런 마음을 지니고 있을 때, 나와 타인의 관계가 제대로 성립하고, 내가 남으로부터 대접을 받을 수 있다는 의식에서 오는 것이었다.

(1) 가난한 선비의 자존심 지키기

『사소절』 속 사부(士夫)는 가난하다. 가난한 삶을 꾸려감에 반드시 닥치는 일이 부유한 이웃으로부터 돈과 곡식을 꾸어 이로써 살림을 보전하거나, 자신의 재주를 팔아 돈을 만드는 일 등이었다. 『사소절』에서는 그 불가피성을 인정하면서도, 자존심을 지키는 방식을 여러 모로 고민했다.

> 아무리 가난해도 부자에게 동정을 구하는 태도를 지어서는 안 된다. 그 사람이 즉시 도와주지 않을 뿐 아니라, 또한 싫어하고 업신여긴다. 설사 도와준다 해도 인색한 마음에서 행해진 것이니 이는 호축(嘑蹴)과 다를 것이 없다. 그것으로 배를 채운다면 굶어죽은 것만 못하다. 대차(貸借)하는 것은 비록 나쁜 일이 아니나, 부자로서 교만하고 인색한 자에게 자주 대차를 요구해서는 안 된다.[145]

> 가난한 처지에 글을 잘 하는 자는 흔히 부귀(富貴)한 집안의 자제를 위해 과문(科文)을 대신 지어 주는데, 아무리 굶주려 보존할 수 없는 한이 있더라도 이런 생각을 아예 해서는 안 된다. 왜냐하면 크게는 하늘을 속이고 임금을 속이고 세상을 속임이요, 그 다음은 나의 마음을 어기고 남의 자제를 해롭게 하는 일이기 때문이다.[146]

> 일이 구차스러워 그만두어도 될 만한 것이면 단연코 하지 않는 것이 좋다. 남에게 기용(器用)·노마(奴馬) 등을 빌릴 때 상대방이 만일 난색을 표하거든 굳이 청해서는 안 된다. 서책(書冊)일지라도 역시 그래야 한다. 그것은 상대방에게 못마땅함을 주어서가 아니라 나의 마음이 불안하기 때문이다.[147]

---

145 『사소절(士小節)』 권3, 사전(士典) 3
146 『사소절(士小節)』 권1, 사전(士典) 1
147 『사소절(士小節)』 권2, 사전(士典) 2

(2) 보신(保身)

나를 지키는 일에서 가장 중요한 사안은 나에게 닥쳐올 재화를 방비하고, 나의 목숨을 지키는 일이었다. 『사소절』에서는 말이 만드는 사회적 참화를 주의하고, 일상 생활에서 독이 든 음식을 먹거나 위험한 장소를 피하지 않아 몸을 다칠 수 있음에 유의하며 생활하도록 했다. 특히 전자는 18세기 사회 정치적 갈등이 고조되어 있던 국면을 잘 반영한 규범이라 하겠다. 한마디 말이 비난과 알력을 불러오고 패가망신의 화를 일으킬 수 있는 극렬한 상황이 전개되는 모습을 도성에서 살며 익히 보았기에, 이덕무가 이를 경계하는 마음은 더할 나위 없이 강렬했을 것이다. 그는 남녀 할 것 없이 정치와 관련된 이야기는 거론하지 말도록 했다.

가 : 말이 만드는 참화 혹은 비난 피하기

조정(朝廷)의 정령(政令)과 친지(親知)의 과실(過失)은 아무리 한가한 자일지라도 함부로 말해서는 안 된다. 이 말이 한 번 퍼지면 조정에서는 반드시 벌을 줄 것이요 친지는 도리어 원수가 될 터인데, 그 때에 가서 나는 어떻게 그 죄를 사과할 것인가를 미리 생각하라. 이처럼 항시 생각하면 과실이 적을 것이다.[148]

사부(士夫)의 편당(偏黨), 남의 집 혼벌(昏閥), 당세 명류(名流)들의 문학의 고하, 붕우(朋友)의 숨은 잘못, 국가의 재이(災異) 등 일체 금휘(禁諱)해야 할 말은 여러 사람이 모인 자리에서 자칭 강개지사(慷慨之士)라 하면서 함부로 입을 놀리지 말라.[149]

148 『사소절(士小節)』 권2, 사전(士典) 2

149 『사소절(士小節)』 권3, 사전(士典) 3

요즘 세상 부인 중에 재주 있는 자가 혹 붕당(朋黨)의 색목에 대한 이야기와 어느 집안 문벌의 높고 낮음에 대한 이야기와 옛날 벼슬아치들의 승진되고 좌천된 것에 대한 이야기를 하면, 일가친척의 남녀들은 시끄럽게 그의 재능을 칭찬하게 되니, 아, 이것은 참으로 집을 어지럽히는 근본이로다! 이런 식으로 나가면 바깥 일에 참견하지 않는 일이 없을 것이다.[150]

나 : 위험한 음식 혹은 상황 피하기

하돈(河豚 복어)은 먹어서 안 되니, 자손들을 경계해야 한다. 습속에 물들기 쉽기 때문이다. 하돈을 먹고 설사 죽지 않는다 해도 그것은 요행이다. …… 하돈에는 참으로 사람을 죽이는 독이 있는데, 어찌 차마 나의 뱃속에 넣을 수 있으랴?[151]

왕고(王考)인 부사공(府使公)의 유훈(遺訓)에, "백운대(白雲臺)에 오르지 말고, 하돈탕(河豚湯)을 먹지 말라."하였는데, 우리 제부(諸父)들이 그 유훈을 삼가 지켰고 나의 형제들 대에 와서도 역시 지킨다. 이 두 가지로 미루어 보면 위험한 곳에 가서는 안 되고, 먹는 일로 생명과 바꾸어서는 아니 된다.[152]

다락 난간에 걸터앉지 말고, 뱃전에 걸터앉지 말고, 바람 부는 날 창문 밑에서 귓밥을 파지 말라.[153]

위험한 상황을 피하여 내 몸을 온전히 지켜야 한다는 의식은 의서(醫書)를 읽고 율령(律令)을 익히는 독서를 권장하는 양상으로 연결되

150 『사소절(士小節)』 권7, 부의(婦儀) 2
151 『사소절(士小節)』 권3, 사전(士典) 3
152 『사소절(士小節)』 권1, 사전(士典) 1
153 『사소절(士小節)』 권3, 사전(士典) 3

기도 했다. 『사소절(士小節)』에서는 평소 병과 죄를 피하려는 마음을 지니고 생활하게 함에 이 두 종류의 책이 큰 도움이 된다고 하여 독서를 장려하였다.

> 사대부(士大夫)가 의서(醫書)를 읽으면 몸 조심하는 방법을 알 수 있고, 율령(律令)을 읽으면 행동하는 방법을 알 수 있다. 왜냐하면 병과 죄가 곧 닥칠 것만 같은 생각으로 늘 경계하여 해(害)를 멀리하기 때문이다.[154]

> 사람은 누구나 신명(身命)을 아끼나 식색(食色)에서 그 신명을 상하게 하고, 사람은 혹 절조(節操)를 닦으나 식색에서 그 절조를 망치게 한다. 그런 까닭에 의서(醫書)를 잘 읽어 경계하는 마음을 갖는다면 의서의 공효가 『시경(詩經)』이나 『예기(禮記)』와 맞먹는다.[155]

(3) 나의 품위를 지키는 행동과 예의

『사소절』은 언어 사용, 습관, 식사를 비롯한 일상 행위에서 주체의 품위를 지키도록 끊임없이 강제했다. 번거롭지만 여러 사례를 제시한다. 특히 비판적인 태도를 취했던 사안은 식생활의 버릇이었다. 이러한 규범은 사의 품위 있는 행동 범주 내에 있으면서도, 여러 신분층이 두루 통용할 수 있는 성격을 지니고 있기도 했다. 품위를 잃는 행동에 대해 경계하는 『사소절』의 시각은 편집증적인 양상을 보일 정도여서 올바름을 잃는 행위는 한 몸의 재이(災異)와 같다[156]고 하기도 했다.

154 『사소절(士小節)』 권2, 사전(士典) 2
155 『사소절(士小節)』 권2, 사전(士典) 2
156 『사소절(士小節)』 권3, 사전(士典) 3

상추·취·김 따위로 쌈을 쌀 적에는 손바닥에 직접 놓고 싸지 말라. 설만(褻慢)한 행동이 좋지 않기 때문이다. 쌈을 싸는 순서는 반드시 먼저 숟가락으로 밥을 뭉쳐 떠 그릇 위에 가로 놓은 다음 젓가락으로 쌈 두세 잎을 집어다가 뭉쳐 놓은 밥 위에 단정히 덮은 다음 비로소 숟가락을 들어다 입에 넣고 곧 장을 찍어서 먹는다. 그리고 입에 넣을 수 없을 정도로 크게 싸서 볼이 불거져 보기 싫게 말라.[157]

어육(魚肉)의 경우 남은 뼈는 빨지도 말고 씹지도 말며, 꿩 다리는 씹어서 꺾지 말라. 찌를까 염려된다. 쇠 갈비도 씹어서 깨지 말라. 뭉그러져 물이 튀길까 싶어서다. 게 껍질에 밥을 담아 먹지 말라. 조잡한 행동에 가깝다.[158]

참외[甘苽]는 반드시 칼로 조각을 내서 먹어야 하고 동시에 물이 튀기지 않게 먹어야 한다. 수박[西瓜]을 먹을 때는 씨를 자리에 뱉지 말고, 입으로 씨를 가리지 말라. 입과 손이 모두 바른 태도를 잃는 것이 좋지 않기 때문이다.[159]

밥먹을 때 숟가락으로 김치나 간장을 떠 먹어 보아서 싱거우면 서너 번 정도 떠 먹는 것은 좋으나, 여남은 번 정도 너무 자주 떠 먹는 것은 역시 점잖지 못하다.[160]

부채를 휙휙 휘젓지 말고, 신발을 직직 끌지 말라.[161]

---

157 『사소절(士小節)』 권3, 사전(士典) 3
158 『사소절(士小節)』 권3, 사전(士典) 3
159 『사소절(士小節)』 권3, 사전(士典) 3
160 『사소절(士小節)』 권3, 사전(士典) 3
161 『사소절(士小節)』 권4, 사전(士典) 4

세수할 때에는, 입과 코에서 소리가 나지 않게 하며, 또는 자리에 물을 흘리지도 말고, 벽에 물을 뿌리지 말고, 얼굴을 꾸미기 위해 꾸물대지도 말라.[162]

여러 사람이 모인 자리에서는 남과 더불어 귀에 대고 소근거리는 말을 하지 말라.[163]

남이 보는 앞에서는 가려운 데를 긁지도 말고, 이를 쑤시지도 말고, 귀를 후비지도 말고, 손톱을 깎지도 말고, 때를 밀지도 말고, 땀을 뿌리지도 말고, 상투를 드러내지도 말고, 버선을 벗지도 말며, 또는 벌거벗고 이[蝨]를 잡지 말고, 혹은 잡은 이를 화로에 던져서 더러운 연기가 나지 않게 하며, 혹은 손톱에 묻은 이 죽인 피를 씻지 않아 남이 추하게 여기게 해서는 안 된다. 이 말이 너무 조잡하다고 말라. 대개 어쩔 수 없는 일이다.[164]

2) 『사소절』의 규범성2-나와 타인의 관계

나와 타인의 관계에 대한 『사소절』의 관심은 지대하다. 『사소절』에서 거론하는 타인은 대체로 관공서나 시전(市廛)과 같은 조직에서 만나는 존재는 아니었다. 일상적으로 대면하는 벗, 지인들이고, 내가 손님으로 찾아가 만나는 주인가의 사람들이나 친척들, 혹은 나를 찾아오는 벗과 손님들이었다. 사회 생활을 영위해 나감에 타인과의 관계가 가지는 중대성을 이덕무는 강렬하게 인식하고 있었다. 그리하여 이덕

162 『사소절(士小節)』 권1, 사전(士典) 1
163 『사소절(士小節)』 권1, 사전(士典) 1
164 『사소절(士小節)』 권1, 사전(士典) 1

무는 내가 '남을 대하고 세상을 살아감에 크게 효과가 있는'[165] 방법을 여러 모로 찾아내고 있었다.

(1) 타인에 대한 면밀한 관찰

타인의 행동을 면밀히 살피는 일은 그가 어떤 성품의 사람인지를 헤아림에, 그리하여 그가 나에게 해를 줄지 이익을 줄지 판단하게 하는 중요한 작업이었다. 상대하는 사람이 시정배인가, 소인인가 군자인가. 나에게 덕이 되고 남에게 해를 줄 수 있는 인물인가를 판단하여 행동하라는 '관찰과 판단'의 주문이 『사소절』에서는 자주 나타난다.

> 무릇 남에게 요구할 일이 있어서, 은근한 언사로 대접하여 평소보다 배나 친절을 베푸는 것은 참으로 시정(市井)의 야박한 풍속이다. 이른바 언사로 대접하는 것에는 진실도 거짓도 있기 때문이다.[166]

> 귀에 소근거리고 눈을 깜빡거리는 어떤 손님이 자리에 있고 주인이 자주 들락날락하거든 그 자리에 오래 앉아 있어서는 안 되고, 그런 집에 자주 가도 안 된다. 그 주인은 분명 시정(市井) 거간꾼의 솜씨를 가지고 있을 것이다.[167]

> 영리하고 아첨한 겸인(傔人)을 가볍게 대하지 말라. 그렇게 되면 처음에는 업신여김을 받고 뒤에는 속임을 받게 된다.[168]

---

165 『사소절(士小節)』 권1, 사전(士典) 1, "董蘿石曰, '但有一毫厭人之心, 卽謂之不敬. 稍有此心, 人先厭我'. 鄒汝海曰, '看人太俗, 是學者病痛'. 此二語於待人處世, 大有功效" 최성환본에서는 이러한 점과 관련 있는 내용을 권4에서 '교접(交接)'이라는 항목으로 정리해 두었다.

166 『사소절(士小節)』 권5, 사전(士典) 5

167 『사소절(士小節)』 권1, 사전(士典) 1

사람의 행동을 관찰하고 판단함에 이덕무는 그의 성벽 혹은 심리 상태도 면밀히 살필 필요가 있다고 보았다. 사람의 이해와 파악에 그의 심리 상태를 미루어 짐작하는 『사소절』의 방식은 흥미롭다.[169]

> 사람의 심정은, 어떤 사람이 착하다고 하는 말을 듣기 싫어한다. 만약 질투심이 있는 사람을 만나면, 비록 자기가 아끼고 귀중하게 여기는 사람이 칭찬할 점이 있다 하더라도, 그 앞에서 극구 칭찬하여 그의 꺼리는 마음을 도발하게 해서는 안 된다.[170]

> 험악한 사람의 성벽(性癖)은 남들이 우호(友好)하며 지내는 것을 미리 시기하여 반드시 이간해서 서로 떨어지게 하려 한다.[171]

(2) 배려의 자세

『사소절』을 지배하는 규범 의식 가운데 하나가 타인에 대한 배려이다. 그 배려는 타인의 이야기를 경청[172]하는데서 필요하기도 하고, 식사 자리에서도 필요하다. 남에게 폐를 끼치지 않고 염치를 지키라는 수준의 요청[173]도 있거니와, 타인의 처지, 특히 눈에 보이지 않는 제

168 『사소절(士小節)』 권2, 사전(士典) 2

169 이덕무는 평소 용모를 보고 타인의 성품을 판별하고, 또 타인의 심정을 빠르게 간취하는 능력이 있었다고 한다.(이광규, 『간본 아정유고』, 권8, 附錄, 「先考府君遺事」) 이런 능력과 관심이 『사소절(士小節)』에서 이와 같은 내용으로 정리된 것은 아닌가 생각할 수 있다.

170 『사소절(士小節)』 권5, 사전(士典) 5, "人情, 惡聞人之有善. 若遇一種娼嫉人, 則雖吾所愛重者, 不可極口盛奬, 以挑其忌心也"

171 『사소절(士小節)』 권4, 사전(士典) 4, "險人性癖, 先猜人朋友之樂, 不使合而必欲離"

172 『사소절(士小節)』 권1, 사전(士典) 1, "人若言故事異聞, 我雖已聞, 彼方劇言, 當詳聽其竟也, 不可徑說中間曰, '此事如此, 我已詳知, 君則後聞'. 莫須疊言也"; 『사소절(士小節)』 권2, 사전(士典) 2, "聞人之言, 煩鎖喧聒, 整頓神氣, 記其大略, 勿亂聽也"

3자를 미루어 생각하고 행동할 것을 주문하기도 한다. 이 경우, 타인의 심리를 헤아리며 나의 행동을 자제하고 성찰하는 규범의식이 매우 특별함을 보게 된다.

> 여름에 솜옷을 입은 사람이 한자리에 앉아 있으면 아무리 덥더라도 덥다고 말하지 말고, 홑옷을 입은 사람을 보면 아무리 추운 겨울이라도 춥다고 말하지 말며, 굶주린 사람을 보고 마침 밥을 먹게 되면 음식의 간이 맞지 않은 것을 탄식하지 말라.[174]

> 집안 사람이 병을 앓고 있을 경우, 내가 부득이한 일로 남의 집에 갔을 때, 주식(酒食)이 나오거든 잔뜩 취하거나 마냥 배부르게 먹고 오래도록 집에 돌아오지 않아서는 안 된다. 집안 사람이 굶주리고 있을 경우에도 역시 마찬가지다. 예전에 어떤 한 시골 선비가 남의 집에서 밥을 먹는 모습을 본 적이 있다. 그가 밥상에 놓여 있는 마른 고기포에 끝내 젓가락을 대지 않길래, 주인이 먹으라고 권하자, 그는 슬픈 태도로 대답하기를 '90살 된 노모께서 채소도 싫어하시지 않습니다. 이 마른 고기포가 비록 맛있는 반찬은 아니지만 어찌 차마 입에 들겠습니까?' 하였다.[175]

> 왕양명(王陽明)이 어느 날 일찍 일어나 하늘을 바라보고 무슨 일을 하려고 하다가 곧 스스로 깨닫기를, "남들은 한창 비를 바라고 있는데 나는 비가 개기를 바라려 하는가?" 하였으니, 자신을 반성함이 이와 같았다.[176]

---

173 『사소절(士小節)』 권1, 사전 1, "見人之物, 不可强奪, 亦不可以吾物之不好者, 强換人之好物. 若扇若帶若刀子等, 此雖小物, 足傷大廉. 余十五六歲時, 以余鈍火刀, 易人之好火刀, 至今思之而恧焉. 若人我之物相當而俱便, 雖重且大者, 易之可也"

174 『사소절(士小節)』 권4, 사전(士典) 4

175 『사소절(士小節)』 권5, 사전(士典) 5

내가 손님을 기분 좋게 대접하기 위해 주식(酒食)을 준비할 때 집사람이 잘 장만하지 못하거나 너무 지연되면 소리치거나 얼굴빛을 변하지 말고 그 이유를 깊이 생각해서 잘 처리해야 하고, 비복(婢僕)을 때리거나 나무라서는 안 된다. 한바탕 소란을 피우는 것이 비록 손님을 잘 대접하기 위한 열성에서 빚어진 일이라 하나, 손님의 마음이 매우 불안해 할 것을 도리어 모르는 결과가 되고 만다.[177]

타인을 배려하여 행동할 것을 요청하는 『사소절』의 규범 의식이 특별히 발달한 영역은 식사 예절이었다. 이덕무는 그 자신 불쾌감을 주지 않는 음식을 선호하던 취향 혹은 정결하고 위생적인 환경에 대한 강박[178]을 『사소절』 곳곳에서 보였거니와, 여럿이 음식을 먹을 때에도 상대방이 불쾌해 하지 않게 행동하도록 했다.

대저 먹고 남은 물에 만 밥이나 고기국, 그리고 국수나 죽은 남에게 주지 말라. 남이 그 깨끗하지 못함을 싫어하거나 혹은 버릴까 싫어서이다. 그러므로 미리 식량을 헤아려 알맞게 먹고 남지 않도록 하고, 물에 만 밥은 특히 밥알 하나라도 버리지 말아야 한다.[179]

무나 참외를 먹다가 남은 것을 남에게 줄 때에는 반드시 칼로 이빨 자국을 깎아버려야 한다.[180]

새우젓이나 굴젓, 조기젓이나 전어젓은 모두가 썩혀서 그 냄새로 맛

176 『사소절(士小節)』 권3, 사전(士典) 3
177 『사소절(士小節)』 권2, 사전(士典) 2
178 제 4장 2절 참조. 최성환본에서는 권1에 복식(服食)이라는 주제로 정리해 두었다.
179 『사소절(士小節)』 권3, 사전(士典) 3
180 『사소절(士小節)』 권4, 사전(士典) 4

을 이룬 것이다. 그래서 자기는 비록 그것을 즐기지만 남과 같은 상에서 밥을 먹을 때에 남이 만약 그것을 싫어하거든, 물을 만 밥과 함께 마구 먹어서는 안 된다.[181]

남과 함께 회(膾)를 먹을 때에는 개장(芥醬)을 많이 먹음으로써 재채기해서는 안 되며, 또한 무를 많이 먹고 남을 향해 트림하지 말라.[182]

위에서 거론한 식사와 관련된 상황은 일상에서 얼마든지 경험하지만, 그러나 무심히 넘어가는 일이기도 했다. 당시 조선에서 이를 문제 삼는 것은 일반적이지 않았다. 이를 포착해서 『사소절』의 규범으로 끌어들인 이덕무의 시선은 남다르다. 어떻게 이것이 가능했을까? 이를 추동한 힘은 무엇이었을까? 개인의 예민한 성격, 예민한 성정이 이렇게 만든 것인가? 아니면 중국이나 일본으로부터 이러한 문화를 확인하며 의미 있게 수용했던가? 분명하지는 않지만, 식생활에 타인의 혐오를 염두에 두며 이를 피하도록 규범을 세우는 점은 특별하다.[183]

(3) 타인의 사생활 보호

『사소절』에서는 타인의 사생활을 함부로 들여다보지 말고, 타인에 대해 비밀스러운 내용을 알고 있다하더라도 발설하지 말라는 내용을 여러 차례 규범으로 제시했다. 타인의 비밀을 본인이 앎으로 해서 많은 문제를 일으킬 수 있음을 염려하는데서 나온 모습이지만, 한 걸음 더 나아가면 이것은 타인의 사적인 사연, 사적인 생활을 침범하지 말

181 『사소절(士小節)』 권4, 사전(士典) 4

182 『사소절(士小節)』 권1, 사전(士典) 1

183 한편 타인을 배려하는 행동을 강조하는 『사소절(士小節)』의 시선은 당대의 신분적 질서 혹은 상하적 질서에도 미치고 있었다. 주 142)에서 인용한 내용은 그 한 사례이다.

고 보호해야 한다는 의식의 발로이기도 했다.

> 대저 남의 집에 가거든 소장된 문자(文字)나 기물(器物)을 보자고 요구해서는 안 된다. 만일 남에게 보일 수 있는 것이 아니라면 주인이 부끄러워하고 무안해할 뿐만 아니라, 나의 마음 또한 어찌 불안하지 않겠는가. 경계하고 경계하라.[184]

> 무릇 남의 집에 갔을 때, 자리 주변에 찢어진 편지가 있거든 주워서 자세히 보아서는 안 되고, 책상에 책력(冊曆)이 있거든 뒤져 보아서는 안 된다. 그것은 장부처럼 사사로운 기록이 많이 있기 때문이다. 천장이나 사면 벽과 그리고 방구들에 붙은 종이에 은은히 비치는 글자를 눈여겨 보아서는 안 된다.[185]

어떤 사람이 취중에 실수를 하거나, 아래 사람이 실수하여 엄한 책망을 한 경우에도, 이를 다른 사람에게는 알리지 말라고 했다. 그 당사자가 느낄 수치심을 확인하고 타인의 시선으로부터 보호하도록 해야 한다는 의식이었다.

> 어떤 사람이 혹시 취중에 실수를 하고 망언을 하거든 크게 괴상히 여기지 말고 마땅히 마음속으로, '술이 사람을 미치게 하기 때문에 저 사람이 저렇다. 일찍이 보건대 저 사람이 술이 깨면 본래 그렇지 않더라.'고 생각해야 하며, 술이 깨거든 취했을 때 실수한 일을 조용히 대략 말하면 그가 반드시 후회하고 부끄러워할 것이다. 그리고 그의 취할 때의 일을 다른 사람에게 절대로 말해서는 안 된다.[186]

---

184 『사소절(士小節)』 권2, 사전(士典) 2

185 『사소절(士小節)』 권5, 사전(士典) 5

186 『사소절(士小節)』 권1, 사전(士典) 1

(4) 약속의 중요성

타인과의 관계와 관련된 규범에서 눈에 들어오는 내용은 약속된 시간, 약속된 만남을 잘 지켜야 한다는 주장이다. 약속을 얼마나 중시했던지, 『사소절』에서는 약속하고서 시간을 놓치는 일을 인간 도리의 결함으로까지 거론했다.

> 남과 모이기로 약속했을 때에는 반드시 남보다 먼저 달려가야 한다. 아무리 날씨가 험악하더라도 반드시 언약을 실천해야 한다. 제사(祭祀)에 참례할 때에는 세수나 옷 입는 일을 더디게 해서 남에게 뒤지는 일이 있어서는 안 된다.[187]

> 서로 모이기로 약속했을 때 혹 어떤 사람이 때가 지나도 오지 않거든 왜 그가 약속을 실천하지 않는지를 서서히 생각해 볼 것이지, 조급하게 책망해서는 안 된다. 대저 서로 약속하고 시기를 어기는 것은 인간의 도리에 결함되는 일이다.[188]

3) 『사소절』의 규범성-나와 공동체

『사소절』은 가족, 사회, 국가의 영역에서 지켜야 할 규범 또한 주의 깊게 마련하였다. 이 범주의 규범은 나, 타인을 대상으로 한 것에 비해 양적으로는 적은 편인데, 그 중에서도 중심을 이루는 내용은 '가정'과 관련해서이다.

『사소절』 속에서 가족은 가부장제(家父長制)의 질서 위에 구축되어

187 『사소절(士小節)』 권1, 사전(士典) 1

188 『사소절(士小節)』 권1, 사전(士典) 1, "與人相約會, 人或過時不至, 當徐思其所以然, 不可躁急詬責不已. 大抵相約失期, 人道虧處"

있었다. 가장을 비롯하여 처와 첩, 자식, 노비 등 다양한 구성원이 여기에 참여하고 있으며, 상하의 위계성이 이들 구성원을 규율했다. 가장과 가족 구성원, 부모와 자식, 남편과 아내, 처와 첩, 적자와 서자, 주인과 노비 등 구성원의 처지 · 역할은 지위에 따라 구분되었는데, 그들은 자신의 지위에 걸맞는 분수를 엄격히 지켜야 했다.[189] 구성원의 수가 적지 않고 그 관계가 복잡했기에 가부장제의 성공적인 운영은 그 관계의 적절한 조율과 결부되어 있었다.

『사소절』에서는 이를 위해 가장(家長)이 화순한 태도로 집안 사람들을 이끌고,[190] 공명하고 균등한 태도로 집안 사람들을 대할 것[191]을 거론했다. 처자에게 "쫓아 버린다"느니, "관계를 끊어 버린다"느니 하는 폭언을 해서는 안되며,[192] 갑작스런 분노를 드러내거나 쓸데없이 많은 말을 해서도 아니되었다.[193] 그렇게 해야 가장의 권위가 서고 가중(家衆)들이 마음으로 따를 것이라는 이해였다.

---

189 이를테면 『사소절』에서 다음과 같이 첩을 엄하게 단속해야 할 것을 거론하고 있다. "첩이 부주(夫主)의 총애를 받는 틈을 타서 자녀 · 축리(妯娌) · 제사(娣姒)를 침해하면 곧 호되게 금하여 감히 원망을 부리지 못하게 해야 한다. 설령 그가 하는 일이 옳더라도 그 말이 불순하면 또한 엄하게 꾸짖어야 한다. 대저 첩을 대하는 데에 있어서는 은애(恩愛)는 많고 엄경(嚴敬)은 적기 때문에 가법이 무너지고 인륜이 끊어지는 지경에 이르게 되는 것이다.(婦妾藥夫主之顧愛, 因浸斥子女及妯娌娣姒, 當卽痛加禁抑, 使不敢售其怨望. 假使其事雖是, 而其言不順, 亦加嚴訶. 大抵待婦妾之道, 恩愛勝而莊敬少, 故以底于家道敗而人紀絶"[『사소절(士小節)』 권5, 사전(士典) 5]

190 『사소절(士小節)』 권5, 사전(士典) 5, "天日陰曀, 禽鳥爲之噤音. 家長厲怒, 妻孥爲之薰心. 故操家枋者, 務積和順, 以導家衆, 是謂吉祥"

191 『사소절(士小節)』 권5, 사전(士典) 5, "家人不可偏示愛憎, 噫譖詔興而扶抑盛. 一家之內門戶各立, 則家道始覆. 故爲家長者, 公明均正, 可以齊家. 詩云, '鳲鳩在桑, 其子七兮. 淑人君子, 其儀一兮', 其此之謂乎?"

192 『사소절(士小節)』 권5, 사전(士典) 5, "妻子雖有不如意, 不可疾聲詬罵如婢僕, 而輒出逐棄決絶之語, 恩旣不孚, 而威亦不敷"

193 『사소절(士小節)』 권1 사전(士典) 1, "制暴怒, 省煩言, 治家御衆之先務"

집안에서 강한 힘을 가진 존재인 가장의 지위를 인정하면서도 그 힘의 유지에 필요한 것은 가장의 온건하고 화순한 태도라고 여기는 『사소절』의 시선은 특별하다. 가장에게 일방적인 힘을 부여하지 않았음을 볼 수 있다. 여기서 이덕무는 한걸음 더 나아가 가장과 가족 구성원 간에 서로의 감정과 발언을 절제할 때 가법(家法)이 이루어질 것이라 제언했다.

> 어떤 사람이 가정을 이끄는 요결을 묻기에, 나는 "가장(家長)은 차마 듣지 못할 말을 하지 말고, 가족들은 감히 하지 못할 말을 하지 않는다면 가도(家道)가 바르게 될 것이다."고 하였다.[194]

가장과 가중의 상호 존중, 상호 배려를 집안 운영의 주요 방식으로 내세운 『사소절』에서는 남편과 아내의 관계 또한 그렇게 유지되어야 할 것으로 보았다. 남편과 아내의 충돌, 불화는 일상적으로 목도되는 현실이었는데, 이덕무는 이 문제를 풀기 위해 부부간에 서로 한발 물러나 공경하고 조심하는 태도를 취하라고 했다.

> 부부간에 화목하지 못하는 까닭은 남편은 '천존지비(天尊地卑)'의 설을 지키어 스스로 높이고자 하여 아내를 억눌러 꼼짝 못하게 하고, 아내는 '제체(齊體)'의 의의를 지키어 '나나 저나 동등한데 무슨 굽힐 일이 있겠는가'라고 생각하는 데서 연유할 뿐이다. 평시 서로 사이좋게 지낼 때에는 반드시 이렇지 않을 것이나, 조금만 불화가 생기면 욕설이 분분하고 각기 자존심을 다 가져 예경(禮敬)을 잃으니, 자못 하늘과 땅이 비록 높고 낮은 차이가 있으나 만물을 화육(化育)하는 공은 동일하다

194 『사소절(士小節)』 권5, 사전(士典) 5

는 것을 모른다. 대저 부부는 비록 제체라 하나 강유(剛柔)의 분수는 어겨서는 안 된다. 이것은 평상시에 친압(親狎)하여 서로 공경하고 조심하지 않기 때문이다.[195]

국가는 보다 확장된 공동체이다. 『사소절』에서는 국가의 법령을 준수할 것을 강조하고, 국가의 은혜를 저버리지 않을 생각을 키워야 한다고도 제시했다. 하지만 이러한 사례는 극히 드물다. 『사소절』 규범의 관심 영역이 주로 어디 있었는지를 알 수 있다.

관청(官廳)에 들어가지 말고, 이궁(離宮)에서 놀지 말고, 야금(夜禁)을 범하지 말라. 현천(玄川) 원중거(元重擧)와 능호(凌壺) 이인상(李麟祥)은 서로 문을 마주 보고 살았는데 해진 뒤에는 오가지 말자고 서로 약속하고는 야금을 범하지 않았으니, 선배들의 근신은 이와 같았다.[196]

풍속이 교활하여 일부러 국법을 어기는 것을 능사로 삼아 법을 잘 준수하는 사람이 있으면 손가락질하며 겁쟁이라고 비웃는다. 이를테면 호패(戶牌)를 차도록 하는데도 거역하고 차지 않는 따위다. 사부(士夫)는 더욱 경계하여 범하지 말라.[197]

글을 읽다가 옛 사람이 나라를 위해 충성을 다하고 정의를 위해 강개한 나머지 목숨을 아끼지 않았던 일이 적힌 대문을 만나면, 마땅히 비장강개한 마음으로 눈물까지 흘리면서 마치 자신이 직접 그 일을 당한 것처럼 해야 한다. 그리고 하나의 설화로만 보지 말고 두고두고 생각하여 비록 나라에 몸은 바치지 않았을망정 나라에 만일 난리가 있거

195 『사소절(士小節)』 권4, 사전(士典) 4
196 『사소절(士小節)』 권2, 사전(士典) 2
197 『사소절(士小節)』 권3, 사전(士典) 3

든 정의를 위해 절개를 지키고, 따라서 죽음으로써 나라의 은혜를 저버리지 않을 것을 기약해야 한다.[198]

한편 『사소절』에서는 아주 드물지만, 공중도덕을 지켜야 함을 강조하며 규범화하는 모습도 볼 수 있다.

길 가다가 떨어진 불을 발견하거든 반드시 끄고, 엎어진 신짝[鞋]을 보거든 뒤집어 놓고, 떨어진 종이쪽을 보거든 반드시 줍고, 흘린 쌀을 보거든 반드시 쓸라.[199]

『사소절』에서 거론하고 제시하는 도덕 규범의 주 영역은 개인의 윤리, 개인의 도덕이었다. 이에 비해 가정, 국가와 사회와 연관된 규범은 그렇게 많지 않은 편이었다. 가부장제적 질서 속의 가정은 사 개인이 직접 생활하는 장소였기에 관련 규범이 비교적 풍부하게 제시되었지만, 국가와 사회 범주에서 살필 수 있는 내용은 소략했다. 결론적으로 나와 공동체 영역에 대한 규범적 관심은 나 혹은 나와 타인이 맺는 관계에 비해 상대적으로 적었던 것으로 판단된다. 여기서 필자는 정치·경제의 경세학(經世學)에 관심을 그렇게 크게 기울이지 않았던 이덕무의 학문 경향이 『사소절』에서 이와 같이 반영되어 나타나지 않았을까 생각해본다.

198 『사소절(士小節)』 권5, 사전(士典) 5
199 『사소절(士小節)』 권1, 사전(士典) 1

7. 맺음말

『사소절』의 편찬 의도는 복합적이다. 이덕무는 이 책을 집안의 가훈서로 쓰길 기대하면서 한편으로는 현실 변화를 제대로 담아내지 못하는 『소학』을 대신할 새로운 규범서로 활용하겠다는 포부를 지니고 있었다. 가훈서라면 활용 범위가 자신의 집안에 그치지만 『소학』을 대체하는 규범서라면 조선 전체를 포괄했다. 이덕무의 시선은 더 멀리 후자를 내다보고 있었다. 『소학』의 문화가 압도적인 영향을 미치고 있었던 당시 상황에서, 이를 넘어서는 규범서를 편찬하려는 이덕무의 시도는, 당대 그 누구도 실행하지 않던 일이었기에 그 자체로 참신하고 선진적이었다. 이덕무는 『소학』이 송대의 현실과 밀접하게 연결되며 '소절(小節)'이 되었던 것과 마찬가지로 『사소절』이 18세기 조선의 현실을 반영하고 그와 같이 기능하기를 기대했었다. 『사소절』은 원대한 포부 위에 마련된 기획이었다.

『사소절』의 도덕 세계는 18세기 서울에 살고 있던 곤궁한 '사(士)'의 처지에서 포착하고 규범화한 성격을 지니고 있었다. 이때의 곤궁한 사의 시선은 서족(庶族)으로서의 사의 입지와 밀접하게 연결되어 있었다. 그것은 이덕무가 서족인데서 오는 필연적인 일이었다. 그러므로 『사소절』의 규범은 전통적인 의미의 사의 범주를 넘어서는 주체, 곧 서족의 관심사를 폭넓게 담고 있다고 할 수 있다. 광범위한 독서 그리고 많은 사람들과의 교류를 통해 동아시아 3국에 걸쳐 일어나는 새로운 변화를 풍부하게 경험할 수 있었던 예민하고 박식하며 인정미 넘쳤던 서족(庶族)의 사 이덕무는, 그 많은 요소를 아우르며 새로운 도덕의 규범을 고민하고 제시하고자 했다.

그런 측면에서 『사소절』은 『소학』의 빈 공간을 자각하며 그 대안을 모색한 이덕무의 탁월한 감성과 학자적 노력의 산물이거니와, 여기에 더하여 적서(嫡庶)의 차별 문화를 넘어 사의 모습을 재규정하고 자기 정체성을 찾으려 했던 서족 일반의 열망과 지향을 담아낸 결과라 할 것이다. 『사소절』이 갖는 역사성은 이러한 점들에서 확인할 수 있을 것이다. 『사소절』은 서족의 시선과 가치로 18세기 조선의 현실을 규범화하고자 한 책이었다. 그러기에 『사소절』에는 조선의 사회와 문화 깊숙이 서려 있던 변화의 기운이 세세하고 현실감 넘치는 규범으로 펼쳐져 있었다.

『사소절』에서는 사의 본분으로 학문과 근로를 거론하고 이를 사의 부인 그리고 성장기 사의 자식도 유념하며 공유해야 한다고 강조했다. 생업의 유지에 결정적인 요소는 근로(勤勞)였다. 근로의 실체는 문지기[抱關]·고용살이[庸保], 농사·의원·장사·공인 등 종류를 가리지 않고 거론되었는데, 사의 본분으로 근로를 설정하는 방식은 사의 생활 영역을 크게 넓히는 점에서 새롭고 개성 넘쳤다. 역으로 이것은 신분상으로 사 계층에 속하는 사람들이 평민이나 천민들이 수행해 온 다양한 직업에 종사하며 생계를 유지하는 현실을 반영한 논의이기도 했다. 18세기 조선에는 경향(京鄕)에 걸쳐 사 계층의 수가 전반적으로 늘고 있었고 서족 또한 광범위하게 포진하고 있었다.

『사소절』의 개성은 『소학』의 오륜(五倫)을 유의하면서도 오륜과는 관계가 거의 없는 말하자면 비오륜적(非五倫的) 규범을 주목하고 이를 구체적인 예식으로 담아 내고자 한 점에서 찾을 수 있다. 이덕무는 자신이 인식하고 경험하는 구체적인 현실을 바탕으로, 자기의 덕성과 체통, 사회적 위신을 지킬 수 있는 방법을 모색하고 나아가 타인과의 관계 속에서 구현해야 하는 바람직한 태도와 행동, 의식(意識)을 끊임없이 찾아내었다. 사로서의 자기 정체를 확인하며 당당하고 의젓하게 자신을 유지할 수 있는 방안을 고민했으며, 일상 생활에서 타인에게 혐오감을 안겨주고 피해를 끼치는 행동을 피하도록 주문했다. 타인을 배려하고, 타인의 사생활을 보호하며, 타인과의 약속을 준수해야 한다는 등 『사소절』 곳곳에 보이는 타인을 전제한 규범 의식은 당대 논의되던 어떤 규범에서도 쉽게 찾아보기 힘든 새로운 면모였다.

『사소절』은 사가 속한 공동체 곧 가족, 국가 · 사회에서의 규범에 대해서도 많은 지면을 할애했다. 가부장제적 질서 속에서 유지되는 가족을 원만하고 화목하게 유지할 수 있는 방법으로 가장과 가중(家衆)의 상호 절제와 양보를 강조했으며, 국가 · 사회에 대해서는 법령과 사회적 약속을 준수하고 국가의 은혜를 늘 생각하며 살도록 요청했다.

이덕무 『사소절』의 도덕 세계는 전통적인 사상의 측면으로 보자면 그 경계가 분명했다. 『소학』의 규범 세계, 주자학의 범위에서 크게 벗어나지 않으려고 했으며 왕양명(王陽明) 급진 후학들의 주장과 의견에 대해서는 엄격하게 배척했다. 조선에 적지 않은 자극을 주며 기존 질서를 심하게 흔들 소지가 많았던 사상 · 문화는 금기시했다. 이 점에서 보자면 『사소절』이 세우려던 도덕 세계는 구래의 전통과 깊이 연결되어 있었다. 하지만 이덕무가 이 책에서 사의 일상 전반에 걸쳐 전에 없던 새로운 규범을 찾아 세우려는 노력은 특별했다. 그 규범은 기존의 강고한 상하적 위계질서와는 그다지 상관없는 경지에서 추구되었다. 그런 측면에서 거기에는 이 시기 조선이란 공간의 인간과 인간 사이에 구현할 수 있는 문명의 수준을 한 단계 더 고양(高揚)할 수 있는 힘이 내장되어 있었던 것으로 보인다. 19세기 중엽, 최성환이

『사소절』을 새로이 편집하고 활자로 간행하여 보급한 데에는 이 책에서 현실을 바꿀 수 있는 '선진(先進)'의 문화를 발견할 수 있었기 때문일 것이다. 무관(武官)을 역임한 최성환은 당시 이 책의 가치를 알아본 몇 안 되는 사람 가운데 하나였다. 조선의 독자들은 이제 이 책을 통하여 기성의 규범서에는 찾을 수 없던 윤리와 규범을 쉽게 만날 수 있게 되었다.

이덕무의 『사소절』은 특권의 신분이되 최고의 지위를 인정받지 못하는 한 서족 지식인이, 동서 고금의 지식과 문화에 대한 소양과 18세기 서울에서의 경험과 열망을 아우르면서 새롭게 세우고자 했던 도덕규범으로 가득 차 있는 규범서이다. 조선의 전 사회구조를 일거에 변혁하는 논리와 방법은 그곳에 없었지만, 사를 비롯하여 많은 사람들이 동의하고 긍정적으로 수용할 수 있는 새로운 성격의 도덕 규준-도덕규범은 사를 위한 것이었지만 사를 넘어서는 일반성, 조선후기적 질서에 크게 구애받지 않는 시대성을 지니고 있었다. 『사소절』의 제안은 그런 점에서 개방적이었고 시대를 선취했다고 할 수 있다.

參考文獻

자료

이덕무, 『士小節』(국립민속박물관)

_____, 『士小節』(『青莊館全書』 권27~권31, 서울대학교 규장각한국학연구원)

_____, 『士小節』(『青莊館全書』 권27~권31, 미국 버클리대학교 동아시아도서관)

_____, 『青莊館士小節』(국립중앙도서관)

_____, 『青莊館士小節』(서울대학교 규장각한국학연구원)

_____, 『青莊館士小節』(한국학중앙연구원)

이덕무 저, 최성환 편, 『士小節』(국립중앙도서관)

저서

김용섭(2009), 『신정 증보판 朝鮮後期農學史研究』, 지식산업사.

오수경(2013), 『연암그룹연구』(수정증보판), 월인.

유봉학(1998), 『조선후기 학계와 지식인』, 신구문화사.

윤인숙(2016), 『조선전기의 사림과 소학』, 서울 : 역사비평사.

정호훈(2012), 『경민편-교화와 형벌의 이중주로 보는 조선』, 아카넷.

_____(2014), 『조선의 『소학』-주석과 번역』, 서울 : 소명출판.

조성산(2007), 『조선후기 낙론계 학풍의 형성과 전개』, 지식산업사.

陳 媛(2017), 『주자의 소학론과 한·중에서의 변용』, 민속원.

논문

권정원(2012), 「『사소절』의 초학교재로의 변화과정 연구」, 『동양한문학연구』 34.

김 혁(2001), 「『東國新續三綱行實圖』의 구성과 편찬 과정」, 『書誌學報』 25.

김순희(2014), 「下廬 黃德吉의 小學類 三書 考察-『東賢學則』을 중심으로-」, 『書誌學研究』 60.

金駿錫(1981), 「朝鮮前期의 社會思想-『小學』의 社會的 機能 分析을 중심으로-」, 『東方學志』, 29.

金勳埴(1985), 「16세기 『二倫行實圖』 보급의 社會史的 考察」, 『歷史學報』 107.
______(1990), 「中宗代『警民編』보급의 고찰」, 『이재룡박사환력기념 한국사학논총』.
______(1998), 「『三綱行實圖』 보급의 社會史的 고찰」, 『震壇學報』 85.
박현순(2013), 「지방 지식인 黃胤錫과 京華士族의 교유」, 『韓國史硏究』 163.
安大會(1988), 「白塔詩派의 硏究-李德懋 · 柳得恭 · 朴齊家를 중심으로-」, 『열상고전연구』 1.
廉定燮(2002), 「18세기 초중반 『山林經濟』와 『增補山林經濟』의 편찬 의의」, 『규장각』 25.
오선균(1987), 「小學과 士小節에 나타난 유가의 전통교육사상」, 『논문집』 19.
오용섭(2008), 「청장관전서 정고본의 서지적 연구」, 『書誌學硏究』 39, 서지학회.
이광열(2007), 「光海君代『東國新續三綱行實圖』 편찬의 의의」, 『韓國史論』 53.
이승연(2008), 「『소학』 이념의 연속성과 불연속성-이덕무의 『사소절』을 중심으로」, 『동양철학연구』 55.
이은지(2018), 「박제가의 사족문제 인식-遊食者를 중심으로-」, 『韓國思想史學』 59.
이정민(2015), 「18세기 『소학』류 서적의 새로운 양상 : 『大東小學』과 『東賢學則』에 대한 검토」, 『한국문화』 71.
______(2016), 「18세기 『소학』류 서적의 새로운 양상-『大東小學』과 『東賢學則』에 대한 검토」, 『韓國文化』 71.
李姃玟(2013), 『조선시대의 『小學』 이해 연구』, 서울대학교 박사학위 논문.
장동우(2005), 「이덕무의 예인식과 그 이념적 지향」, 『한국실학연구』 10.
정일균(2005), 「정약용의 '小學論'1-『小學枝言』을 중심으로」, 『茶山學』 7.
정호훈(2005), 「16세기 말 栗谷 李珥의 敎育論-『擊蒙要訣』·『學校模範』을 중심으로-」, 『韓國思想史學』 25.
______(2009), 「16~7세기 『小學集註』의 간행과 그 성격」, 『韓國文化』 48.
______(2018), 「전쟁의 기억과 정치론, 『동국신속삼강행실도(東國新續三綱行實圖)』」, 『韓國思想史學』 58.
최종찬(2011), 「19세기 초학 교재에 나타난 아동 교육관의 특징」, 『한문고전연구』 22.
한미경(2014), 「이덕무의 『士小節』에 관한 연구」, 『書誌學硏究』 58.
황봉덕(2015), 『李德懋 《士小節》 硏究』, 성균관대학교 한문학과 박사학위논문.

부록

- 청장관 이덕무 연구 논저 목록
- 청장관 이덕무 연보
- 『청장관 이덕무 연구』 집담회
- 찾아보기

청장관 이덕무 연구 논저 목록

■ 원전

李德懋, 『士小節』, 국립민속박물관 소장 사본.

李德懋 저, 崔瑆煥 편, 『士小節』, 국립중앙도서관, 청구기호 : 한古朝17-2-2.

李德懋, 『靑莊館士小節』, 국립중앙도서관. 청구기호 : B11570-12-1.

李德懋, 『靑莊館全書』, 서울대 규장각한국학연구원 소장 사본.

李德懋, 『靑莊館全書』, 3권, 영인본, 서울大學校 古典刊行會, 1966.

李德懋, 『靑莊館全書』, 미국 버클리대학교 동아시아도서관 사본.(고려대 해외한국학자료센터 http://kostma.korea.ac.kr/)

李德懋, 『靑莊館全書』, 성균관대 존경각 소장, 청구기호 : D03B-1030.

李德懋, 『靑莊館全書』, 한국문집총간 257~259집.

李德懋, (刊本)『雅亭遺稿』, 서울대 규장각한국학연구원 소장본, 청구기호 : 奎4149.

李德懋, 『雅亭遺稿』, 국립중앙도서관 소장, 청구기호 : BC古朝46-가389.

李德懋 편, 『三家詩鈔』, 홍대용 후손가 소장 사본.

李德懋 편, 『騷壇千金訣』, 『열상고전연구』 4집 영인.

李德懋 · 柳得恭 · 朴齊家 · 李書九, 柳琴 編, 『韓客巾衍集』, 국립중앙도서관 소장, 청구기호 : BC古朝45-가471.

朴齊家, 『貞蕤集』, 한국문집총간 261집.

朴齊家, 『楚亭全集』, 아세아문화사, 1992.

朴趾源, 『燕巖集』, 연민문고소장 연암박지원작품필사본 총서, 문예원, 2012.

朴趾源, 『燕巖集』, 한국문집총간 252집.

徐有榘, 『楓石全集』, 한국문집총간 288집.

成大中, 『靑城雜記』, 민족문화추진회 복사본.

成大中, 『靑城集』, 한국문집총간 248집.

成海應, 『研經齋全集』, 한국문집총간 273집.

尹光心 편, 『并世集』, 국립중앙도서관 소장본, 청구기호 : a13648-61-5.

李慶民,『熙朝軼事』, 임형택 편,『이조후기 여항문학총서』9, 다른생각 영인, 1991.
李圭景,『五洲衍文長箋散稿』, 한국고전번역원 고전DB.
李圭景,『五洲衍文長箋散稿』上下, 명문당 영인, 1982.
李箕元,『洪厓集』, 연세대 소장 사본, 청구기호 : 고서(귀)7670-1, 고서(귀)7670-2, 고서(귀)7670-3.
李鳳煥,『雨念齋詩文鈔』, 서울대 규장각한국학연구원 소장, 청구기호 : 3028-509.
李書九,『惕齋集』, 한국문집총간 270집.
李宗城,『梧川先生集』, 한국문집총간 214집.
林象德,『老村集』, 한국문집총간 206집.
丁若鏞,『與猶堂全書』詩文集,『定本與猶堂全書』, 다산학술문화재단, 2012.
趙龜命,『東谿集』, 한국문집총간 215집.
『正祖實錄』, 국사편찬위원회.
『奎章總目』, 국립중앙도서관, 청구기호 : BA0260-5.
『和漢名數』, 국립중앙도서관, 청구기호 : BC古5-01-45.

■ 번역서

李德懋, 강국주 역(2008),『깨끗한 매미처럼 향기로운 귤처럼』, 돌베개.
李德懋, 권정원 역(2004),『책에 미친 바보』, 미다스북스.
李德懋 외, 김상훈 역(2000),『사가시선』, 여강출판사.
李德懋, 민족문화추진회 역(1978~1981),『국역 청장관전서』1~13.
李德懋, 박상휘 · 박희수 역(2017),『청령국지』, 아카넷.
李德懋 · 柳得恭 · 朴齊家 · 李書九, 박종훈 역(2011),『한객건연집-중국에 소개된 조선시』, 문진.
李德懋 · 朴趾源, 박희병 외 역주(2010),『종북소선』, 돌베개.
李德懋, 이화형 역(2003),『청장 키 큰 소나무에게 길을 묻다』, 국학자료원.
李德懋, 정민 역(2019),『열여덟 살 이덕무』, 민음사.

朴齊家, 정민 · 이승수 · 박수밀 외 옮김(2010),『정유각집』, 돌베개.
朴趾源, 신호열 · 김명호 옮김(2012),『연암집(개정판)』, 돌베개. 초판은 2007년 간행.

成大中, 김종태 외 옮김(2006), 『국역 청성잡기』, 민족문화추진회.
劉在建, 실시학사 고전문학연구회 역(2008), 『이향견문록』, 글항아리.
李　鈺, 실시학사 고전문학연구회 역(2009), 『역주 이옥전집』, 휴머니스트.

■ 연구저서

류재일(1998), 『이덕무의 시문학연구』, 태학사.
박희병(2006), 『연암을 읽는다』, 돌베개.
박희병(2010), 『연암과 선귤당의 대화』, 돌베개.
심경호(2007), 『산문여행』, 이가서.
심경호(2011), 『여행과 동아시아 고전문학』, 고려대출판부.
안대회(2000), 『18세기 한국한시사연구』, 소명출판.
안대회(2016), 『조선의 명문장가들』, 휴머니스트.
오수경(2013), 『연암그룹연구(수정증보판)』, 월인.
유봉학(1998), 『조선후기 학계와 지식인』, 신구문화사.
윤인숙(2016), 『조선전기의 사림과 소학』, 역사비평사.
이강한 · 하우봉 · 정재훈 · 정만조 · 김태영(2015), 『실학시대의 역사학 연구』, 사람의 무늬.
이경수(1995), 『漢詩四家의 淸代 詩 受容 硏究』, 태학사.
이혜순(2007), 『조선후기 여성 지성사』, 이화여자대학교출판부.
이화형(1994), 『李德懋의 文學硏究 : 존재론적 의미의 탐색』, 집문당.
정　민(2000), 『한서 이불과 논어 병풍』, 열림원.
정　민(2004), 『미쳐야 미친다 : 조선 지식인의 내면 읽기』, 푸른역사.
정　민(2014), 『18세기 한중 지식인의 문예공화국』, 문학동네.
정　민(2015), 『책벌레와 메모광』, 문학동네.
정호훈(2012), 『경민편-교화와 형벌의 이중주로 보는 조선』, 아카넷.
정호훈(2014), 『조선의 『소학』-주석과 번역』, 소명출판.
조성산(2007), 『조선후기 낙론계 학풍의 형성과 전개』, 지식산업사.
진　원(2017), 『주자의 소학론과 한 · 중에서의 변용』, 민속원.
한영우(1989), 『조선후기 사학사 연구』, 일지사.

李延祜 編(2012),『浮生半日閑：筆記小品賞讀』, 中州古籍出版社.
張學忠 編(1981),『古代筆記小品選讀』, 廣州：花城出版社.
范軍, 阮忠 編(1994),『歷代筆記小品』, 武漢：湖北辭書出版社.

■ 연구논문

강명관(2002),「이덕무 소품문 연구」,『고전문학연구』 22, 한국고전문학회.
강명관(2002),「이덕무와 공안파」,『민족문학사연구』 21, 민족문학사연구소.
고석규(1987),「『기년아람』에 나타난 이만운의 역사인식」,『한국문화』 8, 서울대 한국문화연구소.
권정원(2005),「이덕무 초기 산문에서 공안파 수용의 실천양상」,『한문학보』 13, 우리한문학회.
권정원(2005),「李德懋 文學의 形成背景에 대하여-公安派 受容과 관련하여」,『大東漢文學』 22, 대동한문학회.
권정원(2006),「李德懋 初期 散文의 公安派 受容樣相 硏究」, 부산대 박사학위논문.
권정원(2007),「이덕무(李德懋)의 가계(家系)와 교유관계(交遊關係)」,『한문학보』 17, 우리한문학회.
권정원(2008),「顧炎武의『日知錄』과 조선후기 고증학」『한국실학연구』 15, 한국실학연구회.
권정원(2008),「字號를 통해 살펴본 李德懋의 삶의 지향」,『동양한문학연구』 26, 동양한문학회.
권정원(2009),「연암(燕巖)과 형암(炯菴)의 만남과 교유에 대하여」,『漢字漢文教育』 22, 韓國漢字漢文教育學會.
권정원(2012),「『사소절』의 초학교재로의 변화과정 연구」,『동양한문학연구』 34, 동양한문학회.
권정원(2015),「이덕무의 청대 고증학 수용」,『한국한문학연구』 58, 한국한문학회.
권정원(2015),「이덕무(李德懋)의 명청문학(明淸文學)에 대한 관심(關心)의 추이(推移) 양상」,『東方漢文學』 65, 동방한문학회, 2015.
권정원(2017),「이덕무의 경릉파 인식과 수용」,『퇴계학논집』 20, 영남퇴계학연구원.
길진숙(2007),「이덕무 소품문의 특징과 산문교육의 의의」,『국어문학』 43, 국어문학회.
김 경(2010),「李德懋 散文批評 研究：鍾北小選, 楓石鼓篋集 所在 批評을 中心으로」,

고려대 석사학위논문.

김 경(2015), 「이덕무 산문의 자기고백에 나타난 이중적 자아」, 『대동한문학』 45, 대동한문학회.

김 경(2016), 「이기원이 기억한 이덕무」, 『대동한문학』 49, 대동한문학회.

김대중(2005), 「『풍석고협집』의 평어 연구」, 서울대 석사학위논문.

김대중(2013), 「'내부 ⇄ 외부'에 대한 두 개의 시선-이덕무와 박제가」, 『한국사연구』 162, 한국사연구회.

김명호(2013), 「연암의 실학사상에 미친 서학의 영향」, 『연암문학의 심층탐구』, 돌베개.

김명호(2015), 「李彦瑱과 『虞裳傳』」, 『한국문화』 70, 서울대 규장각한국학연구원.

김문식(1999), 「『宋史筌』에 나타난 이덕무의 역사인식」 『韓國學論集』 33, 강남대 한국학연구소.

김문식(2007), 「18세기 조선 지식인의 네덜란드 이해」 『史學志』 39, 단국대 사학과.

김민정(2016), 「이덕무 제문의 글쓰기 방식과 특징」, 『대동문화연구』 95, 성균관대 대동문화연구원.

김상조(2000), 「중국의 필기 연구 동향」, 『대동한문학』 12, 대동한문학회.

김성진(2010), 「조선후기 소품문과 양생」, 『동양한문학연구』 30, 동양한문학회.

김수진(2013), 「18세기 노론계 지식인의 우정론」, 『한국한문학연구』 52, 한국한문학회.

김순희(2014), 「下廬 黃德吉의 小學類 三書 考察-『東賢學則』을 중심으로」, 『書誌學研究』 60, 한국서지학회.

김 영(1983), 「이덕무의 독서론」, 『동방학지』 36, 연세대 국학연구원.

김영민(2018), 「국문학 논쟁을 통해서 본 조선 후기의 국가, 사회, 행위자」, 『일본비평』 17, 서울대 일본연구소.

김영진(2003), 「조선후기 명청소품 수용과 소품문의 전개양상」, 고려대 박사학위논문.

김영진(2005), 「조선후기 실학파의 총서 편찬과 그 의미」, 『한국한문학 연구의 새 지평』, 소명출판.

김영진(2014), 「『靑莊館全書』 및 其他 李德懋 著作에 대한 文獻學的 再檢討」, 『고전과 해석』 17, 고전한문학연구학회.

김윤조(1992), 「『四家詩集』 研究 (1)』, 『민족문화』 15, 한국고전번역원.

김윤조(2013), 「『소완정유문(素玩亭遺文)』에 보이는 이서구(李書九)와 조연귀(趙衍龜)의 관계에 대한 검토」, 『한국실학연구』 25, 한국실학학회.

김준석(1981), 「朝鮮前期의 社會思想-『小學』의 社會的 機能 分析을 중심으로-」, 『東

方學志』 29, 연세대 국학연구원.
김준형(2009), 「사실의 기록과 야담의 진실성」, 『동방한문학』 39, 동방한문학회.
김준형(2009), 「조선전기 필기 · 패설의 전개양상」, 『새민족문학사강좌』, 창비.
김채식(2008), 「이규경의 『오주연문장전산고(五洲衍文長箋散稿)』 연구」, 성균관대 박사논문.
김 혁(2001), 「『東國新續三綱行實圖』의 구성과 편찬 과정」, 『書誌學報』 25, 한국서지학회.
김혈조(2014), 「『鍾北少選』 서문의 작자 문제」, 『동양한문학연구』 38, 동양한문학회.
김훈식(1985), 「16세기 『二倫行實圖』 보급의 社會史的 考察」, 『歷史學報』 107, 역사학회.
김훈식(1990), 「中宗代『警民編』보급의 고찰」, 『이재룡박사환력기념 한국사학논총』, 한울.
김훈식(1998), 「『三綱行實圖』 보급의 社會史的 고찰」, 『震壇學報』 85, 진단학회.
남재철(2012), 「白塔詩社 一攷」, 『한국한문학연구』 49, 한국한문학회.
박문열(1988), 「청장관 이덕무의 독서관」, 『인문과학논집』 7, 청주대 인문과학연구소.
박수밀(2010), 「이덕무 산문의 생태적 글쓰기와 그 의미」, 『작문연구』 10, 한국작문학회.
박종훈(2010), 「형암 이덕무의 초기시 고찰」, 『한문학논집』 30, 근역한문학회.
박찬홍(2015), 「『기년아람』의 편찬 체제와 한국고대사 서술」, 『동양고전연구』 60, 동양고전학회.
박현순(2013), 「지방 지식인 黃胤錫과 京華士族의 교유」, 『韓國史硏究』 163, 한국사연구회.
박희병(2013), 「조선의 일본학 성립 : 원중거와 이덕무」 『한국문화』 61, 서울대 규장각한국학연구원.
박희병(2016), 「능호관 이인상 : 그 인간과 문학」, 『능호집』 하, 돌베개.
박희병(2017), 「『호동거실』의 반체제성」, 『민족문학사연구』 63, 민족문학사학회 · 민족문학사연구소.
서한용(2010), 「이덕무의 중국 문자학 인식」, 『漢文學論集』 30, 근역한문학회.
서한용(2011), 「18 · 19세기 한중 학자의 명물고증(名物考證) - 이덕무(李德懋)와 완원(阮元)의 "규(葵)"에 대한 고증을 중심으로」, 『漢文學論集』 32, 근역한문학회.
소인호(1995), 「선초 잡록의 성행과 전기소설의 변모」, 『고소설연구』 1, 한국고소설학회.
송준호(1987), 「朝鮮朝 後期四家詩 있어서의 實學思想의 檢討」, 『淵民李家源先生七秩頌壽紀念論叢』, 정음사.

송준호(2012~2014), 「『전주사가시(箋註四家詩)』 서문과 이덕무의 시(1)~(7)」, 『문헌과해석』 61~67, 태학사.

신상필(2004), 「15세기 필기에서의 서사 수용 양상」, 『한국한문학연구』 33, 한국한문학회.

신상필(2011), 「필기 양식의 기록성과 그 미의식의 전개 양상」, 『동방한문학』 49, 동방한문학회.

신익철(2000), 「중흥유기의 글쓰기 방식과 18세기 북한산 산행의 모습」, 『문헌과 해석』 11, 태학사.

심경호(2003), 「박지원과 이덕무의 희문(戱文) 교환에 대하여 : 박지원의 『산해경』동황경(東荒經) 보경(補經)과 이덕무의 주(注)에 나타난 지식론의 문제와 훈고학의 해학적 전용 방식, 그리고 척독 교환의 인간학적 의의」, 『한국한문학연구』 31, 한국한문학회.

안대회(1988), 「白塔詩派의 硏究」, 『열상고전연구』 창간호.

안대회(1998), 「진실한 시의 조건, 李德懋의 蘚書齋詩集序」, 『문헌과해석』, 태학사.

안대회(2003), 「이덕무 소품문의 미학」, 『고전문학연구』 24, 한국고전문학회.

안대회(2010), 「18 · 19세기 조선의 百科全書派와 『和漢三才圖會』」 『대동문화연구』 69, 성균관대 대동문화연구원.

안대회(2012), 「조선후기 소품체 유기의 연구」, 『대동문화연구』 79, 성균관대 대동문화연구원.

안대회(2012), 「홍대용 후손가 소장 이덕무 필사본 3종 연구」, 『고전문학연구』 42, 한국고전문학회.

안대회(2015), 「조선 중후기 청언소품의 향유와 창작」, 『한국한문학연구』 59, 한국한문학회.

안대회(2017), 「北學派 文人의 작품에 나타난 諧謔과 弄談의 분석」, 『한국한문학연구』 67, 한국한문학회.

안대회(2017), 「茂亭 鄭萬朝의 『榕燈詩話』 연구」, 『한국문화』 79, 서울대 규장각한국학연구원.

안예선(2006), 「송대 필기와 만명 소품 : 수필류 필기를 중심으로」, 『중어중문학』 38, 중어중문학회.

오선균(1987), 「小學과 士小節에 나타난 유가의 전통교육사상」, 『한국폴리텍대학 논문집』 7, 부천대.

오수경(1990), 「18세기 서울 문인지식층의 성향」, 성균관대 박사논문.

오용섭(2008), 「청장관전서 정고본의 서지적 연구」, 『서지학연구』 39, 한국서지학회.

윤혜준(1998), 「새뮤얼 핍스의 일기에서의 주체와 문체」, 『영어영문학』 44-2, 영어영문학회.

이가영(2016), 「이덕무의 『이목구심서(耳目口心書)』 연구」, 전남대 석사학위논문.

이광열(2007), 「光海君代『東國新續三綱行實圖』 편찬의 의의」, 『韓國史論』 53, 서울대 인문대학 국사학과.

이규필(2005), 「이덕무의 이목구심서에 대한 고찰」, 『한문학연구』 19, 계명한문학회.

이래종(1997), 「선초 필기의 특성에 대한 고찰」, 『태동고전연구』 14, 한림대 태동고전연구소.

이래종(1996), 「필기의 개념에 관한 몇몇 문제에 대하여」, 『대동한문학』 8, 대동한문학회.

이만수(2008), 「형암 이덕무의 독서론」, 『독서문화연구』 7, 대진대 독서문화연구소.

이수영(2011), 「李德懋의 散文 批評意識 硏究 : 『楓石鼓篋集』·『鐘北小選』·『罨溪集』 所在 尾批를 중심으로」, 서강대 석사학위논문.

이승연(2008), 「소학 이념의 연속성과 불연속성-이덕무의 사소절을 중심으로」, 『동양철학연구』 55, 동양철학연구회.

이은지(2018), 「박제가의 사족문제 인식-遊食者를 중심으로-」, 『韓國思想史學』 59, 한국사상사학회.

이정민(2013), 「조선시대의 『小學』 이해 연구」, 서울대 박사학위논문.

이정민(2015), 「18세기 『소학』류 서적의 새로운 양상-『大東小學』과 『東賢學則』에 대한 검토」, 『韓國文化』 71, 서울대 규장각한국학연구소.

이학당(2004), 「李德懋의 文學 批評에 關한 硏究」, 성균관대 박사학위논문.

이학당(2011), 「이덕무의 명대문학 비평에 대한 일고찰」, 『한국실학연구』 21, 한국실학학회.

이현우(2012), 「아정 이덕무의 經濟實用 사상과 創新·眞境의 문학」, 『실학파 문학연구』, 사람의무늬.

이홍식(2015), 「연행록 소재 북경 유리창 기록의 변화 추이와 의미 탐색」 『漢文學論集』 41, 근역한문학회.

임명걸(2017), 「李德懋와 朴齊家의 燕行錄에 나타난 중국인식 비교연구」 『새국어교육』 112, 한국국어교육학회.

임완혁(1991), 「조선전기 필기 연구-조선전기 필기의 장르적 성격 규명을 위하여」, 성균관대 석사학위논문.

임완혁(2006), 「조선전기 필기의 전통과 패설」, 『대동한문학』 24, 대동한문학회.

임형택(1984), 「이조전기의 사대부문학」, 『한국문학사의 시각』, 창작과비평사.

장동우(2005), 「이덕무의 예인식과 그 이념적 지향」, 『한국실학연구』 10, 한국실학학회.
정 민(2000), 「『영처집(嬰處集)』에 실린 성대중(成大中)의 친필 서문」, 『문헌과해석』 12, 태학사.
정우봉(2012), 「이덕무의 산수유기에 관한 연구 : 만명 왕사임과의 비교를 겸하여」, 『한국한문학연구』 50, 한국한문학회.
정우봉(2012), 「조선후기 유기의 글쓰기 및 향유방식의 변화」, 『한국한문학연구』 49, 한국한문학회.
정우봉 외(2014), 「필기잡록류 조사 연구」, 한국고전번역원.
정우봉(2015), 「이덕무의 관독일기에 나타난 자아상」, 『어문논집』 74, 민족어문학회. (추후 『조선 후기의 일기문학』의 「이덕무의 독서일기 『관독일기』-자아상의 확립」에 재수록)
정일균(2005), 「다산 정약용의 '小學論'1-『小學枝言』을 중심으로」, 『茶山學』 7, 다산학술문화재단.
정장식(2004), 「英祖代 通信使와 李德懋의 日本 硏究」, 『日本文化學報』 23, 한국일본문화학회.
정재철(2015), 「연암의 면양잡록 수록 윤가기 시에 대하여」, 『한문학논집』 40, 근역한문학회.
정호훈(2009), 「16~7세기 小學集註의 간행과 그 성격」, 『韓國文化』 48, 서울대 규장각 한국학연구원.
정호훈(2018), 「전쟁의 기억과 정치론, 『동국신속삼강행실도(東國新續三綱行實圖)』」, 『韓國思想史學』 58, 한국사상사학회.
진재교(2005), 「19세기 차기체 필기의 글쓰기 양상, 『한국한문학연구』 36, 한국한문학회.
진재교(2007), 「이조 후기 차기체 필기 연구」, 『한국한문학연구』 39, 한국한문학회.
최두헌(2011), 「筆記의 관점에서 본 『耳目口心書』硏究」, 고려대 석사학위논문.
최숙인(2005), 「여행자 문학의 관점에서 본 입연기 연구」, 『비교문학』 35, 한국비교문학회.
최종찬(2011), 「19세기 초학 교재에 나타난 아동 교육관의 특징」, 『한문고전연구』 22, 한국한문고전학회.
하우봉(1985), 「李德懋의 『蜻蛉國志』에 대하여」 『全北史學』 9, 전북사학회.
하우봉(1987), 「李德懋의 日本觀에 대한 연구」 『인문논총』 17, 전북대 인문학연구소.
한미경(2014), 「이덕무의 『士小節』에 관한 연구」, 『書誌學硏究』 58, 서지학회.
한영규(2001), 「조희룡 산문의 만명 청언소품 수용과 그 특징 : 진계유 청언소품과의 관계를 중심으로」, 『한문학보』 4, 우리한문학회.

한영규(2002), 「명청과 대비한 조선후기 청언소품의 특징」, 『고전문학연구』 21, 한국고전문학회.

황봉덕(2015), 「李德懋 『士小節』 硏究」, 성균관대 박사학위논문.

歐明俊, 「明淸的筆記小品(上)」, 『文史知識』 2001年 3期.

歐明俊, 「明淸的筆記小品(下)」, 『文史知識』 2001年 4期.

安芮璿(2005), 「宋人筆記研究 : 以隨筆雜記爲中心」, 復旦大學 박사학위논문.

李銀珍(2014), 「宋代筆記研究」, 復旦大學 박사학위논문.

Wlad Godzich & Jeffrey Kittay(1987), The Emergence of Prose, Minneapolis : University of Minnesota Press.

작성 : 유현숙(성균관대학교 대학원 박사과정)

청장관 이덕무 연보

서기	제왕 연대	나이	청장관의 사적
1741년	영조 17	1세	▸6월 11일, 서울 중부(中部) 관인방(寬仁坊) 대사동(大寺洞)에서 부친 성호(聖浩)와 박사렴(朴師濂)의 따님인 모친 반남박씨(潘南朴氏) 사이에서 장남으로 태어났다. 부친의 꿈에 신인(神人)이 '종대(鍾大)' 두 글자를 주었다고 하여 어릴 때의 아명을 종대(鍾大)라고 했다. 자는 명숙(明叔), 무관(懋官)이며, 호는 형암(炯菴), 청장관(青莊館), 팔분당(八分堂), 삼호거사(三湖居士), 선귤당(蟬橘堂), 경재(敬齋), 정암(亭巖), 한서유인(寒棲幽人), 학상촌부(鶴上村夫), 단좌헌(端坐軒), 주충어재(注蟲魚齋), 학초목당(學草木堂), 향초원(香草園), 아정(雅亭), 동방일사(東方一士) 등이다. 본관은 전주이다. 조선 2대 임금인 정종(定宗)의 별자(別子)인 무림군(茂林君, 휘 善生)의 10세손이나, 조부는 강계부사(江界府使)를 지낸 필익(必益)이었으며, 부친 성호(聖浩)는 필익(必益)의 막내 아들로 庶子였다. 어머니 반남박씨(潘南朴氏)는 토산현감(兎山縣監)을 지낸 사렴(師濂)의 따님이요, 금평위錦平尉(휘 弼成)의 손녀이다.
1746년	영조 22	6세	▸처음 글을 배웠다. ▸부친으로부터 『십구사략(十九史略)』를 배웠다. ▸향교동(鄉校洞) 누천(樓泉)으로 이사하였다.
1752년	영조 28	12세	▸마호(麻湖)에 있는 외숙(外叔) 박순원(朴淳源) 집에 기거하였다.
1753년	영조 29	13세	▸용호(龍湖)에 있는 계부(季父) 성옥(聖沃)의 집에 기거하였다.
1754년	영조 30	14세	▸5월, 마호(麻湖)로 거처를 옮겼다.
1756년	영조 32	16세	▸8월, 수원백씨(水原白氏, 1741~1817)와 혼인을 올렸다. 수원백씨는 동지중추부사(同知中樞府事) 사굉(師

			宏)의 2남 4녀 중 장녀였다. 그 오라버니가 백동수(白東修)였다. 조부 상화(尙華)는 장련현감(長連縣監)을 역임했으며, 평안 병마절도사를 지낸 시구(時耈)의 서자였다. 수원백씨와의 사이에는 1남 3녀를 두었다. 첫째 딸은 1763년에 세 살을 넘기지 못하고 요절했으며, 외아들이 광규(光葵, 1765~1817)였다. 두 딸은 유씨(柳氏)와 김씨(金氏)에게 출가했다.
1758년	영조 34	18세	▸ 박순원(朴淳源)의 수명정(水明亭)에서 기거하였다. ▸ 청언소품집 『무인편(戊寅篇)』을 지었다.
1759년	영조 35	19세	▸ 2월, 전라도 강진으로 표류해 온 중국 복건성(福建省)의 상인 황삼(黃森) 등과 문답을 나누었다. 이 때에 지은 글이 「기복건인황삼문답(記福建人黃森問答)」이다. ▸ 마호(麻湖)에 있는 외숙(外叔) 박순원(朴淳源)의 집에 기거하다가 이모부 여필주(呂弼周)의 집에 기거했다. 이 무렵 자신의 거처를 '구서재(九書齋)'라고 이름 붙였다.
1760년	영조 36	20세	▸ 3월, 장흥동(長興洞)으로 이사했다. ▸ 여름, 장흥동에 있는 남복수(南復秀)의 집에 기거했다.
1761년	영조 37	21세	▸ 1월, 훈도방(薰陶坊)에 있는 큰 처남 백동수(白東修)의 집에 '야뇌당(野餒堂)'이라는 이름을 붙이게 된 과정을 설명한 글 「야뇌당기(野餒堂記)」를 지었다. ▸ 8월, 일가 친척이었던 이형상(李亨祥)의 문집에 서문을 쓴 「다계시문서(茶溪詩文序)」를 지었다. ▸ 9월, 남복수(南復秀), 남홍래(南鴻來)와 함께 북한산성을 유람하였다. 산수유기 「기유북한(記遊北漢)」을 지었고, 시 41수를 남겼다. ▸ 자전 작품 「간서치전(看書痴傳)」을 지었다. ▸ 두 여동생을 위해 훈계의 글인 「매훈(妹訓)」을 지었다. ▸ 한 집안의 동년배였던 이세무(李世懋)가 22세로 요절하자 그 슬픔을 애도하는 「광릉산인애사(廣陵散人哀辭)」를 지었다.
1762년	영조 38	22세	▸ 확교동(確橋洞)으로 이사를 했다.
1763년	영조 39	23세	▸ 5월, 일본인이 부채에 그린 말의 모습을 보고 그 느낌에 대해 쓴 「제묵마왜삽(題墨馬倭翣)」을 지었다.

			▸7월, 일본 통신사 일행으로 가는 원중거(元重擧)와 성대중(成大中)을 송별을 했다. 이때 원중거를 위해 쓴 글이 「봉증서기손암원장중거수부사지일본서(奉贈書記遜庵元丈重擧隨副使之日本序)」이다. 원중거는 매서(妹壻)의 삼촌이다. ▸10월 13일, 딸이 3세에 일찍 죽었다. 명을 지어 묻었다. ▸12월 19일, 남한산성을 지나면서 지난 역사를 떠올리면서 「계미십이월십구일경남한전장독청비(癸未十二月十九日經南漢戰場讀淸碑)」를 지었다. ▸12월 22일, 충주로 가서 중부(仲父)와 계부(季父)를 뵈었다. 충주로 가는 길에 눈을 만난 풍경을 매우 감각적 언어로 표현한 「칠십리설기(七十里雪記)」를 지었다. ▸청언소품 및 인물 세태와 논평 등을 모아놓은 『세정석담(歲精惜譚)』을 지었다.
1764년	영조 40	24세	▸9월 9일, 『중용』의 독후감 및 그때그때의 단상을 적어놓은 『관독일기(觀讀日記)』를 쓰기 시작했다. 9월 9일부터 쓰기를 시작해서 11월 30일에 마쳤으며, 모두 3권이었다. 현재 전체 3권 중에서 2/3정도가 남아 있다. ▸첫째 누이가 서찬수(徐瓚修)에게 시집을 갔다. ▸여러 작가와 작품에 대한 논평을 모아놓은 『쇄아(瑣雅)』를 지었다. ▸한 해의 일을 되돌아보는 「갑신제석기(甲申除夕記)」를 지었다.
1765년	영조 41	25세	▸1월, 새해를 맞이하며 「세시잡영(歲時雜詠)」 연작시를 지었다. ▸5월 1일, 어머님이 돌아가셨다. ▸6월 20일, 외아들 광규(光葵)가 태어났다.
1766년	영조 42	26세	▸1월 23일, 족질(族姪) 이광석(李光錫)에게 편지를 보내 학업에 정진할 것을 권했다. ▸봄에 백동수의 집에서 박제가와 처음 만났다. ▸5월 27일, 대사동(大寺洞)으로 옮겨 기거했다. 이후 그는 홍대용(洪大容), 박지원(朴趾源), 유득공(柳得恭), 유금(柳琴), 박제가(朴齊家), 이서구(李書九), 성대중(成大中), 서상수(徐常修) 등과 활발한 교유를 맺었다. ▸필기서 『이목구심서(耳目口心書)』를 완성했다.

			▸청언소품집 『선귤당농소(蟬橘堂濃笑)』는 완성시기를 정확하게 알 수 없지만, 26세 이전에 완성된 것으로 추정된다. ▸둘째 누이가 원유진(元有鎭)에게 시집을 갔다.
1768년	영조 44	28세	▸1월, 자를 명숙(明叔)에서 무관(懋官)으로 고쳤다. 이에 대한 설명을 적은 「자무관설(字懋官說)」을 지었다. ▸6월 29일 서상수(徐常修), 유득공(柳得恭) 등과 함께 몽답정(夢踏亭, 북악 기슭의 이름난 정자였음)에서 시회를 열었다. 그때 지은 시를 모아 시축을 만들고 소서(小序)에 해당하는 「몽답정공부(夢踏亭共賦)」를 지었다. ▸9월 9일, 내제(內弟) 박상홍(朴相洪)과 함께 마호(麻湖)에서 배를 띄우고 놀았다. 이날 밤 내제의 집에서 박제가와 함께 유숙을 하였다. 이때 「구일마포동재선숙내제박치천종산사 시장유의한래구수(九日麻浦同在先宿內弟朴稚川宗山舍時張幼毅倜來九首)」를 지었다. ▸10월, 황해도 장연(長淵)에서 조니진(助泥鎭) 만호(萬戶)로 있는 종자서(從姊壻) 유언장(兪彦鏘)에게 다녀왔다. 시아버지의 상을 당한 사촌누이를 서울로 데려오기 위함이었다. 서울에서 황해도 장연까지 오고간 여정을 기록한 여행일기가 『서해여언(西海旅言)』이다. ▸12월, 『윤회매십전(輪回梅十箋)』을 지었다. ▸박제가의 시집 『초정시집(楚亭詩集)』의 서문을 쓰다.
1769년	영조 45	29세	▸5월, 청장서옥(靑莊書屋)을 완성했다. 청장서옥을 완성하는 과정에서 비용이 부족하여 대사동 집을 팔려고 했다. 이 때 서상수가 이러한 사정을 알고서 그 비용을 충당해 주었으며, 이응정(李應鼎)이 재목을 모아 주었다. 이후 중국의 문사 반정균(潘庭筠)에게 편지를 보내 「청장관기(靑莊館記)」를 써 달라고 청하였으며, 그 글을 받아 청장서옥에 걸어놓았다. ▸9월, 충청도 천안군에 있는 전장(田莊)에 가서 벼를 수확하였다. 벼슬에 나가기 전까지 매년 추수를 하러 갔으며, 매년 벼 10여 섬씩 수확하였다. 이때 「전사잡영(田舍雜詠)」을 지었다.
1770년	영조 46	30세	▸4월 23일, 남유두(南有斗), 족질(族姪) 이광석(李光錫)과 함께 남한산성(南漢山城)을 유람했다. 옥정사(玉井

			寺)에 이르니 한성부윤 박도원(朴道源)이 홍주(紅酒)를 보내왔다.
1771년	영조 47	31세	▸3월, 족질(族姪) 이광섭(李光燮)이 무과에 합격했다. ▸3월 24일, 황해절도사로 있던 종형(宗兄) 이경무(李敬懋)를 만날 겸 황주(黃州), 평양(平壤) 등을 유람했다. 박지원, 백동수와 함께 동행했으며, 개성 만월대에서 헤어졌다. 이 때에 「만월대별박미중백영숙동수지금천(滿月臺別朴美仲白永叔東脩之金川)」을 지었다. ▸평양을 방문하였을 때에 「연광정관등(練光亭觀燈)」, 「알숭인전(謁崇仁殿)」 등의 시를 지었다. ▸9월 24일, 이광석(李光錫)과 함께 광주(廣州)에 있는 구룡산(九龍山)을 유람했다. 이때 숭례문에서 한강에 이르기까지 연구(聯句) 24수를 지었다.
1772년	영조 48	32세	▸박지원, 이서구 등과 함께 수표교(水標橋)에서 시회를 열었다. 이때의 정취를 담은 여러 편의 글들이 남아 있다.
1773년	영조 49	33세	▸윤3월 25일, 박지원, 유득공과 함께 평양을 유람했다. 이때 「계사춘유기(癸巳春遊記)」를 지었다. ▸6월 29일, 홍대용의 부탁을 받고 그의 중국인 친구 곽집환(郭執桓)의 『회성원시고(繪聲園詩稿)』에 비평을 했다. ▸11월 8일, 「숙강규약구도(塾講規約九圖)」를 지었다. 9도는 상도덕도(尙道德圖), 정종파도(定宗派圖), 지경도(持敬圖), 역주도(繹註圖), 역행도(力行圖), 습육예도(習六藝圖), 육영재도(育英才圖), 무겸허도(務謙虛圖), 방간단도(防間斷圖)이다. ▸겨울 상제(庠製)에서 장원을 했다.
1774년	영조 50	34세	▸가을, 증광(增廣) 초시(初試)에 합격했다. ▸「각비암기(覺非菴記)」를 지었다. ▸28세로 세상을 떠난 누이를 위해 「제매서처문(祭妹徐妻文)」을 지었다.
1775년	영조 51	35세	▸11월 1일, 『사소절(士小節)』을 완성하고, 그 서문을 지었다. 「사전(士典)」, 「부의(婦儀)」, 「동규(童規)」 3편으로 되어 있으며, 총 9백 34장(章)이다.
1776년	영조 52	36세	▸3월 25일, 배를 타고 저자도, 삼전도, 두미협을 유람하

			고, 원중거를 방문했다. 이때의 여행을 「협주기(峽舟記)」로 남겼다. 박제가도 함께 동행했다. ▸청나라 문사 이조원(李調元)에게 편지를 보내 선귤당(蟬橘堂)의 현액과 글씨를 부탁했다. ▸11월에 유금(柳琴)이 중국 연경에 갈 때에 이덕무, 박제가, 유득공, 이서구의 시를 모아 엮은 『건연집(巾衍集)』을 가지고 갔다. 『건연집』을 청나라 문인들에게 보이고 서문과 시평을 받아 왔다.
1777년	정조 1	37세	▸9월, 『예기억(禮記臆)』을 완성했다. ▸10월, 이만운(李萬運)과 함께 『기년아람(紀年兒覽)』을 증수(增修)하였다. 『기년아람』의 서문을 지었다. ▸『한객건연집』에 실린 시에 대해 반정균(潘庭筠)이 평하는 것을 보고 「제향조평비시권(題香祖評批詩卷)」을 지었다.
1778년	정조 2	38세	▸1월, 철각(鐵脚) 새를 그림으로 그리고, 박제가, 이서구, 유득공과 함께 「철각도가(鐵脚圖歌)」를 지었다. ▸3월 17일, 서장관 심염조(沈念祖)의 수행원이 되어 중국 연경으로 떠났다. 이때 박제가도 정사(正使) 채제공(蔡濟恭)의 수행원으로 함께 갔다. 연행을 갈 때에 시화서(詩話書) 『청비록(淸脾錄)』 등을 가지고 갔다. ▸4월 12일, 압록강을 건넜다. ▸5월 15일, 황성(皇城)에 도착했다. 연경에서 반정균(潘庭筠), 이정원(李鼎元), 축덕린(祝德麟) 등 청나라 문인들과 교유했다. ▸5월 19일 박제가 등과 함께 연경의 유명한 책방인 숭수당(崇秀堂), 문수당(文粹堂), 성경당(聖經堂) 등에서 서적을 열람하고 희귀한 서적 130여 종의 이름을 기록했다. ▸5월 28일 서장관 심염조의 부탁을 받고 기이한 서적을 구경하며 수십 종의 책을 구입했다. ▸6월 16일, 연경을 떠났다. ▸윤6월 14일, 압록강을 건넜다. ▸7월 1일, 서울로 돌아왔다 ▸중국 연행의 경험을 『입연기(入燕記)』로 남겼다. ▸이 해에 「변일민시집발(邊逸民詩集跋)」을 지었다.

			▸겨울, 중국에서 만났던 이정원(李鼎元)에게 보내는 편지 「이묵장정원(李墨莊鼎元)」을 썼다.
1779년	정조 3	39세	▸6월, 외각(外閣) 검서관(檢書官)이 되었다. 유득공, 박제가, 서이수 등과 함께 초대 검서관에 임명된 것이다. ▸7월, 『규장운서(奎章韻瑞)』를 편찬 교정했다. ▸7월 13일, 임금의 명에 의하여 규장각 팔경시(八景詩)를 지어 올려서 1등을 차지했다. 특별히 『명의록(明義錄)』 1질을 하사받았다. ▸7월 14일, 임금의 명에 의하여 「등영주이십운배율(登瀛洲二十韻排律)」을 지어 올려서 1등을 차지했다. ▸9월 25일, 연사례(燕射禮)에 참석하였다. 임금의 명에 따라 「연사례가(燕射禮歌)」를 지었다. ▸10월 13일, 승문원(承文院) 이문학관(吏文學官)을 겸하였다. ▸10월 23일 『자치통감강목(資治通鑑綱目)』의 현토(懸吐), 교정을 마쳤다. 10월 6일부터 현토, 교정을 시작해서 이 날에 마무리지었다. ▸정나라에 잡혀가 절개를 지킨 나덕헌(羅德憲)의 충절을 기리는 「나통어사일사장(羅統禦使逸事狀)」을 지었다.
1780년	정조 4	40세	▸1월, 임금의 명으로 『도서집성(圖書集成)』 5002책의 부목(部目)을 초출(抄出)하였다. 2월 21일에 초출을 마쳤다. ▸3월 27일, 『궁원의(宮園儀)』를 교정했다. ▸8월 26일, 아들 광규(光葵)를 동래 정씨(東萊鄭氏)에게 장가들였다. ▸11월, 『동방인물고(東方人物考)』를 교정했다. ▸12월, 유금에게 편지를 보내어 통운(通韻)과 협운(叶韻)에 대해 논하였다.
1781년	정조 5	41세	▸1월 21일, 규장각(奎章閣) 검서관이 되었다. ▸3월 2일, 『내각고사절목(內閣故事節目)』 1책을 하사받았다. ▸3월 21일, 사도시(司䆃寺) 주부(主簿)에 임명되었다. 겸검서관(兼檢書官)이 되었다. ▸4월, 『이문원강의(摛文院講義)』 1책을 하사받았다. ▸5월 13일, 『어정팔자백선(御定八子百選)』의 교정을 명

			받았다. 이때 성대중(成大中)과 함께 『어정팔자백선』을 감인(監印)하였다. ▸ 6월 26일, 『어정팔자백선(御定八子百選)』 2질을 하사받았다. ▸ 10월 25일, 『정음통석(正音通釋)』 1책을 하사받았다. ▸ 12월 27일, 경상남도 함양에 있는 사근도(沙斤道)의 찰방(察訪)에 임명되었다.
1782년	정조 6	42세	▸ 1월 15일, 사근도 찰방으로 부임했다. 1월 6일 서울을 출발해 이 날 임지에 도착했다. ▸ 1월 18일, 합천 해인사(海印寺)를 유람하였고, 「가야산기(伽倻山記)」를 지었다. ▸ 5월 23일, 국조보감 감인청(國朝寶鑑監印廳)에 출근하였다. 5월 11일, 사근도 임소에서 상경하여 이날 출근한 것이다. 이곳에서 『국조보감(國朝寶鑑)』 감인(監印)을 했다. ▸ 11월 5일, 『유호서윤음(諭湖西綸音)』 1책을 하사받았다. ▸ 11월 26일, 백면지(白綿紙)로 꾸민 『국조보감(國朝寶鑑)』 1질 22책을 하사받았다. ▸ 11월 29일, 『어제세실윤음(御製世室綸音)』 1책을 하사받았다. ▸ 12월 3일, 『유종친문무백관윤음(諭宗親文武百官綸音)』 1책을 하사받았다.
1783년	정조 7	43세	▸ 1월 18일, 『유경상도관찰사진읍수령윤음(諭慶尙道觀察使賑邑守令綸音)』 1책을 하사받았다. ▸ 5월, 『모시강의(毛詩講義)』를 교정했다. ▸ 5월 25일, 『뇌연집(雷淵集)』 1질 15책을 하사받았다. ▸ 유득공의 영보정 장편시에 차운하는 시 「차유검서영보정장편운, 봉헌철재정학사(次柳檢書永保亭長篇韻, 奉獻徹齋鄭學士)」를 지었다. 이때 이병모(李秉模), 홍원섭(洪元燮), 성대중(成大中), 정지순(鄭持淳), 김득후(金得厚), 원득정(元得鼎) 등이 화답을 하였으며, 이를 모아 커다란 시축으로 만들었다. 이 시축의 서문은 홍원섭이 짓고, 송필연(宋必淵)이 소전(小篆)으로 썼다. ▸ 사근도(沙斤道) 백성을 위해 공채(公債)의 이자를 폐지할 것을 건의하여 혁파했다. 당시에 역민(驛民)들이

			공채에 시달리면서도 감히 반항하지 못하고 있었는데 감영(監營)에 보고해서 혁파한 것이다. ▸6월 21일, 아들 광규, 함양부의 여러 사람들과 함께 지리산을 유람했다. ▸대묘동(大廟洞)으로 이사했다. ▸8월 25일, 임금이 원릉(元陵)에 가서 참배하고 건원릉(健元陵), 휘릉(徽陵), 현릉(顯陵), 목릉(穆陵)에 참배할 때 수행하였다. ▸10월 11일, 『유호남윤음(諭湖南綸音)』 1책을 하사받았다. ▸10월 24일, 『유원춘도영동영서대소사민윤음(諭原春道嶺東嶺西大小士民綸音)』 1책을 하사받았다. ▸11월 2일, 『유함경도대소사민윤음(諭咸鏡道大小士民綸音)』 1책을 하사받았다. ▸11월 12일, 『자휼전칙(字恤典則)』 1책을 하사받았다. ▸11월 22일, 광흥창(廣興倉) 주부(主簿)에 임명되었다. ▸12월 26일, 『예의유집(禮疑類輯)』 1질 15책을 하사받았다. ▸사근도 찰방으로 근무할 때에 경남 함양 및 그 주변 지역과 관련된 인물, 전설, 유적, 문화, 역사 등을 기록한 필기 저술인 『한죽당섭필(寒竹堂涉筆)』을 지었다.
1784년	정조 8	44세	▸1월 20일, 『별진자윤음(別賑資綸音)』 1책을 하사받았다. ▸1월 21일, 임금이 경모궁(景慕宮)에 행차할 때에 수행하였다. ▸2월 2일, 『돈효록(敦孝錄)』 1질을 하사받았다. ▸2월 25일, 사옹원(司饔院) 주부(主簿)로 임명되었다. ▸6월, 『규장각지(奎章閣志)』와 『홍문관지(弘文館志)』를 교정(校正) 감인(監印)하였다. ▸6월 12일, 『규장각지』 1질 1책과 『홍문관지』 1질을 하사받았다. ▸6월 29일, 적성현감(積城縣監)에 임명되었다. ▸7월 8일, 『이연윤음(貽燕綸音)』 1책을 하사받았다. ▸7월 17일, 『어정송사전(御定宋史筌)』을 개정하였다. 이 개정의 일을 가지고 임지로 부임했다. 『송사전(宋史筌)』은 『송사(宋史)』를 산정하여 40책으로 만들고

			보전(補傳)을 붙인 책이다. 고려(高麗), 요(遼), 금(金), 몽고(蒙古) 등에 대한 보전(補傳)을 주로 담당하였다. 문집에 「송사전유민열전(宋史筌遺民列傳)」, 「송사전고려열전(宋史筌高麗列傳)」, 「송사전요열전(宋史筌遼列傳)」, 「송사전금열전(宋史筌金列傳)」, 「송사전몽고열전(宋史筌蒙古列傳)」 등이 남아 있다. 그 외에 본기(本紀)의 찬(贊)과 열전(列傳)의 논(論), 제지(諸志)의 내용을 개정하였다.
1785년	정조 9	45세	▸1월, 『승정원일기』를 초출하였다. ▸2월, 「검서청기(檢書廳記)」를 지었다. 처음에 검서관(檢書官)은 따로 직소(直所)가 없고 임시로 이문원(摛文院)의 동편 방에 입직하였다. 1783년(정조 7) 여름에 이문원의 왼쪽에 있는 집을 수리하여 검서청을 삼았으며, 이때에 이르러 검서청의 기문을 쓰게 되었다. ▸5월 2일, 적성현(積城縣)의 서쪽 수정봉(水晶峯) 아래에 있는 청학동(青鶴洞)을 유람했다. 아들 광규(光葵)와 김재운(金載運)이 함께 갔다. 김재운은 종매(從妹)의 남편이다. ▸5월 5일, 적성현의 북쪽에 있는 신지강(神智江)에 배를 띄우고 유람했다. 아들 광규와 김재운이 함께 갔다. ▸7월 1일, 궁원의감인청(宮園儀監印廳)에 출근하였다. 1780년(정조 4) 봄에 『궁원의(宮園儀)』을 처음 교정하기 시작했는데, 이때 이르러 감인을 명한 것이다. ▸8월 9일, 『궁원의(宮園儀)』 1질 2책을 하사받았다. ▸8월, 『대전통편(大典通編)』을 교정하고 감인하였다. ▸9월 12일, 『대전통편』 1질 5책을 하사받았다. ▸9월 27일, 『병학통(兵學通)』 1책을 하사받았다.
1786년	정조 10	46세	▸1월 8일, 임금이 종묘(宗廟), 영희전(永禧殿), 육상궁(毓祥宮), 연우궁(延祐宮), 의열궁(義烈宮), 경모궁(景慕宮)에 행차할 때에 수행하였다. ▸3월 20일, 갱장록감인청(羹牆錄監印廳)에 출근하여 『갱장록(羹墻錄)』을 감인했다. ▸정조의 어제집(御製集)을 교정했다. 교정을 시작한 날짜는 알 수 없는데, 1787년(정조 11) 가을에 교정을 마쳤다.

			▸4월 25일, 『갱장록』 1질 4책을 하사받았다. ▸8월 15일, 겸검서관(兼檢書官)에 임명되었다. ▸11월, 『송자대전(宋子大全)』을 교정했다.
1787년	정조 11	47세	▸1월 6일, 임금이 종묘, 영희전(永禧殿), 저경궁(儲慶宮), 육상궁(毓祥宮), 창의궁(彰義宮), 의열궁(義烈宮), 경모궁(景慕宮)에 행차할 때에 수행하였다. ▸2월 9일, 적성현감에서 체직되어 다시 검서관에 임명되었다. ▸2월 17일, 문원보불감인청(文苑黼黻監印廳)에 출근하여, 『문원보불(文苑黼黻)』을 감인했다. ▸5월 7일, 당시 경기감사인 서유방(徐有防)의 요청에 의해 적성 현감에 계속 임명되었으며, 검서관의 직을 겸임하였다. ▸5월 22일, 『문원보불(文苑黼黻)』 1질 22책을 하사받았다. ▸6월 13일, 『안와집(安窩集)』 1질 3책을 하사받았다. ▸8월 15일, 임금이 명릉(明陵)에 행차할 때에에 수행하였다.
1788년	정조 12	48세	▸5월, 무신란 때 의병으로 참전한 이유련(李裕鍊)의 행적으로 다룬 「이씨삼세충효전(李氏三世忠孝傳)」을 지었다. ▸6월 10일, 검서관직에서 면직되고 중제(仲弟) 공무(功懋)가 검서관으로 임명되었다. ▸적성현(積城縣)의 유적을 널리 채집하고 충(忠), 효(孝), 열(烈)에 관한 사실을 모아서 소전(小傳)을 지어 『적성현지(積城縣志)』를 보충하였다. ▸10월 12일, 『가체신금사목(加髢申禁事目)』 1책을 하사받았다. ▸10월 29일, 『명의록(明義錄)』 1부 5책, 언해(諺解) 4책을 하사받았다.
1789년	정조 13	49세	▸4월, 박제가, 백동수 등과 함께 『무예도보통지(武藝圖譜通志)』 편찬을 시작하였다. 문집에 「무예도보통지범례(武藝圖譜通志凡例)」, 「무예도보통지부진설(武藝圖譜通志附進說)」 등이 남아 있다. ▸6월 『해동읍지(海東邑誌)』를 편찬 교정하였다. ▸6월 20일, 적성 현감(積城縣監)에서 체직되고 와서(瓦

			署) 별제(別提)에 임명되었다.
1790년	정조 14	50세	▸3월 10일, 「음중팔선도서(飮中八仙圖序)」를 지어 올려 1등을 차지했다. ▸4월 24일, 창의문 밖에 있는 탕춘대, 세검정 등을 유람했다. ▸4월 30일, 『무예도보통지』 1질 4책을 하사받았다. ▸6월 17일, 겸검서관(兼檢書官)에 임명되었다. ▸「은애전(銀愛傳)」과 「신여척전(申汝倜傳)」을 지어 올렸다. ▸7월 2일, 북영(北營)에 있는 군자정(君子亭)을 유람하였다. ▸7월 4일, 사도시(司䆃寺) 주부(主簿)에 임명되었다. ▸9월과 10월, 화성부에 있는 용주사(龍珠寺)에 갔다. ▸10월, 『기전고(箕田攷)』를 편찬 교정하였다. ▸12월, 『어제강목강의(御製綱目講義)』를 교정하였다.
1791년	정조 15	51세	▸1월 16일, 임금이 현륭원(顯隆園)에 행차할 때에 수행하였다. ▸2월, 『현륭원지(顯隆園志)』, 『눌재집(訥齋集)』, 『병지(兵志)』, 『장릉지(莊陵志)』, 『배식록(配食錄)』 등의 책을 몇 개월에 걸쳐 교정하였다. ▸2월 24일, 상의원(尙衣院) 주부(主簿)에 임명되었다. ▸3월 18일, 장원서(掌苑署) 별제(別提)에 임명되었다. ▸4월, 임금이 서얼에 대한 의견을 물었다. 이덕무는 나이의 순서에 따라 대우하는 것이 마땅하며, 출신 성분으로 인해 등용되지 못해서는 안된다고 답하였다. 이때 임금과 주고 받은 내용을 『서치사실(序齒事實)』로 기록해 보관했다. ▸5월 9일, 사옹원(司饔院) 주부(主簿)에 임명되었다. ▸5월 10일, 『송사전(宋史筌)』의 의례(義例)를 개정하였다. ▸6월 21일, 『눌재집(訥齋集)』 1질 3책을 하사받았다. ▸6월, 「김신부부전(金申夫婦傳)」을 지어 올렸다. ▸7월, 박제가, 유득공 등과 함께 『병지(兵志)』를 찬집(纂輯)하였다. 문집에 「병지주군제론(兵志周軍制論)」, 「병지당군제론(兵志唐軍制論)」, 「병지명군제론(兵志

			明軍制論)」, 「병지비왜론(兵志備倭論)」 등의 글이 남아 있다. ▸8월, 『장릉지(莊陵志)』를 편찬 교정하였다. ▸8월, 이서구와 함께 『단종조사실(端宗朝事實)』을 편집하였고, 심상규와 함께 『배식록(配食錄)』을 편찬 교정하였다.
1792년	정조 16	52세	▸1월 4일, 『경림문희록(瓊林聞喜錄)』 1책을 하사받았다. ▸3월, 『어정규장전운(御定奎章全韻)』을 개찬(改撰)하였다. 『어정규장전운(御定奎章全韻)』은 1796년(정조 20) 가을에 가서야 비로소 인쇄하여 배포되었다. ▸4월 27일, 「성시전도백운고시(城市全圖百韻古詩)」를 지어 올렸다. 이때 유득공, 박제가, 신광하(申光河), 이만수(李晩秀), 윤필병(尹弼秉), 김효건(金孝健), 서영보(徐榮輔), 이백형(李百亨) 등도 '성시전도(城市全圖)'를 제목으로 삼은 100운의 칠언고시를 지었다. 정조는 이덕무가 지은 시에 대해 '우아하다(雅)'라는 평을 남겼다. 이에 이덕무는 "구중궁궐에서 내린 한 글자의 포상이 천신(賤臣)의 평생을 결단할 수 있다"고 하고 '아정(雅亭)'이라고 자호(自號)하였다. ▸윤4월, 「시관소전(詩觀小傳)」을 지어 올렸다. 『시관(詩觀)』은 정조의 명에 의해 중국 고대로부터 한(漢), 위(魏), 육조(六朝), 당(唐), 송(宋), 원(元), 명(明)에 걸쳐 대표적인 시인들의 시를 시체별(詩體別)로 뽑아 만든 시선집이다. 각 시인들의 소전(小傳)을 짓도록 했는데, 이덕무는 당나라, 송나라, 명나라 부분을 맡았다. 당태종 이세민으로부터 명나라 장거정(張居正)까지 80명의 소전(小傳)을 작성했다. ▸6월, 「어사기(御射記)」를 지었다. 『서고서목(西庫書目)』을 교정했다. ▸7월 7일, 「칠석책(七夕策)」을 지어 올렸다. ▸7월 9일, 「육서책(六書策)」을 지어 올렸다. 『어정규장전운(御定奎章全韻)』의 편찬이 끝난 후, 임금이 윤행임, 서영보, 남공철, 이서구, 이가환, 성대중, 유득공, 박제가에게 교정을 명하고 대책(對策)을 지어 올리게 하였다.

			▸9월 27일, 계제(季弟) 언무(彦懋)가 무과에 합격했다. ▸11월, 『시호고(諡號考)』를 엮었다. ▸11월 6일, 부교리 이동직(李東稷)이 이가환(李家煥) 등의 문체 문제를 거론하였다. 정조가 비답에서 이덕무의 문체도 소품체임을 지적했다. ▸12월, 북청부사로 부임하는 성대중(成大中)의 전별연에 참석하여 50운(韻) 오언 고시(五言古詩) 1편을 지었다.
1793년	정조 17	53세	▸1월 5일, 부여군수로 있던 박제가에게 편지 「여박재선제가서(與朴在先齊家書)」를 보내 문체 문제에 대해 언급하고, 문체를 순정하게 지을 것을 권유했다. ▸1월 20일, 임금으로부터 문체가 순정하지 못하다는 비판을 받고 자송문을 지어 올리라는 명을 받았다. ▸1월 25일, 대묘동(大廟洞) 본가에서 세상을 떠났다. ▸2월 21일, 경기도 광주(廣州) 낙생면(樂生面) 판교(板橋)의 언덕에 장사를 지냈다. 그의 묘소에서 100보 되는 거리에 강계부사를 지낸 조부의 묘소가 있었다.
1795년	정조 19	55세	▸4월, 임금이 500냥의 내탕금을 특별히 하사하여 『아정유고(雅亭遺稿)』를 간행하도록 명하였다. 또한 각신(閣臣), 초계문신(抄啓文臣), 지친(至親) 등에게도 간행 비용을 보태라고 하교하였다. 심환지(沈煥之), 김재찬(金載瓚), 서용보(徐龍輔), 서유방(徐有防), 서영보(徐榮輔), 이서구(李書九), 이경무(李敬懋) 등이 비용을 보태어 약 2,000냥의 문집 간행 비용을 마련하였다. ▸12월 2일, 『아정유고』의 시문(詩文)과 유사(遺事)를 간행하기 시작하였다.
1797년	정조 21	57세	▸2월 28일, 교서관인서체자 금속활자로 『아정유고』(8권 4책)을 간행하였다. 7질을 진상하였다. 집에 8질을 보관하고, 1백 42질을 두루 나누어 주었다. 『아정유고』의 편집과 교정 및 간행의 경과는 외아들 광규가 『은휘당일초(恩暉堂日鈔)』에 자세히 적었다. ▸외아들 광규에 의해 이덕무의 시문 등을 모아 『청장관전서(青莊館全書)』라는 이름으로 묶었다. 이 초고본은 현재 발견되지 않았다. ▸제자 이원수(李畹秀, 1759~1812)의 도움으로 『청장관전서』의 교정본이 만들어졌다. 이 교정 원본은 현재 미

			국 버클리대학 아사미문고에 소장되어 있는 『청장관전서』이다. 필사자가 20명이며, 필사기간은 1809년 봄부터 1810년 여름까지였다. 규장각 등 국내 기관에 소장되어 있는 『청장관전서』는 이원수 교정본을 일제 강점기 때에 등사한 것이다.

작성 : 정우봉(고려대학교 국문학과 교수)

『청장관 이덕무 연구』 집담회

■ 일시 : 2019년 1월 15일(화) 오전 10시~12시

■ 장소 : 재단법인 실시학사 회의실

■ 참석자 : 안대회, 정우봉, 김대중, 김문식, 정호훈

안대회 집담회를 시작하겠습니다. 그 동안 일반 논문의 두 배, 세 배쯤 되는 논문을 쓰느라 고생 많이 하셨습니다. 집담회를 통해서 논문을 쓰면서 염두에 둔 취지나 미처 하지 못한 점이나 말씀하실 기회를 만들었습니다. 논문을 이해하는 데 중요하다고 여기는 점을 더 강조해서 말씀해 주셔도 좋을 것 같습니다.

저는 그동안 18세기의 문학을 중심에 놓고 공부해왔습니다. 석사논문도 박사논문도 북학파를 중심으로 썼는데요, 이덕무를 실학자라고 규정하는 학계의 통념을 따라 공부해보니 정말 이덕무가 실학자로 보는 것이 맞을까 하는 의문이 들었습니다. 18세기의 지적 분위기를 정말 잘 보여주면서도 전통적 유학자와 유사한 데가 많은 듯 생각되었습니다. 실학이 기본적으로 사회사상, 경제사상, 정치사상 이런 부문에서 특징적인 그 무엇이 부각돼야 하는데, 이덕무는 이런 측면이 적게 나타납니다. 물론 시(詩)에서는 당시 현실 사회를 잘 묘사한 것 등이 실학에 부합하는 측면이 있다는 쪽으로 이야기가 많이 되었습니다.

실학자로서 정체성을 거론하는 이유는 '청장관 이덕무 연구'가 실학자 연구 시리즈에 포함되어 있기 때문입니다. 실학자라고 규정해놓고 이덕무를 연구한다면 혹시라도 그의 독창적 사유나 문학을 훼손하는 결과를 낳을지도 모른다는 우려가 생기기도 합니다. 김대중 선생님 논문에서는 그런 문제들을 매우 폭넓게 살펴보셨으니 뒤에 말씀을 듣겠습니다.

먼저 이덕무의 문학부터 말씀을 시작하도록 하죠. 이덕무를 거론할 때 제일 많이 언급되는 지점이 문학일 것입니다. 여전히 가장 많이 주목을 받는 부분이기도 하구요. 문학 중에서 산문 부분을 맡은 정우봉 선생님께서 말씀해주시는 것이 좋겠습니다.

정우봉 사실 이덕무의 연구 중에서 가장 많이 다루어졌고, 아마 가장 많은 성과가 있었던 분야가 문학 부분이라고 할 수 있고, 또 이덕무의 많은 저술과 그가 남긴 성취 중에서 18세기 사상, 예술사 분야에서 가장 정채로운 성과로 기억될 것이 문예 분야라고 할 수 있을 것 같습니다. 특히 이덕무의 경우에는 시도 상당히 많이 남겼고, 산문 작품도 상당히 많이 남겼던, 그래서 연암(燕巖)이나 다른 분들하고 비교해 봤을 때 시와 산문에서 공히 문학적 성취가 뛰어났던 분이라 할 수 있습니다. 산문 경우 여러 장르에 걸쳐 상당히 많은 성과를 보였는데, 그 동안 이 방면에서 연구라고 하는 것은 주로 소품과 관련해서 이덕무의 산문의 성향을 조명해왔다고 할 수 있습니다. 저 자신도 그런 방면에 관심을 갖고 이덕무 산문 중에서 새로운 경향성, 소품적 성향을 보여주고 있는 일련의 작품군들을 주목해서 조명을 한 바가 있습니다. 그래서 산수유기 작품이나 청언소품 작품도 그러하고, 그 다음에 일기나 혹은 자서전적인 작품 속에서도 이덕무 나름대로의 독특한 점을 많이 발견할 수 있었습니다.

이번 발표에서는 제가 주로 관심을 갖고 있었던 부분, 그동안 연구에서 많이 다루어지지 않았다고 생각한 부분을 좀 더 밝혀 보고자 하였습니다. 그래서 저는 이덕무가 보여주고 있는 문학이나 저술의 큰 특징, 또 실학하고 관련된다고 생각되는 박물학적인 성향과 그 지식의 구축, 지향을 하나의 중요한 특징이라고 얘기할 수 있을 것입니다. 그런 것이 글쓰기의 측면에서 우리가 접근해 봤을 때, 필기 장르가 중요한 하나의 키워드가 될 수 있다고 생각합니다. 필기라고 하는 것은 전통적으로 형식의 구애 없이 다채로운 내용을 반영할 수 있는 글쓰기 양식이라고 할 수가 있기 때문에 다양한 지식과 정보, 그리고 자기의 이러저러한 일상사, 신변잡사 등등을 포함해서 온갖 잡다한 지식과 정보와 개인의 이러저러한 체험들을 다양하게 담아낼 수 있는 것들이고, 그런 것들이 이덕무가 가지고 있었던 지적 호기심, 세계에 대한 다양한 관심 이런 것들을 담아내는 어떤 유효한 양식이었다고 볼 수가 있을 것 같습니다. 필기라고 하는 장르에 초점을 맞춰서 접근하는 것이 그동안 연구에서 좀 많이 이루어지지 않은 부분이라 생각을 했고, 그 점에서 저는 필기 장르에 초점을 맞춰서 이덕무 산문의 중요한 측면을, 그 동안 논의되지 않은 부분을 밝혀보고자 했습니다.

제가 이 논문에서 주로 밝히고자 했던 것은 필기 장르에서 그 동안 이덕무에 대해서 이렇게 저렇게 얘기하면서 새로운 지식의 추구 속에서 이덕무의 사상적 지향을 밝혀보고자 했던 점이 있었습니다. 저 같은 경우에는 필기 장르 속에서 좀 더 이덕무 자신의 일상이랄까, 이덕무 자신의 내적 갈등·고민이랄까 좀 더 그의 인간적인 모습이랄까. 이런 것들까지도 필기 장르 속에 반영해서 표현하려고 했다는 점이 이덕무에게 있어서 중요하다고 생각을 하고, 그런 측면에서 필기라고 하는 것이 단순히 객관적인 지식이나 정보를 전달하는 데에 그치는 것이 아니라 자신의 일상사, 자신의 내면, 고민까지도 담아내는 측면에서 기존의 필기와는 다른 성향을 보이고 있고, 그런 것을 필기소품이라고 하는 용어로 개념화해서 분석했습니다. 자전적 모습이나 자기 내면과 일상생활의 주변 잡사 이런 것들이 주로 20대 비교적 젊은 시절에 쓰인 필기류의 작품 속에서 많이 나타났다고 볼 수가 있습니다. 그 점을 주로 주목해서 다뤄 보았습니다.

안대회　선생님께서 말씀하신 필기를 대표하는 것이 바로 「이목구심서(耳目口心書)」죠?

정우봉　네. 그렇죠.

안대회　선생님께서 말씀하신 필기소품이나 기타 소품집은 가치를 인정받은 지가 그리 오래되지는 않습니다. 2000년대 이후에 소품문을 새롭게 주목하면서 그 가치를 더 부각하게 된 면이 있습니다. 일반적인 필기는 고려 말부터 널리 창작되었지만, 이덕무 특유의 서정성이 넘치는 필기는 정말 참신한 세계를 보여줍니다. 일반 필기가 세계를 정직하게 기록하는 특징을 가졌다고 하면 이덕무의 필기는 자기 내면을 많이 표출하는 특징을 보입니다. 최근에 선생님이 관심을 많이 두고 있는 자기서사의 문학과도 밀접한 관련이 됩니다.

선생님께 질문을 드리고 싶은 점은 이덕무 문장을 어떻게 평가하느냐의 문제인데요, 이른바 고문과 같은 정통적 문학을 중시하는 문학사가 입장에서는 이덕무를 문장가로 제대로 평가하지 않는다는 생각이 듭니다. 예컨대 18세기나 19세기의 문학사를 볼 때 이덕무를 중요한 문장가로 이야기하지 않습니다. 소품적 성격 탓에 그런 평가를 하는 것 같습니다. 「이목구심서」 같은 필기는 필기 역사에서 전통적 글쓰기의 틀을 벗어나 있다고 평가할 수 있습니다. 이덕무의 문장을 두고 정통 고문가의 기준에서 좋은 문장가로 위상을 부여하지 않는 것은 문제가 아닌가 판단합니다. 이덕무가 새롭고 독특하게 창작하려고 노력한 점은 문장의 역사에서 굉장한 혁신으로 평가해야 한다고 생각합니다.

정 선생님께서는 어떻게 생각하시는지요.

정우봉　지금 말씀해주신 것처럼 사실은 기존의 정통적인 문학의 관점에서 봤을 때, 이덕무의 경우는 상당히 이질적이고, 새로운 성취를 보여주었다고 볼 수가 있고, 그런 것이 다양한 경향 속에서 나타났다고 할 수 있습니다. 대표적인 것이 말씀해주신 것처럼 「이목구심서」라고 하는 대략 한 26세 무렵, 20대 중반 정도의 저술이라고 할 수 있습니다. 흥미로운 것은 20대 전반-중반-후반에 이르기까지 주로 20대에 썼던 그런 작품 속에서 지금 말씀해주신 것과 같은 장르적인, 형식적인 혁신이 시도되었고, 내용적인 측면에서도 기존의 장르적 관습과 너무 다른, 특히 자기 개인의 일상과 내면을 섬세하게 다루고 있는 그런 작품들이 집중적으로 나타나고 있다고 볼 수 있습니다. 그런 측면에서도 청년 이덕무를 이해하고 그의 문학적 성취를 밝히는데 있어서 필기소품은 매우 중요한 부분이 아닌가 생각합니다.

안대회　말씀 감사합니다. 이어서 시로 들어가겠습니다. 시는 제가 살펴봤는데요. 시를 말하기 전에 창작론을 먼저 말씀드리겠습니다. 그 부분은 시에도 적용이 되고, 산문에도 적용이 되고, 아까 말씀을 나눈 필기류를 비롯해서 다른 저작에도 두루 미치는 이론이라고 생각했습니다. 이덕무의 이론은 좀 전에 정 선생님이 말씀하셨던 재기발랄했던 20대에 거의 형성된 것이라 생각합니다.

이번 논문에서 제가 강조하고 싶었던 점은 형식이든 주제든 컨텐츠든 기존의 장르적 관습과는 상당히 다른 모습을 보여주고 있는데, 그런 결과가 어떤 창작론에서 나왔을까 라는 점입니다. 그 점을 생각할 때 이덕무의 사유에서 가장 중요한 것이 바로 문학을 의무나 출세의 도구로 보지 않고 그저 재미있게 즐기려고 하는 일종의 '유희의 정신이다'라는 생각에서 나왔다고 봤습니다. 그 사유가 드러난 대표적인 산문이 「적언찬병서(適言讚幷序)」입니다. 『청장관전서』에는 실려 있지 않고 윤광심이 편찬한 『병세집(幷世集)』에 실려 있는 작품입니다. 「적언찬병서」를 예전부터 대단히 중요하다고 생각해서, 제 산문집에도 번역해서 실었습니다. 그 글 역시 20대에 지었습니다. 그 작품의 핵심은 문학을 비롯하여 독서하고 창작하는 모든 행위를 출세의 도구로 쓰지 않겠다는 것입니다. 출세가 아니라면 왜 굳이 글을 쓰느냐는 물음이 자동적으로 나오는데요, 저는 글을 쓰는 것 자체가 그냥 재미있으니까, 즐겁게 지내기 위해서라고 본 겁니다. 저는 이것이 이덕무 창작과 학문을 이끌어간 동력이라고 봅니다. 그리고 이덕무의 이런 사유는 연암 박지원(朴趾源)을 비롯하여 초정 박제가(朴齊家)까지 큰 영향을 미쳤다고 봅니다. 문학을 의무감이나 출세의 도구로 삼지 않고 그저 즐기겠다고 하는 태도가 작품 곳곳에도 나타납니다. 「영처고자서(嬰處稿自序)」를 보면, 아이처럼 문학을 하겠다고 했는데요, 아이가 어려서 노는 이유는 나중에 출세하기 위해서 노는 게 아니고 그냥 재미있으니까 노는 것이라 보았습니다. 처녀처럼 문학을 하겠다고 했는데요, 남한테 인정받고 싶어서가 아니라 남이 인정해주지 않아도 내가 즐겁기 때문에 숨어서 한다고 했습니다. 문학을 즐거운 놀이로 보고 문학을 통해 유희하겠다고 생각한 것이죠. 이 점이 10대부터 20대, 그리고 후대까지 펼쳐지는 모든 창작활동의 저변에 깔려있는 의식이라고 생각했습니다. 이덕무의 창조성을 뒷받침하는 사유라고 보아 그 점에 초점을 맞추었습니다. 구체적인 부분으로 들어가면 이덕무는 과거의 양식이 아닌 현재 양식을 써야겠다고 했고, 남들이 말한 것이 아닌 나만의 말을 하고 싶다고 했습니다. 다양한 주장이 있습니다만 핵심적인 주장은 여기에 있다고 봅니다.

다음에 시의 창작으로 넘어가서 말씀드리자면, 앞에 나오는 산문의 특징하고 시의 특징이 딱 구별되는 것은 아닙니다. 중요한 것은 자기 시대의 문학을 하겠다는 주장입니다. 당연히 자기 시대의 문장을 하겠다고 생각한다면, 그것은 남의 이야기가 아닌 자기 이야기를 하겠다는 주장이고, 장소성으로 놓고 보자면 자기 나라의 언어로 제나라 풍속을 쓰겠다는 주장입니다. 박지원이 이덕무의 시를 조선풍(朝鮮風)이라고 평가했는데 당연히 그렇게 말할 수밖에 없었을 것입니다. 조선 당대 현실을 묘사하려고 했고, 자기 내면에서 일어나는 감정을 표현하려 했으므로 창작한 결과가 타인의 사연이 아니라 나의 사연이고, 중국의 감정이 아니라 조선 사람의 감정인 거죠. 또 몇 백 년 전 조선 사람의 의식이 아니라 지금 조선 사람들의 의식을 담고, 감성을 담은 것이 된 것입니다. 그런 취지에서 이덕무 창작을 일종의 현재주의, 현대주의라고 볼 수 있지 않을까 생각했습니다.

정우봉 선생님과 제가 말씀드린 부분이 문학이었습니다. 창작론은 바로 김대중 선생님이 연구한 주제로 연결될 수 있을 것 같습니다. 제가 말씀드린 유희 부분도 김 선생님이 도전적으로 말씀하신 '이덕무 사랑의 박물학'과 연결될 수도 있겠다는 생각이 듭니다. 기존의 연구자들이 하지 않았던 말씀을 꺼내고 있는데요, 처음에 김 선생님께 부탁드린 것도 이덕무의 사상을 실학이라고도 하고, 고증학이라고도 하고 주자학의 분위기도 상당히 많이 든다는 등의 논란을 어떻게 보고 어떻게 규정할 수 있는지, 연구해달라고 부탁드렸습니다. 기대한 것보다도 훨씬 더 폭넓게 도전적 문제의식을 가지고 말씀하고 계십니다. 박물학이라고 하는 부분은 바로 이해가 되는데, 앞에 사랑이라는 말이 왜 들어가는지요. 전통적 시대 사대부들에게 가장 약한 부분이 사랑이라고 생각하는데, '사랑의 박물학'이란 표현을 썼기에 특별한 것이 있을 듯 합니다.

김대중 안대회 선생님께서 방금 말씀하셨다시피 제가 처음에 의뢰받은 주제는 일단 '이덕무의 고증학적 학문방법과 저술'이었고, 그때 선생님께서 취지를 설명하실 때, 이덕무의 학문과 사상의 전체상을 짚어보는 것이 필요한 것 같다고 하셨습니다. 저도 사실은 평소 이덕무와 그 주변 인물들에 대해 공부해 오면서 이덕무에게 굉장히 다양한 면모가 있고, 그 다양한 면에 대해 개별적으로 주목한 연구들은 있는데, 그 전체적인 모습이 어떤 논리로 어떻게 구성되는지는 오히려 파악하기 어려워지지 않았나 하는 생각을 하고 있었습니다. 심지어 이덕무에게는 상호모순적인 면도 많은데요, 예를 들어 중국 인식이 어떤 점에서는 보수적인 것 같기도 하고, 또 어떤 점에서는 유연한 것 같기도 하고, 사상적으로 보면 정통 주자학에 경사된 면도 있고 그와 달리 명물고증에 경도된 면도 있는 등 혼란스러운 면이 많아서, 저도 언젠가 이덕무의 학문과 사상의 전체상을 체계적으로 설명하는 연구를 해볼 기회를 가지면 좋겠다고 생각하던 차에 그런 제안을 해주셔서, 제가 과연 할 수 있을지는 잘 모르겠지만 한 번 도전해보면 좋겠다고 해서 시작을 했습니다.

그런데 막상 연구를 진행하고 보니까, 애초의 주제 중에 '고증학'이라는 용어로 말하면, 물론 이덕무가 그 당시에 고증에 능한 것으로 유명하긴 했지만, 이덕무의 학문을 '고증학'으로까지 규정하기엔 부담이 되고 '고증학'이라는 용어가 오히려 이덕무의 다양한 면을 폭넓게 살펴보는 데는 제약이 될 수 있겠다 싶어서 고증학이니 뭐니 하는 것을 모두 걷어내고 일단 이덕무가 지식에 대해 어떻게 태도를 취했고, 그게 이덕무라고 하는 인간에게 어떠한 의미를 가졌는가 하는 점에 주목해봐야겠다고 해서 연구 방향을 대대적으로 전환했습니다. 이덕무의 학문은 크게 보면 고증학이라기보다는 박물학적인 면이 역시 강하고 그게 이덕무의 한계인 면도 있습니다만, 일단은 이덕무 학문행위의 전체상을 박물학으로 보고, 그가 왜 이렇게까지 많은 책을 봐야했고, 왜 이렇게까지 책읽기에 탐닉을 했는가를 파고들어 보았습니다. 그러다 보니 애초에 이덕무의 학문과 사상의 전체상을 일관된 논리적 체계로 설명하는 것 자체가 이덕무에게 안 맞는 것이 아닌가 하는 의심을 하게 되었고요. 그렇다면 체계적으로 온전히 설명 되지 않는 이덕무의 '지식에의 탐닉' 그 자체를 어떻게 봐야 할까 고민하다가, 선생님께서 아까 '유희' 이런 말씀을 하셨습니다만, 이덕무에게는 책읽기나 지식 추구가 그 자체가 목적인 행위인 면이 강하다는 데 생각이 미쳤습니다. 물론 이덕무도 특정한 의도나 목적에 따라 지식을 축적한 게 있습니다만 그것으로 한정되지 않고 특정한 의도성과 목적성을 초과하는 지점이 있으며 바로 이것이 이덕무의 유니크한 점이 아닌가 합니다. 이것을 어떻게 설명해야 할까. 바로 '사랑' 아닌가. 그 자체로 좋은 것. '사랑의 박물학'이라는 용어를 그래서 고안하게 됐습니다. '사랑'이라는 말을 쓰고 보니까 이 분이 갖고 있는 지식에 대한 태도하고 인간에 대한 태도, 이런 것이 중첩되어 보이기 시작했고, 이 점에 착안해서 연구를 더 진행하게 되었습니다.

이렇게 제 연구는 크게 보면 '사랑'에 주안점이 놓여 있는데요, 좀 더 구체적으로는 '책'에 주안점이 놓여 있기도 합니다. 이덕무에게 지식에 대한 사랑과 책에 대한 사랑은 불가분의 관계를 맺습니다. 그래서 '책'이라고 하는 것이 이덕무에게 어떤 의미를 가졌는가를 구체적으로 살펴보기 위해, 추상적인 차원에서의 책 내용 말고, '책'이라고 하는 물질이 이덕무에게 어떤 의미를 가졌는가를 살펴보기 위해서 '책의 물질성', 그리고 그와 관계하는 읽기와 쓰기의 '육체성', 이런 쪽으로 주목을 하게 되었습니다.

또 하나는 이덕무가 주가 되는데, 이덕무하면 역시 '연암 일파'를 떠올리는 경우가 많지 않을까 합니다. 요컨대 이덕무를 이덕무로 보기보다는 은연중에 박지원이 중심이 되는 그룹에서 박지원보다 주변에 있는 존재로 보아온 면이 없이 않은 것 같습니다. 그런데 여기서는 박지원 연구가 아니라 이덕무 연구를 하는 것이니까, 이덕무를 주인공으로 삼으면 이제까지 '연암 일파'의 것으로 뭉뚱그려 왔던 여러 가지 면모가 어떻게 보일 것인가, 그런 것에 착안할 필요가 있겠다 싶어서 '연암일파' 이런 말 다 걷어 내고, 이덕무 자신이 구체적으로 어떤 식으로 인간관계를 주도했고, 어떤 학문 활동을 어떤 식으로 해나갔고, 그래서 어떻게 자기실현을 하려고 했는가 하는 점을 보려고 노력을 했습니다. 기초적으로는 교유관계를 실증적으로 새롭게 정리해보고 싶었는데, 선행연구에서 이미 해 놓은 이상으로 제가 더 찾아내지 못해서 그 부분은 결국 이번 연구에서는 만족스러운 만큼 하지 못했고, 그래서 그 부분은 서술에서는 별로 살리지는 못했습니다. 그렇기는 하지만 이덕무가 어떻게 스스로 주도하여 자기 나름의 방식으로 인간관계를 형성했는지에 각별히 유의했습니다.

또 하나는 역시 이덕무가 서얼이라고 하는 점을 고려하지 않을 수 없습니다. 그런데 서얼이라고 할 때는 상투적으로 서얼이 갖고 있는 불우의식, 이런 것을 떠올리게 됩니다. 물론 불우의식 같은 것을 무시할 수는 없겠지만, 불우의식 하나로만 보는 것도 이덕무가 가지고 있는 여러 가지 입체적인 면모를 단순화하는 결과를 초래할 수 있습니다. 그렇다고 해서 서얼이라는 신분적 제약이 마치 없었던 것처럼 해서도 곤란하겠지요. 결국 이덕무가 서얼로서 어떻게 주도적으로 자기실현을 해 나갔는가, 그리고 그와 동시에 어떤 지점에서 좌절을 했는가, 이런 양면성에 즉하여 이덕무의 학문 행위를 볼 필요가 있을 것 같습니다. 이덕무의 학문 행위가 말하자면 '명암'을 갖는 것이지요. 방금 말씀드린 책의 물질성과 관계하는 방식, 이덕무가 스스로 주도해서 형성한 인간관계, 이덕무의 학문 실천, 그것이 정치 · 사회적인 맥락 속에서 갖는 의의와 한계, 이런 것을 축으로 하여 연구를 진행했습니다.

안대회 지금 김대중 선생님이 말씀하신 주지는 두 가지 정도입니다. 하나는 사랑의 박물학에서 사랑의 의미가 일종의 지식에 대한 사랑, 더 넓게 본다면 인간 사회에 대한 사랑으로 말할 수 있을 것 같아요. 독서에 대한 탐닉은 사랑의 박물학이 주목하는 것 중의 하나로 인간사회를 구성하는 온갖 다양한 지식, 서책, 사물들에 대한 관심이나 탐닉을 대변하는 듯하네요. 그것이 이덕무를 박물학자에 근접하는 것으로 보신 듯합니다.

다른 한 가지는 이덕무를 연암 일파라 하여 연암의 제자로 보는 것에 의문을 표하고, 이덕무를 중심에 놓고 봐야 한다고 말씀했는데요. 그 주장에 적극적으로 찬동합니다. 제가 석사 논문(「백탑시파의 연구(白塔詩派의 硏究)」)을 쓸 때 이덕무를 연암으로부터 떼어 놓고 보아야 제대로 볼 수 있다고 생각했었습니다. 선생님 말씀하신 것처럼 연암의 제자로 놓고 보면, 연암이 워낙 뛰어난 작가이기 때문에 그렇게 하기 참쉬운데, 그렇게 하면 이덕무가 가지고 있는 폭넓은 세계를 곡해할 위험성이 있다고 하겠습니다. 서로 독자적인 세계를 가지고 서로 교류하는 학자로 봐야 훨씬 더 잘 보이는 듯합니다. 선생님 말씀하신 박물학이라는 관점으로 놓고 봤을 때도 그렇게 봐야 하는 것이 아닌가. 그런 생각이 들었습니다. 거기에 대해서 다른 생각을 가지고 계신지요? 김문식 선생님 어떠신가요?

김문식 제가 보기에 이덕무가 연행을 갈 때 박제가랑 같이 갔잖아요? 근데 두 사람이 가진 문제의식의 방향은 전혀 달랐어요. 연암하고 박제가는 문제의식이 많이 통한다고 봅니다만.

안대회 그런 점이 있죠.

김문식 그래서 연암과 이덕무가 같은 교유 범위 안에 들어가긴 하겠지만, 사제(師弟) 간이다, 연암학파다 이렇게 얘기하긴 어려울 거 같아요.

안대회 그렇죠. 연암이 지닌 무게가 무거워서 그렇게 다루긴 하지만, 큰 틀로 놓고 보면 당시 지식인 그룹의 독자적인 구성원으로 놓고 보아야 하죠. 박지원이나 유득공이나 박제가나 모두 독립된 뛰어난 학자들로 보아야지, 이덕무를 연암의 제자다 이렇게 이야기하는 순간 오류가 생길 수가 있다고 생각합니다. 지금 말씀하신 사랑의 박물학이란 점에서 다른 생각을 가지고 있는지요?

정호훈 사랑과 관련된 이덕무의 언명, 구체적으로 사랑을 이야기한 경우가 있습니까?

김대중 아닙니다. 사랑이라고 하는 것은 제가 붙인 것입니다. 지식에 대한 이덕무의 태도를 아무리 봐도 이것은 사랑이다, 사랑이라고 할 수밖에 없다, 그렇게 판단하여 제가 붙인 말입니다. 특정한 목적의식에 구속되지 않고 그 자체를 목적으로 삼아 그 자체를 추구하는 것을 가리키는 말입니다.

정호훈 느낌입니다만, 저는 이덕무가 그런 말을 했을 것 같다는 생각이 들기도 합니다.

김대중 혹시 제가 놓쳤을지도 모르겠습니다.

정우봉 직접적인 언명보다도 그러한 저술이나 글쓰기에 나타나 있는 여러 가지의 기본적인 성향이랄까. 그런 것을 얘기할 수 있는 측면이라고 생각합니다. 우리가 근대를 이야기할 때 산문의 시대라고 얘기하고 소설의 시대라고 얘기를 하는데, 일원화되지 않는 다양한 세계의 복잡다단한 모습들 그런 것들을 놓치지 않고 기록하고, 그것을 표현하고자 하는 정신이라고 할까요? 그러한 정신과 태도를 근대적인 특징의 하나라고 이야기를 하는데, 이덕무에게는 그런 측면이 있는 것이 아닌가 생각이 됩니다. 변화하는 다채로운 세계의 모습들, 지식과 정보의 교류와 축적, 개인 내면의 복잡하고 섬세한 감성들, 이런 것들에 대해 끊임없이 관심을 가지고 호기심을 갖고 기록해 두고, 메모해 두고, 그 자체의 즐거움이라 할까. 그 자체의 추구. 이런 것들은 크게 보면 동아시아의 큰 흐름하고도 연계될 수 있고, 서구 근대 이후의 산문정신과 기록의 태도하고도 유사하게 연결될 수 있는 소지가 있지 않을까 생각합니다.

안대회 말씀하신 것처럼 독서와 지식을 습득하는 이덕무의 태도에는 기존 지식인과 다른 점이 분명히 보이는 것 같아요. 정호훈 선생님께서 말씀하실 『사소절(士小節)』에도 곳곳에 스며있고요. 이덕무가 젊은 시절에 가졌던 태도는 사상을 다룬 저작에도 나타나고, 문학에도 나타나는 것 같습니다. 특히 독서하면서 기록해 놓은 것을 보면, 마치 책 읽고 지식을 습득하는 것이 본성인 것처럼 말하고 있는데요, 사랑의 박물학이라는 말이 생소하긴 하지만, 상당히 재미있게 표현한 것이라고 생각합니다. 『지봉유설(芝峯類說)』 이래로 지식을 습득하고 전파하는 방식이 거듭 발전해 나가고 있는데요. 새로운 지식을 수용하여 전파하는 과정을 잘 보여주는 대표적인 지식인으로 이덕무를 꼽을 수 있을 것 같습니다.

그 점에서 김문식 선생님께서 다루신 대외인식, 그중에서 일본에 대한 인식이 중요한 의미를 지닌 것 같아요. 최근 들어 박희병 선생님이 「청령국지(蜻蛉國志)」를 논하면서 일본학의 성립을 말씀하신 적이 있죠. 원중거(元重擧)와 성대중(成大中) 등까지 포함하여 일본을 학문적으로 연구하는 학자를 살펴보고 그중에서 두드러진 학자로 이덕무를 꼽고 계시죠? 선생님께서는 그 문제에 대해서 말씀을 해주시죠.

김문식 예전에 조선 지식인의 대외 인식을 전반적으로 연구하면서 이덕무에 대한 검토를 좀 했었어요. 그때는 이덕무를 독자적으로 다루진 않고 전체적인 흐름 속에서 살핀 적이 있는데, 이번에 이덕무의 대외인식을 써달라는 요청을 받고 이덕무 개인을 집중적으로 봐야겠다고 생각했습니다. 그래서 청에 대한 인식과 일본에 대한 인식을 같이 다뤄 봤는데, 앞서 선생님들도 말씀하셨지만, 이덕무가 지식 정보에 대한 관심이 많고, 그가 교류한 인물들이 정보가 가장 좋은 그룹이었고, 또 연행을 한 것은 검서관이 되기 전이지만 이후 규장각에 들어가 다양한 정보를 접할 수 있었기 때문에 정보력에 있어서는 당대 최고의 수준으로 봐야 될 거예요. 다만 그런 정보를 어떻게 자기식으로 정리하느냐, 또 특히 대외 관계를 어떻게 보느냐 이런 문제가 제 글의 문제의식이라 생각되는데요.

전체적으로는 굉장히 보수적이에요. 제가 보기에는 많은 정보를 정리하고 지적 호기심을 가지고 있지만, 상대적으로 당시 정조(正祖)하고 제일 가깝다고 할까요? 대외인식에 있어서. 의리론을 중심으로 보고, 주자학을 중심에 두고. 이게 어쩌면 아까 안대회 선생님이 말씀하신 자기 시대의 문학을 하겠다는 그 정신과 이어질 수 있어요. 의리론과 주자학을 중심으로 보는 것이 당대의 주류였으니까. 왜 좀 더 적극적으로 나가지 않았을까를 생각해보면 이 사람이 규장각에서 굉장히 많은 편찬 활동을 하는데, 이게 대개 정조의 주문에 의한 책들이거든요. 그러면 정조의 편집 의도가 자신의 생각과 맞았을 수도 있고, 왕의 주문에 맞춰줄 수도 있지만, 전 두 가지 측면이 다 있다고 봅니다. 그렇게 되니까 굉장히 많은 정보를 가지고 있지만, 평가하는 기준은 당시 조선 지식인의 일반적인 기준을 따라가는 성향이 있다. 이것이 한 가지 특징이었고요.

그 다음 청과 일본을 비교하면 상대적으로 일본에 대한 긍정이 훨씬 강합니다. 청의 고증학이라든가 학문에 대해 많은 관심을 가지고, 많이 인용하고 활용도 하지만, 청보다는 일본에 대해 굉장히 긍정적입니다. 그런데 역으로 침략 가능성에 대해서도 청보다는 일본의 가능성을 높게 봅니다. 아까 박희병 선생님 말씀을 하시고 '일본학의 성립'이라 이야기를 하셨는데, 일본에 대해 이렇게까지 인정한 사람이 있었던가 싶을 정도로 가장 긍정적으로 본 것은 확실해요. 『청령국지』는 일본에 대해 많은 정보를 모아놓고, 일본이 가진 장점을 가장 적극적으로 설명하고 있습니다. 그렇지만 대외 관계에 있어서는 당시 청나라 쪽으로는 러시아가 나타나고 있고, 일본 쪽으로는 네덜란드가 와 있죠. 그 다음 홋카이도(北海島) 일대를 말한 것 같은데 아이누에 대한 인식이 있거든요. 그런데 러시아에 대한 인식은 강하지 않아요. 이 사람이 청에 갔을 때가 1778년이죠. 그때라면 러시아가 북경에서 상당한 활동을 할 때인데, 아직은 초기적인 정보에 머물러 있고, 상대적으로 네덜란드에 대한 정보는 상당히 깊게 들어가 있습니다. 그리고 서양 함대의 출현, 서양의 대포를 일본이 컨트롤 할 수 있다는 것에 대해 굉장히 우려합니다. 그래서 방향성은 맞는 거죠. 그 이후의 시기가 19세기임을 생각하면 서양 국가의 동향에 대해서는 맞게 보았다고 생각되는 측면이 있습니다.

그 다음에는 청 문물을 도입하고 일본 문물을 도입하는 것이 대외 인식의 중요한 요소인데, 이 부분은 박제가와 상당히 다릅니다. 학문적인 정보는 적극적으로 수용하는데 청 문물의 도입에 대해서는 약해요. 이덕무와 박제가가 똑같은 장면을 보면, 박제가는 『북학의(北學議)』에서 기구라던가 그런 것을 굉장히 상세하게 관찰하는데, 이덕무는 그 부분을 굉장히 간단하게 언급하고 지나갑니다. 이를 보면 이덕무는 청의 문물을 도입하는데 있어서는 적극적이지 않다는 생각이 들고, 오히려 일본의 제도, 상업의 발달 이런 것에 대해서는 상당히 적극적으로 평가합니다. 그렇지만 어떤 문물제도를 도입하자는 논의는 상대적으로 약해요. 이는 동시대 북학파 학자들의 적극적인 도입론과 비교하면 좀 대비가 되는 모습입니다. 그래서 이러한 모습을 일률적으로 정리하기가 어려운데, 저는 결론에서 "보수적이면서 개방적인 지식인"이라 표현했어요. 아까 김 선생님은 사랑이라고 표현하셨는데, 이덕무는 학문 지식에 대해서는 굉장히 개방성을 가지고 적극적으로 활용하지만 새로운 문물제도의 도입에 대해서는 적극적이지 않습니다. 일본이나 네덜란드의 대포가 그렇게 두려우면 대포를 도입하자고 해야 하잖아요. 그런 쪽은 강하게 보이질 않아요. 그리고 학문 평가에서는 주자학에 기준을 두고 의리론이 강한데, 청대 학자들의 경우 어느 시기까지는 청조에 벼슬을 하면 안된다는 겁니다. 명의 유민(遺民)이니까. 그래서 그런 경계를 명확히 하는 입장을 보입니다.

안대회 김문식 선생님께서 대외관계를 분석하면서 말씀한 것이 서두에 말씀드렸던 이덕무의 학문적 정체성을 명확하게 드러내는 듯합니다. 세 가지로 말씀하셨는데, 흥미로운 것 중 하나가 정보는 최신이고 예민한 정보를 수용하는데, 관점은 상당히 보수적이다 라는 말씀인 것 같습니다. 온갖 정보를 다 받아들이면서도 왠지 모르게 주자학자의 분위기를 많이 풍긴다고 하는 것하고 연관됩니다. 대외관계 쪽에서는 정조의 명령에 의해 만들어지기 때문에 정조와 가장 비슷해서 그렇다고 말씀을 하신 것 같은데요.

김문식 선생님들께서는 어떻게 보시나요? 이 분이 상당히 보수적이지 않나요?

정우봉 어느 정도는 서얼이라는 신분적인 측면을 감안해야 할 거 같고, 정조 시대에 발탁된 검서관 출신으로 자신의 생각이나 주장을 조심스럽게 발언을 하는데, 저술이나 글쓰기 영역에 그러한 측면이 있는 것 같습니다.

김문식 문학 쪽에서 젊은 시절에 재기발랄하고 자기표현하고 이랬다는 것을 아주 재미있게 들었는데, 제가 다룬 것은 뒷 시기죠. 그래서 그런 젊을 때의 모습을 가지고 있을 수 있지만, 또 문학에서 나타날 수 있지만, 공식적인 활동에서는 굉장히 자중자애한다고 할까요. 매우 조심스러운 모습입니다.

김대중 서얼이라고만 설명하기에는, 아까 김문식 선생님이 박제가랑 비교하시면서 말씀하셨다시피, 같은 서얼인데 왜 달라지는가가 잘 설명되지 않지 않습니까?

정호훈 저는 개인의 성격이 상당히 많은 영향을 주지 않았을까 하는 생각을 해보았습니다. 이덕무는 보신의 문제에 아주 관심이 많았던 거 같아요. 어렸을 때부터 그랬을 것 같습니다.

안대회 여러 가지 이유가 있겠지만, 정호훈 선생님 말씀하신 것처럼 분명히 성격적인 부분, 인생을 살아가는 처세의 태도와도 관련되는 듯해요. 처세의 두려움 때문에 말하지 않고 자제하는 점이 있었던 거 같아요. 단순히 서얼이라는 점만으로는 설명하기 어려운 듯합니다.

김문식 독자로서 기대치가 높아서일 수도 있는데, 이덕무가 이 정도의 정보를 가졌다면 이 정도의 이야기는 해야 하지 않나 라는 것이 있습니다. 가령 청을 직접 방문한 연암이나 박제가는 물론이고, 다산(茶山)은 청에 가보지도 못하고 간접적으로 정보를 얻잖아요. 그런데 이들은 청의 문물이 우수하다는 게 인정이 되면, 그것을 어떤 식으로 조직적으로 도입할 것인가? 그것을 어떻게 활용할 것인가? 에 대한 논의가 자연스럽게 이어지거든요. 그런데 이덕무는 그런 쪽이 아닌 것 같아요.

김대중 광범위한 정보 수집을 토대로 사상적인 정립을 하는 쪽으로는 잘 못 가는 것 같습니다. 그러니 '박물학'이지요.

김문식 박물학을 말씀하셨지만, 체계가 만들어지면 정보에서의 강점을 부각시킬 수 있을 것 같은데, 다양한 정보를 활용하면서 사고를 조직화하는 부분은 좀 약한 게 아닌가 합니다.

김대중 정약용(丁若鏞) 같은 인물이었으면, 그거 가지고 굉장한 뭔가를 만들었을 텐데, 확실히 사싱적 장악력이랄까 체계 구축적 면모가 약하긴 한 것 같습니다.

안대회 젊은 시기하고 장년기에는 변화된 경향이 있을 것 같은데요, 나중에라도 더 논의해야 할 부분으로 남겨둬야겠습니다. 또 한 가지로, 청과 일본의 관계에서 청보다는 일본에 더 우호적이고, 특히 학문적인 면에서 우호적이라고 하셨는데, 왜 일본에 대해서 더 우호적이었는지 말씀해볼 필요가 있을 듯합니다. 특히 이덕무의 일본론은 뒤에 가서 정약용이 참고하죠.

김문식 이덕무가 처한 위치로 보면, 비록 일본에 직접 가보지는 못했지만 일본을 갔다 온 사람들이 그룹 안에 많이 있으니까 정보가 제일 좋습니다. 그래서 『청령국지』에서 다양한 정보를 정리했지요. 또 마침 그 시기가 일본 정보가 제일 좋은 시기거든요. 그 다음에는 길이 막힙니다. 1763년 이후로는 직접 에도(江戶)까지 가보지 못했으니까. 그런 환경적인 요인이 하나 있었을 것 같고요. 그 다음으로 일본의 실상에 대해 굉장히 구체적으로 들어갔던 것 같아요. 그 전까지 일본은 오랑캐이고 전쟁 피해에 대해 부정적인 인식이 굉장히 강했는데, 이 그룹에서는 그런 점을 상당히 극복할 수 있는 정보가 축적되었던 것 같습니다. 그래서 외부로 드러내놓고 얘기하지는 않았지만 일본의 우수한 문물을 도입하자는 논의도 그룹 내에서는 제기되었을 가능성이 높다고 봅니다.

그러면 일본하고의 관계를 좋게 보는가 하면 그거는 또 아니에요. 일본의 재침입 가능성을 굉장히 높게 봅니다. 그래서 연암이 『청령국지』의 서문인가 발문에서 심세서(審勢書)라고 했지요. 본인이 『열하일기(熱河日記)』를 심세서로 규정했듯이. 이덕무는 해외에 나가면 그 나라의 정세를 정확하게 파악하고 그것이 우리나라에 어떤 영향을 미칠지를 생각하였던 것 같고요. 그런 점에서 일본 문화의 우수성, 발전 가능성에 대해서는 당시 조선에서 최고 수준으로 인정하면서도 침략 가능성에 대한 경계심을 풀지 않았던 것 같습니다.

김대중 덧붙이면, 『청령국지』 서문을 서유구(徐有榘)가 젊은 시절에 쓴 것이 있습니다. 그 서문에 다시 이덕무가 평을 다는데, 그 평을 보면 이덕무는 『청령국지』의 핵심을 '교린(交隣)'과 '첨린(覘隣)' 두 가지로 요약합니다. '첨린', 즉 '이웃나라를 엿본다'는 말을 통해 이덕무가 자각적으로 심세의 측면을 밝힌 것이지요.

김문식 태생적으로 일본에 대해서는 경계하는 마음이 있었던 거 같은데... 그런 점은 조선 사람들의 공통적인 특성인 거 같고,

그런 가운데 일본을 가장 인정하는 쪽의 사람으로 봐야하지 않을까 생각합니다. 그래서 '일본학의 성립'이라 해도 과언은 아니라고 생각합니다.

안대회 이덕무에게서 성립된 일본학이 일본 이해의 깊이를 만들어 놓았다면, 이덕무 이후에는 어느 정도까지 유지되나요? 더 발전하는 과정을 밟나요? 그렇지 않은 것 같은데.

김문식 약화되죠. 왜냐하면 일본은 계속 발전하고 있고 서양학문에 대한 이해도 점점 높아지거든요. 19세기가 되면 더 가파르게 올라가죠. 또 일본의 고증학에 대한 이해도 굉장히 올라갑니다. 그러나 그 시기에 조선에서 일본의 객관적 정세를 제대로 얘기하는 경우는 거의 못 봤는데요. 이덕무 이후로는.

안대회 일본과 사행 접촉도 줄어들고, 들어오는 정보량도 확실히 부족해지는 것 같고, 일본에 대해서 우호적으로 생각하거나 관심을 가지는 정도도 많이 퇴화하지요. 반면에 청나라하고는 지속적으로 오가면서 경도되는 방향으로 전개되는 느낌입니다.

김문식 외교 관계에서 보면 일본에서는 필요성이 없어졌어요. 그전까지 일본에게는 조선의 필요성, 활용성이 있었지요. 쇄국체제하에서 우리가 통신사를 파견하려면 쇼군(將軍)이 교체가 되면 되거든요. 새로운 쇼군이 등장하면 외교문서가 오고 그러면 우리는 사절단을 파견하는 형식입니다. 그 이후에도 조선은 그런 연락이 올 때마다 사절단은 보낸다고 그러죠. 정조 때도 보낸다고 하고, 19세기에도 보낸다고 하는데, 일본 쪽에서 사절단을 받지 않습니다. 일본 쪽에서는 들어가는 비용에 비해 실제적인 효과는 없다고 생각한 거죠. 이렇게 일본 쪽에서 기회를 주지 않는 측면이 있습니다. 그런데 조선 지식인의 입장에서 보면 일본이 그렇게 우려되고 계속 강대해 지는 것 같으면 우리 쪽에서 요구를 해야죠. 왜관을 통해서 대마도를 거쳐서라도 일본에 대한 정보가 계속 축적되어야 하는데, 그런 움직임을 거의 보지 못했어요. 조선 사람의 일본에 대한 이해는 이덕무 때가 최고라 볼 수 있고 19세기에 들어와서는 점점 하향 곡선으로 바뀌는 것 같습니다.

안대회 지금까지 일본에 대한 인식을 살펴보았습니다만 청나라나 일본에 대한 인식은 정치 · 외교 · 사회 분야에 대한 인식을 유추할 수 있는 중요한 제재가 아닐까요? 거기에서도 독자적 관점이 많이 드러나지는 않는지요?

김문식 독자적이라고 하기는 어려워요. 그룹들, 아까 말한 성대중이나 원중거 이런 그룹이 공유했던 문제의식이 『청령국지』에서 상당한 수준으로 정리되었지만, 그 이후의 정보는 사실상 1760년대에 멈춰 있어요. 그 이후로는 정보 입수가 잘 안 되니까.

안대회 그 정도의 학술적 저작을 남겼다고 하면, 강한 주장이 조금 더 부각되기를 기대하게 되는데요, 기대한 만큼 보이지 않는다는 점이 아쉽군요. 초창기 창작론에서는 굉장히 강한 주장이 보이는데 뒤로 갈수록 약화되는군요. 이덕무가 『화한삼재도회(和漢三才圖會)』 같은 일본 저작을 읽자고 주장한 내용을 보면 그 자체로 강한 학문적 주장이라고 할 수 있는데 사회의 변화와 관련한 분야에서는 주목할 주장이 있나요.

김문식 어떻게 하자는 주장이 궁금한데, 그게 잘 나타나지 않습니다.

안대회 흥미로운 지점인 것 같군요.

정호훈 『청령국지』가 그 당시 주위사람들에게 얼마나 알려졌던가요. 본인은 일본과 관련하여 정리를 해 놓았는데, 그와 같이 교류했던 인물들은 어땠을까요?

김문식 중앙 학계에서는 좀 알려지지 않았나요?

정우봉 아무래도 그룹 내에서는 상당히 많이 읽혔을 것이고, 왜냐하면 『청령국지』 성립 자체가 직접 일본을 가지 않았지만, 일본을 다녀왔던 원중거, 성대중의 전문(傳聞) 그리고 이덕무 자신이 읽었던 서적들을 통해서 종합한 것이고 그렇게 때문에 당대 지식인과의 교유와 지식의 교류 속에서 사실 형성된 것이고, 그것이 완성된 뒤에는 상당히 그 주변에서는 많이 읽혔고, 후대에도 일정 정도 영향을 미쳤다 할 수 있죠.

안대회 하지만 『청령국지』나 다른 저작의 필사본이 많지 않습니다. 『사소절』이 제일 많고, 시집도 대부분 『한객건연집(韓客巾衍集)』이죠. 『청령국지』 같은 경우에는 사본이 거의 없을 걸요?

정우봉 단행본으로 유통된 사본이 일본에 있어요. 일본 코마자와대학(駒澤大學)에 『청령국지』 사본이 전해지고 있습니다.

안대회 몇 종 정도나 전해지고 있습니까?

정우봉 일본에 한 종이 필사본 형태로 전해지고 있습니다.

안대회 한 종이라면 거의 없는 편에 속하고 그 정도 유통이라면 『청령국지』에서 말한 지식이 널리 확산되지는 못한 것으로 봐야겠군요.

예. 이어서 말씀드리자면 이덕무의 저술이나 작품이 사회에 공유된 것을 보면, 역시 산문보다는 시이고, 시의 경우에는 『한객건연집』이 당대서부터 20세기 초반까지 정말 많이 읽혔습니다. 시 다음으로 일반에게 가장 영향을 많이 끼친 것은 역시 『사소절』로 보아야 할 것 같습니다. 『사소절』의 성격은 이덕무 학술의 특징을 잘 보여주는 저술인데요, 정호훈 선생님께서 깊이 있게 살펴보셨는데, 이 저술의 성격을 어떻게 규정할 수 있을지. 실학자로서 이덕무의 모습을 볼 수 있을지요.

정호훈 저는 『사소절』에 대한 관심이 그렇게 많지 않은 편이었고, 이덕무에 대해서도 그랬습니다. 선생님들께서 말씀하셨다시피 이덕무는 사회 · 경제적인 문제 혹은 경세론과 관련된 이야기를 많이 펼치지 않았기 때문에, 공부하는 과정에서는 그렇게 큰 주의를 기울이지 않았습니다. 저는 이른바 17~19세기의 실학자, 주로 국가 혹은 사회 개혁과 관련하여 많은 논의를 펼쳤던 학자들을 중심으로 공부해왔는데, 자연 『사소절』은 빠져있었습니다. 이덕무라는 학자에 대해서도 그러했고요. 『소학』에 관심을 가지게 되면서 『소학』과 『사소절』과의 관계, 이 문제를 어느 정도 염두에 두고 있었습니다. 그러다가 이번 연구에 참여하게 되었습니다.

『사소절』은 서문에서도 그런 이야기를 했었습니다만, 이덕무는 '조선 현실에서 『소학』이 대단히 큰 영향력을 미치고 있지만, 이 책은 만들어진 지 600~700년의 시간이 흘렀고, 또 중국 사정을 담았었기에 조선에서 맞는 경우가 그렇게 많지 않다. 60~70% 정도는 해당되지 않는다. 『소학』이 매우 중요한 책임에도 불구하고, 우리가 살아가는데 필요한 소소한 예절을 100% 얘기해주지 못한다. 이것을 나는 어떻게 메울 수 있을까, 채울 수 있을까', 그런 고민으로 『사소절』을 구상했던 것 같고요. 그러면서도 이덕무는 그렇게 만든 책을 '사회적으로 알려서 도덕교육을 하겠다는 것은 아니고 본인과 집안사람들의 교육을 위해서 이 책을 만들었다'고 했습니다.

제가 보기에는 『사소절』은 두 가지 의미를 다 가지고 있습니다. 하나는 『소학』을 대체할 수 있는 새로운 규범서, 도덕서를 만들어서 조선에 보이겠다는 의도가 분명히 있었던 거 같습니다. 그러면서도 표방하기로는 나와 집안사람의 교육 자료로 이 책을 만들었다고 했습니다. 그렇게 『사소절』이 만들어지고 유통이 됩니다. 하지만 크게 보면, 『소학』이라는 조선 사회에 가장 강력한 영향력을 행사하고 있었던 도덕 규범서의 틀에서 벗어나서 새로운 규범서를 만들어 보겠다는 포부나 설계 의식이 『사소절』의 바탕에 깔려있다는 점을 확인할 수 있습니다. 그랬을 때, 한 단계 더 나아간다면 이덕무는 『소학』으로 대표되는 어떤 기준, 전범을 인정하고 의미를 부여하면서도 또 그걸 넘어서고 확장해가는 영역이 어떠해야 할까 『사소절』을 만들면서 고민을 많이 했던 것 같습니다. 시나 산문 등 다른 이덕무의 작품에서 18세기라는 시간과 조선이라는 장소 이런 점들을 찾아볼 수 있는데, 『사소절』의 도덕 규범과 관련해서도 마찬가지로 확인할 수 있습니다. 『소학』이 아주 의미가 있고 중요한 책이지만, 18세기 조선에서는 그렇게 충분하지 않다는 문제의식이 『사소절』의 출발이고 이점은 다른 사유 활동, 작품 활동에서도 공통의 기반으로 깔려있었다고 할 수 있습니다.

이와 연관하여 살펴볼 점은 이덕무의 '사(士)' 의식입니다. 이덕무는 '사'라고 하는 자기의 신분성, 계층성에 굉장히 많은 고민을 했던 것인데, 그 의식의 정립에 서족(庶族)이라고 하는 신분적 한계가 영향을 크게 미쳤을 거 같아요. 아까 김대중 선생님이 사랑의 박물학이라고 하셨는데, 이덕무가 철학가 혹은 사상가일까 의문이 들기는 합니다만, 그럼에도 불구하고 자신의 정체성은 독서가로서의 '사(士)'에 있다고 생각했던 것 같습니다. 독서는 기본적으로 책을 읽는 행위인데, 세상을 관찰하고, 그것을 정리하는 것도 독서일 거 같아요. 광범위한 독서활동을 통해서 '사'라고 하는 자기 정체성을 만들어 내려는 의식이 강했고, 그것이 『사소절』이라고 하는 사의 새로운 규범서를 만들어야겠다라는 의식으로 연결되지 않았을까 생각하게 됩니다.

그리하여 역대 '사'의 모습, 전통적인 주자학에 기초해서 '사'의 정체성 또는 '사'라는 존재를 생각하는 방식을 이덕무는 조금 벗어나게 되지 않았을까 하는 생각도 듭니다. 송대 사대부들은, 천하에 앞서 근심하고 즐거움은 가장 뒤에 누린다는, 천하를 걱정하는 '사'의 의식을 지니고 있었지요. 그것을 받아들인 조선의 양반 사대부들도 그 의식이 상당히 강했을 것입니다. 말하자면 우환의식(憂患意識)이죠. 이덕무는 이러한 측면에서는 생각이 많이 약했던 것 같아요. 전통적인 성리학 혹은 주자학에서 얘기하는 '사'의 모습과 자기가 설정해 놓고 채워 나가고자 하는 '사'의 모습은 조금 차이가 나는 것이 아닌가 생각합니다. 이덕무 스스로가 『사소절』이라는 특별한 책을 만들어서 사의 도덕세계, 생활세계를 설계했지만, 그 속에는 국가나 사회의 일에 대해서 내가 걱정하고 그것에 대해 해답을 찾는다는 의식은 덜 작용했던 것 같습니다. 이점은 그가 경세학에 대해서, 경세의 문제에 대해서 덜 관심을 가진 것과 통하는 것이 아닌가 하는 생각이 듭니다.

안대회 앞서도 이야기가 나왔지만, 이덕무는 사회·경제·정치에 대한 관심이 상대적으로 적어 보입니다. 유득공도 많지는 않지만 『발해고(渤海考)』에서는 강하게 나타나지 않습니까? 박제가는 딴판이라 할 수 있고요. 이덕무에게는 말해야 할 지점에서 자제하는 태도를 보이는데, 『사소절』에서도 그런 태도가 명확하게 드러난다는 것이죠? 이덕무의 학문이 지닌 특성이 오늘 말씀하신 것들에서 잘 드러납니다. 고증학으로 보기에는 좀 그렇고 박물학자로서 자신의 지식, 인간에 대한 사랑으로 관심을 기울이지만, 정치나 경제 쪽으로는 내가 관심 가진 것이 아니고, 내가 얘기할 것이 아니고, 나는 여기까지만 이야기하겠다라는 것이죠. 정보가 없지는 않은데, 자신의 영역으로 삼지 않습니다. 서얼이란 신분적 요인도 있겠지만, 어렸을 때부터 가지고 있었던 학문의 방향성하고도 관련이 있는 것으로 볼 수 있겠네요. 또 한 가지 『소학』을 말씀하셨잖아요? 『사소절』은 『소학』하고 긴밀한 연관관계가 있다고 할 수 있는데, 『사소절』의 특징을 18세기 조선 사회의 에티켓의 성립으로 볼 수 있을까요? 소절(小節)이 사실 에티켓이잖아요. 사(士)도 있고, 부(婦)도 있고, 아이들도 있어서 대상자를 나눠서 에티켓을 말했는데, 저는 과연 이런 책이 18세기 중후반에 중국이나 일본에서 나타났는지요. 영국의 신사 에티켓도 있지 않습니까? 『사소절』의 소절과 연관시킬 수 있다고 생각하는데 어떻게 생각하시는지요.

정호훈 중국이나 일본에서의 이런 사례는 확인하지 못했습니다. 우리 조선에서는 조선 전기부터 국가적인 차원에서 규범과 관련된 책들을 많이 간행하여 보급했고, 또 거기에 백성들이 따라오도록 유도했습니다. 양반 사대부들 스스로도 규범서를 만들어 활용했죠. 가훈서가 그것이죠. 가훈서의 모습은 15세기부터 나타나는데, 16세기를 거치고 17~18세기에 와서도 계속 만들어졌고요. 그러면서 『사소절』과 같은, 그야말로 사(士)계층 전반을 아우른 독립된 규범서가 나타난 것으로 보입니다. 사(士)와 사(士)의 부인과 그 자식들, 사(士)계층 가족 전체를 아우르는 독립된 저서가 나타난 거죠. 이 경우는 조선에서는 처음이었다고 이야기할 수 있겠지요. 물론 그 전에 유중림(柳重臨)의 『증보산림경제(增補山林經濟)』를 보면, 새로운 규범과 연관된 여러 이야기들을 제시하기도 합니다만, 에티켓의 문제, 범절의 문제를 이렇게 구체적으로 사(士)와 연관지어 정리한 것은 『사소절』이 처음일 겁니다. 중국의 사례는 아직은 못 찾았습니다. 일본 같은 경우는 어떨까 고민했으나 찾지는 못했고요.

하여튼 『소학』을 넘어서는 새로운 예의범절을 자기가 정리하겠다고 했을 때, 결국은 자기가 보고 느끼고 판단했던 여러 요소들이 다 들어갔습니다. 거기에는 예전에는 거론되지 않았던, 나의 보신(保身)에 대한 문제도 아주 중요한 내용을 차지했고, 나와 타인의 관계 속에서 내가 남들에게 폐를 끼치지 않아야 하는 점, 내가 남들로부터 불편한 대우를 받을 때 어떤 태도를 취할 것인가 하는 점, 이런 문제를 집중적으로 거론하고 있죠. 밥 먹을 때, 말할 때, 남들과 행동할 때 어떻게 행동해야 하는가. 아주 일상적인 에티켓에 해당하겠는데, 세세하고, 사소하고, 하찮고, 그러면서도 일상에서 늘 경험하는 그런 층위의 문제들을 규범화시켰죠. 12~17세기 유럽에서 규범을 만들어가는 과정을 살피면 시간의 흐름에 따라 대단히 세밀하게 내용을 확보해 가는 것을 볼 수 있는데, 『사소절』도 그런 측면이 있는 것 같습니다. 『사소절』을 읽다 보면 '무엇을 하자'라는 이야기보다는 '하지 말라'는 내용이 더 많습니다. 그래서 어떤 면에서는 사람이 규범 속에 묻혀버리는, 규범에 규정되고 규율되는 이런 측면도 굉장히 많이 있습니다. 이것은 양면적일 수 있습니다. 한편으로는 규율되면서 위축되지만, 또 한편으로는 그 규율 속에서 사람의 행동, 의식 수준이 한 단계 고양되는 측면-문명의 빛이 좀 더 높아지는 측면이 있는 거지요. '밥 먹고 나서 트림하지 말라', '김치 국물을 먹을 때 내가 먹은 기름기가 뜨지 않도록, 신경 쓰라'든가 하는 『사소절』의 사소한 얘기들은 사람을 구속하면서도 한편으로는 새롭게 변화시키는 힘이 된다고 봅니다.

『사소절』에서 제가 느낀 중요한 사항 중에 하나가 타인에 대한 배려 의식입니다. 그 의식은 단순히 어떤 행동에서의 배려를 넘어서 육체적으로나 정신적으로 허약한 자, 또는 신분적으로-신분제를 부정하는 것은 아니지만-낮은 처지에 있는 사람들을 배려하여 끌고 가야 한다는 이런 의식하고도 연결되는 것으로 보입니다. 물론 이런 점은 주자학의 사유나 교훈서에도 확인할 수는 있지만, 그것을 생활의 전반적인 문제로 확대하여 규범화한 것은 『사소절』의 주요한 특성이라고 할 수 있습니다. 이점이 어쩌면 『사소절』의 시대적, 역사적 개성이고, 선진성이라는 생각이 듭니다. 19세기 중엽에 최성환(崔瑆煥)이 나름대로 재편집하여 간행하고, 또 이 책이 상당히 인기가 있었던 데서 이런 역사성의 한 면을 볼 수 있지 않을까 생각합니다.

안대회 전사자(全史字)죠.

정호훈 예. 전사자로 간행이 되는데, 현재 이 간본이 많이 남아 있는 것을 보면 꽤 많이 읽혔겠다 하는 생각이 듭니다. 이것은 시장에 내놓은 책이죠. 아마 돈을 주고 팔았을 것인데. 『소학』에서 담보하지 못하는, 18~19세기 조선 현실에 통용될 수 있는, 일반적으로 단순한 사(士)계층의 이야기이면서도 사(士)계층을 넘어 설 수 있는 어떤 보편성을 갖는 규범에 독자들은 신선한 느낌을 받았을 수 있습니다.

안대회 지금까지 말씀하신 내용을 큰 틀로 놓고 보면, 『소학』의 체계 안에 있다고 하겠지만, 세부로 들어가게 되면 『소학』과는 많이 달라진다고 생각합니다. 사대부는 이래야 한다고 말하는 앞부분은 『소학』에서 흘러나온 것이겠지만 아까 말씀하신 국물 먹을 때 이렇게 하라는 부분은, 『소학』과는 완전 다른 세계를 다룬 것이 아닐까요? 말씀하신대로 혁신적인 점으로 볼 대목이라는 생각이 듭니다. 이덕무의 창의성이 잘 발휘된 것은 앞에 전제가 되는 부분이 아니라 뒤에 나오는 디테일에 있지 않을까요. 그 디테일은 누구도 말하지 않은 것들이 거의 대부분일 겁니다. '트림하지 말라', 남의 집에 들어갈 때 그 집의 독특한 냄새에 '인상 찌푸리지 말라', 어른이 집에 찾아오면 아이들이 와서 담배 시중들라는 등등 다른 예법서에는 나오지 않거든요. 그 디테일을 중심에 놓고 평가한다면 『사소절』이 왜 이덕무 저작 가운데 가장 많이 읽혔는지를 설명할 수 있지 않을까요. 박물학을 말씀하신 김대중 선생님은 어떻게 평가하실까요?

김대중 글쎄요. 저는 서술 과정에서 제 주제와 연관하여 『사소절』의 몇몇 구절을 다루었는데요, 예를 들어 『사소절』에는 책을 빌려주거나 빌리는 거나 할 때 어떻게 해야 하는지에 대한 구체적인 지침이 밝혀져 있고, 자신이 공부하는 것을 다른 사람에게 숨기지 말고 있는 그대로 일러주라는 말도 보입니다. 책 관리하는 방법, 지식 공유를 모종의 '윤리'로 정립하고자 한 것이지요. 저로서는 이 점이 흥미로웠습니다. 자신의 지식 추구 행위를 단순히 정보 수집을 위한 수단으로 보는 것이 아니라 윤리적인 행위로 보는 점이 주목이 돼서 그 점을 제 글에서 부각했습니다.

안대회 정우봉 선생님은 산문을 연구하시는 시각에서 『사소절』을 어떻게 평가하실 수 있으신지?

정우봉 큰 틀에서 보면은 자잘하고 좀 세부적이고 굉장히 구체적, 일상적인 그런 영역까지 자신의 체험이랄까 이런 생각을 바탕으로 해서 저술을 썼다는 것 자체가 흥미롭다고 할 수 있을 것 같습니다. 윤리적이고 추상적인 기존의 통념적인 것을 반복하거나 되풀이하는 것이 아니라, 아마 그 시대 사회 존재의 이러저러한 담론들 속에서 뭔가 바람직하고 새롭게 모색해야 할 지점들을 나름대로 생각하면서, 좀 더 일상적이고 구체적이고 자잘한 것까지를 함께 포착하고 그런 것에 대한 규범이랄까, 윤리 관계를 설정했다는 점이 흥미롭고 중요하다고 생각됩니다. 또 하나, 그 이후 최성환에 의해 정리 출판되었으며, 그 이후 20세기에도 간행되었다는 자체가 20세기 초까지 영향력이 굉장히 컸다는 중요한 의미를 가지고 있습니다. 그런 것들은 조선 후기 이후, 18세기 이후 변해가는 여러 가지 사회상을 나름대로 시대적인 요구를 반영하면서 당대의 많은 사람들한테 공감할 수 있는, 그리고 상당히 일상생활에 편리하게 활용할 수 있는 저술이라는 점에서 상당히 오랫동안 영향을 미쳤다고 봐야죠. 이런 부분을 우리가 중요하게 평가해야 할 부분이라고 할 수 있습니다.

안대회 이덕무 시에서 높게 평가할 점에 구체성이 있는데요, 다른 시인들이 이야기하지 않은 눈으로 바라본 그 자체를 이야기하는 태도라 할 수 있죠. 그것은 미세한 시각이거든요. 『사소절』에서 가치 있는 것이 디테일이라고 말씀드렸는데, 구체적인 행동을 직시하는 태도에서 나오는 것들이거든요. 사유가 미처 들어가기 전에 눈이 바라보는 것을 묘사하는 구체성이지요. 적절한 표현인지는 모르지만, 그 점에서 서로 연결되는 부분이 있다고 생각합니다.

선생님들께서 지금까지 말씀해주신 것을 정리할 때가 된 것 같습니다. 그동안 이덕무를 연구한 연구물이 적다면 적고, 많다면 많지만 명성에 비하면 그렇게 많다고 할 수 없을 것 같습니다. 여전히 의문이 남는 점은 실학자로서 어떤 성격의 학자로 볼 것인가? 사회, 경제적 주제를 중심에 놓게 되는 실학의 논의를 놓고 봤을 때 선뜻 성격을 규정하기 어려운 점이 있다는 것을 다시 확인하게 됩니다. 집담회를 마치면서 지금까지 논의되었던 것을 포함하여 선생님들께 각각 연구하신 주제와 관련지어서 한 말씀씩 간명하게 해주시기 바랍니다. 순서상 거꾸로 돌아가면 어떨까 싶습니다. 정호훈 선생님부터 말씀해 주시지요.

정호훈 그렇습니다. 실학을 이해하고 정리하는 방식은 다양할 텐데요. 조선후기 사회에서 일반적인 사고, 통용되는 관념을 넘어서 새로운 요소들을 창안하고 또 그와 연관해서 사유를 펼친 경우, 실학이란 이름으로 접근을 해 볼 수 있을 거라고 생각합니다. 그랬을 때 『사소절』에 한정해서 보더라도, 이덕무는 당대의 기본적인 사유였던 주자학 또는 『소학』의 틀을 인정하면서도 그걸로 포괄할 수 없는 새로운 규범들을 자신이 살고 있는 시대와 연관해서 또는 자기의 경험과 연관해서 정리했습니다. 그리고 그것은 다른 사람들이 공감할 수 있는 요소를 갖추었다는 측면에서 한 단계 나아가고 있었고, 선진적이었습니다. 그런 측면에서 이덕무는 충분히 실학의 범주 속에서 이해할 수 있다고 봅니다. 사회, 경제적인 또는 국가론과 연관된 개혁 논의만을 가지고 굳이 실학을 범주화시킬 필요는 없을 것입니다.

김문식 아들 이광규(李光葵)가 작성한 연보 제목에 '선고적성현감부군(先考積城縣監府君)'이라는 표현이 나오는데, 적성 현감이 제 눈에 뜨입니다. 조선 사대부가 관리가 되었는데 적성 현감이 최종 직함이라는 말이죠. 여기에는 많은 함의가 있는데, 이덕무는 하급관리라는 것이죠. 그렇지만 서자 출신의 지식인이 실직(實職)을 했다는, 가령 화원인 김홍도가 연풍 현감을 했다는 것은 굉장히 중요합니다. 그냥 화원으로 끝나지 않고 현감을 했다는 것이. 이덕무의 최고 직함이 적성 현감이라는 것은 18세기 후반이라는 시대 속에서 그가 수행한 역할의 한계를 보여준다고 생각합니다. 학문을 크게 수기지학(修己之學)과 치인지학(治人之學)으로 나눈다면, 이덕무는 수기지학에서는 할 얘기가 많은 사람인 것 같아요. 문학 쪽에서. 『사소절』에서. 사회의 재정립이랄까요. 그런 것에 대해서는 평가할 요소가 많은 것 같습니다. 치인지학으로 넘어가도 사실 많은 역할을 했죠. 그렇지만 상당 부분은 정조와 같이 움직인다는 사실을 주목해야 합니다. 이 사람의 활동은 본인이 그런 기질을 가졌고, 또 정조의 지시에 따라 움직인 것도 많습니다. 이덕무는 당시로서는 상당한 정도의 첨단 정보를 가졌지만 그것을 정리하는 방식은 청에 빠지지 않고, 일본에 빠지지도 않고, 조선 사람의 입장을 가졌습니다. 그는 시대정신이었던 조선인의 의리론이나 주자학에 대한 믿음을 바탕으로 자신의 입장을 정리하였고, 그의 대외 인식도 이와 동일한 기준을 가지고 최대치의 정보를 정리하였다고 생각합니다.

안대회 잘 알겠습니다. 다음은 정우봉 선생님께서 말씀하실까요.

정우봉 이러저러한 얘기가 많이 있었고, 박물학이라고 하는 것이 오늘 집담회에서 나온 많은 이야기들 중에서 중요한 키워드 가운데 하나라는 생각이 듭니다. 그런 박물학적인 저술이나 글쓰기의 태도를 가지고 있고, 그것이 이덕무를 이해하는 중요한 키워드라고 할 수 있을 것 같은데, 그런 것 속에서도 그가 지향하고 모색하려고 했던 것들을 우리가 좀 더 섬세하게 읽어내려고 하고, 그런 것의 성격과 위상을 우리가 면밀하게 분석할 필요가 있지 않겠는가. 나름대로의 체계나 사상적인 모색이 분명히 있으리라 생각이 되고, 우리가 앞으로 밝혀야 하지 않나 생각합니다. 또 하나 이덕무 관련해서 보면 최근에 와서는 한국문집총간에 실려 있는 『청장관전서』를 주로 많이 활용하고 있습니다. 사실 한국문집총간에 실려 있는 『청장관전서』는 규장각에 소장되어 있는 사본을 저본으로 한 것인데, 실제로는 좀 더 선본이라 할 수 있는 것은 버클리대학에 있는 소장본입니다. 버클리대학 아사미문고에 있는 『청장관전서』가 정고본이므로 이를 기본 텍스트로 활용하는 것이 필요합니다. 이 책은 고려대 해외한국학자료센터 홈페이지를 통해서 열람할 수 있도록 제공되고 있습니다. 또한 『청장관전서』 이외의 여기저기 흩어져 있는, 안대회 선생님이 발굴한 「적언찬병서」 같이 새로 발굴한 그런 작품들, 텍스트들도 있기 때문에 우리가 『청장관전서』 이외에 이덕무가 남긴 저술들 이런 것들을 좀 더 발굴하고 활용할 수 있도록 노력하는 것도 필요하다고 생각합니다.

김대중　저도 정우봉 선생님 말씀에 동감하는데요, 이덕무를 다시 공부해보니까, 기초적인 정본화와 새로운 번역이 필요한 단계가 아닌가 하는 생각이 듭니다. 기존의 번역 덕분에 저 같은 후학이 큰 도움을 받지만, 그 동안 이덕무에 대해 새롭게 밝혀진 것이 적지 않고 예전에 비해 광범위한 문헌을 검색하기에 용이해지기도 했으니, 이제 정본화와 더불어 『청장관전서』의 재번역을 할 때가 되지 않았나 합니다. 그리고 이번 이덕무 연구는 크게 보면 '실학'의 관점에서 진행된 건데, 최근 보면 실학연구에 대해서는 논쟁조차 잘 없는 것 같습니다만, 실학 연구의 새로운 방향을 모색해야 할 것 같은데, 이런 견지에서 말씀드리면 기존의 실학 개념이나 개념틀에 맞춰서 이덕무의 어떤 측면이 실학 개념에 맞나 안 맞나 하는 식으로 보는 것은 소모적인 것 같고, 기존의 개념틀은 과감하게 괄호 속에 넣고 새롭게 드러난 이덕무의 모습을 유연하게 실학 쪽으로 끌고 와서 실학 연구를 새롭게 하는 계기로 삼으면 어떨까하는 생각이 듭니다. 예를 들면 아까 연암과의 관계도 말씀 드렸는데, 연암 일파로 볼 수 있는 면도 있고, 아닌 면도 있고 한데, 그 양면을 모두 보면서 실학의 지형도를 어떻게 다시 그릴 수 있는가를 새롭게 탐색해 볼 수 있을 법합니다.

또 한 가지 말씀드리면, 이덕무가 조선 최고의 초서가(抄書家)로 꼽은 바 있는 김숙(金淑)의 예에서 확인되다시피 조선후기에는 '여항 지식인'이 그 나름의 학술 활동을 했습니다. 여항 지식인은 여건상 장서를 갖추기가 쉽지 않았는데 서적 입수의 불리한 조건을 딛고 지식 축적을 하기 위해 채택된 것이 바로 '초서(抄書)'입니다. 이렇게 보면 이덕무는 초서행위를 통해 지식을 습득하여 자기 나름의 학문 세계를 구축하고자 노력한 여항 지식인의 동향을 반영하는 사례라고도 할 수 있습니다. 그렇다면 이덕무의 사례를 통해, 실학은 단순히 양반사대부의 자기 조정 운동일 뿐 아니라 여항 지식인의 동향을 수렴한 학술운동의 측면 또한 갖는다는 의미를 새롭게 부여받을 수 있을 법합니다. 그리고 남은 과제가 하나 있는데요, 제 글의 주석에서도 밝혔습니다만, 사실 의욕을 갖고 더 파고들고 싶었던 것은 박지원과 이덕무를 떼놓고 봤을 때는 그 두 사람의 관계를 어떻게 새롭게 볼 것인가 하는 문제입니다. 여기에는 민감한 문제가 있는데요, 이를테면 그 두 사람의 글 사이에 상당한 유사성이 확인되는 것이 몇 있습니다. 예를 들어 박지원의 '법고창신론'이 유명하지만 그와 비슷한 논법이 사실은 이덕무가 먼저 쓴 글에서도 보이고요.

정우봉 여러 가지 넘나드는 것이 많이 있죠.

김대중 그런 것이 한두 개가 아니고, 또 총서 문제와 관련해서도, 총서 기획과 관련하여 이덕무가 상당한 역할을 한 거 같은데, 그 공로를 정당하게 인정받지 못하고 오히려 공로를 빼앗긴 것으로 의심할 수 있는 정황도 포착되는 등 여러 가지 껄끄러운 문제가 있는 것 같습니다. 그래서 이런 현상을 냉정하게 어떻게 봐야 하는가가 중요한 과제로 떠오르는데, 아직 제가 결론에 도달하지 못해서 결국 그 문제를 정면으로 다루지는 못했습니다. 언젠가 확증을 갖고 이 문제에 대한 결론을 도출하는 데 이르고 나면, 조선후기 실학의 지형도를 좀 더 입체적으로 그려볼 수 있지 않겠는가. 그런 생각이 듭니다. 또 한 가지 놓친 것이 있는데요, 이덕무 하면 비평이 중요한데, 비평학이라고도 할 수 있을 것 같고요, 그것까지 박물학의 영역에 넣어서 같이 다루었으면 좋았을 텐데 미처 그러지 못했고요, 그리고 이덕무에게는 출판기획자라고 할까요, 그런 기획자적 마인드가 있는데, 그런 것을 미처 포괄하지 못한 게 아쉬움으로 남습니다.

안대회 저도 한 말씀을 드려야겠군요. 얼마 전에 한국실학학회에서 실학의 연구현황 등을 다루었는데요, 저는 어떤 학자를 실학자로 규정하는 순간, 독특한 학자, 문인으로서 정체성을 훼손하기 쉽다는 점을 지적한 적이 있습니다. 실학자로 규정함으로 인해서, 파악하기 좋은 면도 있지만, 실학자로 규정하는 해놓는 순간, 실학자로서 뭐가 있지 하는 쪽으로 집중하게 되기 때문에 그런 일이 일어나는 거죠. 이덕무가 그런 경우가 아닐까 묻게 됩니다. 학문에는 어떤 개념으로 규정할 수 없는 다양성이 있는데 다양성을 더 좁은 세계로 축소할 우려가 있다는 거죠. 특히, 문학 쪽에서 그럴 염려가 더 있습니다. 실학자로 규정된 인물의 상당수가 소품문 창작자와 겹치기도 합니다. 그런데 이덕무의 소품을 실학이란 개념을 가지고 재단할 경우, 이덕무의 소품문과 소품시들의 다양성과 창의성을 실학이란 관점이 훼손시킬 우려가 있을 수 있다는 거죠. 두 가지 양면성을 다 고려하면서 이덕무를 연구해야 하겠죠. 한마디로 말하자면 실학이라는 개념으로 이덕무를 규정하는 것 자체가 이덕무의 다양성을 못 보게 만들 우려가 있을 수 있습니다. 학문적 정체성을 강하게 투영하여 바라보면 생기는 단선적인 점이 있지 않나 생각되어서 더 자유롭게 연구하려는 노력이 필요하다고 생각합니다.

사회자로서 총정리하는 말씀을 드린다면, 이번 이덕무 연구를 통해 새롭게 부각되는 부분이 적지 않다고 생각합니다. 한 분 한 분의 논문에는 기존의 논의와는 크게 차별을 보인 새로운 시각과 논의가 보입니다. 이덕무의 다양한 학술과 문학, 사유를 이해하는 데 기여한 점이 적지 않다고 생각합니다. 이것이 기반이 되어 이덕무를 바라보는 안목이 확장되고 활발한 논의가 이루어지는 계기를 만들 수 있지 않을까 기대합니다. 다섯 분이 연구한 결과가 실학 연구사에서 일정한 의의를 지니기를 바라며, 함께 애써주신 선생님들께 다시 한번 감사드립니다. 출판할 때까지 미진한 부분이 있으시면 좀 더 반영하셔서 완결된 저작으로 만들 수 있기 바랍니다.

작성 : 유현숙(성균관대학교 대학원 박사과정)

가

다

라

마

사

아

자

차

카

타

집필진(원고 게재 순)

안대회 · 성균관대학교 한문학과 교수
정우봉 · 고려대학교 국어국문학과 교수
김대중 · 서울대학교 국어국문학과 교수
김문식 · 단국대학교 사학과 교수
정호훈 · 서울대학교 규장각한국학연구원 교수

실시학사 실학연구총서 15

청장관 이덕무 연구

1판 1쇄 발행 2019년 9월 30일
1판 2쇄 발행 2021년 5월 25일

기　획 : 재단법인 실시학사
집필진 : 안대회 · 정우봉 · 김대중 · 김문식 · 정호훈
펴낸이 : 김병환
펴낸곳 : 학자원
주　소 : 서울시 강동구 천호대로 1121
전　화 : 02) 6403-1000
팩　스 : 02) 6338-1001
E-mail : hakjaone@daum.net
등　록 : 2011년 3월 24일 제2011-14호

ISBN 979-11-6247-132-6 94810
979-11-87806-76-9 (세트)

값 30,000원